近世身分社会の村落構造

―泉州南王子村を中心に―

三田智子

目次

装幀／横山八十一

序章

一、本書の課題と問題意識

本書は、畿内のかわた村を対象に、かわた村の内部構造分析を丁寧に行い、それを前提に、かわた村と地域社会のあり方を構造的に解明することを課題とする。

かわた村とは、近世の畿内においてかわた（えた）身分の人びとによって構成された村（集落）である。かわた身分の人口は関東では少ないが、畿内では近世初頭から多く、さらに近世を通して激増し、大きな集落（村）を形成することが一般的である。これらは、百姓村と同様に村請制村として幕藩制支配のレベルにおいて認知される場合と、されない場合があるが、地域社会においてはどちらの形態であっても、かわた村（包括性をもつ村落共同体）として認識されていた。こうしたかわた村という存在形態に注目しながら、構造分析を行うことを本書では強く意図している。

本書で対象とする和泉国泉郡南王子村は、百姓村同様に村請制村として認知されたかわた村（「一村立のかわた村」）であり、かわた身分の庄屋を擁し、膨大な庄屋家文書を残す村として研究史上著名である。庄屋家文書である『奥田家文書』・『大阪府南王子村文書』の刊行以来[1]、研究が積み重ねられており、その成果は畿内のかわた村研究において重要な位置を占めてきた。こうした村を対象に、村の内部構造分析を丁寧に行い、地域社会とのあり方を構造的に解明する、という課題の背景には、大きく二つの問題意識が存在する。

まず一つめは、部落史的な研究の問題点を克服するねらいである。一九七九年に岩波新書として『ある被差別部落の歴史—和泉国南王子村—』が刊行され(2)、南王子村は広く社会に知られることとなった。執筆には、奥田家文書研究会のメンバーがあたり、現在の見地から見ても南王子村を説明する上で必要な要素が、一定の学術レベルに裏打ちされて、分かりやすく記述されている。また、研究会のメンバーである森杉夫氏が基礎事実を解明した一連の論文も重要である(3)。筆者自身、これらの成果に導かれて研究を進めているが、そこで大きな問題点と感じられるのは、端々に見受けられる、当時の部落史研究の視角に規定された限界である。そこでは、南王子村は差別を受ける側・差別と闘う側、地域社会は差別を行う側、という理解が根本に存在する。そのため、基礎事実が明らかにされる一方で、村の内部構造を有機的に連関させて考察する姿勢が弱く、また地域社会のあり方そのものを解明する、という姿勢を欠いている。

一九八〇年代を境に、近世身分制社会の理解そのものが見直され、新しい視角からの南王子村研究も行われている現在、全面的な見直しが必要である。その際、特に重視すべき点は、村落運営や村政のあり方であると考える。それは、部落史研究の視角に規定されて、先に挙げた研究には村政や村内矛盾を突き詰めて解明する、という点が欠如していたからである。南王子村において、村方騒動が頻発することはよく知られているが、日常的な村落運営のあり方や村政の問題と、諸生業を介した村人の関係など、村内の諸要素と矛盾を有機的に連関させる作業が特に必要である。このことは、南王子村に生きた人びとの日常の生活関係を詳細に分析し、「かわた村に生きる」ことを実態レベルで解明しようとするものである。

もう一つは、近年の和泉国泉郡を対象とした町田哲氏の研究成果を受けて(4)、南王子村が位置する信太地域の具体的な地域社会構造分析を進めるねらいである。町田氏は、従来の地域社会論が村連合論を前提に、行政・政治システム論として行われてきた問題を克服することを目的に、個別の村を構成する諸要素を検討し、それらが複合して存在する村のありようと、そうした村に規定されて存在する「社会的権力」（豪農、大庄屋など）のありようを解明することの重要性を提示した。そこで分析対象とされたのは、南王子村からごく近い池田下村、黒鳥村、坂本新田、伏屋新田などであり、①村の自然的条件（山・川・海・土地）、②その利用の局面（水利・耕地）に加えて、③集落、座、講などの結合形態、④村運営などの村落内で独自の制度、⑤「家」、⑥近世社会に本源的な小経営と、それ以外の豪農や「日用」的要素などの個々の経営体相互の関係などを村の諸要素とし、それらを個別に分析した上で、村というレベルにおいて総合的・複合的に捉え直されている。その結果、諸要素の存在そのものは共通するが、個別の村における具体的な様相や機能は異なることが明らかにされ、村の固有性に絶対的な意味が見出されている。ごく近隣に位置する村であっても、その実態は多様であり、これらを踏まえた上で地域社会を論じることが不可欠であることが明確に示されたのである。

こうした視角と方法は、南王子村と地域社会の関係を構造的に捉え直す、という課題の一つめと合致するものである。また、南王子村の内部構造分析を進める上でも、非常に重要な方法が示されている。加えて、町田氏が検討した村むらに南王子村が近接することから、和泉国泉郡の地域社会像をより具体的に解明するねらいもある。

以上の二つの課題意識から、本書では南王子村の内部構造分析を丁寧に行い、それを前提に、かわた村と地域社会のあり方を構造的に解明することを課題とする。この二つの課題は密接に関わっており、この点と、本書で具体的に注目する南王子村の諸要素について、項をあらためて見ていくこととする。

二、先行研究と本書の方法

二つの課題は段階的に整理すると、かつての部落史的な研究、そして身分制社会の見直し、その後の在方と都市を対象とする研究の進展、という流れの中に位置づいている。ここでは、やや長くなるがこれらを順に見た上で[5]、本書で具体的にとる方法について述べることとする。

(1) 一九七〇年代頃までの部落史研究

えた身分に関わる研究が近世身分制研究において一つの中心であることは、周知のことである。これは、一九七〇年代までは主として部落史研究として行われてきた。その基調は、近世の身分制度を「士農工商、えた、非人」と理解し、被差別問題の根幹を幕府による分裂支配にみていた（幕藩制的賤民制度）。そこでは、えた身分の者は身分・職業（斃牛馬処理と行刑）・居所の三つの側面からの差別を強制され（「三位一体の差別」）、被差別民はそれ以外の民衆と分断された、とされる。近世を通じた大きな時期区分としては、初期に身分設定が行われ、中期に差別支配政策が強化され、これに対するえた身分の抵抗から解放への運動が導かれる、と整理されている。

こうした考え方は、被差別問題の起源について、異民族説等を完全に否定し、政治起源説に一元化するものであり、戦後の部落史研究において、井上清氏や原田伴彦氏らによって確立された理論体系である[6]。着想そのものに問題を含む異民族起源説を否定するという意義を有した一方で、部落問題はつくられたものであり、行政によって解消されるべきである、という強い志向に支えられた理論であった。そのため一九五〇年代以降の部落史研究は、この基調に規定された大きな問題を含んでいた。えた身分の者を差別を受ける側、それ以外の存在は差別をする側とする、「差別」を軸とする構図が前提に存在するため、個別の事象を検討しても、そこから明らかになる多様な社会関係は捨象され、差別関係・行為としてのみ評価されるのである。この時期の部落史研究は、近世における差別を告発することをそもそもの目的としていた、と言うこともできよう。そのため、「差別をする側」の内部に関心が薄いばかりか、えた身分集団の内部構造を具体的に捉えるという視角を欠いていたのである。部落史研究において特に関心が向けられた問題は、「三位一体の差別」を強制される「部落」の成立をどの時点に求めるか、という「部落の起源探し」であった。

この時期の研究について、もう一つ注意しておくべきことは、主として使用された（使用が可能であった）史料の性格である。幕府や藩レベルの法令等が地域差などを考慮されずに多用される傾向にあり、そこでは必然的に政策論に偏重した議論が展開されたのである。

この間に注目されるのは、一九六七年に朝尾直弘氏が発表した河内国丹北郡更池村（内部にかわた村を含む）を対象とした研究である(7)。精緻な分析をもとに、一七世紀初期の村落耕地の変化が明らかにされている。この成果は、現在まで更池村研究の基礎として重要な位置を占めているが、当時の朝尾氏の問題関心は、あくまでも幕藩制の基礎である畿内農村において小経営が成立する条件を解明することにあり、決してかわた村研究として行われたものではない。逆に言えば、そうした目的のもと研究されたがために、客観的な分析となりえたのではないか、と思われる。このことは、幕藩制研究とえた身分研究が、この当時はまだ大きく乖離していたことを如実に示しているように思われる。

（2）部落史からの脱却を試みる動き

部落解放運動の進展に伴い、一九七〇年頃を境に各地で被差別部落に関わる史料の公開や刊行が始まった。一九六九年には『播磨国皮多村文書』が刊行され(8)、南王子村の『奥田家文書』も同年に刊行が開始されている。『河内国更池村文書』の刊行は一九七一年からである(9)。これらの史料群を対象とした研究会が各地で組織され、基礎事実の解明が着実に行われていった。

こうした流れの中で、一九七二年に脇田修氏は、①部落の系譜を追うのではなく、近世封建制の成立という社会動向の中で部落の成立を捉えるべきであり、②身分・職業・居所の「三位一体」は武士も同じであって、近世身分制そのものに共通する問題である、③近世封建制下の封建的所有は身分的所有であり、部落以外についても検討する必要がある、と主張した(10)。この背景には、地方文書の検討が進み、支配政策ではなく実態が明らかになる中、部落だけを対象とすることの問題が自覚化されるようになったという事情が存在した。

脇田氏の指摘を受けて、七〇年代にはえた（かわた）身分特有の所有の問題として、草場や勧進場、またかわた身分の土地所持等が注目されるようになり、各地の実態が解明された(11)。しかし七〇年代には、近世社会からかわた身分やかわた村を切り離すのではなく、社会全体の中に位置づけて全面的に検討するという段階には至らなかった。発掘される豊富な事例は、大枠としての幕藩制的身分制度や分裂支配説に吸収される地域事例として位置づけられていくことになったのである。この背景には、幕藩レベルの史料ではなく、在地の一次史料を検討する際の難しさを十分に自覚しえなかった面もあるのではないかと思われる。ただし、「部落」だけに問題を限定しないという意味合いで賤民史研究という用語が主流になったことも指摘しておきたい。

（3）身分的周縁論の登場と現段階

部落史研究の分野で、近世社会全体の中にえた身分を位置づけようとする模索が見られるようになったのと同じ頃、幕藩制構造論から国家論に議論の中心が移りつつあった日本近世史の学界全体においても、身分制が注目されるようになった。

その出発点は、一九七六年の高木昭作氏による、社会的分業を編成する国役賦課と諸身分には対応関係があり、領主的土地所有の体系（石高制）に国役の体系（身分制）が組み込まれて国家制度が機能している、との指摘である(12)。ここで身分制を国家制度全体との関係において検討する必要性が示されたのである。これに対し、朝尾直弘氏は、統一権力による政治的・法制的な設定のみを重視する方法には疑問があるとし、①交通が未発達な近世において、一国規模での横断的な身分は本来存在せず、身分とは局地的なものである、②幕藩権力は、こうした諸存在を横断的・普遍的に見えるように編成したにすぎない、③局地的な身分を本来決定するものは、村や町などの地縁的・職業的身分共同体である、との見解を示した(13)。朝尾氏の主張の背景には、階級を経済的秩序、身分を法制的秩序と整理する石母田正氏への批判が存在したが、当時の学界では高木氏の説を上からの身分決定を見るもの、朝尾氏の説を下での身分決定を見るもの、と二項対立的に理解されることとなった。

これを止揚したのが、一九八五年の塚田孝氏による「身分は前近代社会における人間の存在様式である」という議論である(14)。塚田氏は、マルクスの古典解釈などを通じて、①近代社会では人間の存在様式は市民と人に二重化しているが、前近代社会では二重化しておらず、人間は個別の特殊性（個別性）において公的な社会に位置づいている、②そうした前近代社会において人間と社会を媒介するものが集団である、とした。つまり、近世の百姓は社会的には百姓としてのみ存在したのであり（①）、本来的に村に属し、村を通じて役を負担することによって、百姓は全体社会に位置づけられているのである（②）。

また同年に塚田氏は、③こうした近世社会を捉えるには、集団間の関係性を問う必要があり、④関係性には同種の集団が形成する関係（「重層」：たとえば村と組合村など）と、異種の集団が形成する関係（「複合」：町と仲間、村と勧進者など）があり、⑤特に複合関係の解明が重要であり、その際「複合の場」に即して考えるべきである、としている(15)。これらの指摘の背景には、関東におけるえた―非人関係を、えた身分の職場と非人身分の勧進場の関係を軸に弾左衛門支配体制の全体を解明した塚田氏らの基礎研究がある(16)。

以上のような経過で、えた身分・非人身分のみを社会から取り出すのではなく、近世社会の中に位置づけ、かつ社会全体を様ざまな身分集団を基礎におくものと考える、新たな近世身分制社会の理解が登場した。こうした身分理解のもと、えた身分・非人身分に加え、いわゆる雑賤民や宗教的・芸能的勧進者、都市下層民を近世社会に位置づけ、こうした諸存在を含む近世社会のあり方や特質の解明が試みられる中で、身分的周縁論が一九九四年に登場した(17)。これまでに三度の共同研究が組織され、次第に研究対象は拡大し、近年では近世社会に存在した諸集団と、彼らが活動した特定の「場」の解明が進んでいる。

このようにして現在では、近世社会を分析する基本的な視角・方法となっている身分的周縁論の要点は、次の三点である(18)。①近世には社会的には同じ性格を有する集団・存在でも、一方は公認され、一方は公認されない場合がある。これは社会的実態としては共通するものが、「政治社会」レベルでは公認・非公認に分岐したと言える。②江戸の吉原と岡場所などに見られるこうした事例は近世社会に広く存在し、公認されているものを身分制社会、そうでないものを身分制社会の外部として区別するだけでは不十分である。むしろ身分制社会は後者のような公認されていない集団・存在(「周縁社会」)を不可分のものとして随伴させる、と理解すべきである。③集団に注目して検討すると、彼らもある地位や役職を株化して私的利害を実現しようとする方向性をもつもの(＝利害集団)と理解できる。この運動の方向性は、社会全体に及んでおり、「株」や「場」の権利を実現する利害集団の複層として近世社会が構成されている。

近世社会の諸集団が共通して「利害集団」としての性格を有している、との指摘は、集団について公認・非公認を弁別するだけではなく、同一の社会的実態として、併せて捉える必要性の自覚を促した。そうして、「身分制社会とは諸社会集団が特権の体系に位置づく複層的な社会であり、多様な社会集団が生成・展開するが、その運動方向は身分制のベクトルをもつ」という近世社会の捉え方が示されたのである。ここに、近世社会は周縁的な諸存在を必然的に伴い(「対象としての身分的周縁」)、その個別・具体的な実態を問うことが、近世社会の特質を解明することにつながる、という方法が提示されたのである(「方法としての身分的周縁」)。

こうした方向性を共有する研究が蓄積される中で、近世における「身分」理解の根本である「所有」論も深まっている。これは吉田伸之氏により段階的に整理され、現在では「近世における所有の正統と異端」として論じられている(19)。まず、近世社会の正統な所有を土地所有と用具所有とし、前者は幕藩領主の所有の下で小経営を基軸とする百姓の所持として二重化し、後者は職人(独立手工業者)によって体現される。百姓身分のあり方は、所有対象である大地の存在条件の個別性や特殊性に規定されて固有性をもつ(たとえば隣村の百姓であっても、各村の自然条件等によって、個別性を有する)。これに対し異端的な所有として、貨幣(動産)所有と労働力所有があり、前者は商人による所有、後者は生産手段の所有から疎外された日用（労働力販売）層によって体現される。この両者は、貨幣・動産・労働力が均質性をもつことに規定され、等質性・代替可能性を特徴とする。この等質性・代替性こそが、近世の正統な所有を掘り崩す、とされる。さらに、第五の「所有」として、単純な労働力所有すら実現しえない事実上の無所有状態にあるものとして、乞食＝勧進層を挙げている。

このようにして、身分的周縁論の広がりの中で、近世社会全体を解明する大きな方法が提示されているのが現段階である。

（4）一九八〇年代以降の畿内の個別かわた村研究

次に、身分制社会の理解が大きく転換して以降に行われた畿内のかわた村を対象とした研究をみる。

身分的周縁論の方法は、まずは集団に即して、その内部構造分析を行い、その集団が存在する場（地域）における、他集団との「複合」のありようを解明するものである。次に挙げる研究は、こうした方法を意識し、まずは個別の集団、すなわちかわた村の内部構造を分析しようとするものである。

まず第一に挙げられるのは、藤本清二郎氏による和泉国南郡嶋村を対象とする一連の研究である[20]。嶋村は村高は認められているものの、百姓村の庄屋による支配を受ける岸和田藩領のかわた村である（後述する畑中氏の分類ではⅡ型に相当する）。藤本氏は、本村庄屋（岸和田藩では「預かり庄屋」と呼ばれる）の家に残された史料群を利用し、嶋村の草分けにあたる庄屋家と草場株所有のあり方や村内の寺の関係を関連させながら内部構造の変化を明らかにされている。また岸和田藩による役賦課が領内の他のかわた村との関係を変化させることを実証するなど、中世末から近世末までの嶋村のあり方を総体的かつ動態的に解明することに成功している。特に草場株所有はすべてのかわた村に共通する事項であるが、それが嶋村内でどのように所有され、どのような意味を有したのかを解明した点は、かわた村の共通項を通じてその村の固有性を見ようとするものである。また一つのかわた村に即して通時的に検討することで動態的な把握が可能となっており、その意義は大きい。ただし地域社会については、主として本村支配のあり方が解明されており、検討の余地を残しているように思われる。

次に本書が対象とする和泉国泉郡南王子村についての、近世後期から近代を対象とした研究が挙げられる(21)。これらはかつては十分に注目されていなかった、かわた村の村政を切り口に、村のあり方を解明しようとするものである。そこでは繰り返される村方騒動の背景にある寺や村風呂、小学校などの村入用(協議費)をめぐる対立と、村人の日常生活全般に対する強い規制の存在、その一方で村外に対しては強い結束を見せることなどが明らかにされている。かわた村における村政に着目することは、かわた村の諸側面を個別に論じるのではなく、それらを含みながら成立するところの村全体のあり方を解明しようとするものである。この視角は、冒頭に挙げた町田氏の方法とも通底する。ただし、これらの成果では、この視角の有効性が示される一方で、村政対立の分析を主軸とし、諸要素が副軸となっていることに起因する問題も含んでいる。すなわち、諸要素そのもののより丁寧な分析、そして村政対立に直接関わらない要素についても分析する必要があるように思われるのである。

三つめは、西日本最大のかわた村である大坂・渡辺村を対象に、その年寄のあり方から村落構造の転換を見通した塚田孝氏による研究である(22)。皮役や行刑役などを担う渡辺村では、その差配が年寄の重要な役目であった。近世初期の年寄二人はこの役を重視していたが、後期には渡辺村内部の各町に年寄がおかれ、皮問屋を営む村内有力者が務めるようになることが明らかにされた。これは渡辺村の人口増加と皮革産業の発展を前提にしつつ、内部構造の動態的な把握を試みようとするものである。

また藤本清二郎氏が近年取り組んでいる和歌山城下町に隣接する岡島かわた村についての研究も挙げられる(23)。

いずれの研究も、かわた村という存在形態を前提に、その総体を把握しようとするものである。だが、身分制社会の理解の変化に伴い、様々な周縁的身分集団について研究が進んでいることと対照的に、畿内のかわた村を集団（村）に即して構造的に明らかにしようとする研究は多くは行われていないのが実情である。そのため、部落史的な研究の成果に依拠している面が少なくない、というのが現状である。個別のかわた村に即して、その内部構造分析を行い、地域社会との関係構造を解明することは重要な課題として存在し続けている。また、南王子村の事例が「畿内のかわた村」イメージを構築する役割を果たした面は大きく、そうした意味においても、南王子村を全面的に考察し直すことが求められているのである。

（5）町田哲氏の提示した方法

ここであらためて、先に述べた町田哲氏の問題提起と提示された方法に触れておきたい。

町田氏の方法論が提起された背景には、従来の地域社会論が個別の村落構造分析を踏まえないままに、一八世紀以降の村は小農共同体による集団運営方式をとり、村役人は小農共同体からの委任を受けて村を運営しており、こうした村役人が地域の中間機構たる「郡中」を形成している、とする点を根底から批判する意図がある。そして、個別の村を具体的に分析する際には、こうした従来の村落運営方式や村内の階層構成だけでは不十分である、として先述の諸要素が注目されることになったのである。ここで挙げられた諸要素は、かわた村を全体性をもつ村と捉え、その内部構造を分析しようとする本書の課題に対しても、非常に重要な意味をもつ。

またもう一点、村の内部や地域を動態的に捉えるにあたっては、居村に基盤をおきつつも、大庄屋など中間層として活躍する「社会的権力」に注目し、生産・生活・労働等の諸局面において彼らと関係を取り結ばざるをえない人びとをも分析対象とすることが目指されている点も学ぶべき視点である。この視角は、身分的周縁論を受けて、都市における大店などの諸存在をどう捉えるべきかを論じた吉田伸之氏の提起を(24)、在地社会に援用する際の方法を町田氏が具体的に示したものである。これを町田氏は、村落構造分析や地域社会構造分析において、分析対象の位相を拡大する意味をもつ、と表現している。先に挙げた所有論との関連でいえば、異端的な商人資本としての性格を強める社会的権力と、労働力としての性格を帯びる存在を、一つの村・地域において捉えることを可能にする視角である。これを南王子村において考えた場合、村内に膨大に存在した無高層は村政レベルにおいては「無高層」として一括して評価するよりほかない。しかし、村内の諸要素を統括する存在と村内下層の関係といった、新たな局面を組み込むことで、具体的に捕捉することが可能となるように思われる(25)。様々な生業に依拠して村人の生活が維持されているかわた村において、より有効な方法のように思われるのである。

(6) 本書でとる具体的な方法

以上の整理から、本書では南王子村の内部構造分析を丁寧に行い、それを前提に、かわた村と地域社会のあり方を構造的に解明することを課題とする。基本的な手法は、かわた村を対象とするものの、町田氏の手法に学ぶところが大きい。これは、かわた村が村である以上当然のことであるが、一方で百姓村ではないかわた村を分析する際に必要となる視角も存在する。まずこの点から述べていく。

a かわた村を分析する際の視角

かわた村の内部構造を考える上で、前提におくべき議論は二つある。一つは、朝尾直弘氏による内部構造に関する試論であり、もう一つはかわた村の行政的把握を基礎とした畑中敏之氏によるかわた村の類型論である。

まず、かわた村の内部構造のあり方を模式的に示した朝尾直弘氏の試論を挙げる(26)。朝尾氏は、各かわた仲間は一七世紀初頭には、他の身分とともに「村」に包摂されており、「村」内部には斃牛馬処理権を統括するかわた惣代・肝煎と、行政的な庄屋（肝煎）が存在するとしている。前者は斃牛馬処理権だけでなく、皮革関連業も含み、のちに皮問屋として成長することが想定されている。主として彼らに皮革上納が申し付けられ、行刑役などは後者の庄屋を通じて賦課され、村の代表者は後者である、とする。

朝尾氏の指摘は、畿内のかわた集団には二つの側面があり、二つの側面とそれぞれを統括する両者を総合的に検討することの重要性を示唆している。両者を総合することは、すなわち「村」としての存在形態と二つの役の関係、それに規定されるであろう内部構造に注目することを意味する。朝尾氏の指摘は一九八〇年になされたものであるが、畿内のかわた村に共通する事項として指摘されてきた、草場や皮革上納といった要素を、各集団に即して捉え直す必要性を指摘し、その方法を提起したものと言える。ただし朝尾氏の提起はあくまでも試論であり、個別のかわた村において、分析を進める必要がある。先に挙げた塚田氏による渡辺村の検討は、朝尾氏の指摘を踏まえれば、行政的な庄屋をかわた惣代が務めるようになった、という大きな変化を捕捉したものと言えよう。

もう一つの畑中敏之氏による類型論は、かわた村の「本村付」体制論として一九八〇年から主張されたものである(27)。畑中氏は、畿内のかわた村を行政的な存在形態と本村との関係に応じて次の三つに整理された。

Ⅰ型　かわた村の村高は公認されておらず、本村（百姓村）に完全に包摂される
Ⅱ型　かわた村の村高は公認されているが、何らかの形で本村の支配を受けている
Ⅲ型　かわた村の村高が公認されており、本村による支配を一切受けない（一村立）

行政的に整理すると、Ⅰ型は非行政村（非村請制村）、Ⅱ・Ⅲ型は行政村（村請制村）となり、本村との関係ではⅠ・Ⅱ型には本村があり、Ⅲ型にはないということになる。その上で、畿内においてはⅠ・Ⅱ型が主流であり、本村がかわた村を支配する根拠は、村領に対する庄屋の支配である、とする。

畑中氏の指摘は、弾左衛門のような頭支配が存在しない畿内においてかわた村研究を進展させるという側面も有するが、あくまでもかわた村の外面的な分類である。畑中氏の関心は、こうした整理の上で、Ⅰ・Ⅱ型における本村とかわた村の間に存在する支配従属関係を解明することにあった(28)。畑中氏のこうした姿勢は、本村とかわた村両者の内部を具体的に解明しようとするものではなく、部落史研究の限界を脱しえていないのである(29)。

朝尾氏の試論は、畿内のかわた村に共通する側面を指摘したものである。一方で、畑中氏が指摘するように、

かわた村の存在形態は一様ではない。また畑中氏のいう行政的な存在形態とは、村請制村としての社会的認知であり、朝尾氏が指摘するかわた身分への役とは異なる局面の問題である。両者が組み合わさることによって、個々のかわた村のあり方にどのような差異が生じるのかをまず考察する必要がある。南郡嶋村は、畑中氏の分類によればⅡ型であるが、その局面が内部構造をどのように規定するのかという点については、藤本氏も自覚的ではない。この点を明らかにすることは、役と集団を軸とする近世社会のあり方を考える上でも重要である。

朝尾氏と畑中氏の指摘を踏まえると、畿内のかわた村を構造的に捉えようとする場合、最も基本的な問題として、次の四点に整理が可能である。まず第一に、対象とするかわた村がⅠ・Ⅱ・Ⅲ型のどれに相当し、そのことによって、かわた村の内部構造がどのように規定されるのかを解明すること、第二に、そのかわた村がどのような役を負担しているかを解明すること、その上で第三にかわた村内部において役に応じて存在する複数の統括者を誰が担っているのか、第四にそれらの総体として村の全体構造はどのように成り立っているのか、を解明することである。これは、町田氏の指摘を念頭におくと、かわた村においてはまず歴史的かつ外的な条件を確認し、内部構造の根幹に位置づける、という作業となる。

bかわた村を分析する際の諸要素と村政の問題

次に、かわた村の内部構造を具体的に分析する際に検討する諸要素について考えておく。これは、町田氏が掲げる①村の自然的条件（山・川・海・土地）、②その利用の局面（水利・耕地）に加えて、③集落、座、講などの結合形態、④村運営などの村落内で独自の制度、⑤「家」、⑥近世社会に本源的な小経営と、それ以外の豪農や「日用」的要素などの個々の経営体相互の関係などに、かわた村特有の事情を加える必要がある。

それは、大きく二つあると考えるが、一つはかわた村の村人の生活を維持した、多様な生業である。かわた村の生業という場合、まず草場や勧進場、皮革加工、雪踏づくり、雪踏直しなどが思い浮かぶ。また畿内のかわた身分の中には田地を所持し耕作を行うかわた百姓が存在したことも周知のことである。先に述べたように、こうした生業の側面は七〇年代以降の研究において、関心が向けられた事象である。ただし、「畿内のかわた村」に共通する要素として解明する向きが強く、「百姓村とは異なる生業構造をもつ」というイメージが定着することで、かわた村全体やかわた村の村落運営のあり方を解明することの重要性が十分に自覚化されない原因の一つともなったのではないか、と考えられる。南王子村の諸生業は、『ある被差別部落の歴史』において、網羅的に紹介されている。これらの分析をより深め、生業を通じた諸関係を解明する必要があろう。

もう一つは、それまでの村落論に所与のものとして、町田氏が④に含めている諸要素である。それは、村内の階層構成や、村落運営に加えて、村入用や融通、土地保全、文書管理などの八〇年代以降の村落論研究において発見された村の諸機能である。畿内のかわた村は行政的な形態では差異を有するが、一定程度の集落規模をもつ生活共同体であり、地域社会において「かわた村」として認知されていたことを考えれば、当然こうした要素の分析は不可欠である。これまで十分に注意が払われていない局面であり、とりわけ自覚的に取り組む必要があろう。

ここで問題となるのは、かわた村における村落運営や村政のあり方を、内部構造分析にどのように位置づけるか、である。町田氏は、それまでの村落論研究を刷新するために、冒頭の諸要素の重要性を掲げた。かわた村を研究する上でも、これらの要素が不可欠であることはすでに述べたが、これまでの研究動向を踏まえれば、より村落運営や村政の解明に注力する必要がある。「多様な生業構造を内に含むかわた村」という捉え方では、村落運営や村政が生活を規定する局面は小さい、と考えられがちであるが、そこで想定されている「村落運営」や「村政」は百姓村同様に村高に基礎をおくものである。かわた村が多様な生業に依拠して存在する以上、その村落運営や村政が、村高や土地所持に基礎をおくものなのかを、まずは確認する必要があるように思われる。aで挙げた内部構造分析の課題とあわせて分析することで、各かわた村の固有性が解明できるのではないかと考える。

かわた村の村政をめぐってもう一点意識しておきたいことは、村政がたとえどのような秩序のもとに行われていようとも、かわた村という存在形態をとる以上、それがかわた村の集団秩序である、ということである。言い換えれば、村落秩序に直接関係しない生業に就いていようとも、村の秩序は厳然として存在し、かわた村の村人である以上、その秩序の中で生活することになる。こうした意味において、先に挙げた諸要素と村政レベルの問題の両面を実態的に解明することが大きな課題となるのである。

c 地域社会との関係構造分析

地域社会との関係については、まず何よりも差別―被差別関係のみを明らかにすることから脱却する必要がある。かわた村に関する史料は、本村に残される場合が多く、そのため本村支配、あるいは本村庄屋による支配の差別的なあり方を検討することが、地域社会のあり方を検討することであるとこれまで考えられがちであった。だが、そもそも本村や本村の庄屋による支配は行政的な差別関係であり、また地域社会のごく一部分にすぎない。より広い視野で、構造的に地域社会全体を見ることが重要である。本書では、この問題に全面的に取り組みえないが、かわた村を通じて見えてくる地域社会の構造を可能な限り明らかにする。

三、本書の構成

本書の構成は次の通りである。

第三章　一八世紀中期の南王子村の村落構造（『部落問題研究』一七五、二〇〇六年）
第四章　泉州南王子村における村落構造の変化（『部落問題研究』一八五、二〇〇八年）
第五章　南王子村の村入用と西教寺「俗親」について―一八世紀後期から一九世紀への展望―
第六章　南王子村の草場と得意場（旦那場）―一九世紀を中心に―
補論2　南王子村における人口増加と出作・小作（『部落問題研究』一九四、二〇一〇年）
終章

＊これらは、二〇一〇年一二月に大阪市立大学大学院文学研究科に提出した博士学位論文をまとめ直したものである。この間、『和泉市の歴史4　信太山地域の歴史と生活』（和泉市史編さん委員会、二〇一五年）の近世部分を執筆する機会を得、博士論文の理解をさらに深めることができた。こうした成果を踏まえ、今回加筆・修正を加えている。また序章と終章、補論1については、新たに執筆した。なお既発表論文についても、細かい数値の誤りや表現等を適宜修正している。

ここであらためて南王子村の概要を紹介しておく。和泉国泉郡南王子村は、現在の大阪市中心部から約二〇km南に位置した一村立のかわた村である（現大阪府和泉市）。村域は大阪湾に続く平野部に位置するが、村の東側には標高六〇メートル程度の信太山丘陵が広がる（第一章図1参照）。南王子村について特筆すべきことは、同村が一村立、つまり村高を公認されており、本村支配を受けない村であることである。これは一七世紀中期以降のことだが、こうした存在形態に応じて、同村の庄屋・年寄はかわた身分である。村の内部構造や村政を考える上で注目すべき点である。また近世を通じて人口が激増すること（第四章表1参照）、雪踏が産業として成立し、雪踏商人とも言うべき存在が近世後期に登場すること、近世後期以降村内対立が継続することなどがこれまでの研究で明らかにされている。

南王子村の村高は、文禄検地高が一四六石余、延宝検地高が一四二石余である。なお文禄検地時には「上泉郷出作王子村」、延宝検地時には「王子村」という名称である。領主支配は、近世初頭から貞享二（一六八五）年まで幕領であり、貞享三年から宝永七（一七一〇）年まで武蔵岩槻藩領（途中、転封による領主の交代あり）、その後幕領に復し、延享四（一七四七）年には一橋領知となり、幕末を迎えている。

以下、現在まで明らかにされている南王子村の概要と関連させて本論の構成を述べる。

第一章から補論1までは、南王子村が一村立の村として成立する背景と経過を検討する。南王子村が一村立であることは、村の内部構造を規定する歴史的・外的条件であり、その解明を試みたものである。のちに南王子村を形成するかわたは信太郷王子村内に居住していたが、一七世紀中期に上泉郷の出作王子村を切り分けられ、これによって村請制村化した、とこれまでの研究では説明されている。しかしなぜかわたに「出作王子村」が切り分けられたのか、「出作」とは何かという点については十分明らかになっていない。そこで、第一章では「出作」に注目し、当該地域において太閤検地以後近世村が成立する過程を検討する。その成果を踏まえて、第二章では王子村内に居住していたかわたが南王子村となる経過そのものを検討する。第二章では主として一七世紀におけるかわたの実態を地域社会の中で捉えることを意識した。史料的な制約もあり、一八世紀中期以前の南王子村の内部構造は断片的にしか明らかにしえないが、地域社会全体の動向の中で南王子村の成立を検討するという視角から、新たな局面を明らかにする。

第三章から第五章は、一八世紀中期から一九世紀初頭にかけての南王子村の村政と内部構造を解明するものである。その際、可能な限り村の諸要素のあり方に留意した。第三章では寛延二（一七四九）年の村方騒動の分析を深めるため、宗門改帳から村全体の構成を復元することにより、村高所持を見るだけでは不十分な村の生活やイエのつながりを明らかにしている。第四章では、一八世紀後期に人口が増加し、村内の無高層が問題となる中、村政秩序が変化する局面を明らかにする。また、無高層の取り締まりを主目的として組頭に権限を与えるという村役人の意図が、その後の村政に与えた影響を検討する。第五章では、一八世紀後期から一九世紀前期における村入用と寺のあり方を考察する。これらをあわせて、当時の村政の特質とその変化、村の諸要素のあり方を明らかにしたい。また先述した近世後期の研究成果を意識し、そこに至る過程としても捉えている。

第六章と補論2は、南王子村の生業と村の内部構造の連関を検討したものである。第六章では、草場と得意場（旦那場）、そして老牛屠殺の問題を扱う。史料的な制約があり、幕末に近い時期の分析ではあるが、株所有のあり方や内部構造との関連、村人の生業という意味合いで非常に重要である。また補論2は、南王子村の村人が村外に所持した出作と、地主から請け負う小作を人口増加やイエの問題と関わらせて論じたものである。南王子村の生業は多様であり、残されたものも多いが、それらは今後の課題としたい。

以上を通して、終章では本論の成果について総括する。なお本書は、近世初期から一九世紀前期までを主たる対象としている。一九世紀には、南王子村の村落構造にも地域社会の中でのあり方にも大きな変化が見られるが、その全面的な分析は今後を期したい。

注

（1）『奥田家文書　全十五巻』（奥田家文書研究会編、大阪府同和事業促進協議会、一九六九〜七六年）。『大阪府南王子村文書　全五巻』（南王子村文書研究会編、和泉市教育委員会、一九七六〜一九八〇年）。

（2）盛田嘉徳・岡本良一・森杉夫『ある被差別部落の歴史―和泉国南王子村―』（岩波新書、一九七九年）。

（3）森杉夫「近世末解放村落の貢租」（『日本歴史』二五九、一九六九年）、同「天明期の百姓一揆」（『大阪府立大学社会科学論集』一、一九七〇年）、同「近世末解放部落の成立と生活」（『部落解放』二一、一九七一年）、同「出作をめぐる差別と争論」（『大阪府立大学紀要　人文・社会科学』二七、一九七九年）など、ほか多数。代表的なものは、森杉夫『近世徴租法と農民生活』（柏書房、一九九三年）に収められている。また高市光男「江戸時代後期の部落の人口動態」（『部落問題研究』四五、一九七五年）、小野田栄子「幕藩制解体期における賤民身分をめぐる諸動向」(『日本史研究』一八一、一九七七年)なども注目される。

(4) 町田哲『近世和泉の地域社会構造』(山川出版社、二〇〇四年)。

(5) 研究史の整理については、以下のものを参照している。小野将「身分制社会論という視角」(『歴史評論』五六四、一九九七年)、塚田孝「歴史学の方向を考える」(『歴史評論』五七一、一九九九年、同『身分論から歴史学を考える』校倉書房、二〇〇〇年所収)、森下徹「身分的周縁論の系譜と方法」(『部落問題研究』一六一、二〇〇二年)、塚田孝「近世身分制研究の展開」(歴史学研究会編『現代歴史学の成果と課題1980-2000年Ⅱ 国家像・社会像の変貌』青木書店、二〇〇三年)。

(6) 代表的なものとして、原田伴彦『被差別部落の歴史』(朝日新聞社、一九七五年)をあげておく。

(7) 朝尾直弘「近世初頭の村落耕地」(同『近世封建社会の基礎構造』、一九六七年、御茶の水書房所収。初出は「豊臣政権の基盤」『歴史学研究』二九二、一九六四年。『朝尾直弘著作集第一巻 近世封建社会の基礎構造』岩波書店、二〇〇三年所収)。

(8) 『播磨国皮多村文書』(播磨国皮多村文書研究会編、部落問題研究所、一九六九年)。

(9) 『河内国更池村文書』(更池村文書研究会編、部落解放研究所、一九七一～七五年)。

(10) 脇田修「近世封建制と部落の成立」(『部落問題研究』三三、一九七二年。同『近世身分制と被差別部落』部落問題研究所、二〇〇一年所収)。

(11) 西播地域皮多村文書研究会『近世部落史の研究 上・下』(雄山閣、一九七六年)など。前掲注2の南王子村の新書もこの流れに位置づく。

(12) 高木昭作「幕藩初期の身分と国役」(『歴史学研究別冊(一九七六年度歴史学研究会大会報告)』、同『日本近世国家史の研究』岩波書店、一九九〇年所収)。

(13) 朝尾直弘「近世の身分制と賤民」(『部落問題研究』六八、一九八一年。『朝尾直弘著作集第七巻 身分制社会論』岩波書店、二〇〇四年所収)。

(14) 塚田孝「近世の身分制支配と身分」(『講座日本歴史5 近世1』、東京大学出版会、一九八五年。同『近世日本身分制の研究』兵庫部落問題研究所、一九八七年所収）。

（15）塚田孝「社会集団をめぐって」（『歴史学研究』五四八、一九八五年。同『近世日本身分制の研究』兵庫部落問題研究所、一九八七年所収）。

（16）塚田孝『近世日本身分制の研究』（兵庫部落問題研究所、一九八七年）や峯岸賢太郎『近世被差別民史の研究』（校倉書房、一九九六年）など。

（17）『身分的周縁』（部落問題研究所、一九九四年）。また、その後二度の共同研究の成果が、『シリーズ近世の身分的周縁　全六巻』（吉川弘文館、二〇〇〇年）、『身分的周縁と近世社会　全九巻』（吉川弘文館、二〇〇六〜八年）として刊行されている。

（18）塚田孝「身分制の構造」（『岩波講座　日本通史12　近世2』一九九四年。同『近世身分制と周縁社会』東京大学出版会、一九九七年所収）。

（19）吉田伸之「近世における身分意識と職分観念」（朝尾直弘ほか編『日本の社会史7　社会観と世界像』岩波書店、一九八七年。同『近世都市社会の身分構造』東京大学出版会、一九九八年に改題の上所収）、同「所有と身分的周縁」（久留島浩ほか編『シリーズ近世の身分的周縁6　身分を問い直す』吉川弘文館、二〇〇〇年。同『身分的周縁と社会＝文化構造』部落問題研究所、二〇〇三年所収）、同「寺院・神社と身分的周縁」（同編『身分的周縁と近世社会6　寺社をささえる人びと』吉川弘文館、二〇〇七年）。

（20）藤本清二郎『近世賤民制と地域社会―和泉国の歴史像―』（清文堂、一九九七年）。

（21）飯田直樹「賤称廃止令前後の地域社会―南王子村一平民祝恐相撲を題材として―」（『歴史評論』六一一、二〇〇一年）、同「明治前期の南王子村の社会構造―西教寺帰依不帰依一件を素材として―」（『部落問題研究』一六四、二〇〇三年）、西尾泰広「安政年間村方入縺一件よりみた南王子村」（『部落問題研究』一六二、二〇〇二年）、同「近代前期南王子村の社会構造」（『部落問題研究』一七二、二〇〇五年）、同「かわた村―和泉国南王子村の一九世紀―」（塚田孝編『身分的周縁と近世社会4　都市の周縁に生きる』吉川弘文館、二〇〇六年）、同「戦間期における未解放部落の社会構造と地域支配構造」（広川禎秀編『近代大阪の地域と社会変動』部落問題研究所、二〇〇九年)、横山芽衣子「維新変革期の地域と民衆―南王子村西教寺帰依不帰依一件をめぐって―」(『部落問題研究』一七〇、二〇〇四年)。

(22) 塚田孝「身分制社会の解体―大坂・渡辺村=西浜の事例から―」(『歴史評論』五二七、一九九四年。同『近世大坂の法と社会』吉川弘文館、二〇〇六年所収)、同「大坂渡辺村」(同『近世の都市社会史』青木書店、二〇〇一年)。

(23) 藤本清二郎『近世身分社会の仲間構造』(部落問題研究所、二〇一一年)。

(24) 吉田伸之「社会的権力論ノート」(吉田伸之・久留島浩編『近世の社会的権力』山川出版社、一九九六年)。

(25) かわた村に社会的権力が存在したと見るかどうかも検討する必要があるが、ここでは南王子村の雪踏商人をひとまず念頭においている。

(26) 朝尾直弘「幕藩制と畿内の『かわた』農民―河内国更池村を中心に―」(『新しい歴史学のために』一六〇、一九八〇年。『朝尾直弘著作集第七巻 身分制社会論』岩波書店、二〇〇四年所収)。また前掲注13論文。

(27) 畑中敏之「近世村落社会と『かわた村』―大坂周辺における『本村付』体制の分析を中心に―」(脇田修編著『近世大坂の史的分析』御茶の水書房、一九八〇年。改稿の上、同『近世村落社会の身分構造』部落問題研究所、一九九〇年所収)。

(28) 峯岸賢太郎氏による、かわた村を支配するのは本村の村役人であって、村落共同体としての本村がかわた村を支配するわけではない、という批判を、畑中氏が「〇〇村領内かわた」というあり方そのものが、本村とかわた村の間に支配従属関係が存在するのだ、として退けている点からも明らかである。

(29) 畑中氏はこの後、支配従属関係である本村支配を解明した上で、それにかわた身分特有の雪踏産業の興隆を基礎とするかわた村の経済力の上昇を対置させ、本村支配を相対化することで、「差別」を解明することに終始した部落史研究を批判している(畑中敏之『「かわた」と平人―近世身分社会論―』かもがわ出版、一九九七年。また同『雪踏をめぐる人びと』かもがわ出版、一九九八年など)。しかし大枠では部落史研究の視角を脱しえていないと考える。

第一章　泉州泉郡平野部地域における近世村の成立

はじめに

本章では、泉州泉郡平野部地域において実施された太閤検地のあり方と、その後近世村が成立する経過を明らかにする。

村請制村である近世村は、年貢納入を共同で行うという性格を根源的に与えられており、幕藩制の支配レベルにおける村の把握・設定は、各村の内部構造の大枠を、近世を通じて規定した。そのため、近世村がどのように成立したかは、幕藩制の基礎として村が把握されたという意味と並んで、村に生きる人々や地域社会にとって非常に重要な意味をもった。

近世村成立の画期である太閤検地については、かつて広く議論されたところである。しかし概ね政策論としての評価をめぐるものであった。また太閤検地によって近世村がすぐさま成立したわけではない。太閤検地と近世村成立の経過については、今なお各地において解明が進んでおり、まずは基礎的な事例の蓄積が重要である。本章では、太閤検地による把握を出発点としながらも、複雑な経過をたどり近世村が成立したこの地域の事例を紹介することで、太閤検地や近世村の成立が在地社会にどのような影響を与えたのかを解明したい。

さて、泉州泉郡平野部を対象にこうした作業を行う直接の動機は、本書の対象である南王子村がなぜ一村立のかわた村となったのか、を解明するためである。この点に関わって、すでに指摘されている事実と、問題点について述べておこう(1)。南王子村が一村立となった経緯を考える上で、押さえるべき事実として次の五点がある。

Ⅰのちに南王子村を形成するかわたは、一六世紀末には王子村内の除地に居住する、「王子村内かわた」であった。

Ⅱ慶長九(一六〇四)年の指出検地において、王子村とは別に信太郷「かわた村」分の帳面が作成され、五九石余の田地が書き上げられる。

Ⅲ正保四(一六四七)年までに、隣村伯太村から上泉郷の出作高一四六石余がかわたに切り分けられ、年貢直納が可能となった(2)。ただし、居所は王子村内の除地のままである。

Ⅳ切り分け当初の上泉郷出作高は、「王子村」や「王子皮田村」などと呼ばれたが、貞享三(一六八六)年に王子村と初めて同領となった際に、「南王子村」という名称となった。

Ⅴ元禄一一(一六九八)年に、かわたは王子村内の除地から南王子村の村領へ居所を移した。

この経過において、とくに問題となるのは次の三点である。まず、慶長九年段階での信太郷「かわた村」分の五九石余の田地は、王子村の村高か、あるいはかわた村の村高なのか(①)、さらにこの五九石余はその後どうなるのか(②)、なぜ伯太村から出作高が切り分けられたのか(③)、である。この三点については、これまで解明が試みられてきたが、結論には至っていない。③については、その前後で伯太村の免定に記される村高が変化しない、という問題もある(3)。①~③を整合的に理解することは難しいため、これまではかわた身分に特有の問題として捉えられてきたように思われる。つまり、かわた身分であるが故に特別な措置を受けたのではないか、という想定である。

しかし、これらは全て泉郡平野部地域における近世村成立の動向の中で説明が可能である。実は南王子村の成立をめぐる問題点は、この地域における近世村成立を解明するための大きな手がかりの一つである。地域社会全体に視野を広げることで、これまで結論に至らなかった南王子村が一村立化する前提でもある、近世村成立の経緯を明らかにしていきたい。

さて、和泉国における検地は、まず天正一二、三（一五八四、五）年に豊臣秀吉が実施したとされる。続いて文禄三（一五九四）年に秀吉直臣の吏僚らが国内で検地を行い、この際の検地帳はいくつも残されている（以下、文禄検地を太閤検地と呼ぶ）。その後、慶長九年に岸和田城代小出氏による指出検地や、慶長一六年の片桐且元による検地なども確認されているが、これらの実施範囲は明らかではない。信太地域では、慶長九年の指出検地帳が確認でき、上代村などの一部を除き、太閤検地高（古検高）が一七世紀後期の和泉国幕領一斉検地（延宝検地、新検）まで、村高の基礎になった。

この経過の中で、平野部地域の近世村は成立していくが、その経緯はとりわけ複雑である。そのため、あらかじめ本章の結論を簡単に述べておく。

1泉郡平野部地域で行われた太閤検地は、「郷」ごとに実施されたが、この「郷」は、条里地割における里区画（六町四方）に基づく単位である（図2）。

1’信太郷は、太閤検地の実施単位であるが、遅くとも一七世紀中期以降は氏神（信太明神社・和泉国三宮）を同じくする七ヶ村を指す言葉として確認できる（信太郷七ヶ村）。しかし検地実施単位と村々の結合は原理を異にするものであり、検地実施単位の信太郷と信太郷七ヶ村は別の枠組みである。上泉郷をはじめ、検地実施単位である「郷」はすべて郷村的結合を指す用語ではない(4)。

＊信太郷七ヶ村とは、上代村・上村・太村・尾井村・中村・王子村・富秋村である。一八世紀以降の史料では、信太郷は氏子結合としての七ヶ村を指すことがほとんどである。このため本章では、検地実施単位の信太郷と七ヶ村という意味を区別するため、検地実施単位を指す場合は信太郷、七ヶ村の意味で使用する際には「信太郷七ヶ村」と表記する。なお、本章で登場する検地実施単位としての「郷」は、信太郷・上泉郷・上條郷・下条郷・坂

本郷・軽部郷であり、おもに信太郷と上泉郷について取り扱う。

2「郷」は中世末の段階において一定程度行政単位として機能していたようだが、少なくとも信太郷や上泉郷では集落と村領の形成を規定づけるものではなかった。

3太閤検地時の信太郷には、隣接する「郷」に屋敷地が所在する村の耕地が相当程度展開していた。これらは信太郷を担当する検地奉行によって、所持者の村ごとに「（信太郷）出作〇〇村」として把握された。

4こうして創出された「出作」は三つの特徴を有した。まず、原則として屋敷地を含まず、耕地のみである（特徴①）、さらに、村請制村同様の単位として扱われ、免定も交付された（特徴②）。しかしその免定は、「出作」を所持する百姓が居住する村ではなく、当該郷内の村の庄屋に交付された（例えば、「信太郷出作池上村」は、上條郷に屋敷地のある池上村〔便宜上、出作元村と呼ぶ〕百姓が信太郷上に所持する田畑であるが、免定は信太郷上の王子村〔同、捌き庄屋の村〕に下される（特徴③））。特徴②・③が制度化された時期を示す直接的な史料はないが、太閤検地の際である可能性が極めて高い。

5「出作」は特徴①〜③を有したまま正保期まで維持されたが、正保郷帳作成を機に堺奉行が実態に即すよう指示を下した。その結果、この時点で捌き庄屋の村の百姓よりも、出作元村の百姓による所持が多い「出作」は、すべて出作元村に切り分けられた（特徴③の解消）。これは捌き庄屋の村から「出作」分の検地帳を出作元村に引き渡すとともに、支配レベルからの免定交付先を変更することで実現した。

6その後、特徴②は個別領主支配の中で、捌き庄屋の村の高に包摂されて解消する場合や、切り分けられた出作元村が複数村として扱われる場合など、一八世紀初頭までに村請制村の数え方としては変化し、固定化した。特徴①については、南王子村などを除き（居所を「出作」に移転させたため、この特徴が解消された例）、幕末まで継続した。

本章では、概ね一節で1・2、二節で3・4、三節で5・6と、順を追って具体的に論じていくこととする。

一、一六世紀末の信太地域の復元

泉郡平野部地域において、近世村が成立する経過を読み解く鍵は、一六世紀末における当地の状況と、平野部に特有の条里地割、そして「郷」・「出作」という用語である。また一八世紀初頭までに定まった「近世村のかたち」も大いに参考となる（図1）。まずはこれらを見ていこう。

（1）「郷」・「出作」・条里

a　一八世紀以降の村のかたちと「郷」

この地域には、「村の数え方」から考えると、不思議な近世村がいくつも存在する。たとえば南王子村の西側に位置する池上村は、江戸時代を通じて生活共同体としては一村だが、村請制村としては三村として把握され続けた[5]。江戸時代の池上村では「郷境」と呼ばれる直線が村内でほぼ直交し、これを境に集落の存在する南西部分を「（池上村）本郷」、その北側を「（池上）出作」、東側を「（池上）出作」あるいは「上泉」と呼びならわしていた（図1）。この「郷境」は条里地割とほぼ重なる。さらに注目されるのは、この三つの単位ごとに検地帳が存在し、領主支配も異なる経緯をたどったことである。一六世紀末から、本郷は片桐且元領（のち大和小泉藩片桐家領に編入）、一七世紀中期以降、二つの「出作」は幕領から順次伯太藩渡辺家の領地となるが、渡辺家は二つの「出作」を二村として扱っていた。二つの「出作」は戸口の存在しない土地のみの領域であり、各「出作」の村役人は本郷に居住する百姓が務めていた。

「郷」を境に村が分断された例として、伯太村の南東に位置する黒鳥村も挙げられる[6]。黒鳥村は一四世紀以来、三つの集落（上・坊・辻）から形成されていた。だが太閤検地の際に、「郷」によって三分され、近世には黒鳥上村・黒鳥坊村・黒鳥辻村の三ヶ村となった。ここでも「郷境」は直線であり、上泉郷と坂本郷にまたがる

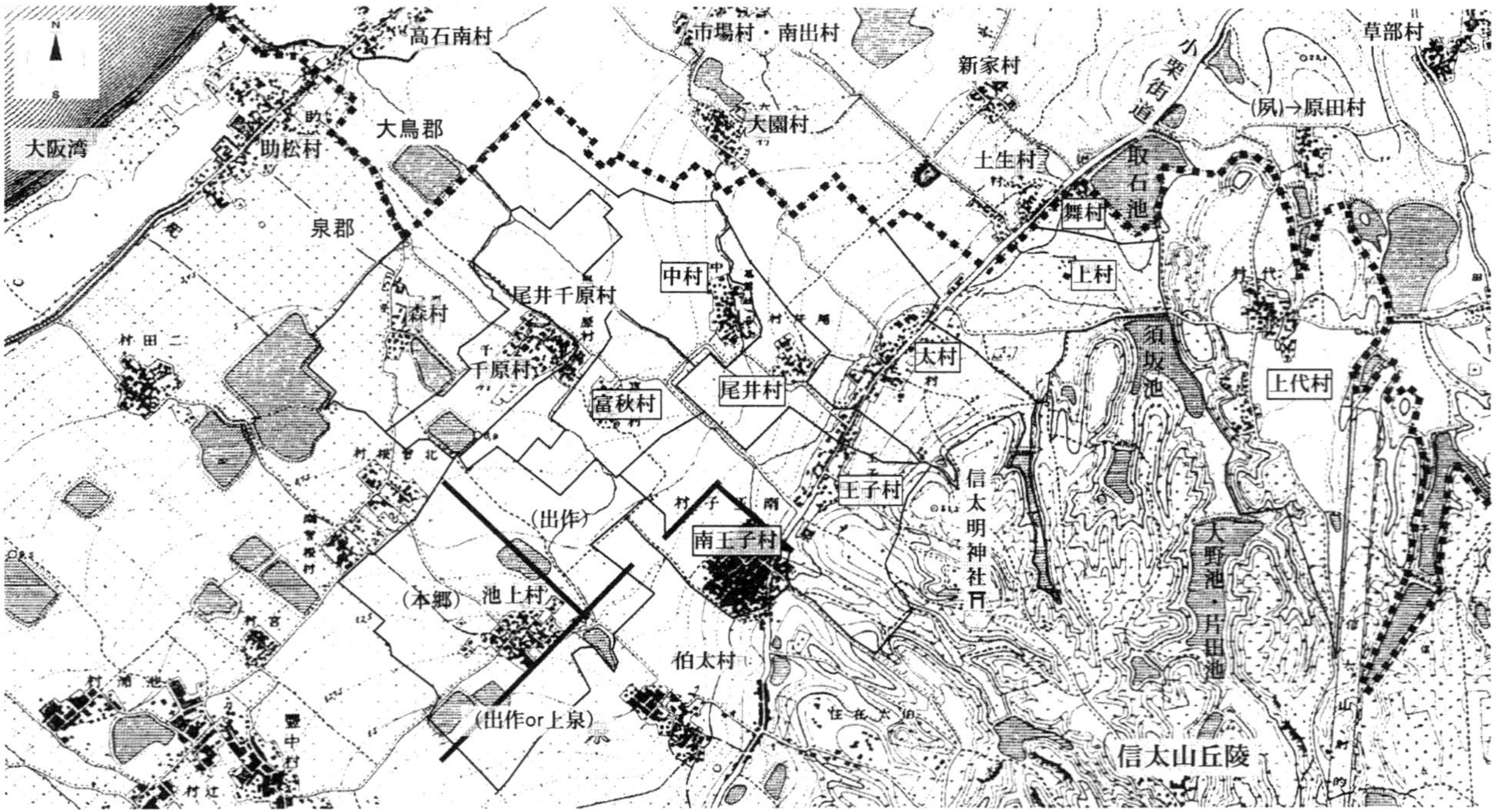

図１　一八世紀以降の信太地域の村々（柏書房『明治前期　関西地誌図集成』より作成）

下図は明治 10 年代の仮製図であり、町村制施行以前の村域を示している。なお信太山の大半は明治 4 年以降官有地となった。

郡境　村境　近世に郷境と呼ばれているライン

上集落は、上泉郷上の黒鳥上村（黒鳥上泉）と坂本郷上の郷庄集落に分割され、後者は坂本郷上の辻集落とともに黒鳥辻村となった。残る坊集落はさらに別の郷として把握され、黒鳥坊村となっている。さらに三村は異なる領主支配をたどっている。

このように、この地域では「郷」は太閤検地の際に村を分断し、条里地割に沿って直線で区切られる範囲として立ち現れる。南王子村では、「隣接する王子村は信太郷田地だが、南王子村は上泉郷田地である。」と史料上記されている。ここから図1に示した南王子村と王子村の村境が、信太郷と上泉郷の郷境であると考えられる。これは、池上村内の「郷境」との連続が予想される。以上から、近世の平野部の村々が「郷」や条里地割と深い関わりの中で創出されたことは明らかである。

b村請制村としての「出作」

一般に近世において「出作」という用語は、百姓が居村外に田畑を所持することを意味する。しかしこの地域では「池上出作」のように、戸口が存在しない特定の領域を「出作」と呼び、かつ村請制村として扱う事例が複数存在する。

一八世紀中期以降に泉州の五四村を領知とした一橋家は、天保二（一八三一）年頃に村々の様子を把握するため『和泉国大鳥郡泉郡村々様子大概書』を作成した(7)（以下、『大概書』と略記する）。この中で、五四村中三村に「民家なし」という記載がある（「（泉郡）綾井村」・「府中上泉」・「軽部出作」）。このうち綾井村は泉郡に所在するが、民家はなく、検地帳は大鳥郡綾井五ヶ村の一つである大園村の庄屋が管理している、と書かれている。府中上泉と軽部出作についても民家はなく、田畑はすべて府中村百姓の出作で、村役人は府中村と兼帯である、と書かれている。「池上出作」と同様に、「土地のみで戸口はないが、村として扱われる」単位であることが分かる。しかし同時に、戸口の存在する大園村や府中村は一橋領知であり、なぜ一橋家は別の村として把握しているのか、という疑問も大いに生じるところである。

こうした問題は、すべて一六世紀末に当地で実施された太閤検地による土地把握が起点となっている。条里地割に沿って「郷」ごとに検地が行われたため、それまでの村が分断され、無人の領域が「出作」として村同様に把握されたからである。この局面については、慶長九（一六〇四）年の「信太郷指出帳」から明らかになるが、同帳の内容と検地のされ方については二節で検討することとする。まずは太閤検地で検地実施単位となった「郷」を確認し、「郷」とは何か、なぜ「郷」ごとに検地が行なわれたのかを、考えていこう。

（2）空間構造の復元

すでに「郷境」が条里地割に沿うことは確認したが、池上村や黒鳥村などの「郷境」を広域にわたり整理すると、郷境は条里地割の中でも「里」の区画にのみ沿うことが判明する。条里制では、六町（約六五四メートル）四方の範囲を里とし、里の内部には一町（約一〇九メートル）四方の坪が三六含まれる。図2は、江戸時代の村の範囲をベースとし、「郷境」とされる箇所をまず確定し、さらに郷帳や地誌に記載される村名と郷名から、「郷」の範囲を想定したものである[8]。村は坪の区画で区切られることも多いが、「郷境」は必ず条里地割の里区画上にある。そのため「郷」は、明らかに村々の結合ではなく、条里地割の里を基礎とする面的な土地区画である。

つぎに、信太郷と上泉郷の空間構造を簡単に確認しよう。

信太郷　X型の領域である。約四里の領域と、小栗街道の東側（条里は確認できない）を含む約二里と、信太山からなる。北側は郷のラインではなく大鳥郡との郡境が優先されたため、直線的ではない。江戸時代の信太郷上には、「信太郷七ヶ村」に加えて、池上村や尾井千原村、森村の村領も展開している。

上泉郷　信太郷の南側に位置し、正方形をなす四里分である。このうち東側の里はほぼ信太山で占められている。郷内のほとんどを伯太村が占めるが、北側に南王子村、西側に池上村、南側に府中村と黒鳥村の領域が含まれる。

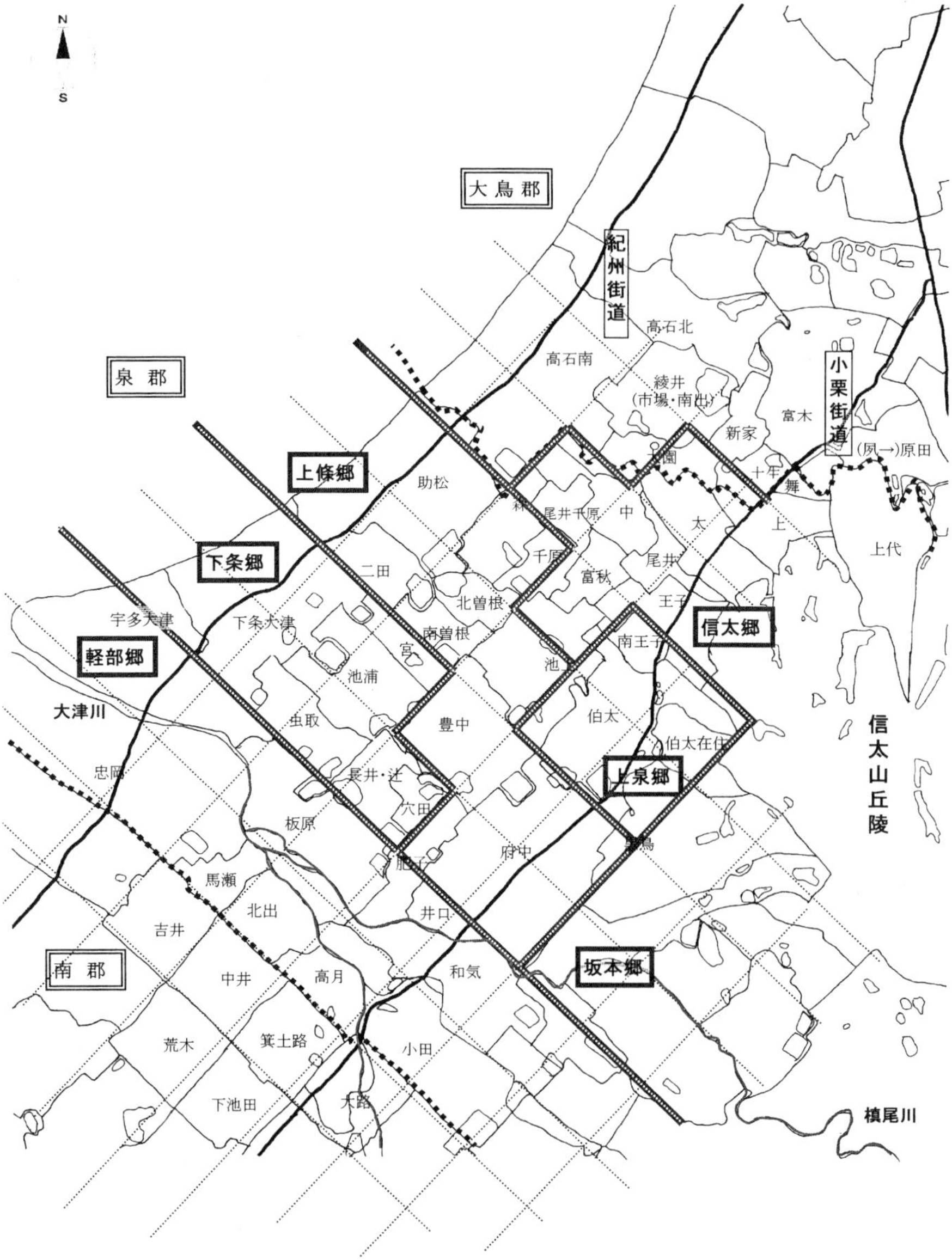

図２　「郷」と村の関係

南郡の村々は実際は条里地割の里区画と一致するが、仮製地形図をベースとしているため技術的問題でずれている。

このうち南王子村には一八世紀後期の史料ではあるが、「南王子村の村高は上泉領といい、御領《〔一橋家〕》知黒鳥村《〔黒鳥上村〕》・府中上泉・御他領《〔伯太藩渡辺家〕》伯太出作池上村・伯太村と合わせて、往古は五ヶ村で帳面が一冊あり、元村は伯太村である。」という記録が残っている[9]。つまり上泉郷を単位に太閤検地が行われ、全体で一冊の検地帳が作成されたとされる。

これらの復元から、里を単位とする郷ごとに検地が行われたことは確実である。『岸和田市史』によれば、同市の平野部でも同様の方法がとられており、和泉国の平野部地域では広く採用された検地の方法だと考えられる[10]。このため太閤検地時に、村域が郷を越えていた村は、池上村や黒鳥村のように分断されたのである。

(3) 里と郷

では、太閤検地の実施単位となった、条里地割の里区画を基礎とする郷とは何か。郷境によって分断された村が存在するのであるから、郷は有機的なまとまりではないと考えられる。信太郷に池上村や尾井千原村、森村の領域が広がっていたこと然りである。

これらの郷は、古代律令制下の郷と何らかの関係を有していると考えられる。一〇世紀に成立した『和名類聚抄』には、和泉国和泉郡に信太・上泉・下泉・軽部・坂本・池田・八木・山直・掃守・木島の一〇郷が記されており、図2に記した郷名の多くはすでに確認できる[11]。ただし律令制下の郷は、五〇戸を編成単位とする。そのため、実態としては二、三の自然村落を包摂するが、あくまでも戸数によって編成されるため、特定の領域を指す用語ではない、とされる。

信太地域周辺において、郷がいつ頃から里で区切られた領域を指す用語として定着したのかは結論を下すことが非常に難しいが、一四世紀には黒鳥村が「上泉郷梨子本里内黒鳥村」と表現されている[12]。このため一四世紀以前のどの時点かにおいて、戸数を表現していた郷が、条里地割の里で区切られる領域を指すようになり、各里にも固有名詞が冠されたのではないかと考えられる[13]。ただし里の固有名詞は、江戸時代には一切伝わっておらず、歴史的命脈はそう長くなかったようだ。

天正検地直後の天正一四（一五八六）年には、片桐且元が豊臣秀吉より「泉州泉郡上條郷千七十石」を加増されている(14)。ここには池上村（本郷）や黒鳥坊村、肥子村などが含まれている。また且元は「泉州蔵入六郷」（一万九二〇石余）の代官にも就いており(15)、太閤検地以前に、郷は行政的な枠組みとして存在していたと考えられる。なお岸和田市域においても、八木郷・山直郷・加守郷・木島谷が太閤検地の実施単位となっており、泉州の平野部地域において郷は共通する性格と歴史展開をたどったものと考えられる。

以上から、郷は一四世紀までに平野部地域に確立した、条里地割の里に基づく領域で、一六世紀末には行政的な枠組みにもなっていた、と理解される。加えて指摘しておきたいことは、一七世紀以降の信太地域周辺では、郷は水利体系の大枠とも重なっていたという事実である。

図2で示した槇尾川（大津川）右岸に展開する村のほとんどは、槇尾川からの用水灌漑によっていた。これに対し信太郷の範囲は、ほぼ信太山内にある溜池によって灌漑されていた。信太郷の基盤用水源は灌漑域一一八町余とされる大野池・須坂池であり、近世の大野池郷を構成したのは、上代・上・太・王子・尾井・中・富秋・舞・綾井・森・尾井千原の一一ヶ村である(16)。つまり信太郷上に展開する綾井村・森村・尾井千原村は、大野池掛りであった。信太山内には他にも小さな池が多数存在し、大野池用水で賄うことができない小さな谷筋などを潤していた。例外は、池上村内の千草地（図2では、上條郷と信太郷の郷境上に存在）である。千草地には槇尾川の用水が入り、灌漑域は九町二反余で、富秋・中・尾井・森・尾井千原・池上出作の六ヶ村立会である。村名と水路や地形から信太郷が主たる灌漑域であると考えられるが、信太山内にある立会池とその規模は比べるべくもない。

なお上泉郷は、槇尾川用水と信太山内の溜池の両方が利用されている。伯太村と黒鳥村は、信太山内の溜池からの用水で丘陵に続く傾斜地を耕作すると共に、相対的に低い土地は槇尾川からの用水灌漑を利用していた。

上條郷や下条郷という名は、近世には検地実施単位ではなく槙尾川用水を利用する単位として存在した。これは、そもそも条里地割が耕作を目的とすることに規定されて、里内の水利条件も大枠では共通したためと考えられる。以上から、一六世紀末において郷は行政区画であると同時に、大枠の水利条件を同じくすることが多かったと考えられる。しかし各里の地理的条件に規定されて、例外も含まれており、村落形成の点から見れば、郷は必ずしも厳密な区分ではなかったと考えられる。

信太郷の場合、中世のある段階まで信太山内の池は信太郷全体を灌漑するために十分な規模ではなく、「信太郷七ヶ村」は比較的容易に用水を利用できた山裾に近い部分を主要な耕地とし、流末となる北西の里の耕地化をほぼ放棄していたのではないかと考えられる。慶長九年の指出帳では小栗街道以西の小字には「ぬま」や「あまくそ」など、低地で悪水抜きの必要性を感じさせるものが圧倒的に多い(17)。そうした部分に近隣の村々が細々と耕作を開始し、村領を広げていったのだろう。太閤検地時には高石村や森村の村領として把握される前提が、展開していたと想定できる。上泉郷の場合も、伯太村が耕地化を試みなかった(あるいは放棄した)郷の端に周辺村々が耕地を展開させていったのではないだろうか。この二つの郷では不十分な水利条件が、他郷の村々が村領を広げる要因となったと考えられる。

一方で上條郷や下条郷では、郷境を越えた村の展開は少ない。両郷が中世以降確認できる郷名であることと関係する可能性もあろう(18)。郷の性格付けは、信太郷や上泉郷以外の実態もふまえて、今後さらに検討される必要がある。

二、太閤検地と「出作」―捌き庄屋体制

次に、「出作」に関する最古の記録である慶長九(一六〇四)年の信太郷指出帳を検討し、具体的な検地の実

施方法と、「出作」の性格を見ていこう。

（1）慶長九年信太郷指出帳

慶長九年に岸和田城代小出氏によって実施された指出検地については、南郡と大鳥郡を中心に現在五三冊の帳面が残っている[19]。帳面の宛先はいずれも小出氏家中と思われる小出将介他二名で、五三冊中二〇冊には次のようなほぼ同文の請書がある[20]。

今度御指出被仰付候、少もちかひ無御座候、若かくし地幷さほはつれ御座候をかくしおき申ニおいては、以来ニ御聞被成候ハ、此判形之者共御せいはい可被成候、如件、

慶長九年
八月十六日　　塔原
宗左衛門（略押）

小出将介様
小川久介様
小林九郎兵衛様
参

庄屋的な立場につく人物が作成したこれらの請書から、指出検地であったことは明らかである。五三冊中一九冊は表題を「〇〇村御検地帳」としており、さらにこの一九冊中四冊は「文禄三年御検地帳」と題している[21]。単に表題を「〇〇村帳」や「〇〇村水帳」としているものもあり、多くの村は文禄検地帳の写しを提出したようである。

この五三冊に含まれる「泉州泉郡信太郷指出帳」は現在一三冊残っている（表1）。表紙に「拾七帖之内」と

表１　慶長九年「信太郷指出帳」の概要

		表　題	惣高（石）	差出人	筆数 (田)	畠	屋敷	計
信太郷	1	泉州泉郡信太郷上田井村御指出	65.267	善衛門	60	35	3	98
	2	泉州泉郡信太郷中村御指出之事	287.873	与八郎	204	86	24	314
	3	泉州泉郡信太郷太村御指出之事	426.700	彦九郎	321	180	9	510
	4	泉州泉郡信太郷尾井村御指出之事	149.303	与三郎	136	46	5	187
	5	泉州泉郡信太郷富秋村御指出事	89.391	太郎左衛門	84	43	8	135
	6	泉州泉郡信太郷わうし村御指出之事	202.591	藤兵衛	189	102	12	303
	7	泉州泉郡信太郷かわた村御指出	59.162	甚五郎	48	3	2	53
	［14］	［上村］		［若左衛門］				
	小計		1280.287					
出作	8	泉州泉郡信太郷出作はふ村舞村御指出	16.764	若左衛門（［上］）	14	31	0	45
			30.111		21	30	10	61
	9	泉州泉郡信太郷出作千原村御指出事	230.422	与三郎（尾井）	138	27	0	165
	10	泉州泉郡信太郷出作森村助松村御指出	128.633	太郎左衛門（富秋）	73	2	0	75
			97.738		54	2	0	56
	11	泉州泉郡信太郷出作綾井村御指出事	95.135	彦九郎（太）	53	8	0	61
	12	泉州泉郡信太郷出作高石村御指出之事	114.969	与八郎（中）	61	1	0	62
	［15］	［出作夙村］		［善衛門（上代）］				
	［16］	［出作池上村］		［藤兵衛（王子）］				
	［17］							
	小計		713.772					
	13	泉州泉郡信太郷無地之帳事	33.660	与三郎　彦九郎	21	1	0	22
合　計			2027.719					

１～13 が現存し、14～17 は推定である（［　］内はいずれも推定）。13 冊の宛先はいずれも小出将介・小川久介・小林九郎兵衛である。

尾井村分は小字記入欄に「屋敷」とある分を屋敷と数えている（地目欄に屋敷という記載がない）。

太村には惣高記載とは別に、帳末に「弐町　弐拾石　山田原作」という記載がある。

あるものがあり、本来は全一七冊であったと考えられる。一三冊の帳面は、検地の実施単位である信太郷を対象としたものであり、七冊は上代村・中村・太村・尾井村・富秋村・王子村と、王子村内に居住するかわた分である。残る六冊のうち、五冊は「出作」の帳面、一冊が無地分である。欠帳の四冊は、一冊は上村分だろう。また二冊は、「出作夙村」と「出作池上村」と考えられる（後述）。残る一冊については分からない。

記載内容について必要な限りでふれておくと、総じて信太郷分一三冊は同時に作成された他の帳面に比べて簡略である。一筆ごとに小字・地目・面積・分米・名請人を記すのみで、等級の記載は一切ない。また帳末の記載も総高と永荒高、毛付高のみである。さらに、いずれの帳面でも面積と分米から算出した斗代が、整数とならないものが一定数存在する(22)。また各帳面で記載内容に特徴があり(23)、文禄検地帳の写しとは到底考えられない。しかし「無地分」の帳面が存在することは、前代に作成されたものに依拠していることを示している。以上から、信太郷分は文禄検地帳に村側でかなり手を加えた、当時の生産高を表す帳面と考えられる。

さて、この指出帳での注目点は二点あるのだが、一点目は「出作」の帳面が存在することである。作成された村々は、土生《はぶ》・舞・千原《ちはら》・森・助松・綾井・高石の各村である。各帳面の表題は、「泉州泉郡信太郷出作千原村御指出事」などとなっている。この「信太郷出作」が意味するところは、「検地実施単位である信太郷上に屋敷地がない（上條郷の）千原村の村領で、郷を越えて信太郷上に展開している部分についての帳面」ということである。つまりこの場合、「出作」は検地実施単位の郷を越えたことを意味している。こうした措置は、郷ごとに検地が行われ、異なる検地奉行が派遣されたため(24)、郷内に存在する他郷村々の村領は別に把握せざるを得なかったためと考えられる。

「出作」の帳面が作成された各村は、当然信太郷外に屋敷地が存在したため、「出作」には屋敷地の書き上げがなく、耕地のみである。例外は舞村であるが、舞村は慶長国絵図では大鳥郡と泉郡に半分ずつ色分けされており、近世には大鳥郡大鳥郷の村々と墓を共にしていることから(25)、本来の生活圏は大鳥郡大鳥郷にあったと思われる。そのため「出作」とされたが、屋敷地が存在するのだろう。また綾井村についても注意が必要である。一七世紀中期以降、大鳥郡の市場・南出《みので》・大園・新家・土生の五村が綾井五ヶ村と呼ばれるようになるが、太閤検地時には土生村は草部郷に属していたようである。そのため「綾井村」は五村から土生村を除いたいずれかではないかと考えられる。

注目される二点目は、「出作」分の差出人である。出作千原村の差出人与三郎は尾井村の差出人と同名である。同様に、出作森村・助松村―太郎左衛門（富秋村）、出作綾井村―彦九郎（太村）、出作高石村―与八郎（中村）と、

「出作」分の差出人はいずれも信太郷内の村の庄屋と一致する。このように考えると、出作土生村・舞村の差出人若左衛門は上村の庄屋であると考えられる。このことは、「出作」分のそれぞれの帳面については差出人である各庄屋がその内容に責任をもつことを意味していよう。これは、信太郷の土地は、郷上に屋敷地が存在する者に管理責任がある、と認識されていたためと考えられる。また出作夙村は上代村の、出作池上村は王子村の庄屋の名前で提出されたと思われる（後述）。

（2）上代村に残る一七世紀の免定

つぎに上代村に残された免定から、「出作」と差出人の関係を具体的に検討しよう。上代村の庄屋家には、一七世紀中の免定が一七通残されている。うち一三通は「（出作）夙村」分、四通が「上代村」分である(26)。このうちの二点と、一八世紀初頭のものを次に挙げる。

Aは正保四（一六四七）年に幕領代官・中村杢右衛門が作成した上代村分で、村高は一八七・二八六石である。Bは寛永一五（一六三八）年に幕領代官・山田五郎兵衛が作成した出作夙村分で、村高は一五四・五三二石である。この二系統の免定は延宝期まで作成されており、延宝八年頃に夙村は原田村に村名を変更している（表2）。ところが元禄三（一六九〇）年から領主となった柳沢家が元禄一五年に作成したCでは、この二系統が統一されている。冒頭に「新検高三三〇・九四四石」とあり、続いてこの内訳として「本郷分二〇五石余（新検高二三三石余）」と「原田村出作一五五石余（新検高九七石余）」が記される(27)。延宝検地で打ち出された新検高は、元禄一〇年頃から使用されるようになった。柳沢家は「上代村」と「原田村出作」を別のものと把握し、異なる免を設定しながらも、合わせて一通の免定を作成し、上代村に下していたことになる。

これらの事実をつきあわせると、一七世紀のある時点まで「上代村」と「出作夙村」は同じ代官支配をたどったと考えられるにも関わらず、いずれの代官も毎年二通の免定を作成し、上代村に下していたと考えられる。

A

上代村亥年免定

一、高百八拾七石弐斗八升六合

内　五拾九石九合　永荒川成
　　三拾石三斗　当日損風損

残九拾七石九斗七升七合　毛付

此取八拾弐石四斗六合　但高四ツ四分

右之分相究候、庄屋・百性不残立合、出作共無高下陸ニ致免割、当霜月中急度皆済可仕候、若右之日限無沙汰仕候ハ、可為曲事候、自然公儀ゟ当取不足之由被仰出候ハヽ、何時も其方へ可申付候、仍如件、

正保四年亥霜月七日　中村杢右衛門㊞

庄屋
百性　中

(貼紙)

上代
八石弐斗　大豆
弐拾四石七斗　三分一

B

寅年分　出作　夙村

一、高百五拾四石五斗三升弐合

内

七拾四石壱斗八升八合　永荒川成

残八拾石三斗四升四合　毛付

此取五拾壱石四斗弐升　六ツ四分取

内　弐石　大豆　五石也
　　拾石四斗弐升　銀納　拾六石九斗弐升

寛永十五年

刁ノ十一月十一日　山五郎兵㊞

C（前欠）

新検高三百三拾石九斗四升四合
　此訳
弐百五石四斗四升　本郷分
新検高弐百三拾三石四斗六升壱合
　内　三升五合　御蔵屋鋪
　　　五石六斗弐升　前々池底引
　残弐百弐拾七石八斗六合　毛付
　此取百弐拾六石四斗三升弐合　五ツ五分五厘
百五拾五石七斗八升六合　原田村出作
新検高九拾七石四斗八升三合
　此取五拾六石五斗四升　五ツ八分
　外
米三升　草山年貢
米納合百八拾三石弐合
　拾八石三斗　十分一大豆銀納
内　六拾壱石壱合　三分一銀納
　百三石七斗壱合　米納
　外
一、米五石四斗九升　口米
右之通当午御物成相極〔候脱カ〕上は、村中大小之百姓幷出作之者迄不残立会致小割、来ル極月十日以前急度可皆済者也、
　元禄十五午年十一月　柳沢帯刀㊞
（ほか五人省略）
上代村　庄屋
　百姓

「出作夙村」分の免定が上代村に下されることは、年貢納入に関しても上代村が請けていることを意味する。つまり指出帳の差出人と「出作」の関係は、年貢納入の局面をも規定していたのである。ところが、幕領期に作成されていた二通の免定を柳沢家は一通にし、さらに一八世紀中期以降領主となった一橋家は「上代村三三〇石余」分の免定を作成し(28)、柳沢家のような内訳も記さなくなる。こうして「出作夙村」は近世中後期以降上代村の高の中に完全に包摂された。

以上が、欠帳の一冊は「出作夙村」分であり、その差出人が上代村の庄屋であるとした根拠である。しかしそれ以上に上代村の免定は、「出作」と慶長九年指出帳の差出人との関係を明らかにする上で重要である。つまり一七世紀のある段階まで、「出作」分の免定は差出人に交付され、差出人から年貢を納入していた。「出作」は土地

把握単位として村請制村同様に存在していたのである。この体制は慶長の指出帳におけるすべての「出作」と差出人の間で維持されていたと思われる。

そこで、以下この関係を「出作」―捌き庄屋体制と呼んでおきたい。この地域では、庄屋が村領に関わる業務を行うことを「捌く」と表現するからである。また各「出作」に冠される他郷の村を便宜上出作元村と呼ぶこととする（「出作夙村」の場合、捌き庄屋は上代村の庄屋、出作元村は夙村）。問題は、この体制がいつ設定されたのか、である。この点については、慶長の指出帳が文禄検地帳を前提に作成されたことから、太閤検地時に創出された可能性が極めて高いと考えられる。信太郷の指出帳が検地帳をあまり反映していないとしても、特異な「出作」―捌き庄屋体制が「信太郷七ヶ村」によって独自に創出されたとは考えにくいからである。

表2　上代村に残る二系統の免定

	上代村分 (187.286石)	出作夙村分 (154.532石)
寛永15年 (1638)	―	出作夙村 代官:山田五郎兵衛
寛永18年 (1641)	―	出作夙村 代官:山田
正保4年 (1647)	上代村 代官:中村杢右衛門	―
慶安2年 (1649)	―	夙村 代官:中村
万治元年 (1658)	―	夙村 代官:中村
万治2年 (1659)	―	夙村 代官:中村
万治3年 (1660)	―	夙村 代官:中村
寛文2年 (1662)	上代村 代官:小川又左衛門	―
寛文3年 (1663)	上代村 代官:小川	―
寛文6年 (1666)	上代村 代官:設楽源右衛門	―
寛文8年 (1668)	―	夙村 代官:設楽
延宝元年 (1673)	―	夙村 代官:小堀源兵衛
延宝2年 (1674)	―	夙村 代官:小堀
延宝5年 (1677)	―	夙村 代官:小堀
延宝6年 (1678)	―	夙村 代官:小堀
延宝7年 (1679)	―	夙村 代官:小堀
延宝8年 (1680)	―	原田村 代官:小堀

免定が残る年次について、村名表記と差出の代官名を一覧にした。

夙村が延宝期に原田村と改名することは、地誌類などからも確認できる（延宝8年の免定に記載される村高は154.532石）。

上代村分には寛文2年以降16.49石の新田が、夙村分には万治元年以降1.242石の新田がそれぞれ加わる。

典拠：西本永憲氏所蔵赤井家文書3-1～15・44・45

その後「出作」は、「出作夙村」のように捌き庄屋の村に包摂されるものと、出作元村に切り分けられるものに分かれていく。その経過は三節で扱うこととし、次に信太郷内の各「出作」の位置や、作成された検地帳数の想定から、太閤検地の具体相を考えておく。

（3）太閤検地の具体的な実施方法

図3は図1や図2を踏まえて作成した想定図である。まず郷境を見ておこう。南側のラインは、「出作千原村」と千原村の村境、池上村本郷と「出作池上村」の境、そこから北上して「（上泉郷）出作王子村」（のちに南王子村村領となる）と王子村の境、となる。北側のラインは郡境と一致するため、直線的ではない。

各「出作」の位置は、一八世紀以降の様子（図1）を前提に図中に記した。

まず一八世紀以降に尾井千原村と呼ばれるようになる領域が、尾井村の庄屋が捌く「出作千原村」である。「出作千原村」は一八世紀以降も尾井村の庄屋が捌き、幕府レベルでは尾井村の村高に含まれていたが、やや特殊な経過を経たため地域社会の中では「尾井千原村」として残った。この村名は「尾井村庄屋捌きの出作千原村」、あるいは「尾井村のうちの千原村」を意味するのだろう。出作元村である上條郷千原村と連続的に「出作千原村」が存在することは、一六世紀末の郷を越えた村領形成の一類型と見られる。その一方で、捌き庄屋の村である尾井村とは接しておらず、太閤検地以前に千原村と尾井村の間に固有の関係は存在しなかったと思われる。

「出作千原村」の北西側に展開する森村の領域が「出作森村」と考えられる。ここは、富秋村の庄屋捌きだったが、後に出作元村である森村に切り分けられた部分である。これも出作元村（森村）と連続する一方で、富秋村とは距離がある。「出作池上村」は王子村の庄屋捌きの領域だが、これも池上村に接している。

「出作森村」の北側にある方形部分を「出作高石村」と推定した。ここは江戸時代を通じて中村の村領が多く存在した場所である。「出作高石村」は中村の庄屋捌きで、一八世紀以降は中村に包摂される「出作」である。中村の村領は、尾井村の西側に続く部分と森村の北側にある方形の領域が細くつながる、不思議な形をしている。

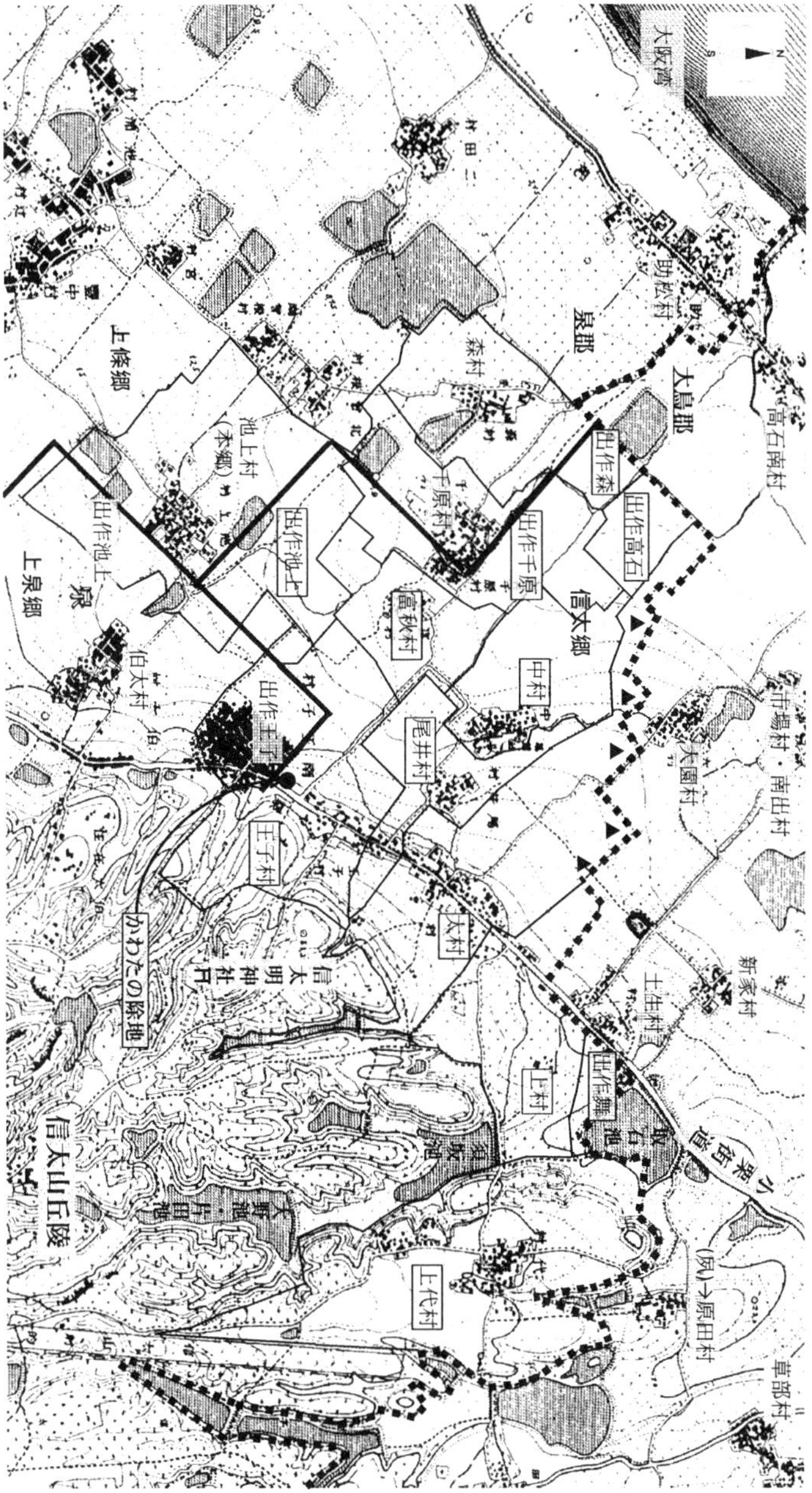

図3　慶長九年信太郷の様子（柏書房『明治前期　関西地誌図集成』より作成）

■■■■■ 郡境　━━ 郷境推定ライン　—— 村境　▲出作綾井村所在地

高石村に接するこの付近を「出作高石村」と考えて間違いないだろう。

九五石余の「出作綾井村」は図3では太村の中に含まれる（▲印周辺）。江戸時代の綾井村絵図を見ると、綾井村は散在する耕地片といった様相を呈している(29)。そのため地図上には現れないのだろう。図3では「出作綾井村」を除く各出作の領域は面的にまとまっているかに見えるが、実際はかなりの錯綜状態にあった。明治期の地籍図においても、この付近は隣り合う田地の大字が一つずつ異なる部分が多い(30)。この状態を引き継いで、現在でもこの付近では和泉市・高石市・泉大津市の境が入り組んでいる。

「出作助松村」は、富秋村の庄屋が捌いており、その後富秋村に包摂される。指出帳で「出作助松村」に含まれる小字の九割以上を「ぬま」と「あまくそ」が占める。指出帳全体では、「ぬま」は中村・「出作森村」・「出作千原村」・「出作高石村」に、「あまくそ」は富秋村・「出作千原村」に多く含まれている。旧土地台帳において小字「沼」が残るのは、中村と「出作高石村」の間あたりである。近代には「あまくそ」という小字は見えないが、小字「アマコソ」が富秋村集落のすぐ南側に集中して存在する。慶長期の小字が変わらずに近代に至るわけではないが、ひとまず「出作助松村」は富秋村集落の北側と南側の二ヶ所に大きく分かれていたのではないかと想定しておきたい。

残る出作は、「出作舞村」・「出作土生村」・「出作夙村」である。上村の庄屋捌きであった「出作土生村」は、新検と古検の差や延宝検地帳数から土生村に切り分けられた可能性が高いので、上村に接する大鳥郡部分のいずれかであると考えられる。ただし近世の土生村は、新家村や大園村と耕地が入り組み、村境がはっきりしないので、場所の特定は困難である。「出作舞村」も上村の庄屋捌きで、のちに切り分けられ、舞村となった。よって一八世紀以降の舞村の位置が「出作舞村」である。

上代村の中に含まれることになった「出作夙村」は、当然のことながら図中の上代村に含まれる。一八世紀中期段階での「本郷分」と「原田分」の小字がいくつか判明するが、両者は重複するものが多く、その小字は上代村の中に散在している[31]。太閤検地時に、丘陵上の上代集落周辺の耕地が、夙村所持分と上代村所持分として把握されたためだろう。

以上の平野部での明治期における村（大字）域の錯綜や、丘陵部（上代村）での想定から、太閤検地では信太郷内の土地については属人的に検地が行われたと考えられる。

次に、郷と屋敷地の関係について上泉郷の事例から考えておきたい。上泉郷は、伯太村がほとんどを占め、のちに南王子村となる部分が「出作王子村」、西側の池上村が「出作池上村」、南側の府中村部分が「出作府中村」として把握された。加えて南東側の黒鳥村の領域も、当初は「出作黒鳥村」として把握され、先述したように五村で一冊の検地帳が作成された。しかし黒鳥村には正保期以前から免定が下されている。そのため、一旦は他の「出作」同様の扱いを受けたが、正保期を待たずに切り分けられたか、検地の直後から伯太村庄屋の管理する検地帳に登録されるものの、「出作」―捌き庄屋体制はとられなかった、と考えられる。

「上泉郷出作黒鳥村」が例外的な取り扱いを受けた理由は、上泉郷上に屋敷地が存在したためと考えられる。「出作」―捌き庄屋体制は、郷上に屋敷地が存在する村に郷の土地を捌く権利を認めることを前提としている。黒鳥村は上泉郷外にも広く屋敷地が展開していたため、検地においては「出作」同様に考えられたのだろう。しかし上泉郷上にも黒鳥村の上集落が存在しており、「前提」を優先する形で三出作とは異なる経過をたどったものと思われる。

最後に、検地帳の作成のされ方に注目したい。上泉郷については検地奉行の名は判明しないが、郷で一冊の検地帳が作成された。上泉郷に一冊であることは、郷に占める伯太村の大きさに対応する可能性もあろう。一方、池上村には「上條郷池上村」（本郷）分の太閤検地帳が存在しており、上條郷では太閤検地帳は複数作成されたと考えられる。また信太郷は属人的な検地であると想定されるが、上泉郷や上條郷では、ある程度領域を区切った可能性も残る。隣接する郷であっても、実施細則の点では相違点があることも想定する必要があろう。信太郷については、検地帳の冊数を想定する材料を欠くため、不明とせざるを得ない。また信太郷と上泉郷では太閤検地帳で村や出作がどのように記載されたのかは定かではないが、「出作」―捌き庄屋体制を前提に、村ごと・出作ごとに書き上げられていたと考えておきたい。

三、幕藩制の支配レベルにおける「出作」把握の変遷

本節では、まず「出作」―捌き庄屋体制の一七世紀中の経過を郷帳・地誌類を使用しながら整理し、その上で、「出作」切り分けの画期である正保郷帳作成について考える。さらに「出作」の村請制村としての数え方の変化について見ていこう。

(1) 慶長九年以後の「出作」―捌き庄屋体制

指出検地が実施された翌年にあたる慶長一〇(一六〇五)年、全国で郷帳・国絵図が作成された。和泉国は国絵図のみが残っており、「信田 二九一八・四五九石」、「はかた村 九九一・二一石」とある。前者は信太郷、後者は上泉郷についての書き上げであろう(32)。検証することは困難だが、慶長郷帳には各村・各出作の郷名も記されていたのではないかと思われる。一七世紀中期以降の代官支配の変遷は、郷が同じ場合は一致することが多く、幕府が最初に代官を配置した際の土地台帳に郷名が記されていた可能性が高い。

続いて正保郷帳の記載を確認しよう。現存する和泉国正保郷帳は、堺奉行石河勝正が国内の領主・代官に各村の書き上げを提出させ、調整している段階(正保元~二年頃)のものと考えられる(33)。

表1に挙げた信太郷は当時すべて幕領で、代官は中坊長兵衛か山田五郎兵衛であったが、注目されるのは二人が「出作」について異なる書き上げをしている事実である。中坊は「出作」を一筆にして、捌き庄屋の村の前後

に記すが、山田は捌き庄屋の村高に「出作」高を含ませており、「出作」を一筆書きにしていない。それぞれの例を挙げると、中坊は「中村 二一九四・六二二石」の一筆の次に、「高石出作 一一四・三二一石」を一筆として記す。これに対し、山田は「太村 五五〇・七三五石」の一筆のみで、「出作綾井村」の一筆はない。この太村の高は慶長九年の太村と出作綾井村の指出高合計に近似する。表3にはこれらを整理したが、中坊と山田の間で表記に相違があることは明白である。中坊支配分には王子村の前に「池上出作」が一筆で記されており、これにより両者の間に「出作」―捌き庄屋体制が推定できる。

しかし中坊と山田の書き上げの差異は、同じ状況を前提にしていると考えられる。中坊が「出作」を一筆としたことは、「出作」を土地把握単位として認識していたことを如実に表している。これに対し「出作」を一筆としない山田も、この時期には「上代村」と「出作夙村」の二通の免定を作成していたと考えられる(34)（表2）。山田は「出作」分の免定を捌き庄屋に渡している事実を重視し、合筆という形をとったのだろう。以上から、この時点ではいずれの「出作」も捌き庄屋が捌いていたと考えられる。

正保郷帳の泉郡部分には、他にも「出作」が書き上げられている。中坊支配分には「大津出作」・「軽部出作」・「肥子村出作」がそれぞれ一筆となっている。また山田支配の伯太村の一筆書きに含まれる形で（ただし、伯太村高には含まれない）、「出作王子村」・「出作池上村」・「出作府中村」がそれぞれ記されている(35)。信太郷以外にも「出作」が存在することは、やはり「出作」が太閤検地によって創出されたことを裏付けていよう。

ところが、つぎに見る一七世紀末の地誌では、「出作」―捌き庄屋体制に変化が見られる。元禄元（一六八八）年頃に作成された『和泉一国高附名所誌』において、特筆すべきことは舞村の記載が見られることである(36)。正保郷帳では、舞村の一筆はなく、捌き庄屋の村である上村の高に含まれて記されていた。ところが名所誌では上村に続いて「舞村」の一筆があり、「是ハ上村高之内ゟ出ル」との注記がある。また郷帳で伯太村の一筆に含まれていた「出作王子村」にあたる高も「皮田村」として一筆になり、「是ハ伯太村之高ゟ出ル」と注記がある。

中村(与八郎)		太村(彦九郎)		尾井村(与三郎)		王子村(藤兵衛)		
中村	出作高石村	太村	出作綾井村	尾井村	出作千原村	王子村	かわた(甚五郎)	[出作池上村]
287.873	114.969	426.7	95.135	149.303	230.422	202.591	59.162	
・かハた村・小ノ江・中村)		2918.459						
中村 代官:中坊 294.622	高石出作 代官:中坊 114.32	太村 代官:山田 550.735		尾井村 代官:山田 463.5		王子村 代官:中坊 275.973		池上出作 代官:中坊 184.9 ※2
中村 408.942 此高之内へ114.32高石出作高入 0 柳沢出羽守		太村 550.735 新田0.25 柳沢出羽守		尾井村 463.5 2.06 柳沢出羽守		王子村 275.973 0 松平伊賀守		— (池上村内に書き上げ)
石川 408.942 409.1712		岡部 455.92 424.212	岡部 95.135 93.376	岡部 465.565 500.162		石川 275.972 315.802 6.748		石川 184.961 208.461
中村 410.1952 1.024 ①		太村 424.212 0 ①	綾井村 民家なし 93.376 0 ① (大園村持)	尾井村 233.937 19.852 ②	[尾井千原村] ※6	王子村 323.7108 2.8477 ①		— (伯太藩領)

	[軽 部 郷] のうち		[上 泉 郷]					[坂本郷]のうち
※1	井の江(村高記載なし)のうちカ		はかた村 991.21				※1	※1
黒鳥村 片桐石見守 115.41	軽部出作 代官:中坊 99.467	肥子村出作 代官:中坊 68.161 ※4	伯太村 代官:山田 503.111	**出作王子村** 146.28	**出作府中村** 56.395	**出作池上村** 114.47	上泉黒鳥村 代官:山田 241.233	郷庄黒鳥村 代官:山田 364.43
黒鳥村 721.079 内、上泉分241.233(松平)・郷ノ庄分364.43(渡辺)・郷庄115.416(片桐)	— (府中村内に書き上げ)	— (肥子村内に書き上げ)	伯太村 503.111 渡辺主殿	皮田村 是ハ伯太村之高より出ル 146.28 松平伊賀守	— (府中村内に書き上げ)	— (池上村内に書き上げ)	— (黒鳥村内に書き上げ)	— (黒鳥村内に書き上げ)
—	石川 99.467 —	石川 68.161 59.133	—	岡部 146.28 142.407	岡部 56.395 52.562	—	岡部 249.22 306.15	—
— (大和小泉藩領、黒鳥坊村と呼ばれる)	軽部出作 民家なし 94.8118 0 ①(井口村持) ※7	— (未詳、私領カ)	— (伯太藩領)	南王子村 143.133 0.726 ①	府中上泉 民家なし 52.567 0 ① (府中村持)	— (伯太藩領)	黒鳥村 306.551 0.401 ①	— (伯太藩領、黒鳥辻村あるいは黒鳥下村と呼ばれる)

※5 「泉邦四縣石高寺社旧跡幷地侍伝」に記載されるこの高には森村新兵衛方も含まれるが、『大概書』によると別に延宝検地を受けていることが明らかである。
※6 本文注45参照。
※7 幕領井口村と私領肥子出作と軽部出作で1冊作成され、井口村が管理している、と記載がある。
典拠：和泉国慶長国絵図は『江戸幕府撰 慶長国絵図集成 付江戸初期日本総図』（川村博忠編、柏書房、2000年）、和泉一国高附名所誌は森杉夫「和泉一国高附名所誌」（『大阪経大論集』192、1989年）、延宝検地については、竿入は和泉国大鳥郡泉郡村々様子大概書、旧高・新高は「泉邦四縣石高寺社旧跡幷地侍伝」（福島雅蔵「『泉邦四縣石高寺社舊跡幷地侍伝』について」大阪経大論集42巻6号、1992年）によった。和泉国大鳥郡泉郡村々様子大概書は『和泉市史紀要第20集和泉の村の明細帳Ⅰ』（和泉市史編さん委員会、2014年）。

表3　出作と近世村落の関係

太閤検地時の郷		信　太　郷							
『慶長九年指出帳』		上村[若左衛門]			上代村(善衛門)		富秋村(太郎左衛門)		
		[上村]	出作土生村	出作舞村	上代村	[出作夙村]	富秋村	出作助松村	出作森村
			16.764	30.111	65.267		89.391	97.738	128.633
『和泉国慶長国絵図』		信田(はぶ村・水原村・上村・まい村・上代村・田井村							
『正保郷帳』	村名	上村			上代村		富秋村		
	支配	代官:山田			代官:山田		代官:山田		
	村高	379.938			341.818		317.958		
『和泉一国高附名所誌』	村名	上村		舞村 是ハ上村高之内より出ル	上代村		富秋村 317.958 内110森村高之内持付出作分、104.51助松村より持付出作分		
	村高	349.826		30.112	341.812				
	新開	0		0	17.732 (1.242夙村分、残り上代村分)		0		
	支配	柳沢出羽守		柳沢出羽守	柳沢出羽守		柳沢出羽守		
延宝検地に関する情報	竿入	岡部		岡部	岡部		岡部		岡部
	旧高	349.822		30.112	331.226		207.954		
	新高	330.16		31.675	331.944		194.816		※5
	外新開高								
『和泉国大鳥郡泉郡村々様子大概書』(天保2年)	村名	上村	[土生村へ]	舞村	上代村		富秋村		森村 新兵衛方
	村高	332.118		31.855	334.117		195.35		101.804
	内新開高	1.958		0.18	3.173		0.534		0
	延宝検地帳数	①		①	②		②		①

太閤検地時の郷		[　上　條　郷　] のうち					
『和泉国慶長国絵図』		森・千原　417.35		すけ松村　649.2	池上村　330.35	ひこ村　72.72	府中村　1106.5
『正保郷帳』	村名	森村	千原村	助松村	池上村	肥子村	府中村
	支配	代官:中坊	代官:中坊	代官:中坊	片桐石見守	片桐石見守	代官:中坊
	村高	268.713	151.307	664.81	324.9	72.72 ※3	1185.44
『和泉一国高附名所誌』	村名	森村	千原村	助松村	池上村 629.67 内、114.47伯太村高之内出作(渡辺主殿)・330.3本郷(片桐主膳)・184.9王子村高之内出作(代官:小野)	肥子村 140.881 内、72.72(片桐)・68.161井口村高内之肥子より出作(代官:小野)	府中村 1341.302 内、1185.44本郷(松平)・56.395伯太村ノ内出作高(松平)・99.467井口村ノ内出作(代官:小野)
	村高	268.713	151.307	671.401			
	支配	土屋相模守	柳沢出羽守	代官:小野			
延宝検地に関する情報	竿入	石川	石川	石川	—	—	石川
	旧高	368.713	151.307	671.401			1185.44
	新高	394.2 ※5	185.637	880.4769			1321.4916
『和泉国大鳥郡泉郡村々様子大概書』(天保2年)	村名	森村 角左衛門方	千原村	—	—	—	府中村
	村高	292.3959	185.6371	(清水領知)	(大和小泉藩領)	(大和小泉藩領)	1327.0586
	内新開高	0	0				5.567
	延宝検地帳数	①	①				①

各項目の一は、以下の理由で史料に記載がないことを意味する(『名所誌』:村の実態に合わせて別の項目にまとめられている、延宝検地に関する情報:私領のため延宝検地を受けていない、『大概書』:一橋領知ではないため記載がない)。

「延宝検地に関する情報」については、基本的に旧高と新高は「泉邦四縣石高寺社旧跡并地侍伝」に、竿入については『大概書』に依っている。
※1　慶長国絵図には、伯太村・一条院村と隣接して「黒鳥村300.3石」の記載があるが、どの黒鳥村と対応するのかは不明である。そのため表には記載していない。
※2　正保郷帳の付箋(「片桐石見守知行池上ゟ中坊殿下を出作候由、中坊殿ゟ申来ル」)添付箇所。
※3　正保郷帳の付箋(「片桐石見守知行肥子村ゟ中坊殿下を出作候由、中坊殿ゟ申来ル」)添付箇所。ただし添付箇所を誤っている可能性がある。
※4　※3が本来添付されるべきと思われる箇所。

これらの一方で、中村や富秋村には「此内へ○○出作含」といった注記がある。

　さらに府中村は、正保郷帳と名所誌で記載がまったく異なっている。名所誌では「府中村　一三四一・三〇二石」とされ、その内訳が①本郷一一八五石余、②伯太村高の内出作五六石余、③井口村高の内出作九九石余となっている(37)。正保郷帳では、①は代官中坊の書き上げ部分に府中村として、②は代官山田支配分の伯太村の一筆に含まれる「出作府中村」、③は代官中坊支配分の「井口村」に続いて「軽部出作」として一筆で記されていた。つまり郷帳段階では、「出作府中村」と伯太村の庄屋、「軽部出作」と井口村の庄屋の間に「出作」―捌き庄屋体制が維持されていたが、名所誌段階では府中村の村高に二つの「出作」高が含まれているのである。池上村も同様に、名所誌では村高六二九石余の内訳（本郷と二つの「出作」）が記されるが、この三つの単位は正保郷帳では各代官・領主の支配地としてそれぞれ記されていた。

　郷帳とは異なる名所誌の記載は、いくつかの「出作」が捌き庄屋との支配関係を解消し、出作元村へ切り分けられたことを示すように思われる(38)。しかし名所誌はあくまでも民間で作成された地誌であり、郷帳のように支配レベルでの把握を反映しているとは言い切れない。そこで次に、時期は下るが一橋家による『大概書』を参照しながら、この点を見ておく(39)。

　これらの記載を高と村名を手がかりに全体的に整理すると、「出作」は出作元村に切り分けられる場合と、捌き庄屋の村に残る場合がある（表3）。慶長の指出帳で確認した信太郷内の「出作」のうち、「出作舞村」は舞の人々に切り分けられ、人の居住する「舞村」となった。上村の庄屋が捌いていたもう一つの「出作土生村」も、判然としないが新検高と古検高の差から土生村へ切り分けられたと考えておく(40)。一方「出作夙村」・「出作高石村」は一九世紀にはそれぞれ上代村・中村の村高に含まれており、捌き庄屋の村に包摂される形で解消された。これに対し「出作綾井村」は、太村から離れて戸口が存在しない「綾井村」となった。検地帳の所在から、大鳥郡大園村に切り分けられたと考えられる。富秋村の庄屋は「出作助松村」と「出作森村」の二つを捌いていたが、

「出作森村」だけが切り分けられ、一橋家は「森村　新兵衛方」として把握している。「出作千原村」はやや特殊な形で幕末まで尾井村に残った（後述）。王子村の庄屋が捌いていた「出作池上村」は、元禄一四年に伯太藩領となったため、『大概書』には記されない。しかし結論としては、池上村に切り分けられ、池上村内の「出作」となった。上泉郷では、伯太村が捌いていた三つの「出作」（王子・池上・府中）はすべて切り分けられた。

（2）「出作」切り分けの契機―正保郷帳作成―

さて、「出作」切り分けの時期は、南王子村に正保四（一六四七）年から免定が残されていることを指標として、この直前に一斉に実施されたと想定される。その契機は、正保郷帳の作成であると考えられる。先に挙げた和泉国正保郷帳は、責任者である堺奉行が領主・代官から提出された帳面をとりまとめている時点（正保元～二年頃）のものであった。そこでは、代官中坊は出作を一筆として記すのに対し、代官山田は捌き庄屋の村の高に含ませて記載していた。さらに中坊は、「池上出作」に付箋をつけ、片桐領の池上村が出作していると報告している。また山田も伯太村の一筆の中に三つの出作を書き上げている[41]。

おそらくこれらを目にした堺奉行は、書き上げを統一することを目的に、代官・領主らに帳面の再提出を求めたと考えられる。その結果、代官山田の支配地にも「出作」が多数存在することや、所持者が多い村とは別の村に免定を渡している事実なども明らかになったものと想定できる。これを受けて、この時点で捌き庄屋の村よりも出作元村の方が「出作」の所持地が多い場合は、切り分けるよう指示を下した可能性が高い。そもそも免定交付先の変更などを伴う「出作」の切り分けは、個別領主や代官等が単独の判断で行いうる問題ではなく、広域権限を持つ堺奉行が主導したものと考えられる。このとき、上泉郷「出作王子村」が王子村内に居住していたかわたに、信太郷「出作舞村」は舞の人々に切り分けられた。この事実は地域社会における彼らの身分的位置を問わず、「所持実態に対応させる」という方針が貫徹されたことを示す。その一方で、それまで村請制村として認められていなかった彼らが、これによって村請制村となりえたという点において、他の「出作」切り分けとは異なる意義も有した。

このように、正保郷帳作成を機にいくつかの「出作」は出作元村に切り分けられ、免定交付先も変更された。検地帳も捌き庄屋から出作元村の庄屋に引き渡されたと考えられる。一方でこのとき切り分けられなかった「出作」も存在する。「出作」の歴史的経緯を考えれば、すべての「出作」は出作元村に切り分けられるはずである。検証することは不可能だが、その背景の一つとして太閤検地後数十年の間に、年貢直納が不可能であることを理由に、次第に出作元村による「出作」所持が減少したことが想定される。「出作」をめぐる出作元村と捌き庄屋の関係が太閤検地時と変化していたことは間違いないだろう。とすれば、切り分け実施の判断を通じて、太閤検地時に創出された、出作元村の村領の一部である「出作」とそれを捌く他郷の庄屋という性格はほぼ解消され、実態に即すこととなったと思われる。

一方で、次にみる延宝検地の実施方法や郷帳作成後も「(出作)夙村」分の免定が作成されたことを念頭におけば、最終的に幕府に提出された正保郷帳では、「出作」は一筆に統一されたと考えられる。つまり、幕府による土地把握単位としての「出作」は残り、この点で正保郷帳以前に幕府が使用していた土地台帳と何ら変化はなかったものと思われる。しかし山田以後の代官は本来「出作夙村」とすべき免定の記載を、「夙村」としている(**表2**)。次第に支配レベルでは「出作」の有する歴史的意味が継承されず、実態のよく分からない「村」として認識されていったと思われる。

(3) 幕領における延宝検地と柳沢家の支配

表3を見ると、これらの「出作」が一橋家によって村として数えられるか否かには差がある。たとえば「出作夙村」を含む上代村は一村だが、「出作森村」が切り分けられた森村は本郷にあたる「森村 角左衛門方」と元

「出作」である「森村　新兵衛方」の二村と数えられている。このような村請制村としての認知の差は、延宝期の幕領検地と一七世紀末から一八世紀初頭に泉郡一一村を支配した柳沢家の対応によるところが大きい。この組み合わせによって幕府に認知される「村」は最終的に確定した。

和泉国の延宝検地は岸和田藩岡部家と伊勢神戸藩石川家を責任者とし、岡部家が堺奉行水野氏預所と代官今井・代官豊嶋・代官小堀支配地を、石川家が代官小野支配地を担当した。延宝検地の結果、「出作」を切り分けられた村々は、いずれも複数村として数えられた。これは、郷違いを前提に「出作」とそれを切り分けられた出作元村は支配が異なる場合が多く、岡部家と石川家が別々に検地に入ったためである。たとえば府中村は上條郷府中村（本郷）に上泉郷の出作府中村と軽部郷の出作府中村が切り分けられたが、二つの出作には石川家が、本郷には岡部家が検地に入り、結果として三村として把握された。森村も本郷には石川家が、切り分けられた出作には岡部家が検地に入り、結果として二村となった。南王子村や舞村、綾井村は、それぞれ一村とされたが、捌き庄屋の村の高にも出作元村の高にも含まれてはおらず、府中村や森村と同様である。

これに対し、「出作」が捌き庄屋の村に残った場合は、石川家と岡部家で対応が異なった。なお、「出作」が切り分けられなかった場合、それは郷内に残ったのであり、捌き庄屋の村と支配が同じ場合が多かった。石川家が検地を行った中村は「出作高石村」を含んでいたが、延宝検地帳は一冊しか作成されていない。一方、「出作」を含んでいた上代村・富秋村・尾井村には岡部家が検地に入り、二冊ずつ検地帳が作成されている(42)。岡部家は前代のあり方にならって、二冊（本郷と出作）の検地帳を作成したのであろう(43)。これに対し石川家は、一村に二冊存在した検地帳を一冊にまとめたのである。

延宝検地の結果は、両家から幕府に報告された。その際、石川家は中村を一村として報告し、岡部家は上代村を上代村と出作原田村の二村として報告したと考えられる。つまり、この時点で幕府の把握レベルでは「出作高石村」が完全に中村の高の内に解消されたが、残る「出作」はいずれも一筆として残っていたと考えられる。

このあり方を改変させたのは、元禄三年から泉郡一一村を支配した柳沢家である。次の史料は、元禄七年に柳沢家に出された領知目録（再封時）の抜粋である(44)。

（前略…和泉国部分）

泉郡之内　拾壱箇村

①綾井村　②上代村　③原田村　④上村　⑤中村　⑥舞村　⑦尾井村

⑧尾井之内千原村　⑨留（富）秋・介（助）松村　⑩千原村　⑪太村

高弐千四百九拾四石弐斗八升三合

（○番は筆者による）

ここで注目したいのは村名と村数である。これらは泉郡の村々であるから、①の綾井村は「出作綾井村」、③の原田村は、上代村が捌く「出作原田村」である（出作元村である綾井村と原田村は大鳥郡の村である）。⑧の尾井之内千原村は尾井村が捌く「出作千原村」であり、②と③、⑦と⑧は出作を切り分けなかった村が二村と数えられている。これに対して⑤の中村と、⑨の「富秋・助松村」は一村とされている。中村は石川家による延宝検地によって一村となったが、「出作助松村」を含む富秋村が一村となるのは不可解である。岡部家による延宝検地の報告の際か、幕府が台帳を書き改める際、もしくは領知目録を作成する際に書き間違えられたのだろうか。

ともあれ「出作」を切り分けなかった村が、「富秋・助松村」は一村として、上代村と出作原田村、尾井村と出作千原村は二村として同一の領主に与えられることになった。この状態は柳沢家によって、支配の便宜上いずれも一村として扱われたと考えられる。元禄一五年に柳沢家が作成した上代村の免定は一通であり、「上代村高」の内訳として、本郷分と出作原田村分が記されている。

これらの村々は宝永元（一七〇四）年まで柳沢家支配であり、元禄一一年に幕府に提出された元禄郷帳の下帳も柳沢家が作成した。その元禄郷帳清帳には、「出作千原村」の記載はなく、これを含めた「尾井村　四六〇石余」とある。ところが郷帳作成を機に河内国と和泉国間の国境論争が生じ、和泉国元禄郷帳の正式な提出は元禄一五年まで遅れた。この間幕府は「尾井村」と「尾井之内千原村」が別々に記された古い土地台帳を使用し続け、この台帳を元に「尾井之内千原村」は一八世紀の早い段階で林大学頭と施薬院（丹波氏）の知行所となった(45)。そのため幕府把握レベルでは「尾井之内千原村」は元禄郷帳による台帳更新後に消えたが、林家や施薬院家、在地社会においては明治初期まで「尾井千原村」として存在し続けた。

以上から、幕府による「出作」把握の変遷は次のようにまとめられる。正保郷帳作成までは、「出作」―捌き庄屋体制が維持され、「出作」は村請制村同様に把握されていた。しかし正保郷帳の作成は、「出作」を所持者の多い村に切り分ける契機となった。「出作」切り分けの判断を通して、在地社会の「出作」をめぐる関係はほぼ実態に即す形となったが、幕府に提出された正保郷帳では、いずれの「出作」も一筆となり、土地把握単位として残った。つまり、幕府が把握する局面では変化は生じなかった。その後、延宝検地での石川家と岡部家による対応の違いと、一八世紀中期までの領主支配の変遷と対応の違いによって、ある「出作」は把握単位として幕末まで残り、ある「出作」はあとかたもなく消え、村の高の中に解消されたのである(46)。

太閤検地での実施単位である郷と、幕府の土地把握方法について考えた場合、郷から郡へと把握レベルが一つ引き上げられたことが注目される。和泉国の太閤検地は「郷」や「谷」、「庄」を単位に実施され、確認できる太閤検地帳では、郡名と村名の間にほぼ必ず「郷」や「谷」、「庄」名が記されている。しかし幕府は正保郷帳作成時に「郡ごとに書き上げよ」と指示しており、かつての「郷」や「谷」、「庄」はここで把握単位として後退したのである。ただし正保郷帳の下帳では代官や領主が郷名・庄名を書き上げている場合もあり（ただし必ずしも正確ではない）、検地の実施単位としての意味を失いつつも存在していた。延宝検地後に交付された新しい検地帳は、いずれも「泉州泉郡〇〇村検地帳」であり、幕府が把握するレベルでは「郷」や「谷」、「庄」は完全に消滅したのである。

おわりに

すでに支配レベルでの村把握の変遷については述べたので、ここでは在地社会の側からこの現象を整理しておきたい。

①条里地割の里で区切られた「郷」を単位に実施された太閤検地により、「郷」を越えて村領が展開していた村は、分割されて把握されることになった。「郷」外については、「出作」として単独の村請制村として把握されたが、この分の年貢免定は耕作する村には下付されなかった（「出作」―捌き庄屋体制の成立）。太閤検地は、村々の内部構造と村落間関係を大きく変化させたのである。たとえば、池上村の場合、検地以前は一村として存在していたが、信太郷上の「出作池上村」は王子村の庄屋に、上泉郷上の「出作池上村」は伯太村の庄屋に年貢を納入することとなった。二つの「出作村」については年貢直納が不可能になったのである。また王子村や伯太村にとっても、自村ではない領域について新たに年貢徴収業務を負うこととなった。

②「出作」―捌き庄屋体制は、正保期に実態に即すことを目的に「出作」切り分けの判断がなされることで、解消された。切り分けられない「出作」は、年貢直納が不可能となったことで出作元村による「出作」の所持が次第に減少し、逆に捌き庄屋の村からの所持が増加したためと考えられる。太閤検地時の「出作」創出が、半世紀を経て村領のあり方を大きく変化させたと言えよう。また捌き庄屋の村に「出作」が残った場合も所持実態を前提にしており、この時点で太閤検地時に創出された「出作」―捌き庄屋体制の所持実態を無視した側面は解消された。池上村は、この際に二つの「出作」を切り分けられている。

③その後、「出作」が支配上村請制村としてどのように数えられるかは、検地や個別領主のそれぞれの対応によって決まった。しかしこれらの結果は、各村の構造に大きな影響を与えたと考えられる。たとえば、二つ

の「出作」を切り分けられた府中村は幕末まで村請制村としては三村であり、三つの枠組みに応じて、本郷は府中村の庄屋が、二つの出作は府中村の年寄が捌いていた。これに対し、上代村や中村には一通の免定が交付され、庄屋も一人であった。村請制村としての把握に応じた、庄屋・年寄のあり方は村落構造の大枠である。「出作」をめぐる地域の特質が各村の構造を具体的にどのように規定したかは、今後個別に検討されるべき課題である。

以上をふまえて、この地域における太閤検地と近世村の成立について幕藩制におけるレベルと地域社会のレベルという視点から三点に捉え直してみたい(47)。

一点目は、この地域における太閤検地は、近世村の成立を考える上で不可欠であり、在地社会を明らかに改変したことである。人の住まない「出作」の創出はその最たるものであり、幕府にも「出作」という土地把握単位は引き継がれた。一方で近世村の成立そのものではないことも重要である。

二点目は、豊臣期の土地把握は幕府に必ずしも正確に継承されておらず、支配側の諸対応の積み重ねとして「近世村」が成立したことである。「出作」の切り分け後、その把握方法は一定せず、一八世紀初めまで「村のかたち」はなお流動的であった。一方で「出作」への諸対応は幕藩制社会の支配レベルの問題としてすべて説明が可能であり、各「近世村」がなるべくして成立したことも重要である。

三点目は、支配側の「出作」をめぐる諸対応と、その結果成立した村請制村についてである。実態と現状の乖離・矛盾を前にして、支配側としては然るべき諸対応であった。だがこの対応が個別に行われたがゆえに、結果的に村請制村としての認知は様々になった。村請制村レベルでの改変は村落構造をその後も根底で規定し続けたが、支配側はおそらく村請制のあり方を改変することが村に与える影響までは想定していない。

これらと密接に関わる問題として、方法論についても最後に言及しておく。検地帳や郷帳を利用した村の成立に関する研究は、これまでも行われてきたが、これらの記載のみによって太閤検地や村の成立が地域に与えた影響を解明することには限界がある。本章では、地域に残された史料を組み込むことで、太閤検地や近世村の成立についての理解が新たになった。こうした視角・方法の有効性を生かしながら、太閤検地を地域社会の実態から捉え返していく必要があると考える。

なお、はじめに指摘した南王子村成立をめぐる問題点については、本章の検討により、①②については、太閤検地においては王子村の耕地として把握されており、その後も王子村高に含まれている、③については、広域にわたって実施された「出作」切り分けの一環である、という結論を得ることができる。これらも含めて、南王子村の成立については章を改めて詳述することとしたい。

注

（1）盛田嘉徳・岡本良一・森杉夫『ある被差別部落の歴史—和泉国南王子村—』（岩波新書、一九七九年）。藤本清二郎「泉郡南王子村の形成と太閤検地」（同『近世賤民制と地域社会』清文堂、一九九七年、第二章）。畑中敏之「『かわた』村の成立」（同『近世村落社会の身分構造』部落問題研究所、一九九〇年、第一章）ほか。

（2）『奥田家文書』に含まれる、最古の一次史料が正保四年の免定である（『奥田家文書』一九〇九）。

（3）伯太村の元和七（一六二一）年・明暦元（一六五五）年の免定に記載される村高は、ともに五〇三・一一一石である。また村高記載のない寛永二（一六二五）年分も、取と免から村高は五〇三石余と判断できる（『和泉市史　第二巻』、一九六八年、四〇〇頁・四〇四頁・四三三頁）。

（4）中世末までに和泉国二宮である泉穴師神社を核とする氏子結合としての我孫子郷が成立していたが、これも検地の実施単位とはならず、我孫子郷村々は条里地割をもとにした上條郷と下条郷に分断されている。また検地実施単位である上泉郷にも氏神を同じくするような村々の結合は存在しない。

（5）詳細は「和泉市池上町における総合調査」（『市大日本史』九、二〇〇六年）参照。

（6）『和泉市史紀要第４集　近世黒鳥村の地域社会構造』（一九九九年）、および町田哲「近世黒鳥村の村落構造と運

宮」（『歴史評論』五七五・五七六、一九九八年、同『近世和泉の地域社会構造』山川出版社、二〇〇四年所収）。

（7）『和泉市史紀要第20集　和泉の村の明細帳Ⅰ』（二〇一四年）、および福島雅蔵「天保三年一橋家領知『和泉国大鳥郡泉郡村々様子大概書』について（一）・（二）」（『堺研究』二六・二七、一九九六年）に全文が翻刻されている。

（8）小谷方明『和泉国村々名所舊跡附』（和泉郷土文庫、一九三六年）、和泉文化研究会編『和泉史料叢書　農事調査書』（一九六八年）、森杉夫編『岸和田市史史料第三輯　和泉国正保村高帳』（一九八六年）、森杉夫「和泉一国高附名所誌」（『大阪経大論集』一九二、一九八九年）、福島雅蔵「『泉邦四縣石高寺社舊跡幷地侍伝』について」（『大阪経大論集』四二巻六号、一九九二年）。これらには、精度にばらつきがあり、比較的信頼できる史料から優先的に判断した。また近世の水利の枠組みも参照している。

（9）『奥田家文書』五一一。

（10）『岸和田市史』（一九七六～二〇〇五年）では、八木郷・山直郷・加守郷、木島谷も太閤検地の実施範囲として指摘されている。また古代のものとして、里で区切られた郷が復元されている。

（11）こののち一三世紀頃に、八木・山直・掃守・木島の四郷が泉郡から分割されて南郡として成立した。

（12）『和泉市史　第一巻』（一九六五年）六二七頁。元弘三（一三三三）年の史料である。また嘉暦四（一三二九）年には「上條郷黒鳥村十九坪内安明寺八講田」と記された史料もある。なお、条里制下では八世紀以降に「〇郡〇条〇里」などと、数詞による地番表記がなされる地域もあるが、和泉国では確認できないようである（岸本直文「七世紀後半の条里施工と郷域」、『条里制・古代都市研究』三〇、二〇一五年）。

（13）太閤検地の実施単位である郷と、郷村制の郷や和名抄郷との関係、また古代律令制下において郷の下におかれた里と、条里制の里、中世史料に見える里との関係は、用語が重複することもあり、現在のところこれ以上の整理は困難である。

（14）『和泉市史　第二巻』（一九六八年）三二五頁。

（15）宮川満『宮川満著作集6　太閤検地論第Ⅲ部』（第一書房、一九九九年）三八三頁。および『和泉市史　第二巻』（一九六八年）三二七頁。

(16) 前掲注7『大概書』の記載である。千草池の灌漑域も同史料による。

(17) 前掲注1藤本論文では、この領域が水はけの悪い低湿地であった可能性が指摘されている。また近年富秋町での聞き取り調査において、富秋村集落の東側に深田が存在したことに加え、王子村から流れ出て尾井村・富秋村の村境を流れる王子川は昭和三〇年代まで天井川で度々氾濫したことが明らかになっている(「和泉市富秋町における総合調査」、『市大日本史』一四、二〇一一年)。

(18) 和名抄郷としては確認できない上條郷と下条郷は、中世のある段階で、槙尾川からの安定した用水の確保と密接に関わる形で郷が改変され、上泉郷や下泉郷から分化したのではないかと考えておきたい。

(19) 東京大学史料編纂所所蔵。いずれも原本ではなく、領主側が作成した写しである。この指出検地は、慶長九年三月の小出秀政死去をうけて、江戸幕府が命じたものであるといわれている。なお和泉国約一四万石は、文禄四年には南郡を中心に三万石が小出氏の所領となっており、残りは豊臣氏蔵入地・直臣給付地であった。この時、信太郷は小出氏の知行目録に書き上げられておらず、後者であると考えられる(『岸和田市史 第三巻』三八頁)。しかし慶長九年当時の支配関係は不明である。そのため五三冊の帳面は文禄四年時点での小出氏の所領が多く含まれるが、指出検地の実施範囲との関係は未詳である。信太郷の帳面が文禄検地帳そのものの写しではないこともこの問題と関係する可能性もある。

(20) 南郡塔原村分である。

(21) 南郡の大町村、下池田村、塔原村、相川村の四冊である。いずれも表紙には文禄三年とあるが、相川村を除く三冊には請書があり、その作成年月はいずれも慶長九年八月である。また南郡春木村の指出帳の表紙には「泉州南郡加守郷春木村帳」とのみあるが、同村の文禄三年検地帳(『岸和田市史 第五巻』所収)と照合すると明らかに写しであることが判明する。

(22) 和泉国の文禄検地は一反=二五〇歩で実施されたことが古くから指摘されており、信太郷も同様であると考えられる。しかし信太郷の指出帳は一反を二五〇歩としても、三〇〇歩としても整数の斗代とならないものが誤記と判断するには難しい程度で存在する。

(23) 記載順に名請人のローテーションが認められるもの（上代、尾井、富秋、王子、出作千原）、整数ではない統一斗代を多く用いていると思われるもの（出作千原、出作助松）、比較的整数の斗代が出やすいもの（中、太、かわた）、末尾に永荒をまとめるもの（出作土生、出作舞）、「失人」・「死人」記載のあるもの（王子、出作土生）など、いくつかの特徴がある。

なおローテーション順とは、次のようなものである。王子村の場合、一筆目の名請人は助左衛門であり、二・三筆目は新五郎、四筆目は又五郎、五筆目は五郎右衛門…（中略）という順で、三一筆目の主なし（永荒）で一巡目が終了する。そして三二筆目から、再び助左衛門・新五郎・又五郎・五郎右衛門の順で書き上げ、最終的に一〇巡して帳面は終了する（助左衛門所持地は五巡目で終了し、六巡目からは新五郎がローテーションの始まりとなる）。

(24) 信太郷の太閤検地奉行は速水甲斐守守久（米田桂二氏所蔵文書・4）、また上泉郷は未詳ながら、上條郷は浅野弾正長政（和泉市池上町南清彦氏所蔵文書・箱9―50、上條郷池上村の文禄検地帳の写し）である。

(25) 墓については前掲注7『大概書』による。なお一九世紀の同村には、陰陽師や舞太夫が居住していた。

(26) 和泉市上代町西本永憲氏所蔵赤井家文書。史料番号は、Aから順に3―3、3―1、3―16である。

(27) この高は、A・Bの村高に新開高を加えたものである。上代村は延宝検地の前後で大きく村高が変化するが、これは同村が信太郷の中で唯一丘陵上に位置しており、耕地化が遅れたためと考えられる。一七世紀中期の「上代村高」と慶長九年の指出高は大きく異なり、さらに新検高でも増加している。逆に「原田村出作」分は新検後減少しており、不安定な様子がうかがえる。また一七世紀中の免定では「上代村」・「出作夙村」とも毎年村高の半数近くが引高となっている。

(28) 西本永憲氏所蔵赤井家文書・3―23など。

(29) 米田桂二氏所蔵文書・絵図9。延宝検地に際して、下帳として泉郡綾井村が作成した絵図である。なお差出人である泉郡綾井村庄屋太兵衛は、大鳥郡綾井五ヶ村の延宝検地帳で庄屋として確認できる。旧公図を反映させた『泉大津市史紀要第八号　泉大津市の地名』（一九八四年）も参考となる。

(30) 和泉市富秋町奥野紀代子氏所蔵文書。『和泉市史紀要第19集　和泉郡の条里』（二〇一二年）は、条里の復元とともに旧土地台帳をもとに近代の小字も反映されている。町村制施行前の村域もおおよそ示されているので、信太地域の村領の錯綜状態についてはこれを参照のこと。

(31) 西本永憲氏所蔵赤井家文書・2―6。

(32) 川村博忠編『江戸幕府撰　慶長国絵図集成　付江戸初期日本総図』（柏書房、二〇〇〇年）。「信田」には、表3に記載した村が含まれるように描かれている。但し現存する和泉国分は写しであり、村名にはかなりの間違いがある。たとえば「信田」に含まれる水原村は（出作）千原村、小ノ江は尾井村を指すと考えられる。そのため、村高についてもある程度の間違いはあると思われる。また、図絵図の記載は必ずしも「郷」単位ではない。上條郷の村々は様々に分かれて記載されている。これは太閤検地で作成された検地帳数と対応する可能性も考えられる。

(33) 森杉夫編『岸和田市史史料第三輯　和泉国正保村高帳』（一九八六年）。福島雅蔵「『和泉国正保村高帳』についての若干の史料」（『花園史学』九、一九八八年）も参考となる。なお幕府は、和泉国の郷帳作成担当者に堺奉行石河勝正と岸和田藩主岡部宣勝を任命している。そのため、郷帳の下帳作成に岡部も関与したと思われるが、「出作」切り分けの判断は最終的に堺奉行が下したとの判断から、本文では堺奉行が下帳を調整・作成したという記述をとっている。

(34) 幕領代官・山田五郎兵衛直時は正保元年三月に亡くなっており、これにともない中村杢右衛門があとを引き継いだようである。

(35) 前掲注33、森編。次のように記されている。

「一高五百三石壱斗壱升壱合　同郡同郷 伯太村
　内百三拾石余　日損所
　此村之内ニ
一長拾壱町、横五町半程　草山
　内八町ニ四町程、大小松木有
高百四拾六石弐斗八升　出作 王子村

高百拾四石四斗七升　　出作池上村
高五拾六石三斗九升五合　出作府中村」

(36) 森杉夫「和泉一国高附名所誌」(『大阪経大論集』一九二、一九八九年)。

(37) この地域における「本郷」という用語は、多くは「出作の切り分け」を受けた出作元村において、屋敷地を含む出作元村部分を新たに加わった「出作」と区別する意味合いで使われる。この用法は近世を通じて広く見られる。逆に上代村の元禄期の免定などを見ると、「出作」を切り分けなかった捌き庄屋の村を本郷と呼ぶこともあったようだが、事例は多くないように思われる。

(38) 「出作の切り分け」は、南王子村が自村の成立を述べる際に使用した表現である。これは捌き庄屋の支配から「出作」が離れたことを意味するものと思われる。しかし本章で見るように、幕藩制レベルの村把握としては、「切り分け」以前から、すでに別の高として把握され、免定も別に作成されていた。よって「切り分け」はあくまでも在地における表現であることに注意しておきたい。

(39) 前掲注7参照。

(40) この間、並行して土生村を含む綾井五ヶ村が成立しており、五ヶ村で一冊の延宝検地帳が作成されている(検地奉行は石川)。また『名所誌』に記載される土生村高(旧高)は一三四・五二六石、『大概書』では新検高一四〇・四九石(新開なし)である。

本章は、二〇〇九年度大阪市立大学に提出した博士論文の第一章がベースとなっており、その後『和泉市の歴史4　信太山地域の歴史と生活』(二〇一五年)第二部第一章として概要を発表した。市史原稿脱稿後、上村の延宝検地帳が新たに和泉市に寄託され、閲覧の機会を得た。同帳の帳末記載からは、「出作土生村」を切り分けていないように見受けられる一方で、内容不明の無地分として三二石余が減少しており、また「出作土生村」のほとんどを占めた小字「とのその」は新検帳に一筆も含まれていない。上村の指出帳が存在しないため、これ以上の検討は困難であり、結論はやはり判然としない。ここでは延宝検地帳数を重視して前稿の結論を踏襲し、切り分けられた可能性が高いと判断しておく。

(41) 前掲注35参照。この記載では、伯太村と三出作の関係は不明瞭である。

(42) 「明細帳」(西本氏所蔵赤井家文書・1―1、宝暦三年の史料である)には、上代村が所持する二冊の延宝検地帳は本郷(上代村)分と出作原田分であると記されている。本史料は前掲注7の市史紀要に掲載されている。

(43) 岡部家は検地にあたり、事前に「隣郷との境に分木を立てるように」と村々に指示している(『堺市史続編 第一巻』一九七一年、五九六頁)。これは堺廻り三か村の検地に際しての指示であるが、支配地が近いため当該地域の郷がもつ意味を認識していた可能性もある。

(44) 『泉大津市史 第二巻』(一九八三年)四六六頁。

(45) 一八世紀中期以降、尾井村(出作千原村を含む)は、①一橋家一三三石余、②林家一六〇石余、③施薬院家一〇四石余、④長岡(松井)家(熊本藩細川家家老・八代城代)二一石余の四給となり、幕末に至る。このうち、②と③の一部が尾井千原村として扱われることもあった。成立時期は、①は延享四(一七四七)年に幕領から転じたものである。④は宝永七(一七一〇)年に長岡家の山城にある知行所が上地され、替地として与えられた(直前まで幕領)。替地手続きに関する史料から、同年の段階で、すでに②と③が存在することは確実である。③については元和期からの可能性もあるが(「寛政重修諸家譜」)、元禄七年の柳沢家知行目録の泉郡一一村の合計高には、尾井村がすべて含まれると考えられる。このため、柳沢家は尾井村と出作尾井村のすべてを領地とし、宝永元年にすべて幕領となったが、間もなく②・③・④となり、残りの幕領が①となったと考えておきたい。

(46) 本章での検討により、表3の現象は一点を除いて整合的に説明が可能であると考えている。問題となるのは、慶長九年の指出帳で王子村内のかわた分が王子村とは別帳で作成されたことである。しかも差出人は、王子村と異なる。このかわた分が王子村高に含まれるものであることは、正保郷帳の記載や延宝検地帳の冊数からほぼ間違いない。だが、別帳にされた理由については未詳である。この点については、今後の検討課題としたい。

(47) この視角は、塚田孝氏の地域史を政治社会レベルと生活世界レベルの統一的把握として捉えるべきとする「歴史社会の構造論」に示唆を得ている。塚田孝「地域史研究と身分的周縁」(『歴史科学』一六八、二〇〇二年)参照。

第二章　南王子村の確立

はじめに

本書第一章では、泉郡平野部地域において実施された太閤検地と、その後近世村（村請制村）が成立する過程を整理した。本章では、第一章の成果を前提に、王子村内の除地に居住するかわたが村請制村となり、一村として確立していく経過を見ていくこととする。

ここであらかじめ、一六世紀末から一八世紀初頭にかけてのかわたと王子村の関係を整理すると次のようになる。

Ⅰのちに南王子村を形成するかわたは、一六世紀後期には王子村内の除地に居住する、「王子村内かわた」であった。

Ⅱ文禄三（一五九四）年、和泉国において太閤検地が実施される。条理地割の里区画にもとづく郷を単位に検地が行われた結果、王子村は信太郷王子村（二六一石余）と上泉郷出作王子村（一四六石余）として把握された。後者は上泉郷の伯太村の庄屋捌きとなった。

Ⅲ慶長九（一六〇四）年、指出検地が実施される。このとき信太郷王子村については、王子村分（二〇二石余）とは別帳でかわた分（五九石余）が提出される。

Ⅳ正保四（一六四七）年一一月までに、和泉国平野部では実態と乖離した出作―捌き庄屋体制を解消する目的で出作の切り分けが実施される。この一環として、上泉郷出作王子村（一四六石余）は伯太村から王子村内のかわたに切り分けられた。これにより出作王子村分については、以後かわたによる代官への年貢直納が可能となった。

Ⅴ延宝七（一六七九）年、和泉国において幕領検地（延宝検地、いわゆる新検）が実施される。これにより王子村高は三一五石余となり、上泉郷の（出作）王子村高は一四二石余となる。この新検高は、元禄一〇年頃より使用される。

Ⅵ貞享三（一六八六）年以降、上泉郷の（出作）王子村の名称が南王子村となる。これは、この年王子村と初めて同領になり、領主側に区別する必要が生じたためである。Ⅳ・Ⅴの期間は、「王子村」や「王子皮田村」などと呼ばれていた。

Ⅶ元禄一一（一六九八）年、かわたが王子村内の除地から南王子村の村領へ居村を移転させる。

Ⅷ享保一四（一七二九）年、南王子村と王子村は惣ノ池の樋元支配権を巡って争論となり、南王子村に樋元支配権を認める幕領代官の裁許が下る。

南王子村成立の画期が、ⅣとⅦであることは明らかである。Ⅳは平野部地域において広くみられた現象であり、地域社会側の意向とは別の次元で決定された政策であった（本書第一章）。これに対しⅦの背景には、本村王子村との関係の悪化が存在した。両村の基盤水源である惣ノ池をめぐる対立が深刻となったのである。またその際に問題となったのは、両村の延宝検地帳にどのように惣ノ池が記載されているか、であった。

水利権の確保が問題となるのは、そもそも出作の切り分けが、出作部分の耕地を捌く権限を捌き庄屋の村から出作元村へ移すという、主として年貢収納の局面だけを変化させるものであったためである。太閤検地で創出された出作は、多くの場合ある程度のまとまりは有するものの、基本的には耕地のみであり、再生産に必要な水利

表1　17世紀中のかわたの居村と村領の関係

時期	かわた集落の位置	かわた村の村領の有無と、その名称	社会的な位置づけ
～正保4年頃 （～1647）	王子村内	なし	王子村内の枝村
正保4年～貞享3年頃 （～1686）	〃	あり：〔上泉郷出作〕王子村、 または王子かわた村	王子村内に居住しながら、隣接する村領を有する （かわたが「元出作王子村」を捌く、という状況）
貞享3年頃～元禄11年 （～1698）	〃	あり：南王子村	
元禄11年～ （1698～）	南王子村内	あり：南王子村	自村領に居住する（＝村請制村）

なお、貞享３年以前は王子村とは代官支配が異なった。

権や用益対象となる山などは付随しない。もちろん出作が切り分けられる前提として、出作元村は出作に対して一定の水利権を確保していたはずであるが、出作の切り分けは決して支配レベルにおける水利権の保証を意味しないのである。この点は出作の切り分けを経験した村々に共通するが、とりわけそれまで独自の村領をもたなかった王子村内かわたにとって、大きな問題として存在した。

このため、王子村内に居住するかわたがⅣの段階で、再生産が可能な条件を備えた村請制村となった、と評価することは難しい。のちに居村を自村領に移転させ（Ⅶ）、さらに水利権の確保（Ⅷ）をもって南王子村が確立したと考えられる。本章では、王子村との関係を軸におきつつ、この経過を順に見ていくこととする。

なお、先の時系列をかわたの居村と自村領の関係で整理しなおすと、**表1**となる。正保四年から元禄一一年の移転までの期間は、隣接するとはいえかわたの居村と村領は一致せず、王子村との本村―枝村関係も継続した。また、かわたに切り分けられた上泉郷出作王子村は、貞享三年頃まで基本的に「王子村」と呼ばれ、稀に「王子かわた村」と呼ばれたようである[1]。この間、人別支配がどのようになされていたかは明らかではない。しかし出作王子村を切り分けられて村領として確保しているとはいえ、王子村内に居住するかわたの人別支配が出作王子村の領主に切り替わったとは考えにくい（この間貞享三年まで、王子村と出作王子村の支配は異なる）。おそらく王子村百姓とは別帳で人別帳などは作成され、王子村庄屋を介して王子村を支配する幕領代官に提出されていたのではないかと思われる。これに対し村領と居村が一致する元禄一一年の移転後は、人別帳などはかわたが作成し、領主に直接提出することが可能となると思われる。そのため、貞享三年から移転までの時期は南王子村という名称ではあるが、正保四年から連続的に捉える必要がある。

このように、一七世紀を通じて、かわたと王子村の関係、かわたの村領の名称と実態は変化する。本来は、時期に応じて表記を書き分けるべきであるが、非常に煩瑣である。そのため本章では、原則として元禄一一年の移転までのかわた集団をかわた村、元は上泉郷出作王子村であるかわたの村領（無人）を正保四年から元禄一一年の移転までは王子（かわた）村と表記する。そして移転後の居村と村領が一致した状態を南王子村と表記する。

まず一節では、慶長九年指出帳の内容を確認し、そこに至る経過を想定したい。続いて二節では、出作切り分けが地域に与えた影響を貞享期の史料から確認する。そして三節では、延宝検地帳の惣ノ池記載と、かわたが居村を移転させる経過を扱う。

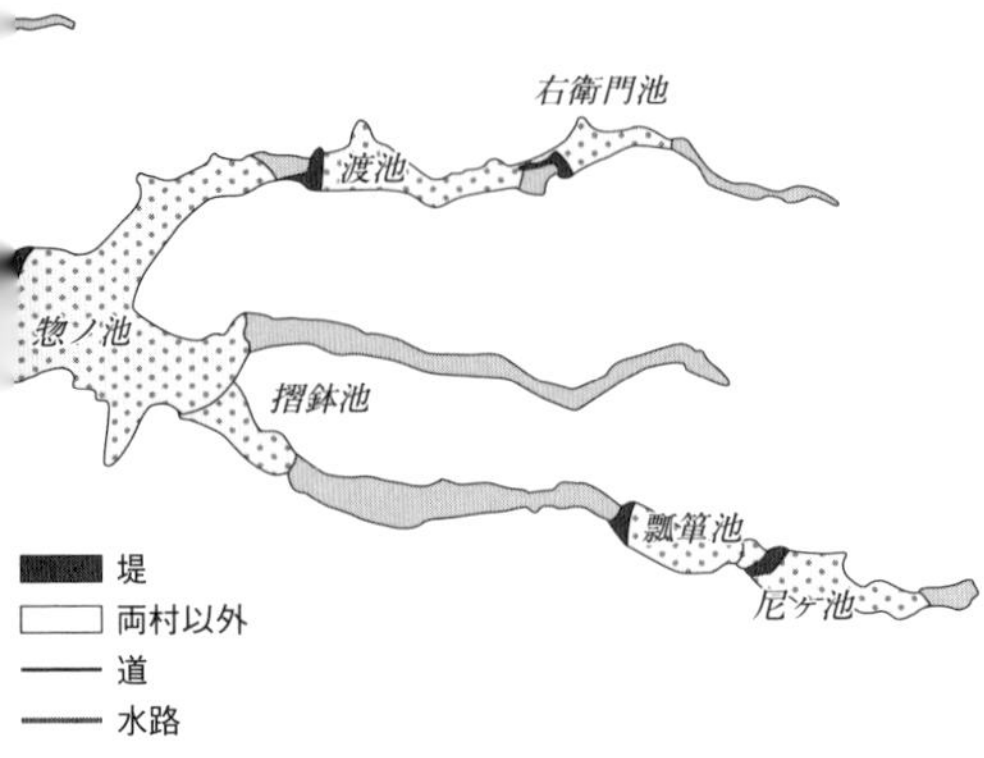

と考えられる。

一、一七世紀初頭のかわた村と王子村

(1) 信太郷王子村と上泉郷出作王子村—開発の諸相—

延宝期の王子村と王子（かわた）村の位置関係は図1となる。

慶長九（一六〇四）年には図中の王子村部分を、

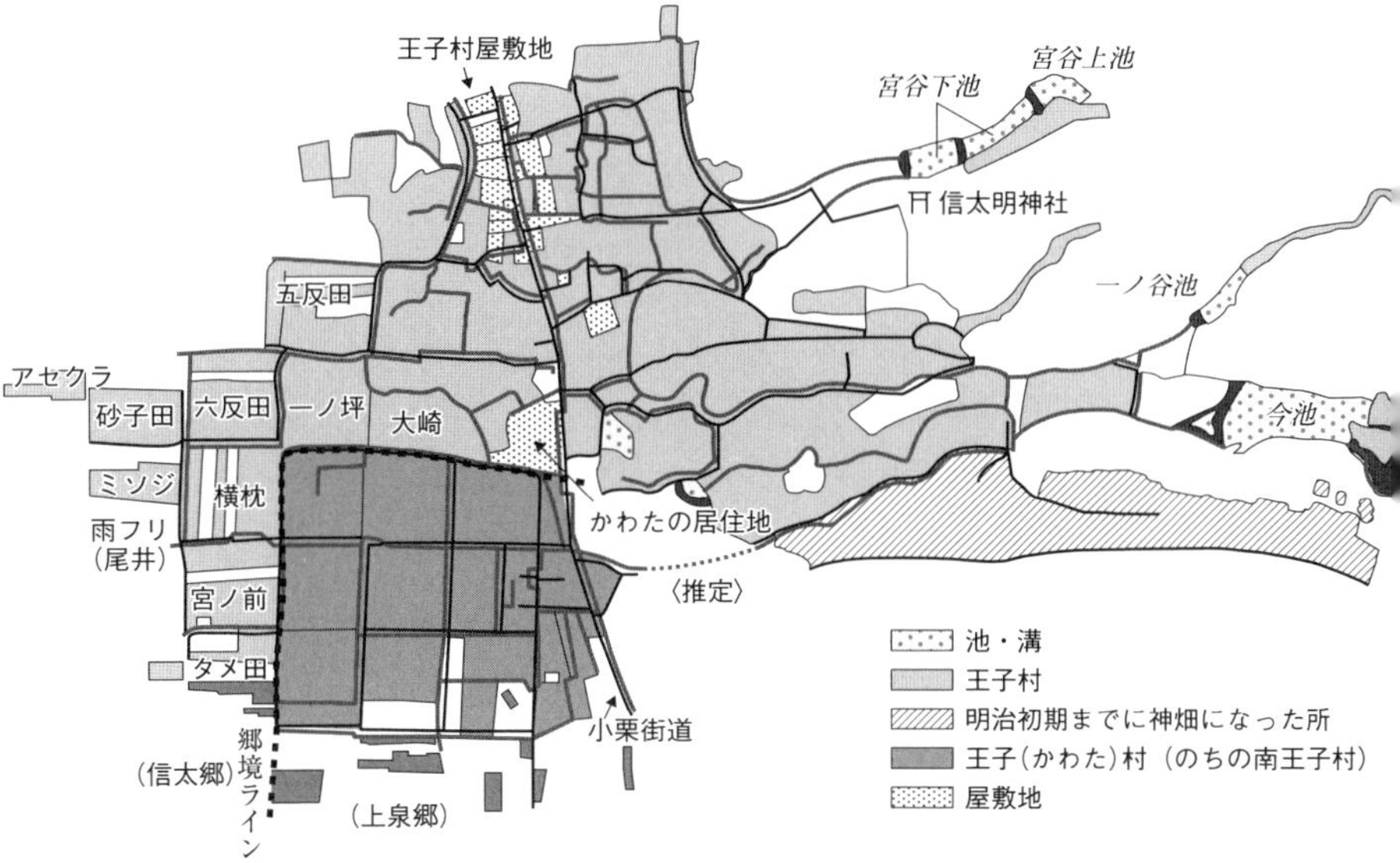

図１　延宝期の王子村と王子（かわた）村関係図

小字は本文に関わるものを明治期の土地台帳より書き加えた。延宝検地帳と対照する限り、18 世紀以降の変化は少な
なお、王子村の屋敷地は、1889（明治 22）年当時のもの。

王子村百姓が二〇二石余、かわたが五九石余を所持していた[2]。慶長九年の指出帳はかわた村分が別帳で作成されたが、正保郷帳の下帳では合計されて「王子村二七五石余」となっている[3]。当時の代官は中坊であるから、かわた村分が王子村分とは別の高として扱われていた可能性はない。慶長九年には、王子村高二六一石余のうち五九石余をかわたが所持し、その分が理由不明ながら別帳で提出されたのである。

図中の王子（かわた）村部分は上泉郷であり、太閤検地後、上泉郷出作王子村として把握され、伯太村の庄屋捌きとなった。古検高は一四六石余であるが、延宝検地帳まで所持実態が明らかになる史料は一切残されていない。ただし延宝検地帳の古検記載を検討すると、慶長九年段階でほぼ耕地化を遂げていたことが判明する[4]。この点は、王子村部分も同様である。

以上から、一七世紀初頭の王子村は上泉郷にも村領を広げつつ、百姓とかわたが居住する村であった。かわたが居住していたのは、図の中央に位置する除地である(5)。信太郷の南端にあたることが注目される。なお、王子村の屋敷地が小栗街道沿いに集中するのは一七世紀後期以降のことと思われ、一七世紀初頭の様相については不明である(6)。

つぎに、水利の問題に注目しておきたい。一八世紀以降の両村は、谷池である惣ノ池を基盤用水としていたが、惣ノ池のすぐ下に分水があり、そこから北溝が王子村田地に、南溝が南王子村田地にひかれていた。すなわち同じ池を利用するものの、溝は初発のところで分離している。王子村の田地は、およそ小栗街道以東の傾斜地が七割、街道以西の平野部が三割であり、平野部部分には村の北側から街道よりも低い位置で大野池用水が入る。また惣ノ池の上手や、その他にもいくつか小規模な池があり、惣ノ池と合わせて、王子村内の傾斜地を灌漑していた。これに対し、南王子村は惣ノ池以外の用水をもたず、大野池郷にも含まれていなかった。また南王子村の田地は、街道以西の条里地割でほぼ九坪分である。

ここに至る開発の諸段階を想定すると、惣ノ池の直下を潤すための溝（北溝）が先にあり、隣接する上泉郷田地の最も北側の部分を耕作するために南溝が新しくひかれた、と考えられる。出作王子村の南側に位置する伯太村は、近世を通じて伯太村と池上村立会の池々によって灌漑されている(7)。この灌漑域から外れて耕地化が遅れていた部分を対象に、惣ノ池南溝がひかれた可能性が高い。

上泉郷出作王子村約一〇町余の田地を潤す用水をひくには、それなりの労力が必要である。問題はその主体が、王子村百姓とかわたのどちらであったかである。上泉郷出作王子村については古い段階での所持状況を示す史料を欠くため、判断は非常に難しい。そこで次に慶長九年の信太郷指出帳を検討して、当時の王子村の基本情報を確認することとする。

（2）慶長九年指出帳の分析

a名請人

慶長九年の信太郷王子村分二六一石余について、王子村分とかわた村分の指出帳の名請人を整理したものが、表2・表3である。

王子村分二〇二石余は名請人が三三人おり、うち一人が池上村の者である。「しに人・失人」の記載が四人に見られるが、これは太閤検地時の名請人が死亡し、慶長九年段階では嗣子等が所持・耕作していると考えておきたい。「うは（乳母）」二人や「子共中田」などは明らかに経営体（家数）ではない。階層構成は差出人の藤兵衛が所持高では六番目に位置するなど、比較的フラットであるように思われる。つぎに見るかわた村分に比して、畑の占める割合が高いことにも注意しておきたい。

かわた村分五九石余は、名請人が二九人おり、うち一人は「王子村」となっている。王子村分とは異なり、乳母などは存在しない。この時期の書き上げでは、「家」単位ではなく、同一家族が別に書き上げられることが多い。そのため、家数を想定することは難しいが、王子村分とかわた村分では、耕地の規模は大きく異なるが、同程度の名請人が存在したことを確認できる。ほかにかわた村分の特徴として、差出人の甚五郎が名請人の中には存在しないこと、ほとんどの地目が田であることが挙げられる。

bかわた所持地の展開

つぎに慶長九年指出帳のかわた村分の土地が王子村内のどのあたりに存在したのかを考えてみたい。

表4は、慶長九年指出帳の王子村分とかわた村分の小字を、王子村の延宝検地帳と対照したものである(8)。慶長九年のかわた村分五三筆中二三筆の小字が「雨ふり」である。この二三筆分の分米は三四石余であり、かわた村分の大半の耕地が「雨ふり」に所在していた。王子村分には「雨ふり」が一七筆あり、王子村全体では合計四〇筆の「雨ふり」が存在したことになる。この数は王子村の中でも多く、ほかに四〇筆をこえる小字は「山

表2　慶長九年 信太郷指出帳王子村分の名請人

	分米計	筆数			
		計	（田）	畑	屋敷
新五郎	17.734	19	14	4	1
源左衛門	16.617	19	12	6	1
若左衛門	15.23	19	15	4	
惣兵衛（宗兵衛）	14.52	25	16	8	1
五郎衛門	13.658	14	8	5	1
●藤兵へ	12.891	23	15	6	2
五郎左衛門（五郎左衛門しに人）	12.797	15	10	5	
与三衛門	10.453	12	9	2	1
四郎衛門	9.387	12	8	4	
与衛門	9.222	10	7	3	
惣衛門（宗衛門）	8.459	21	16	4	1
彦衛門	8.095	13	9	3	1
彦左衛門（彦左衛門失人）	7.26	11	7	4	
与七郎	6.59	12	4	7	1
又五郎	5.179	12	7	4	1
彦一（彦市）	4.898	9	5	4	
助左衛門	3.753	5	2	2	1
助七（助七しに人）	3.506	5	3	2	
五郎兵へうは	2.706	4	2	2	
二郎兵へ	2.08	1	1		
市左衛門	1.81	2	1	1	
うは（くらノうは）	1.761	8	4	4	
彦三郎	1.386	1	1		
道善	1.19	1		1	
源八	0.616	4	1	3	
四郎左衛門	0.432	1	1		
子共中田	0.408	1	1		
源五郎	0.345	1	1		
宗五郎	0.32	1		1	
甚四郎しに人	0.134	1	1		
彦太郎	0.072	1	1		
二郎松	0.028	1	1		
いけかみのもの	0.15	2		2	
主なし／永荒	8.999	17	6	11	
	202.686	303	189	102	12

●印を付した藤兵衛が差出人である。

王子村分では、「五郎兵衛うは」・「くらノうは」・「うは」の三名が登場する。1章で触れたように同帳には名請人のローテーションがあり、これを前提にすると、「くらノうは」と「うは」は同一人物と想定される。

帳末に記載される合計高は202.591石であるが、計算上は202.686石となる。

表3　慶長九年 信太郷指出帳かわた村分の名請人

	分米計	筆数			
		計	(田)	畑	屋敷
助四郎	5.934	3	3		
九郎三郎	5.714	4	4		
若衛門	4.72	1	1		
五郎左衛門	4.183	4	4		
新五郎	3.9506	4	4		
甚四郎	3.823	2	2		
甚三郎	2.98	2	2		
助太夫	2.487	2	1	1	
与七郎	2.456	2	2		
衛門太郎	2.184	1	1		
市左衛門	2.162	1	1		
太郎	2.129	2	2		
左衛門四郎	1.768	1	1		
孫左衛門	1.73	1	1		
五郎兵へ	1.645	2	1	1	
二郎太夫	1.459	3	3		
与四郎	1.401	3	3		
三郎衛門	1.35	2	2		
与二	1.264	1	1		
彦三郎	1.225	1	1		
与五郎	1.08	1	1		
源七郎	0.848	1	1		
太夫	0.754	1	1		
与三二郎	0.55	1	1		
五郎	0.468	1	1		
源四郎	0.464	1	1		
衛門	0.162	2			2
若太夫	0.017	1	1		
わうし村	0.224	1		1	
無主／永荒	0.037	1	1		
	59.1686	53	48	3	2

差出人の甚五郎は名請人の中には見いだせない。
帳末に記載される合計高は59.162石だが、計算上は59.1686石となる。

谷」と「山原」だけである。かわた村分の残る三〇筆は、数筆ずつ分散しているので、まずは「雨ふり」を見ていくこととする。

慶長九年から七五年後の王子村延宝検地帳では、小字「雨ふり」は五筆であり、慶長九年の四〇筆から大幅に減少している。その多くはほかの小字に変化したと考えられる。全体をみても、各小字の筆数は相当変動しており、小字の分化・変化は村全体で進行したようである。

次に小字の分化・変化を詳細に知るため、指出帳と検地帳の古検記載を対応させる作業を行った[9]。その結果、約三六〇筆中一〇〇筆について照合することができた。幸い「雨ふり」は照合可能なものが多く、表5はそれら

1	0	1	山さき	0	
7	0	7	山下／山ノ下	4	
37	5	42	山谷	16	
44	4	48	山原／山ノ原　※2	19	
3	1	4	六たん田／六反田町	7	
1	0	1	六のつほ	0	
16	0	16	不明（田）	0	
10	0	10	不明（畠）	2	1
12	2	14	やしき　※2	24	4
			あせくら	2	
			池の西	3	
			うへ	1	
			笠かけ	16	
			かた山	2	
			教西田	18	
			こも池の西	9	
			次郎兵衛畑	3	
			新池のかわ	1	
			たなしり	2	
			土井の後	6	
			とう田	1	
			とりをさ	2	
			のき	3	
			土生村のうら	1	
			ひたりか谷	2	
			ほうきり	3	
			みそじ	4	
			宮ノ前	6	
			屋敷間	11	3
			ゆり谷	4	
			横枕	7	
			わさひらき	1	
303	53	356	筆数計	359	

※１を付したものは、指出帳において永荒となっている。
※２を付したものは、延宝検地帳で新開や古検なしと記載されている筆を含む。
　いけのかわ：うち１筆が延宝４年新開
　山原／山ノ原：うち２筆が延宝４年新開、また１筆は延宝６年起返
　やしき：うち２筆が古検なし
※３を付したものは、指出帳と検地帳の間で対応させた小字名がやや異なる。
　指出帳での「鳥井ノわき」は検地帳での「鳥居前」
　指出帳での「たい中／太中」は検地帳での「鳥井ノ内たい中」
　指出帳での「南谷とみあき山」は検地帳での「南谷」
なお、王子村の延宝検地帳は7.6石余の不足がある（補論１参照）。

表4　慶長九年から延宝期の王子村内における小字の変化

慶長九年指出帳（1604年）			小字名	王子村延宝検地帳（1679年）	
王子村分 202.686石	かわた村分 59.16786石	総筆数		筆数	うち かわた所持
7	0	7	あひこ田	8	
5	1	6	あまくす／あまくそ	0	
17	**23**	**40**	雨ふり	5	
4	0	4	あらけ	0	
2	0	2	いけのかわ　※2	12	
3	0	3	いけのしり	1	
1	1	2	いけのはた	0	
2	0	2	石こ	0	
1	0	1	入谷	0	
2	2	4	一の坪	11	
1	0	1	一はし	0	
3	0	3	うしま	6	
1	0	1	うしま内	0	
1	0	1	牛間前	0	
15	2	17	尾さき	14	
1	0	1	尾井まへ	0	
1	0	1	かな村	0	
1	0	1	かハ田ノうしろ	0	
1	7	8	川上／川ノ上	0	
1	2	3	川ノはた	1	
1	1	2	五反田	7	
4	0	4	さいみやうし	9	
2	0	2	さんのつぼ	0	
5	0	5	すなこ／すなこ田	6	
1	0	1	そゝいけしり	0	
5	0	5	たい中／太中　※3	2	
1	0	1	たうはらいけの□□	0	
0	2	2	ため田	8	
2	0	2	てはり　※1	0	
3	0	3	鳥井ノわき　※3	5	
1	0	1	中大寺	8	
9	0	9	にしかと	10	
1	0	1	二本松	0	
8	0	8	ぬま	2	
5	0	5	はな村	4	
27	0	27	ひらき	24	
3	0	3	道上	11	
4	0	4	道下	1	
16	0	16	道ノはた	15	
1	0	1	南谷とみあき山　※1･3	3	
1	0	1	宮谷	1	
2	0	2	むかい田	5	

表5　王子村内の小字照合

	慶長九年指出帳						王子村延宝検地帳									
	小字	面積			分米	名請人	小字	古検面積			新検記載					
		反	畝	歩				反	畝	歩	位田	反	畝	歩	分米	名請人
かわた村分	雨ふり	1	2	20	1.72	助四郎	雨ふり	1	2	20	上田		9	3	1.4105	九郎兵衛
	雨ふり		6	7	0.848	源七郎	雨ふり		6	7	上田		4	22	0.7337	六郎兵衛
	雨ふり	1	2	20	1.73	孫左衛門	一ノ坪	1	2	20	上田		4	21	0.7285	作十郎
	雨ふり	1	6	12	2.162	市左衛門	ため田	1	6	12	上田	1	1	7	1.7412	清兵衛
	雨ふり	1	4	7	1.85	新五郎	ため田	1	4	10	上田		9	23	1.5138	作左衛門
	雨ふり		5	20	0.754	太夫	ため田		5	20	上田		4	26	0.7543	仁右衛門
	雨ふり		4	20	0.624	太郎	ため田		4	20	中田		1	19	0.2368	作左衛門
	雨ふり	1	5		1.95	甚四郎	みそじ	1	5		上田		9	5	1.4208	九郎兵衛
	雨ふり	3	3	6	4.72	若衛門	宮ノ前	5	5	23	上々田	4	4	11	7.3205	六郎兵衛
	雨ふり		9	2	1.225	五郎左衛門	宮ノ前		9	2	中田		7	25	1.1358	清兵衛
	雨ふり		9	2	1.225	彦三郎	宮ノ前		9	2	上田	1		6	1.581	市郎右衛門
	雨ふり		9	2	1.08	与五郎	宮ノ前		9	2	上田		9	19	1.4932	久兵衛
	雨ふり		6		0.78	与四郎	宮ノ前		6		上田		5	2	0.7853	忠右衛門
	雨ふり	1	6	12	2.221	助太夫	横まくら	1	6	12	上々田	1	7	28	2.959	六郎兵衛
	雨ふり	1	4	10	1.944	助四郎	横まくら	1	4	10	上田		9	15	1.4725	宇右衛門
	雨ふり	1	1	15	1.505	太郎	横まくら	1	1	15	上々田	1	4	15	2.3925	六郎兵衛
	雨ふり	1	4	20	1.873	九郎三郎	六反田	1	4	10	上田	1		2	1.5603	六郎兵衛
	雨ふり	1		20	1.404	五郎左衛門	六反田	1		20	上田		8	28	1.3847	九郎兵衛
	一ノつほ	1	4	10	1.873	甚四郎	壱ノ坪	1	4	10	上田		6	26	1.0643	仁兵衛
	六たん田	1	6	20	2.131	九郎三郎	六反田	1	6	10	上田		9	23	1.5138	利右衛門
王子村分	雨ふり	1	4		1.825	五郎左衛門	雨ふり	1	4		上田	1		14	1.6223	宇右衛門
	雨ふり	1	2		1.56	五郎左衛門	あせくら	1	2		中田		8	20	1.2567	仁兵衛
	雨ふり		9	7	1.208	五郎衛門	あせくら		9	7	中田	1	1	21	1.6965	仁兵衛
	雨ふり	1	4	10	1.87	五郎衛門	ため田	1	4	10	上田		9	23	1.5318	作左衛門
	雨ふり	1	3		1.655	新五郎	ため田	1	3		上田		4	17	0.7078	作十郎
	雨ふり	1	1		1.15	与右衛門	みそじ	1	1		上田		9	3	1.4105	清九郎
	雨ふり		6	9	0.768	与七郎	みそじ		6	9	上田		4	13	0.6872	吉兵衛
	雨ふり	1	1	10	1.36	弥左衛門	横まくら	1	1	10	上田	1	2	15	1.9375	作左衛門
	雨ふり	1		20	1.414	五郎左衛門	六反田	1		20	上々田		9	24	1.617	五郎兵衛
	一坪	1	1	10	1.539	与三衛門	壱之坪	1	1	10	上田		9	29	1.5448	五郎兵衛
	一坪		2		0.26	若左衛門	壱之坪		2		上田		6		0.93	仁兵衛

の対応表である。ここから、慶長九年の「雨ふり」は、延宝七（一六七九）年には「雨ふり」「あせくら」「一ノ坪」「ため田」「みそじ」「宮ノ前」「横まくら」「六反田」などに分化したものと考えられる。全体的に上田が多く、良好な耕地である。これらの小字は明治二〇年代にも王子村内に確認でき、その場所は南王子村の北側周辺に集中する（図1）。慶長九年にかわたが所持していた小字「一ノ坪」「ため田」「六反田」の計五筆もこの周辺と考えられる。すなわち慶長九年においてかわたは、王子村地内の小栗街道以西、居住する除地に比較的近い部分に相当まとまって耕地を所持していたと想定できる。「雨ふり」分とこの五筆を合計すると、四〇石余となる。

一方で「雨ふり」は、水はけの悪さを想像させる名前でもある。慶長九年の「一ノ坪」「ため田」「六反田」も含めて、畑地は一筆もない。地理的な条件も考慮すると、低湿地であったことが予想される。おそらく一七世紀を通じて排水条件が整備され、小字も分化していったものと思われる。ただし慶長九年段階で「雨ふり」の斗代が王子村内のほかの小字に比べて明らかに低いわけではない。むしろ田地としては、低湿地であることが有利にはたらく可能性もある。

以上をふまえると、慶長九年段階において小字「雨ふり」は、かつて水利条件の悪い低湿地であったが、一定程度の耕地化を遂げており、一七世紀を通じてより安定化したものと考えられる。かわたがこうした部分に土地を集中的に所持していたことは、本源的に斃牛馬処理権を所有の核とする彼らは、地域社会において土地所持の面で後発していたことを示していると思われる。

（3）上泉郷出作王子村の所持状況とかわた村

さて、残る問題は大きく三つ存在する。①のちにかわたに切り分けられる上泉郷出作王子村の太閤検地時、あるいは慶長九年段階の土地所持状況をどう考えるか、②慶長九年のかわた村分の指出帳はなぜ王子村とは別帳で作成されたのか、そして③かわた村分の差出人・甚五郎をどう想定すればよいか、である。

前項での想定に加えて、王子村と王子（かわた）村の延宝検地帳の名請状況にふれておく。両帳はやや難しい要素を含む史料であるが（本書補論1）、少なくとも延宝七年の段階で、王子村高三一五石余の九割五分を王子村百姓が所持し、王子（かわた）村一四二石余の九割をかわたが所持していることは確実である。つまり、王子村と王子（かわた）村間に相互の入り組みは極めて限定的にしか存在しない。

以上をふまえて、上泉郷出作王子村の所持状況を、次のように推定しておきたい。

Ⅰ太閤検地時には、上泉郷出作王子村となった部分には王子村百姓よりもかわたの所持地が多かった。割合を推定することは難しいが、かわた居住地と出作王子村が接しており、かつ慶長九年には王子村内のかわた所持地が居住地に近い小栗街道より西側に集中していたことを考慮して、それらと連続する形で出作王子村の過半をかわたが所持していたと考えておく。しかしかわたは「王子村内かわた」であったため、検地では王子村百姓が所持する分と一緒に「上泉郷出作王子村」となり、伯太村の庄屋捌きとなった。

Ⅱ太閤検地において王子村が信太郷王子村と上泉郷出作王子村に分断されたことは、次第に王子村には王子村百姓が、出作王子村にはかわたが土地を所持することを促進したと考えられる。つまり出作王子村に土地を所持していた王子村の百姓は、年貢を伯太村の庄屋に納めることを嫌い、王子村地内のかわた所持地と交換、あるいはかわたに売却するなどしたのではないだろうか。またかわた側も同様の動きをしたと考えておく。この動向は、太閤検地による出作―捌き庄屋体制成立以後、ゆるやかに進行したものと想定したい。

Ⅲその結果、正保四（一六四七）年頃までに出作王子村におけるかわた所持が圧倒的になり、そうした事実のもと、出作王子村がかわたへ切り分けられた。

Ⅳ延宝七年には王子村は王子村百姓が、王子（かわた）村はかわたが、それぞれほとんどを所持する状況となる。

このように慶長九年段階で、出作王子村一四六石余の大半をかわたが所持していたと推定すると、王子村も含めたかわたの総所持高は一六〇～一八〇石程度、王子村百姓は二三〇石～二一〇石程度となる。総所持高では王子村が上回るが、かわたには草場益を想定しなければならない。そのため慶長九年における王子村とかわたの人口規模は少なくともほぼ同じ、むしろかわたが上回っていた可能性が高いと考えられる。

以上から、一七世紀初頭のかわたは王子村内の除地に居住し、その周辺に一〇〇石を優に上回る規模で土地を所持・耕作しており、村請制村とは認められていないものの、かわた村としての性格を強く帯びていたものと考えられる。慶長九年指出帳においてかわたの所持地が、「泉州泉郡信太郷かわた村御指出」と題され、別帳となったのは、このためだろう。ただし彼らが田地を所持した部分は、上泉郷と信太郷の境界周辺であり、最良の耕作条件とは言えない。百姓による土地の占有・耕地化が先にあり、その後かわたが耕地化を試みたのだろう。本節冒頭でふれた、惣ノ池南溝の開発主体はかわたと考えて差し支えないと思われる。上泉郷出作王子村となるあたりは、王子村百姓と折り合いをつけながら、かわたが主体となって徐々に開発したものと想定される。

慶長九年の指出検地において、かわた村分が別帳で作成された理由も、こうした状況を前提におくと、納得しやすい結論に至る。かわたの土地所持と人口規模が大きかったため、かわたの代表者は、かわた所持地を書き上げることを王子村の庄屋から認められていたのである(10)。加えてかわた村分の年貢をかわた代表者が一括して王子村の庄屋に納めていた可能性もあろう。

最後に、慶長九年指出帳かわた村分の差出人・甚五郎について想定しておきたい。信太郷の六村分の指出帳では、各差出人は居村の帳面で名請人として登場する。しかしかわた村分の差出人である甚五郎は、かわた村分において一筆も名請けをしていない。甚五郎が王子村の人物である可能性もわずかに存在するが、王子村分の名請人の中にも甚五郎の名はない。この点について藤本清二郎氏は、指出帳を文禄検地帳の正確な写しと考え、甚五郎は文禄三（一五九四）年には名請地を持たなかったが、慶長九年までに取得したという見方を示している(11)。しかし信太郷の指出帳が文禄検地帳の写しである可能性は低い。またかわた村分には「失人」記載がなく、名請人は慶長九年段階のものである可能性が高い。

そこで想定できることは、甚五郎はかわたの代表者であるが、①王子村に高を所持せず、全ての土地を出作王子村に所持している、②かわた村分の帳面では本人ではなく倅などが名請けをしている、③そもそも土地を所持していない、という三つの可能性である。このうち③であるとするならば、当時のかわた村の集団秩序が草場所持にあり、草場の統括者＝かわたの代表であったと考えられる。しかしすでに一〇〇石以上の土地所持を実現していたかわた集団にあって、その可能性は極めて低いように思われる。また②については、かわた村分の名請人のうち甚三郎や甚四郎にその可能性が考えられるが、あくまで名前から推測できるに過ぎない。そのため、ここでは①が最も有力であり、甚五郎は当時のかわたが主として土地を所持していた（上泉郷）出作王子村において多くの名請地を確保していたと考えておきたい。

二、出作の切り分けと村領意識の形成

ここでは、貞享四（一六八七）年から五年にかけて、伯太村と池上村、伯太村とかわた村との間で起きた虫送りをめぐる一件をとりあげる。一連の経過からは、出作切り分け後、村々の関係や認識がどう変容したのかをうかがい知ることができる。

（1）伯太村と池上村の対立

虫送りをめぐる問題は、まず貞享四年に伯太村と池上村の間で発生した。つぎの史料は、伯太村と池上村の争論の決着時に作成されたものである(12)。

史料1

（端裏書「池上村・伯太村曖之証文扣」）

当六月伯太村虫送付、池上村東之天神境内ニ在之候道、先規ゟ上泉之郷境ニ而通来り候由ニ而、伯太村ゟ通り被申候、池上村ゟは池上村天神境内猥ニ通シ申間敷由被申候而、出入に罷成候処を我々罷出取曖、出入下ニ而埒明済口極之事、

一、論所之様子相尋候処ニ、右池上村東之天神宮地之内ニ有之候道筋より東ハ、往古ゟ上泉領之郷境ニ紛無之候而、伯太村虫送ニ先規ゟ通り被来候由ニ候へとも、池上村氏神之義ニ而先規ゟ池上村ニ支配仕来候条、自今以後も池上村ゟ支配被仕候筈ニ相究候事、

右之通我等共罷出、池上村・伯太村江挨拶仕、双方同心之上出入下ニ而相済候之事紛無之候、依之双方曖之者共ゟ証文遣候、為後日之仍如件、

貞享四卯年十月十日

信太中村　九郎兵衛

留秋村　利右衛門

黒鳥村　太郎右衛門

府中村　三郎右衛門

大津村　八郎右衛門

池上村庄屋
　理左衛門殿
同
　平太夫殿
年寄中　参

史料2

（端裏書「伯太・池上双方へ遣シ候証文之扣」）

一札之事

一、当六月伯太村虫送ニ付、池上村と伯太村と相論ニ罷成候ニ付、我々出会挨拶仕、出入下ニ而相済候事、
一、伯太村虫送道筋は、先年ゟ池上村東之天神宮地之内を通り来候由、伯太村ゟ被申候得共、自今以後は池上村油池之堤を通り被申候筈ニ相究候事、池上村東之天神宮地之儀は、上條郷池上村ニ先規ゟ支配仕来被申候上ハ、自今以後も弥池上村之支配ニ被仕、宮地四壁垣等堅固可被仕候事、
一、伯太村虫送道筋は、自今以後右天神之境内を通り候儀不浄ニ存候間、天神境内之外油池之堤を通り被申候筈ニ相究候事、
一、右天神境内之中ニ有之候道ニ付、池上村ゟふさき申筈ニ相極候事、
右之通我等共罷出、池上村・伯太村へ挨拶仕、双方同心之上出入下ニ而相済候事紛無之候、依之双方へ嗳之者共ゟ証文遣置候、為後日之仍如件、

貞享四卯年十月十日

信太中村　九郎兵衛
留秋村　利右衛門
黒鳥村　太郎右衛門
府中村　三郎右衛門
大津村　八郎右衛門

伯太村庄や
徳兵衛殿
同
義兵衛殿
年寄中

二つの史料は同じ日付の控えであり、嗳人から**史料1**は池上村にあてて、**史料2**は伯太村にあてて出されている。**史料2**は端裏書から最終的に双方で取り交わされた一札であることが判明する。

史料1には争論における論点と双方の主張が記されている。それによれば、貞享四年六月、伯太村が虫送りの

際に池上村の東天神境内内の道を通行したことが問題となった。虫送りは夏に行われる害虫を追い払うための民俗行事で、村人一行が太鼓など鳴らしながら村内を歩き、最後に害虫を村外に出すというものである。この伯太村の虫送りについて、池上村側は「池上村支配の天神境内を伯太村の虫送り一行が通行することはおかしい。」と訴えた。これに対し伯太村は、「この道は上泉郷（と上條郷）の郷境であり、以前からの虫送りの道筋である。」と反論した。おそらく虫送り当日に、この道筋をめぐって一騒動起きたものと思われる。

周辺村の有力者が仲裁に入り、両者の主張はいずれも正しいことが認められている。ここで問題となった「郷境」でもある「池上村東天神境内地の道」を確認しておこう。この場所は、第一章図1において池上村内で郷境が交差する箇所にあたる(13)。この付近に池上村の天神社が存在したことは史料において確認でき、池上村の天神境内に郷境が通っている、ということが理解できる。

伯太村の虫送り一行が、なぜ池上村の神社境内を通行するのか。この背景には、出作の切り分けが潜んでいる。上泉郷の出作池上村は太閤検地において伯太村の庄屋捌きとなったが、正保四（一六四七）年頃には、池上村に切り分けられた。虫送りは村内をくまなく歩くことに意味があるようなので、出作の切り分け以前から伯太村は出作池上村・出作王子村・出作府中村内も通行しながら虫送りを行っていたと思われる。このことは、太閤検地によって各村領が分断されたことが地域社会に与えた影響の一端を示している。つまり、上泉郷出作池上村となった領域は、年貢を伯太村の庄屋から納めるだけでなく、領域そのものに対しても伯太村の権限が強く及んでいたのである。

伯太村は出作の切り分け後も従前の道筋を通行していたが、池上村は切り分けから約四〇年を経て、自村の天神境内を通行することは承服できないとして問題にしたのである。池上村では、出作池上村も池上村領であり、伯太村の権限は及ばないという認識が次第に強まったのだろう。出作池上村部分についても伯太村の虫送り一行が通過することを好ましくは感じていなかったが、主張が通りやすいと考えられる池上村の天神社にポイントを絞ったものと思われる。

この争論の決着は、史料2の二・三・四条目に記載されている。池上村東天神は池上村支配であることが確認された上で、伯太村の虫送りがその境内を通行することは不浄であり、以後虫送りの通行ルートは油池の堤に変更された。さらに、池上村が天神境内の道を塞ぐことも取り決められ、これによって伯太村は虫送りの道筋を変更することを余儀なくされた。しかし油池の堤は出作池上村内であり（第一章図1で池上村集落の西側、上泉郷出作池上村内にある、おたまじゃくしのような形の池が油池である）、出作池上村内を伯太村の虫送り一行が通過することは否定されていない。

伯太村と池上村の虫送りをめぐる争論は出作の切り分けに伴い、互いの村領意識が重なったことによって起きた。そして伯太村側が虫送りの道筋を一部変更することで決着している。仲裁人たちは、出作をめぐる経緯を認めつつも、現状の村領を優先する姿勢をとったといえよう。ただしそれは池上村の天神境内に限ってのことであり、なお出作をめぐる出作元村と元捌き庄屋の村の対立や、認識の相違は継続していくものと考えられる。だが、次第に切り分け後の状況を前提としたあり方が定着していったものと思われる。

（2）伯太村とかわた村の関係

伯太村と池上村の一件は、翌年かわた村にも波及することとなった。つぎの史料は、貞享五年にかわた村で作成された一札（村方申合）である(14)。

史料3

一札之事

一、従　御公儀様度々被為仰出候諸事御法度之趣、少も違背仕間布候、諸殺生仕義堅停止之旨被仰、奉得其意候事、

一、今度伯太村虫送りニ付、領分之儀急度被為仰付被下候、虫送りハ前々ゟ通り候道筋ニ而候間、其分ニ致置可申候事、

一、領分之内ニ而あぜ草伯太村之者ニからせ不申候筈ニ而候故、此方ニも伯太村之領分へ入、小松之儀ハ勿論下草なと少ニ而もかり取申間布候、若此旨ヲ背伯太山へ入、小松ヲ伐候か下草ヲ苅取候而、伯太村ゟ申来候ハヽ、本人ハ不及申、其五人組として急度申わけ仕、少も難義かけ申間敷候事、

一、前々ゟ度々被仰候通、他所へ出、口論ケ間敷儀仕間布候、万一此旨ヲ相背他所へ出不届成義仕、他領ゟ不届之次第申来候ハヽ、是又仕出し候者之五人組として急度申わけ仕、村中へハ少も難義掛ケ申間布候事、

右之趣常々五人組切ニ吟味仕、弥々堅相守可申候、若御法度を違背仕候ハヽ、御公儀様へ被仰上、如何様之御詮儀ニも可被成候、其時一言之恨ミ申間布候、為其村中五人組一札、仍如件、

貞享五年
辰七月日

太兵衛㊞　助衛門㊞
弥左衛門㊞　五人組頭 仁衛門印
若衛門印　与衛門㊞
弥助㊞　南衛門㊞

（中略）

庄屋・年寄中

この一札は全四条からなり、最後に各条目の内容を五人組ごとに確かめあい、守ることが誓約されている。組ごとに連印し、庄屋・年寄あてとなっている。五人組は全一一組、家数は五五軒が確認できるが、最初の三名「太兵衛・助衛門・弥左衛門」は組には入っていない。太兵衛は庄屋、残る二人は年寄として別の史料でその名

を確認できる(15)。宛先は「庄屋・年寄中」となっていることから、村役人らも村内の一軒として村の取り決めを守るという意味で連印しているものと考えられる。

この一札の主眼は二・三条目、すなわち伯太村の虫送りと領分の相互確認にある。二条目では、今回伯太村が虫送りを行うにあたって、伯太村から王子（かわた）村と伯太村との村境について厳しい確認があったが、伯太村の虫送りは前々から通ってきた道筋なのでそのままとする、とされている。つまり、村境を確認した上で、なおかわた村領である王子（かわた）村内を伯太村の虫送り一行が通行することを容認させられたのである。

三条目では、伯太村の者に王子（かわた）村内であぜ草を刈り取らせないことと引き換えに、かわた側も伯太村内での小松や下草の刈り取りをしてはいけないとされている。伯太村側が王子（かわた）村内で刈り取りを禁じられているのはあぜ草であるが、これに対しかわたが伯太村内で禁止されているのは小松・下草である。この条件の差は、かわたに切り分けられた王子（かわた）村が、本来は出作であったという条件に規定されて、ほぼ耕地だけで山を含まないことと対応している。

また条文中において、伯太村の中でも小松・下草を刈り取る場所として伯太山が挙げられていることも注目される。伯太山は、信太山丘陵内にあって、伯太村が利用する範囲である。信太山丘陵全体の利用をめぐっては、信太郷七ヶ村と黒鳥村・一条院村が寛文期に争論に及び、寛文七（一六六七）年に江戸で裁許が下され、信太郷七ヶ村・伯太村・黒鳥村・一条院村・坂本村・池田下村の利用範囲が確定した(16)。伯太村は寛文期に積極的に争論に及んでいないが、貞享五年の段階でかわた村に対して山の領域を厳守することを求めている。信太山内の利用範囲は、このように一七世紀を通じて相互に確認・維持されていったものと考えられる。

以上の伯太村からの強い申し入れをうけて、この一札がかわた村において作成された。そこでは五人組内での監視が求められ、村役人を中心に村内の取り締まりを厳しく行い、とくに村外とのもめ事を避けようとする強い姿勢が見られる。ここでのかわた村は伯太村に対して池上村のような対等な発言権は有していない。この対応は、何を置いてもまずは切り分けによって認められた王子（かわた）村を自らの村領として守りたいがためと考えられる。切り分けから四〇年を経てなお、何か問題が生じれば切り分けを否定される（伯太村に戻される、あるいは王子村に渡されるなどの）可能性が全くない、とはかわた達は考えていなかったのである。またこの頃から王子村とかわた村の関係が悪化しており、さらに伯太村との関係を悪化させることはどうしても避ける必要があった。

ここで伯太村の対応についても少し考えておきたい。かわた村の一札を見る限り、伯太村はやはりかわたを対等な存在とは見なしていないように思われる。ただし、池上村との間でも出作池上村内の虫送り通行は維持されたのであり、当時の王子（かわた）村が耕地だけであったことも考えると、とくに過度な要求をしているわけではない。むしろ従来通り、かわた村領となった上泉郷出作王子村を通行しようとしているのであり、そうした意味では、伯太村にとって王子（かわた）村と出作池上村はかつて捌いていた土地という同じ位置づけにあったのである。

これまで南王子村成立の過程では、王子村との軋轢が注目されてきた。しかし、かつての捌き庄屋の村・伯太村とも村境を巡って緊張関係にあり、それは周辺の出作と捌き庄屋の村の間において現れる関係と共通する部分と、かわた身分特有の問題が含まれていたのである。

三、王子村内からの居村移転

王子村内に居住していたかわた達は、元禄一一（一六九八）年に自らの村領である王子（かわた）村に居村を移転させた。その背景には、先にも触れたように、惣ノ池をめぐる王子村との争いがあった。王子村は惣ノ池の支配権を確保するために、同領となった貞享三（一六八六）年以降繰り返しかわた村に干渉するようになり、元禄一〇年にはかわたから王子（かわた）村を取り上げようとする動きにまで発展した。このためかわたは王子村内の除地を立ち退くことを決めたのである。

（1）惣ノ池をめぐる問題の所在―両村の延宝検地帳記載―

そこでまず、惣ノ池をめぐる問題を整理しておこう。一七世紀中期頃には、惣ノ池・今池からの用水は、王子村に向かう北溝に三、出作王子村に向かう南溝に七という分水比率があったようだが、正式に確認されたものではなかった。一七世紀中期頃には前代からの慣行によって、両者が利用する状況にあったと考えられる。そうしたなかで、出作王子村がかわたの村領として切り分けられた。ここに後に、熾烈な対立が生じる余地があったのである。

こうしたなか、延宝七（一六七九）年に畿内の幕領で一斉に検地が実施され、当時幕領であった両村も検地を受けた。そうして、延宝検地帳には各村に帰属する池も書き上げられた(17)（表6）。

王子（かわた）村分には、「村中」として五つの池が書き上げられている。延宝検地の段階で、かわたは王子村内に居住しており、この「村中」が何を意味するのかは難しいところである。検地帳において「村中」と記載する場合、そのほとんどは他村と立会ではなく、一村で維持・管理していることを意味する。王子（かわた）村検地帳の「村中」も、歴史的な経緯や当時の居住状況を考えれば、「王子村百姓と除地に住むかわた」の両者を指しているように思われる。しかし後の享保期の水論で南王子村は、「村中」はかわた村だけを指すのだ、と主張している。

五つの池のなかでも、惣ノ池は規模が大きく、古検時の面積と高が唯一記されている。古検は、太閤検地（文禄検地）を指し、古検の記録は、その頃から惣ノ池があり、古い検地帳にも書き上げがあることを意味する。なお一ノ池から四ノ池までの四つの池は、惣ノ池よりも南の、伯太山内の谷筋にあり、貞享期には破損し、その後字新宮谷の新開〇・七二六石となった(18)。

表6　両村の延宝検地帳での池の書き上げ

池名	縦×横(間.尺)	池床面積		古検の記載
惣ノ池	90×60	1町8反歩	村中	古検4反9畝14歩　分米4.946石
一ノ池	25×8	6畝20歩	村中	－
二ノ池	28×11	1反8歩	村中	－
三ノ池	17×10	5畝20歩	村中	－
四ノ池	40×8	1反20歩	村中	－

王子村延宝検地帳

検地惣奉行:石川若狭守内伊藤佐太夫

池名	縦×横(間.尺)	池床面積		古検の記載
鷹池	33×22	2反4畝6歩	－	古検1反3畝12歩　分米1.6石
渡池	105×19	6反6畝15歩	－	古検5畝歩　分米0.56石
右衛門池	50×13.3	2反2畝15歩	－	－
惣之池	104×60	2町8畝歩	王子村・穢多村立会	－
かわ池	32×9.5	1反14歩	－	－
さゝら池	31×16	1反6畝16歩	－	－
宮谷上池	46×13	1反9畝28歩	－	－
宮谷下池	75×15	3反7畝15歩	－	－
摺鉢池	66×21	4反6畝6歩	－	－
尼か池	100×22	7反3畝10歩	－	－
瓢箪池	73×20	4反8畝20歩	－	－
今池	88×36.3	1町7畝2歩	王子村・穢多村立会	－

※王子村分で立会記載がない池は、王子村分を意味する。

一方、王子村分には一二の池が書き上げられ、このうち惣ノ池と今池には「王子村・穢多村立会」という記載がある。残る池にはこうした記載がないが、二池との対比で王子村（百姓）持ちの池であることを意味する。惣ノ池については、両村で記される規模が異なるが、当然同じ池である。一二の池の中でも、惣ノ池と今池の規模は際立っている。また尼か池・瓢箪池・摺鉢池・右衛門池・渡池の五池は、惣ノ池と同じ谷筋の上手に位置した（図1）。これらの池水を利用するためにも、惣ノ池は王子村にとって欠かせない池だったのである。

両村の検地帳において確認しておきたいことは、Ⅰ王子（かわた）村の惣ノ池を「村中」とする記載は解釈の余地を含むが、王子村は王子村とかわた村の立会と記載していること、Ⅱ惣ノ池の古検の記載は、王子村分の検地帳にはなく、王子（かわた）村分の検地帳にはある、という点である。つまり二冊の検地帳を並べた場合、王子（かわた）村の方がより強い権限を惣ノ池に対して有するように見える。

しかし二点の相違は、王子村が当時の認識をありのまま検地奉行に申告したのに対し、弱い立場にあったかわた村が、自分たちに有利になるように申し述べた結果ではないかと考えられる[19]。この点については、あとでも詳しく触れるが、一七世紀末には、王子村は王子（かわた）村検地帳の古検記載を何とか抹消しようと腐心する。しかし検地を受ける段階で特に行動を起こした形跡はない。かわたが村内に居住する以上、現状を変える必要を特に感じていなかったのだろう。一方かわた村は、惣ノ池に対する権利を確固たるものとすべく、検地奉行に働きかけたのではなかろうか。だが、両村の検地奉行が異なったため（検地奉行の担当村は、代官支配によって決まっていた）、この大きな違いは、そのまま検地帳に書き上げられた。問題が表面化することのないまま、王子（かわた）村に有利な記載が検地帳に記されたのである。しかし、郷帳や検地帳などの公的帳面が重視される江戸時代において、王子（かわた）村検地帳に惣ノ池の古検記載があり、「村中」の池、と記されたことは、その後大きな意味をもつことになった。

（2）検地帳の記載をめぐる対立

延宝検地から七年後の貞享三年、王子村と王子（かわた）村は共に武蔵岩槻藩・松平伊賀守の領地となった（表7）。ここで初めて同領となったのである[20]。これ以前は両村の代官が異なったため、王子村があからさまな行動に出ることはなかったが、この年以降、惣ノ池をめぐる両村の関係には緊張が生じるようになった[21]。

なかでも元禄八年に王子村が要求した二つの事柄は、問題の本質に関わるものである。この年、王子村と、太村・上村との間で、渡池をめぐる争論が生じていた。王子村の渡池周辺に二村の田畑があり、洪水の際に池水が掛かり二村が難儀する、という争論だったようだが、王子村はこの争論中、かわた村に対して渡池の論所に番を

表7　一八世紀中期までの両村の支配変遷

<table>
<tr><th>南王子村の支配</th><th></th><th>王子村の支配</th></tr>
<tr><td>幕領
（代官：中村杢右衛門）</td><td>正保4年～寛文2年
（1647～1662）</td><td rowspan="6">幕領

代官：
中坊長兵衛
↓
中坊美作守
↓
小野惣左衛門
↓
小野半之助</td></tr>
<tr><td>幕領
（代官：彦坂平九郎）</td><td>寛文3～4年
（1663～1664）</td></tr>
<tr><td>幕領
（代官：設楽源左衛門）</td><td>寛文5～12年
（1665～1672）</td></tr>
<tr><td>幕領
（代官：小堀源兵衛）</td><td>延宝元～8年
（1673～1680）</td></tr>
<tr><td>幕領
（代官：松村吉左衛門）</td><td>天和元～2年
（1681～1682）</td></tr>
<tr><td>幕領
（代官：万年長十郎）</td><td>天和3年～貞享2年
（1683～1685）</td></tr>
<tr><td>私領
松平伊賀守（岩槻藩）</td><td>貞享3年～元禄9年
（1686～1696）</td><td rowspan="10">南王子村に同じ</td></tr>
<tr><td>私領
小笠原佐渡守（岩槻藩）</td><td>元禄10年～宝永7年
（1697～1710）</td></tr>
<tr><td>幕領
（代官：窪島作右衛門・窪島市郎兵衛）</td><td>正徳元年
（1711）</td></tr>
<tr><td>幕領
（代官：窪島作右衛門）</td><td>正徳2年
（1712）</td></tr>
<tr><td>幕領
（代官：細田伊左衛門）</td><td>正徳3～5年
（1713～1715）</td></tr>
<tr><td>幕領
（代官：桜井孫兵衛）</td><td>享保元～5年
（1716～1720）</td></tr>
<tr><td>幕領
（代官：石原新十郎）</td><td>享保6年
（1721）</td></tr>
<tr><td>幕領
（代官：石原清左衛門）</td><td>享保7～延享3年
（1722～1746）</td></tr>
<tr><td>一橋領知</td><td>延享4年～
（1747～）</td></tr>
</table>

出すことと、争論の経費負担を強く求めた。渡池はすでに確認したように、王子村（百姓）の池であり、また当時王子村田地はほぼ王子村百姓が所持していた。そのためかわた村は負担する道理はない（用水利用の論理）と

断ったが、王子村は「王子村内に居住しているからには、出すように。」（村領の論理）と強く迫り、やむなくかわた村はこの負担に応じた。江戸時代の「村領」は、田地一枚を個々人が所持することとは異なる次元で、「村に帰属する領域」であり、その村の庄屋が管理する土地であった。「王子村内に居住するからには…」という王子村側の論理は、江戸時代に広く共有された考え方であり、拒否することは難しかったのである。

　この年、王子村はかわた村に対して「王子（かわた）村の検地帳に記載されている惣ノ池の古検高は新宮谷の永荒高をつけ間違えたものだ、という一札を王子村に宛てて書くように。書かない場合は検地帳の惣ノ池古検高記載を抹消するので、検地帳を差し出すように。」とも要求した。公的な場で惣ノ池をめぐる争論となった場合、かわた村に有利に作用する古検の記載を何とか無効にしようと、王子村は考えたのである。どちらもかわた村にとって承服できるものではなかったが、拒否することはできず、検地帳を書き換えられてしまうよりは良いと判断し、やむなく一札を差し出した[22]。その内容は、「王子（かわた）村検地帳の惣ノ池古検高は、延宝検地時に検地奉行に故意に申し出たものであり、このことを王子村より公儀に申し出られては大変困るので、以後かわた村は惣ノ池に一切構い・申し分はない。」というものである。おそらくこの直前の時期に、王子村は王子（かわた）村の延宝検地帳に惣ノ池古検高が記載されている、という事実を摑んだのだろう。ただしこの段階では、「村中」という記載は問題とされなかったようである。

　歴史的経緯を考えると、たしかに王子村の検地帳にはない惣ノ池の古検記載が、王子（かわた）村の検地帳にある、という事実はやや不可解である。惣ノ池は信太明神社境内地として除地の扱いを受けている信太山内にあり、信太山は事実上七ヶ村の立会山であった。七ヶ村のなかで惣ノ池を利用していた王子村の検地帳に古検記載がないにも関わらず、元は上泉郷出作王子村である王子（かわた）村の検地帳に文禄検地の段階で惣ノ池の池床が書き上げられた可能性は極めて低い。これに対し、王子村が言うように、上泉郷内にある新宮谷の荒高が書き上げられる可能性は十分にあり得る。とすれば、延宝検地の際に惣ノ池を確保したいかわた村が検地奉行に意図的に申し出たことになる。王子村よりも弱い立場にあったかわた村が、そうした行為をとっても不思議ではない。

また二節で見たように、一七世紀の後期まで信太山内の用益は、主体と、用益の内容が異なりながら、重複して展開していた。それが次第に空間で区切られ、「○○村の山」となっていったのである。惣ノ池をめぐる王子村とかわた村の関係も、中世以来の重複する権利関係が一七世紀に整理されていく過程として考える必要もあろう。

このあたりの真相ははっきりしないが、惣ノ池は両者にとってどうしても確保しなければならない池であり、双方が自村に有利な論理・証拠を可能な限り駆使している。その意味においては対等に争っていた、と評価することが可能である。

(3) 元禄一〇年の王子村による策謀

さらに元禄一〇年には、決定的な事件が生じた。領主交代の間隙を狙って、王子村が王子(かわた)村の田畑を捌く(支配する)ことを目論み、あと一歩で実現される事態にまで至ったのである[23]。

この年、武蔵岩槻藩の松平伊賀守が転封となり、新しく小笠原佐渡守が岩槻藩主となった。領主が交代する際には、幕領代官が前領主より領地を収公し、新領主に渡すという手順を踏む。そのため、元禄一〇年五月六日には幕領代官である小野朝之丞が伊賀守の支配地を収公した。

実際に泉州の村々への対応を行ったのは代官小野の下役らであると思われるが、彼らは当初、王子(かわた)村を一村として扱っていた。そのため余村なみに田畑に関わる諸帳面の提出を求められ、かわた村から提出している。しかし王子村の庄屋左次兵衛が下役らに取り入り、五月二一日以降、事態は大きく転換する。「王子(かわた)村の村高一四〇石余は今後左次兵衛捌きとするので、検地帳やその他の諸帳面を左次兵衛に渡すように。」と下役人から通達され(佐次兵衛を経由してかわた村に伝えられる)、「納得できませんので詮議の上で決定していただきたい。」と強く申し入れた王子（かわた）村の庄屋太兵衛と年寄弥右衛門には、五月二七日に手鎖が申し付けられたのである。六月に入ってからは、左次兵衛がかわた村の宗門帳・五人組帳を作成し、しかも庄屋・年寄の名を除き、脇百姓を年寄としたものを役人に提出している。つまり王子村支配の枝郷であることを示す帳面が作成され、提出されたのである。

しかしこの危機は、唐突に解決された(24)。六月中旬頃、京都町奉行所からの触書が村々の間で順達されており、左次兵衛は王子（かわた）村（南王子村）を「王子村之内穢多村」として受け取った旨を書き記し、次の村へまわした。これを新領地の廻村を行っていた小笠原佐渡守の家中が、府中村の宿で偶然目にしたのである。彼らは、「領地目録には二八村とあるのに、南王子村ではなく「王子村之内穢多村」となれば、幕府から下された目録から一村欠けることになる。それは恐れ多いことだ。」と問題にし、主謀者である左次兵衛を詮議の上、罷免し、十右衛門（左次兵衛の従弟）を新しく王子村の庄屋に任じた。また手鎖となっていた太兵衛と弥右衛門も七月初旬には釈放されている。

佐次兵衛の狙いは、惣ノ池問題の決着にあったと思われる。王子（かわた）村の田畑が佐次兵衛捌きとなれば、その検地帳も佐次兵衛が管理することになる。そうなれば、惣ノ池に対するかわた村の権限を制限することもでき、またいつでも古検記載を抹消することができる。佐次兵衛の思惑の背景には、同じ領主であるという外的条件も影響したのではないかと思われる。同じく幕領ではあるが、長らく王子村と王子（かわた）村は別代官の支配であった。この段階では、王子（かわた）村の田地はあくまでも王子村とは別の村として扱われる。しかし同領となれば、かわたが王子村内に居住している実態もふまえて、領主が王子（かわた）村の支配を王子村庄屋に認めることも大いに考えられるからである。

元禄一〇年には、「領知目録の村数は維持しなければならない。」という役人の判断で王子（かわた）村の危機は回避された。しかし王子村内に居住し、同領である以上、領主交代のたびに同じことが生じる可能性はある。

そのため、かわたは王子村内の除地を立ち退き、王子（かわた）村内に移転することにしたのである。移転を希望する願書は元禄一一年三月に提出され、間もなく移転が完了した(25)。

除地からの移転は、新しく屋敷地となる王子（かわた）村の田地については、収穫を失い、かつその年貢を負担しなければならなくなる。また王子村内の除地も、その後すべて小字「古屋敷」として五石余の高付けがなされ、除地ではなくなった。これらを負担してでも、かわたは居村移転を決意せざるをえなかったのである。

（4）享保一四年の惣ノ池をめぐる裁許

王子村内から移転し、居村と村領を一致させることは、王子村の動きを封ずるとともに、「王子村内に居住しているからには、王子村庄屋の意向に従うべきだ。」という王子村の村領の論理を否定する意味をもった。しかし、これは惣ノ池をめぐる対立の根本的解決ではない。

そのため享保五（一七二〇）年には、惣ノ池の脇樋普請をめぐって王子村と争論が起きた。南王子村が惣ノ池の脇樋普請を日中行っていたところ、王子村が南王子村に無断で夜中に普請をしてしまったのである(26)。しかしこの年は代官の交代もあり、詮議は進まなかったようである。同じ年に行われた代官廻村の際には、王子村の庄屋・年寄が南王子村の庄屋・年寄を差し置いて南王子村の田地を案内するという事件も起きた(27)。これは南王子村は王子村の枝村であるというパフォーマンスであり、南王子村から非法であると訴え、事なきを得た。

このような緊張した状況は、ついに享保一四年六月に王子村と南王子村の全面的な水論として代官所で争われることになった(28)。争点は、当然ながら惣ノ池の支配権はどちらの村にあるのか、である。このときも両村の検地帳の記載が問題となり、南王子村検地帳にある惣ノ池を「村中」とする記載を、王子村は「延宝検地当時は、王子村内にかわたが居住していたので、王子村とかわたの両者を意味している。」と主張した。これに対し、南王子村は「かわたの村中を意味しているのであり、王子村との立会ではない。」とした。さらに王子村は元禄八年にかわた村に書かせた一札を証拠として提出したが、代官所はこれを「検地帳に優越するものではない。」として採用していない。

詮議の結果、代官所は惣ノ池・今池の用水は王子村・南王子村の立会とする、との裁許を下した。用水は立会とされたが、両池の樋元支配権は、惣ノ池は南王子村、今池は王子村に認められた。なお惣ノ池については、両村が樋元支配権を主張していたが、今池は両村とも王子村が樋を支配してきたと述べていた。加えて重要な点は、新しく北溝と南溝の分水比率が定められたことである。南王子村は、古くは南溝七・北溝三であったと申し立てたが、代官所は現在の水掛田地の面積に応じて、南溝六・北溝四と定め、分水木の設置を府中村の五郎右衛門と太村の太兵衛に申し付けた。

以上の代官所の決定により、惣ノ池の樋元支配権は南王子村にあることが公的に認定された。北溝・南溝の分水に関しては当初の南王子村の主張よりも後退したが、水掛田地の割合に応じて決定されたことは妥当であったといえよう。この裁許は、王子村・南王子村双方にとって、惣ノ池に対する権利関係が初めて公式に確認されたものであり、多少の不満は残ったにせよ、それによって「両村立会」であることが確定したのである。正保四（一六四七）年頃の出作切り分けから、元禄一一年の村領への移転（集落と村領の一体化）、さらに享保一四年の惣ノ池樋元支配権の確定によって村領も水利権も確保し、南王子村はようやく「一村立」の村として安定的に存立する外的条件を手にしたのである。

（5）一八世紀初頭の南王子村

最後に南王子村の内部状況を見ておこう。先に貞享五（元禄元）年に伯太村からの申し入れを受けて、かわた村で作成された村方申合を紹介した。そこでは、村に迷惑をかける行為が何よりも忌避されており、五人組を通じて徹底した取り締まりが行われていた。この時期から、王子村との緊張関係が強まったため、王子村に付け入る隙を与えないよう、こうした村内の統制強化の方針は享保期まで持続することになった。

しかし、村内にはその歩調を乱すような者も存在した。一つは、西教寺の住持教忍（または教恩）である(29)。かわた村の寺である西教寺は、寛文一〇（一六七〇）年に寺号が免許され、村が差配する惣道場であった。しかし元禄元年頃から宝永二（一七〇五）年まで住持をつとめていた教忍は、西教寺の自庵化を試み、しばしば村と対立していたことが確認できる。

また五人組をめぐる問題も一部では生じていた。元禄一五年には半左衛門ら四人が、組内の甚兵衛は組の内談を受け入れず、とにかく我儘者で口論が絶えないとして、今後甚兵衛を組から除く、としている(30)。宝永二年には五人組改めがあったが、その際にも甚兵衛は組に入っていない。そのため誤り一札が作成されており、今後は村並みに諸法度を堅く守る、と誓約している(31)。詳細は不明だが、注目される動きである。

王子村と水論が行われていた享保期にも、別の問題が確認できる。享保一四年一〇月下旬から一二月下旬まで、南王子村は王子村を警戒して、惣ノ池に昼夜番をおいていた。これは百姓分（高持）がつとめ、無高の者も助け番として出ることが決まっていた。田地に関わる問題としてまず高持に義務づけられ、しかし村格にも関わる問題であるから、無高にも助け番が定められたのである（当時既に村内の半数以上が無高である）。しかし太左衛門（高持）と八郎右衛門（無高）はこの番を怠り、村中に対して誤り一札と過料一〇匁を差し出している。その一札には、「今後村でどのように難しいことが起きても、村で決めたことを守り、決して背かない。」と、村に従う意向を明確に述べている(32)。二人は様々な規制を伴う村のあり方に日常的に反発していたのではないだろうか。

村に迷惑をかけた場合、後年に比べてより強い罰則が与えられていた、と思われる節もある。享保一六年の年末に、村の約三分の二にあたる六八軒と郷蔵が焼失する火事が起きた(33)。火元となった長左衛門は火事の直後に行方不明となり、同二〇年に村への帰参を願った(34)。しかし村は、火元となったことではなく、そもそも長左衛門とその母は日頃から素行が悪かったとして、帰参願を断っている。しかし、村の真意は大きな火事の火元となったことを重く見ているものと思われる。この断書きに、庄屋・年寄だけでなく、三三名の百姓が連印している。三三名は高持全員であると考えられ、彼らの総意として長左衛門の帰村を拒絶したのである。なお南王子村では、一八世紀中期以降は火事の火元となった場合、西教寺に逃げ込めば赦されていることが確認できる。

一六八〇年頃から一七三〇年頃まで、南王子村は村内に強い統制をしいていた。これは、何よりも「一村立」の村格維持のためであり、その目的の下では、村内で異を唱えることは難しかったと思われる。しかし元文元（一七三六）年以降、南王子村では庄屋が度々交代している。これは享保期までの村のあり方に対する反発が高じ、村方騒動が生じたためではないかと考えられる。

おわりに

南王子村についてのこれまでの研究では、一七世紀後半からの王子村の一連の行為は、全てが不当な言いがかりであり、かわたから惣ノ池を奪い、枝郷化をはかろうとする本村の行動であると考えられてきた(35)。前提となる「出作の切り分け」についての理解を欠くと、王子村の行動はそのように見えなくもない。しかし本章で検討したように、この一連の動向は、限定的要素を含む「出作の切り分け」を経て、どのような村落間関係を新たに築いていくのか、という課題の克服過程として捉え直すことが可能である。

そのような視点でみると、王子村にとっても惣ノ池は重要であり、生活の根幹に関わる問題であったこと、「村領の論理」は必ずしも不当ではないことが明らかである。そして、むしろ南王子村分の王子（かわた）村延宝検地帳の惣ノ池記載の不可解さが浮かび上がる。本章では、かわたが延宝検地時に意図的に検地奉行に申告した結果、古検高が記載されたのではないかと想定したが、真相は不明である。延宝検地時の惣ノ池利用の実態は本章で述べたように、事実上の立会であったとしか考えられず、古検記載にもやはり不自然さが残る。しかしこの延宝検地帳記載を、その後のかわた村は極めて有利に用いながら惣ノ池への権利を主張していくのである。かわた村が有利な証拠を持つが故に、王子村の行動はより過激なものとなる、という構造を読み取る必要があろう。

南王子村成立に関わるすべての問題を「王子村からの独立」という切り口から述べることは不可能であり、諸要素を総体的に捉える必要がある。差別―被差別関係としてのみ問題を捉えることは、地域のあり方や歴史的な経緯を矮小化する危険性を孕んでいるのである。

二節では、池上村や伯太村を含め、「出作」をめぐる諸関係を見た。本書第一章で確認した「出作の切り分け」は、年貢納入の局面だけであったが、水利や村領など、地域で積み重ねられてきた様々な慣行も、次第に変化したことが読み取れよう。また切り分けによって、捌き庄屋の村と出作元村の関係がすぐさま切断されるわけではないことも明らかである。一七世紀を通じて、既存の権利関係の確認・新規の取り決めがなされ、新たな村落間関係が次第に結ばれていくのである。この地域に特有の「出作」をめぐる動向が各村にもたらした変化は、当然ながら各村のあり方に応じて一様ではないはずである。王子村とかわたの事例もその一例として考えることも可能である。もちろんそこには、本村（百姓）―枝村（かわた）関係が厳然として含まれており、それ故に他とは異なる問題が多く含まれていた。このあたりを的確に整理し、問題の構造に迫るためには、やはり地域社会全体の中において問い直すことが有効である。

注

（1）『奥田家文書』には、正保四年から貞享二年までの三九年間のうち、三四通の免定が掲載されている。このうち、「王子皮田」や「王子皮田村」などと記されるものは三通で、残りは「王子村」となっている。延宝検地帳も「和泉国泉郡王子村検地帳」であり、支配レベルでは王子村が二村存在したのである。なお、信太郷の王子村と同領（武蔵岩槻藩領）となった直後の貞享三年の免定は「王子皮太村」とあり、元禄元年には「南王子村」となっている（貞享四年は史料を欠く）。
（2）東京大学史料編纂所所蔵。詳細は本書第一章を参照。
（3）森杉夫編『岸和田市史史料第三輯　和泉国正保村高帳』（一九八六年）。詳細は本書第一章を参照。
（4）藤本清二郎「泉郡南王子村の形成と太閤検地」（同『近世賤民制と地域社会』清文堂、一九九七年の第二章）において、詳しく述べられている。
（5）延宝七（一六七九）年の王子村延宝検地帳（『奥田家文書』八九六）では、（常念寺）寺屋敷四畝一七歩、（信太明神）神主屋敷八畝一八歩、穢多屋敷三反八畝二八歩壱囲が、「右三ヶ所、従往古除地ニ而、吟味之上、今度も除置者也」と記されている。一般的に「除地」とは免租地を指すが、和泉国の延宝検地帳でのこうした記載は、やや意味を異にするようである。免租地ではなく、「それ以前の検地の際には、何らかの事情で検地の対象範囲外とされた土地」を意味するようである。年貢が賦課されないという結果は同じであるが、かわたの除地を何らかの役負担との関係で必ずしも捉える必要はない可能性がある。
（6）明治五年の「王子村地券発行願書綴」（和泉市王子町山千代重榮氏所蔵文書1）は、王子村全村分の史料である。各筆について延宝検地の情報が記載されているが、検地時の「屋敷」の過半は田や畑になっており、逆に元は「田」や「畑」であった部分が屋敷となっている事例が複数存在する。
（7）「和泉市伯太町における歴史的総合調査」（『市大日本史』一七、二〇一四年）。
（8）前掲注5同様、王子村の延宝検地帳（『奥田家文書』八九六）を参照している。
（9）まず第一段階として、小字が変化していないものを中心に指出帳の面積記載と検地帳の古検面積記載が完全に一致するものを対応させた。第二段階として、新出の小字は指出帳の小字がある程度まとまって変化しているとの想定のもと、小字は異なるが古検の面積記載が一致するものを対応させた。第三段階は、小字と面積のどちらを優先的に一致させるかにより結果が異なるため、断念した。
（10）かわた村分のうち、「王子村」と名請けされている一筆は、歴史的にはかわたの権限が及ぶものとされていた、と考えておく。

(11)　前掲注4。

(12)　和泉市唐国町河野家所蔵文書・状26―1、2。河野家文書は黒鳥村に由来する文書群である。

(13)　『和泉市の歴史4　信太山地域の歴史と生活』（二〇一五年）二二七頁において、より詳しく場所を示している。

(14)　『奥田家文書』二五一五。

(15)　『奥田家文書』二四〇一、二四〇二。天和期の史料である。

(16)　町田哲「新田請負人」（後藤雅知編『大地を拓く人びと』、吉川弘文館、二〇〇六年）。

(17)　王子（かわた）村分の延宝検地帳は、『奥田家文書』八九五。

(18)　『奥田家文書』九〇三、九〇九。

(19)　王子（かわた）村分については、延宝五年一二月に検地奉行によって六冊の検地帳（野帳）が作成され、うち四冊が残されている（『奥田家文書』八九一～八九四）。野帳は、古検面積と分米、測量し直した縦横の寸法と面積、名請人が記載されている。このうち一冊目の帳末には池の書き上げがあり、「今池」と「惣池」の二つが記されている。いずれにも古検の記載はない。最終的に今池が延宝検地帳に記載されず、惣ノ池には古検高が記載され、一ノ池から四ノ池も加わった事情は明らかではないが、野帳段階から改変があったことは、確実である。

(20)　南王子村については、各年の免定から情報を整理した（『奥田家文書』一九〇九～一九九三）。王子村については、享保期の水論の史料や、『和泉国大鳥郡泉郡知村々様子大概書』の情報を参考とした。ただし代官変更の年次が微妙に異なるため、代官名のみを表には記載した。

(21)　居村移転の前後の時期は一次史料が限定されており、かつ解釈が難しいものが多い。そのため、以下の記述は享保期の水論の際に作成された史料を前提に、一次史料の内容を整理したものである。特に断らない限り、三節の二項は『奥田家文書』三八五（享保一四年一〇月に南王子村が作成した史料）に基本的に依拠している。

(22)　この点について、享保六年の水論時に作成された史料（『奥田家文書』二四一二）四条目では「二五年以前」とされている。これは元禄一〇年を指すが、実際にかわた村が差し出した一札が残されており、作成は元禄八年一二月となっている（『和泉市史　第二巻』五〇八頁、一九六八年）。このため『奥田家文書』二四一二のこの部分は、

「二七年以前」の誤りであると考えられる。
(23)『奥田家文書』二七〇八。本史料の作成年月は「元禄十壱年丑六月」とあり、差出人は記されておらず、宛先は小笠原佐渡守家中の者である。内容は、元禄十年五月六日以降の経緯の説明と、先規通り「上泉の一四〇石余については、庄屋太兵衛捌きを命じてほしい。」というものである。作成年は元禄一一年とあるが、この年は丑年ではなく、寅年である。この一件が元禄一〇年六月下旬には解決したことをふまえると、『奥田家文書』二七〇八は、元禄一〇年(丑年)六月の作成であると考えられる。
(24)『奥田家文書』三八五。
(25)移転願書は『奥田家文書』五〇六。また元禄一二年一一月には居住していた除地が小字「古屋敷」として高付けされており(『奥田家文書』八九八)、この時点で移転は完了していると考えられる。
(26)『奥田家文書』二四一三。
(27)『奥田家文書』三八五。
(28)この年に作成された関連史料は多数存在するが、ここでは論点が明確に示されている代官による裁許(『奥田家文書』二四二八)をベースに整理している。
(29)以下は、『大阪の部落史 第一巻』(大阪の部落史委員会編、解放出版社、二〇〇五年)四八七頁掲載史料による。
(30)『奥田家文書』五〇七。宛先はないが、村役人宛と思われる。除名願ではなく、除名届であり、根深い問題が生じていたのではないかと思われる。
(31)『奥田家文書』六二五。甚兵衛に加えて茂兵衛も組に所属していなかったようである。
(32)『奥田家文書』六二七。
(33)『大阪の部落史 第一巻』二六八頁掲載史料による。
(34)『奥田家文書』三八六。
(35)盛田嘉徳・岡本良一・森杉夫『ある被差別部落の歴史―和泉国南王子村―』(岩波新書、一九七九年)などを参照。

補論1　王子村と王子（かわた）村の延宝検地帳の検討

はじめに

この補論では、王子村と後に南王子村となる「王子村」の延宝検地帳の史料分析を行う。後者の王子村は、元は上泉郷出作王子村であり、正保四（一六四七）年までに王子村内に居住するかわたへ切り分けられたものである。その後は、王子村や王子かわた村と呼ばれ、延宝検地帳の表紙も「王子村」と記載されている。そのため、本補論では以下、後者を王子（かわた）村と記す。王子村と王子（かわた）村の延宝検地帳はともに『奥田家文書』に全文が翻刻・掲載されているが、細かい記載内容にまで踏み込んだ全面的な検討は、これまでなされていない。その理由は、両帳がともにやや複雑な問題を含んでおり、事実の特定が難しいためであると思われる。しかし、一七世紀の王子村百姓とかわた、村請制村・村領としての王子村と王子（かわた）村の関係を理解するためには、史料的な制約を踏まえた上で、一定の事実を押さえておく必要がある。そのため、この補論では、両帳の問題点に触れた上で、延宝検地時の所持状況を可能な範囲で想定しておきたい。

延宝検地帳の検討を行う場合、生産力の向上（斗代の上昇や、畑地の田地化など）や小字の分化なども当然分析すべき対象である。しかし本補論では、慶長九（一六〇四）年段階と延宝検地時の所持状況の対比を行うことや、一七世紀後期のかわた村の内部構造に関わる情報を整理することを目的としているため（本書第二章）、こうした分析を行っていない。本補論での分析を基礎に、これらについては改めて検討したい。

一、王子村の延宝検地帳

(1)「和泉国泉郡王子村延宝検地帳」の問題点

a 史料所蔵者について

石川若狭守家中の者が検地を実施した「和泉国泉郡王子村検地帳」は、『奥田家文書』に史料番号八九六として掲載されている。帳末には、検地惣奉行をはじめ七名の役人の署名・押印があり、また庄屋をはじめとする村側の者にもすべて印がある。以上のことから、この検地帳は村に交付された正本であると考えられる。

『奥田家文書』には、本史料について出典記載がなく、一見すると南王子村の庄屋家に伝来した史料ということになる(1)。しかし両村の歴史的な関係を考えた場合、王子村の検地帳(正本)が南王子村の庄屋家に伝来する可能性は皆無に近い。そのため、この点については疑問が生じるのだが、これについては奥田家文書研究会の中心メンバーでもあった森杉夫氏の著作が参考となる。森氏は著書のなかで本史料を挙げ、出典を「沼間家文書」としている(2)。沼間家は長く王子村の庄屋を務めた家であり、本史料の所蔵元として納得できる。おそらく奥田家文書研究会が活動のなかで、史料採録を行い、『奥田家文書』に掲載されたのであろう。

b 脱漏

以上から、本史料は王子村の庄屋家に伝来した王子村延宝検地帳の正本と考えられるが、分析を行う上では大きな問題がある。翻刻された総筆数は三五九だが、各筆の面積・分米を合計したものが、帳末に記載される面積・分米合計と一致しないのである(表1)。具体的には、帳末に記載される面積合計は二一町六反八畝一歩、分米合計は三一五・八〇二一石である。だが三五九筆の面積合計は二一町一反二一歩、分米合計は三〇八・一三

表1　王子村延宝検地帳の帳末記載と内容の対照

	帳末の記載		359筆の小計		明らかな不足	
	(町.反.畝.歩)	(石)	(町.反.畝.歩)	(石)	(町.反.畝.歩)	(石)
上々田	2.5.0.21	41.3655	2.5.0.17	41.3655		
上田	9.0.1.14	139.7273	9.0.1.14	139.7269		
中田	4.5.0.10	65.2983	4.3.0.22	62.5013	0.1.9.18	2.7970
下田	1.6.8.22	21.9353	1.4.0.02	18.2300	0.2.8.20	3.7053
下々田	0.4.5.03	4.9610	0.4.5.03	4.9611		
上畑	0.8.8.19	11.5223	0.8.8.19	11.5223		
中畑	1.2.2.24	14.7360	1.2.2.24	14.7360		
下畑	0.4.7.14	4.7467	0.4.7.14	4.7467		
下畑(新開)	0.0.5.16	0.5533	0.0.5.16	0.5533		
下々畑	0.0.7.23	0.6213	0.0.7.23	0.6213		
屋敷	0.6.4.19	8.4024	0.5.5.21	7.2408	0.0.8.28	1.1796
屋敷(古検なし)	0.1.4.26	1.9327	0.1.4.26	1.9326		
合計	21.6.8.01	315.8021	21.1.0.21	308.1378	0.5.7.06	7.6819

七八石となる。つまり、面積五反七畝一〇歩、分米七・六八二三石分が不足するのである。

地目ごとに検討すると、原本あるいは翻刻での微細なミスに起因すると思われる数値のズレもある（上々田の面積・上田の分米・下々田の分米・古検のない屋敷地の分米）。これらを除外しても、面積五反七畝六歩、分米七・六八一九石分が不足しており、これらは中田・下田・屋敷に相当すると考えられる。

分米七・六石余の不足は、翻刻の際のわずかなミスの積み重ねとは考えにくい。おそらく、数筆から十数筆程度の脱漏が生じていると思われる[3]。この脱漏が、正本段階のものか、翻刻の際のものかは不明である。このため村高の約二・四％にあたる七・六石余を、検討対象とすることができないのである。

c 複数の名請人が存在する筆の存在

本史料を使用して所持高状況を確認する場合、もう一つ問題となるのは、複数人が名請けをする筆の存在である。名請人二名の筆が一五、三名の筆が二、四名の筆が二、合計一九筆あり、その分米合計は一三・八七二五石となる。村高の約四・四％にあたるこの分についても、階層構成表を作成する場合にはひとまず除外せざるを得ない。

（2）延宝検地時の王子村村高の所持状況

三五九筆分の合計である三〇八・一三七八石から、複数人が名請けをする筆を除いた、二九四・二六五三石を所持高ごとに並べると表2となる。王子村の名請人は四〇名確認でき、ほかに「皮多」と肩書きのある六名（八筆、二・一石余）と、尾井村の一名（一筆、二石余）が所持している。かわたや出作人の所持は村高高全体を見た場合、極めて限定的である。

名請人四〇名の階層を見ると、四九石余を所持する吉兵衛が突出している。吉兵衛の所持地は八割が田であり、屋敷地も三筆（分米〇・九三五九石）を所持している。

吉兵衛に続くグループは、一八石以上三〇石未満の五名であるが、うち三名は屋敷地を所持していない。延宝検地時の庄屋佐次兵衛もこの中に含まれるが、吉兵衛との差は大きい。また佐次兵衛の所持地は六割が畑であり、一一筆の田地も上々田は二筆に過ぎず、残りは中田と下田である。庄屋の所持地構成としては、やや不自然である(4)。これに対し一九石余の六郎兵衛は八筆のみを所持し、すべて上田以上である。小字は「横枕」「宮ノ前」「雨ふり」などであり、低地の生産力の高い部分に集中的に土地を所持している（本書第二章）。屋敷地の書き上げから考えると、佐次兵衛はこのグループ内のいずれかの人物と元は同一の家で、分家などを輩出した直後であるとも想定できる。ただし屋敷地については、一・一石余の脱漏があるため、かなりの留保が必要である。

一八石未満については、五石以上〜一八石未満の一〇名、一石以上〜五石未満の一五名、一石未満の九名といったところでグループ分けが可能である。五石以上〜一八石未満の一〇名は、ほぼ屋敷地を所持しており、小経営体であると考えられる。検地の際の「案内者」四名のうち三名が、この層から出ていることも、この想定を裏付ける。これに対し、五石未満の二四名は二名のみが屋敷地を所持している。屋敷地の脱漏分の想定は難しいが、

表２　王子村の延宝検地時の所持状況

名前	所持高	総筆数	内訳			除外19筆での名請筆数		
			田	畑	屋敷	2人名請分	3人名請分	4人名請分
吉兵衛	49.8561	51	43	5	3	2	0	1
仁兵衛	29.6717	26	26	0	0	2	0	0
佐次兵衛	25.5927	37	11	23	3	3	0	0
五郎兵衛	19.5168	21	13	8	0	3	0	0
六郎兵衛	19.0063	8	8	0	0	0	0	0
清九郎	18.5462	20	16	3	1	0	0	0
九郎兵衛	12.0265	10	8	1	1	0	0	0
作左衛門	11.2022	14	10	3	1	0	0	1
八兵衛	10.5504	18	14	2	2	1	0	1
助左衛門	9.9804	14	10	3	1	1	0	1
吉左衛門	6.7922	9	6	2	1	1	0	0
久左衛門	6.5910	8	4	3	1	0	0	0
六左衛門	6.3795	9	5	2	2	0	0	0
作十郎	5.7470	7	4	2	1	0	0	0
佐兵衛(左兵衛)	5.2722	10	6	3	1	5	1	1
七左衛門	5.1125	7	4	3	0	2	1	0
源太夫	4.5585	8	7	0	1	1	1	0
利右衛門	4.1746	2	2	0	0	0	0	0
忠右衛門	3.2521	4	4	0	0	0	0	0
弥左衛門	3.1361	2	2	0	0	0	0	0
市郎右衛門	3.0953	4	4	0	0	0	0	0
宇右衛門	3.0948	2	2	0	0	1	0	0
作兵衛	2.8521	2	2	0	0	0	0	0
久兵衛	2.6629	3	3	0	0	0	0	0
利左衛門	2.5175	4	4	0	0	1	1	1
市右衛門	2.3457	2	2	0	0	2	0	0
又兵衛	1.8703	2	2	0	0	0	0	0
仁右衛門	1.6342	3	3	0	0	0	1	0
孫兵衛	1.5755	2	2	0	0	0	0	1
九兵衛	1.4208	1	1	0	0	0	0	0
安右衛門	1.0178	1	1	0	0	0	0	0
勘兵衛	0.7941	2	1	1	0	0	0	0
太右衛門	0.7368	2	2	0	0	0	0	0
角左衛門	0.5320	1	0	1	0	0	0	0
九郎右衛門	0.3617	1	1	0	0	0	0	0
権蔵	0.2513	1	0	0	1	0	0	1
久七	0.1473	1	1	0	0	0	0	0
若右衛門	0.1063	1	1	0	0	0	0	0
仁助	0.0520	1	1	0	0	0	0	0
半右衛門	0.0290	1	1	0	0	0	0	0

長右衛門	0					1	0	0
長助	0					1	0	0
忠兵衛	0					1	0	0
四郎兵衛	0					1	0	0
権四郎	0					1	0	0
四右衛門	0					0	1	0
道場	2.9290	1	1	0	0			
道場田	0.6600	1	1	0	0			
伊勢講田	0.3667	1	1	0	0			
村中惣作	2.0984	5	4	1	0			
尾井 忠兵衛	2.0305	2	2	0	0			
皮多 源太夫	0.7577	3	1	1	1			
皮多 吉兵衛	0.5633	1	1	0	0			
皮多 九郎右衛門	0.4593	1	0	0	1			
皮多 仁兵衛	0.1560	1	0	0	1			
皮多 久左衛門	0.1127	1	0	0	1			
皮多 仁右衛門	0.0693	1	1	0	0			
（合計）	294.2653	340	249	67	24	30	6	8

村高315.8021石から、脱漏分と複数人が名請けする19筆を除いた、294.2653石を対象としている。
庄屋は佐次兵衛、検地案内者は作左衛門・仁兵衛・八兵衛・佐兵衛がつとめている。また勘兵衛は信太明神社の神主である。

この層の平均的な屋敷地を分米〇・二五石程度（二畝）と考えても、脱漏分は四～五筆にしかならない[5]。そのため、いまだ安定しない小農層が村内に多数存在したのではないかと考えられる。

つぎに、除外した一九筆について考えておきたい。それぞれの名請筆数については、**表2**右側に記した。所持高が多い者ほど、複数人での名請筆を所持する傾向があるが、例外も多い。また複数人での名請筆にのみ登場する者も六名いる。

名請けの組み合わせをいくつか示しておく。吉兵衛の場合、二人名請けの二筆はそれぞれ市右衛門、吉左衛門と、四人名請けの一筆は作左衛門・孫兵衛・権蔵と名請けしている。佐次兵衛は二人名請けが三筆あり、五郎兵衛と二筆、宇右衛門と一筆を名請けしている。全体をみても、特定の者同士が組み合うわけではない。所持高をふまえると、一九筆中一六筆は、五石以上の者同士または、五石以上の者と未満の者が組み合っている。つまり、五石未満の者だけで名請けをしている筆は三筆のみである。

また一九筆の地目は、上田三、中田二、下田五、下々田二、上畑一、中畑三、下畑三と、条件が良いとは思えないものが多い。他の共同耕作地の地目をあげておくと、「村中惣作」五筆は、下田一、下々田三、中畑一である。また伊勢講田分は下々田、道場分は中田、道場田分は下々田である。複数人が名請けをする筆は、これらと共通する性格を有するのではないかと考えられる。

以上から複数人が名請けをする筆は、①単に親類同士で共同所持されているようなものも含むが、②条件が悪く「村中惣作」とするほどではないが単独所持がやや難しいものを、有力者の共同所持としているもの（②―1）、そうしたものを小農層の再生産を扶助するために有力者と共同所持しているもの（②―2）、同じく小農層同士で共同所持しているもの（②―3）、といくつかの性格分けが可能だと考えられる。

最後に、かわた六名が名請けをする八筆（二・一石余）について考えておきたい。延宝検地の時点では、かわたは王子村内に居住しているが、隣接する王子（かわた）村を村領として確保し、耕作するという状況にあった。この段階で王子村の田畑をほとんど所持していないことがまず注目される。

その上で、わずかな名請分を見ておくと、まず名請人六名は、いずれも王子（かわた）村分で一定以上の名請地を確保している（表3#印）(6)。とくに源太夫は王子（かわた）村の庄屋であり、程度の差はあるがかわた村内の有力者が王子村の田畑を所持していたことは確実である。

八筆の内訳は、田三筆、畑一筆、屋敷四筆で、田三筆の小字は「屋敷間」である(7)。明治期の王子村の小字「屋敷間」は、小栗街道付近に数カ所存在する。かわたが居住していた除地（のちの小字「古屋敷」）に隣接する「屋敷間」もあり、三筆の田は除地と連続していた可能性が高い。次に屋敷四筆（六畝九歩、〇・八一九石）についても考えておきたい。延宝検地の段階で、かわた村の有力者が除地内に居住していないとは考えにくい(8)。

また、慶長九（一六〇四）年のかわた村分指出帳は信太郷王子村内にかわたが所持する田地の書き上げであるが、この時点ですでに屋敷二筆（一畝六歩、〇・一六二石）が書き上げられている(9)。そのため、一七世紀初頭から除地外（王子村地内）に一部のかわたが居住しており、次第に拡大したものと考えられる。延宝検地段階では、かわたの有力者が所持する除地周辺の土地を、除地に居住しきれないかわたに屋敷地として貸しているのではないか、と考えておきたい。

二、王子（かわた）村の延宝検地帳

（1）「和泉国泉郡王子（かわた）村延宝検地帳」の問題点

a史料の性格

岡部内膳正家中の者が検地を実施した「和泉国泉郡王子村検地帳」は、元は上泉郷出作王子村であり、のちに南王子村となる田畑の延宝検地帳である。『奥田家文書』に史料番号八九五として掲載されている。こちらの帳末には、検地惣奉行をはじめ六名の役人の署名があるが、押印はない。これに対し、庄屋をはじめとする村側の者にはすべて印がある。以上のことから、この検地帳は村に交付された正本ではなく、村で作成した正本の写と考えられる(10)。のちに庄屋利右衛門が管理し、伝来したものと考えて差し支えない。

帳末に記載される合計は、面積が九町八反七畝二六歩、分米が一四二・四〇七石である。しかし記載される一五三筆を合計すると、面積は一致するが、分米は一四二・四〇九石となり、二合多い。この分については、翌年作成された名寄帳と照合すると、検地帳の二筆目の分米が〇・一九七石ではなく、〇・一九五石であると考えられる(11)。このため、本補論では、二筆目については分米〇・一九五石として扱う。

b名請人の記載

王子（かわた）村分には、独特の名請人記載が存在する。「源太夫地　太兵衛」・「九左衛門ニなる　太兵衛」・「孫兵衛地　久右衛門ニ　理左衛門」などである。先に結論を述べると、「九左衛門ニなる」や「久右衛門ニ」は後筆であると考えられる。しかし「源太夫地」などは今ひとつはっきりしない。そのため高の所持状況を確認する上では、これらはまとめて除外せざるを得ない。こうした名請人記載は、一九筆（一五・八六八石）で認められ、村高の一一％に及ぶ。

c 検地帳に関わる二つの帳面

さらに、検地帳を理解する上で参考になる帳面が、ほかに二種類存在する。

一つは、検地にあたって作成された野帳である（延宝五年一二月作成）。全六冊作成され、うち四冊が残っている。これらは岡部家中の検地奉行が作成した、正式な野帳である(12)。

もう一つは、検地帳交付の翌年にあたる延宝八年七月に村で作成された名寄帳である(13)。表紙には「泉州泉郡王子村新御検地帳」とあるが、中身は実質的に名寄帳である。ただし、交付された検地帳を名寄形式にした、という単純な帳面ではない。帳末に「作人之名之儀、御検地之時分田主誤又ハ名代を出シ、御帳ニ其名有之分、此度相改、本主之名付ニ仕候所少々御座候、右之通ニ而惣百姓少も違乱無御座候、若相違有之旨後日申出し候ものの有之おゐてハ、曲事ニ可被仰付候、為惣百性判形仕差上ケ候、以上」とあり、検地帳の名請人記載が適切ではなかったものを改めた、としている(14)。この名寄帳では、先に挙げた一九筆が単独の名請人となるだけでなく、他に三六筆で名請人が変更されている。その結果、名請人の数が検地帳から大幅に減少し、検地帳とは大きく異なる村高所持状況が現れるのである。

つまり、問題となる検地帳の一九筆について名請人を確定する手がかりとはなるものの、まずはこの名寄帳自体を検討する必要がある。この点については後述するが、この名寄帳が帳末の文言で言われるような、実態に即したものであるかは疑問が残る。

また名寄帳の脇書や、野帳の名請人記載もあわせて考えると、検地帳では特に問題がないように見える名請人にも、新たな疑問が生じる。これらを合わせると、延宝検地段階での王子（かわた）村の所持高構成やかわたの集団構成は、王子村以上に留保が多いものとならざるをえない。

（2）延宝検地時の王子（かわた）村村高の所持状況

このように延宝検地帳をめぐる問題は多いのだが、以下、延宝検地帳に基づく村高所持状況（a）、名寄帳に基づく村高所持状況（b）、そして野帳も含めた検討（c）という順で見ていくこととする。

a 延宝検地帳に基づく村高所持状況

総筆数である一五三筆から名請人を特定できない一九筆を除いた一三四筆（一二六・五三九石）について、村高所持状況を示したものが表3である（除外した一九筆の詳細は表5上段参照）。

肩書きのない者をすべてかわたと考えると、かわたの名請人が四〇名おり、ほかに伯太村の四名が五筆（四・二七七石）を所持している(15)。つまり、王子村百姓による所持はなく、ほぼかわたが王子（かわた）村の村高を所持する状況にある。

かわたの階層構成は線引きが難しいが、ひとまず五石以上の九名、二石以上五石未満の一二名、二石未満の一九名と考えておく。このうち五石以上の九名には、庄屋源太夫や「検地案内之者」である若太夫・助右衛門・又右衛門が含まれる。延宝元（一六七三）年の史料では若太夫・又右衛門は年寄とあるので(16)、この層は村役人をはじめとする有力者であると考えられる。ここでは源太夫の所持高は五番目だが、除外した一九筆中五筆には源太夫の名が含まれている。これらは源太夫名請地である可能性が高く、分米合計は五・〇六五石である。仮にすべて源太夫名請地であるとすれば、源太夫の所持高は一位となる。なお一九筆には、名請人に仁右衛門・若太夫・次郎兵衛・助右衛門が含まれるものはない。

二石以上五石未満については、やや時期が下る史料と対照すると、二つの点が指摘できる。一つは、貞享五（一六八八）年の村方申し合わせとの対照である。検地帳の名請人四〇名中二二名が、貞享五年の村方申し合わせでも確認できる。申し合わせからは一一名の組頭も確認でき、うち七名は検地帳の名請人と一致する。この七名は、検地帳では二石以上の層にほぼまとまっている。つまり、二石以上五石未満の層が主として組頭に就く層であったと考えられる。もう一つは、元禄一二（一六九九）年に作成された小字「古屋敷」の高寄帳との対照である[17]。これはかわたが居住していた王子村内の除地を、かわたの移転後に高付けした際のものである。除地はこの段階で二八名と寺に名請けされており、延宝検地帳での名請人よりも少ない。ここからも延宝期には、すでにかわた集団の一部で借地が存在していたと想定することが可能である。

b 延宝八年の名寄帳に基づく村高所持状況

延宝八年に作成された名寄帳に基づき、村高所持状況を示すと表4となる。この帳面では、延宝検地帳の統計

表3　王子（かわた）村延宝検地帳に基づく村高所持状況

名前	分米計	筆数計	田	畑	屋敷
仁右衛門#	9.604	12	10	2	0
若太夫	9.428	9	9	0	0
次郎兵衛(二郎兵衛)	8.218	7	6	1	0
助右衛門	6.947	6	6	0	0
源太夫#*	6.750	6	4	2	0
吉兵衛#	6.487	6	6	0	0
弥左衛門	6.189	6	6	0	0
五郎右衛門	6.150	5	4	1	0
又右衛門*	5.754	6	5	1	0
九郎右衛門#	4.850	4	3	1	0
新右衛門	4.526	4	4	0	0
九兵衛	4.354	5	5	0	0
忠右衛門	3.702	4	4	0	0
又兵衛	3.661	3	3	0	0
久左衛門#	3.168	3	3	0	0
市右衛門	3.065	4	4	0	0
仁助#*	3.040	3	3	0	0
八兵衛	3.027	3	3	0	0
久兵衛	2.427	4	4	0	0
養三	2.352	2	1	1	0
作十郎	2.058	2	2	0	0
孫四郎*	1.910	1	1	0	0
孫兵衛	1.756	3	1	2	0
清蔵*	1.650	1	1	0	0
半右衛門*	1.635	1	1	0	0
庄兵衛*	1.600	1	1	0	0
徳右衛門	1.543	2	1	1	0
小左衛門*	1.290	1	1	0	0
五郎兵衛	0.995	1	1	0	0
左兵衛*	0.760	1	1	0	0
長右衛門*	0.629	2	1	1	0
彦左衛門*	0.537	1	0	1	0
弥兵衛*	0.477	1	0	1	0
久右衛門	0.386	2	1	1	0
太兵衛	0.355	2	0	2	0
次兵衛*	0.316	1	1	0	0
作次郎*	0.247	1	1	0	0
三太郎*	0.205	1	0	1	0
佐右衛門*	0.136	1	0	1	0
作介*	0.078	1	0	1	0
伯太村孫兵衛*	2.095	1	1	0	0
伯太村理左衛門*	1.251	1	1	0	0
伯太村久兵衛*	0.597	2	1	1	0
伯太村長左衛門*	0.334	1	0	1	0
合計	126.539	134	111	23	0

村高142.407石から、名請人記載が特殊な19筆を除いた126.539石を対象としている。

名前のうしろに#を付した者は、王子村にも名請地がある。

名前のうしろに*を付した者は、名寄帳には登場しない。

検地帳帳末の記載では、庄屋は源太夫、「検地案内之者」は若太夫・助右衛門・又右衛門である。

では除外した一九筆には、いずれも一名の名請人が記されているため、表4は全村高（一四二・四〇七石）を対象としている。先に挙げたように、名寄帳の帳末には「検地帳では名請人について、田主を誤ったり、名代をだすなどして適切ではないものがあり、今回改めを行い、本主の名前とした。」とある。その結果、一割ほど対象となる高は増加したが、名請人は二六名となり、大きく減少している（表3で＊を付した人物はすべて消えた）。二六名にはいずれも肩書きがなく、かわたであると考えられる。

検地帳と名寄帳の間における各筆の変化を表4右側にまとめたが、主要な変化はつぎの四点に整理できる。

①検地帳の名請人のうち所持高二石未満の者が、名寄帳では大幅に減少している。

検地帳でのかわた名請人のうち二石未満は一九名存在したが、うち一六名が名寄帳には登場しない。この半数近い分を吸収したのは、新たに登場した右衛門三郎であり、それ以外は検地帳で五石以上を所持していた者の名請地となっている（仁右衛門、吉兵衛、九郎右衛門など）。検地帳での高の小ささから、所持人ではなく名代や小作人が登録された分を修正したのではないかと思われる。

②伯太村の出作人も名寄帳では全て消えている。

伯太村の出作人四名は、孫兵衛が二石を少し上回っていたが、三名は二石未満であった。その点では①と共通し、出作人が名請けする五筆は庄右衛門に一筆、右衛門三郎に四筆が吸収されている。

③名寄帳では、新たに庄右衛門・右衛門三郎・仁兵衛・助左衛門が登場した。

Aこのうち庄右衛門・仁兵衛・助左衛門は、それぞれ検地帳名請人の又右衛門・仁助・孫四郎の名請地を一括して引き継いでおり、同一の家による名義変更である可能性が高い。「田主誤り」を修正したのではないかと思われる。

Bこれに対し、右衛門三郎は①・②の多くを吸収する形で新たに登場し、その所持高も七・八石余と大きい。やや特異な印象を受ける。

表４　延宝八年名寄帳に基づく王子（かわた）村の村高所持状況

名前	所持高	総筆数	田	畑	筆数増減	増加分の元の名請人
仁右衛門	11.239	13	11	2	＋1	＋1:半右衛門
若太夫	9.428	9	9	0	0	
吉兵衛	9.032	8	8	0	＋2	＋1:五郎兵衛・又右衛門地吉兵衛
次郎兵衛	8.218	7	6	1	0	
庄右衛門*	8.165	8	7	1	＋8	＋6:又右衛門(全)、＋1:次兵衛・伯太村孫兵衛
弥左衛門	7.944	7	7	0	＋1	＋1:源太夫
右衛門三郎*	7.877	13	7	6	＋13	＋2:伯太村久兵衛、＋1:伯太村理左衛門・伯太村長左衛門・彦左衛門・弥兵衛・三太郎・佐右衛門・源太夫・庄兵衛・小左衛門・左兵衛・しのた七左衛門分又右衛門
助右衛門	6.947	6	6	0	0	
五郎右衛門	6.779	7	5	2	＋2	＋2:長右衛門(全)
九郎右衛門	6.777	6	4	2	＋2	＋1:九右衛門分源太夫・清蔵
新右衛門	6.741	5	5	0	＋1	＋1:源太夫
太兵衛	6.205	8	3	5	＋6	＋2:源太夫地太兵衛・源太夫、＋1:又太夫分又兵衛・太兵衛源太夫
久左衛門	5.926	7	6	1	＋4	＋2:久左衛門ニなる弥左衛門、＋1:久左衛門ニなる太兵衛・弥左衛門地久左衛門
又兵衛	4.884	4	4	0	＋1	＋1:源太夫
九兵衛	4.731	6	6	0	＋1	＋1:九兵衛分源太夫
久兵衛	3.84	6	5	1	＋2	＋2:権右衛門分久兵衛
忠右衛門	3.702	4	4	0	0	
徳右衛門	3.508	7	5	2	＋5	＋2:徳右衛門分久兵衛、＋1:作太郎分徳右衛門・作助・作次郎
久右衛門	3.256	4	3	1	＋2	＋1:孫兵衛地久右衛門ニ理左衛門・伯太村久右衛門ニ孫兵衛
市右衛門	3.065	4	4	0	0	
仁兵衛*	3.04	3	3	0	＋3	＋3:仁助(全)
八兵衛	3.027	3	3	0	0	
養三	2.352	2	1	1	0	
作十郎	2.058	2	2	0	0	
助左衛門*	1.91	1	1	0	＋1	＋1:孫四郎(全)
孫兵衛	1.756	3	1	2	0	
	142.407	153	126	27		

「筆数増減」は検地帳からの変化をさす。内訳は、例えば吉兵衛の場合、検地帳では名請人記載が「五郎兵衛」だったものと、「又右衛門地吉兵衛」だったものが１筆ずつ計２筆、新たに名請地として加わったことを意味する。

名前のうしろに＊を付した者は、検地帳では１筆も名請けしていない。

④庄屋である源太夫が名寄帳では消えている。

このうち、源太夫に関わる④と右衛門三郎に関わる②・③Bが、特に注目される。この点については、野帳の記載も含めた検討を踏まえたほうが分かりやすいので、ひとまず先に進めることとする。

c野帳・検地帳・名寄帳を比較した場合

表5は、中央を延宝検地帳の諸情報と名請人記載とし、これをベースに左側に野帳での名請人、右側に名寄帳の名請人を記載したものである。野帳が存在しない筆には、野帳欄に×を入れた。上から五段に分かれているが、一段目は延宝検地帳で名請人記載が特異なため**表3**の集計から除外した一九筆、二段目は源太夫名請地、三段目は名寄帳で右衛門三郎名請地となるもの（と他一筆）、四段目は吉兵衛に関わる名請地、五段目は作十郎名請地、についてまとめた。なお野帳と検地帳の名請人記載を対比すると、**表5**上段の一九筆を除き、基本的に野帳段階の名請人がそのまま検地帳に引き継がれている(18)。

①検地帳の一九筆の名請人の想定

先に結論を示すと、名請人記載が特異な検地帳の一九筆は、Ⅰ「〇〇分」や「□□ニなる」などが名寄帳作成時点までの後筆と考えられるもの九筆、Ⅱこれらの記載が名寄帳作成以後あまり時間をおかずに書き入れられた後筆と考えられるもの四筆、Ⅲ不明三筆、そして分類指標が異なるが、Ⅳ出作地に関わると思われるもの三筆、と分けられる。

まず表の見方を示すために一番上の上畑二畝四歩について説明しておくと、これは検地帳三筆目であり、名請人記載は「九右衛門分　源太夫」である。この筆の名請人は、野帳では「源太夫」、そして名寄帳では「九郎右衛門」と変化する(19)。これを順序立てて考えると、検地段階では源太夫名請地であったが、その後九郎右衛門名請地となり、検地帳に後筆で「九右衛門分」と書き入れられ、名寄帳で名請人が変更された可能性が高い。

つまり検地帳の名請人記載の後半部分と野帳の名請人記載が一致し、検地帳の名請人記載の前半部分と名寄帳記載が一致する八筆（No.３・17・21・23・24・41・124・134）は、「〇〇分」や「〇〇ニなる」が名寄帳作成時点までの後筆であると考えられる。おそらく売却などにより名請人が変更されたのだろう。検地帳六筆目の「又太夫分」は、野帳の記載をメモしたものと考えられ、他の後筆とはやや性格が異なるが、名寄帳作成時までに名請人が変更されたと考えられるため、ここに含めることとした。

これに対して、検地帳五筆目の「権右衛門分　久兵衛」は、野帳と名寄帳はいずれも「久兵衛」であり、「権右衛門分」と書き加えられた理由が明確ではない。また権右衛門という名前は、野帳と名寄帳には一切見出せず、検地帳でもこの五筆目と一三〇筆目にしか登場しない。その後、貞享五年の村方申し合わせでは権右衛門が確認できる。このため後筆の時期が延宝八年以後である可能性が高い。五九筆目の「弥左衛門」は野帳や検地帳にも登場するが、四四筆目の「作太郎」も延宝期には他に見出せない名前である。以上から、この四筆（No.５・130・44・59）は、「〇〇分」が名寄帳作成以後の後筆であると考えられる。

次に不明とした三筆を見ておこう。この三筆はいずれも検地帳の名請人記載が「〇〇地　□□」となっている。うち一筆は野帳でも同じ記載であり、二筆は野帳記載が未詳である。このため、検地帳での記載を推定することが難しい(20)。「〇〇地」の意味や、野帳段階ですでに特殊な記載になっていることにも特別な意味が含まれる可能性もある。

出作など他村が関わるとしたⅣは三筆（No.33・108・20）あるが、このうち出作であることが明確なものは一〇八筆目のみである。一〇八筆目の本来の検地帳記載は、「出作はかた村孫兵衛」であり、「久右衛門ニ」は後筆であると考えられる。三三筆目は、本来の検地帳記載は「孫兵衛地　理左衛門」であり、「久右衛門ニ」が後筆と推定されるが、理左衛門は伯太村出作人として、孫兵衛は伯太村出作人とかわたとして確認できる名前である。そのため、三三筆目の権利関係は難しいが、伯太村出作人の名請地である可能性が高い。また検地帳二〇筆目の名請人記載は、「しのた七左衛門分　又右衛門」、野帳では「又右衛門　七左衛門」である。又右衛門は延宝検地以前は王子（かわた）村の年寄として確認できる名前だが、異筆あるいは後筆で「しのた七左衛門」と書き入れる以上、七左衛門はかわたではない。信太郷七ヶ村の者と考えられ、当時王子村には七左衛門が存在している。こちらも権利関係の特定は難しいが、王子村の者が関わっている可能性が高いように思われる。この三筆には、Ｉに含むべきものもあるが、名寄帳での出作の取り扱いには疑問が残るため、ここでは検地帳段階で出作地だった可能性が高いもの、として整理する。

②源太夫名請地について

次に名寄帳での大きな変化である、庄屋源太夫の名請地消滅について考えておく。

源太夫の名請地が、検地帳交付の翌年に名寄帳から消える事態は、一見極めて不自然である。しかし実は源太夫が庄屋として確認できるのは、延宝検地帳が最後であり、天和元（一六八一）年には太兵衛が庄屋に就いている(21)。延宝検地帳だけを参照すると、所持高〇・三五五石の太兵衛が庄屋に就くことは不自然に感じられるが、

名寄帳（延宝8年）		本来の延宝検地帳の名請人記載（想定）
名請人	脇書	
九郎右衛門		源太夫
太兵衛		源太夫
九兵衛		源太夫
久左衛門		弥左衛門
久左衛門		弥左衛門
徳右衛門		久兵衛
徳右衛門		久兵衛
久左衛門	嘉兵衛地	太兵衛
太兵衛		又兵衛カ
久兵衛		久兵衛
久兵衛		久兵衛
徳右衛門		徳右衛門
久左衛門	武兵衛地	久左衛門
太兵衛		?
太兵衛		?
吉兵衛		?
久右衛門		孫兵衛地 理左衛門カ
久右衛門		出作はかた村 孫兵衛
右衛門三郎	七左衛門	?
太兵衛		
右衛門三郎		
太兵衛		
新右衛門	文次	
又兵衛		
弥左衛門	九兵衛卜武八	
右衛門三郎	三太郎分	
右衛門三郎	左衛門分	
右衛門三郎	はかた長左衛門分	
右衛門三郎	左兵衛分	
右衛門三郎	右衛門分	
右衛門三郎	庄兵衛分	
庄右衛門		
右衛門三郎	はかた平三郎分	
右衛門三郎	はかた彦左衛門分	
右衛門三郎	弥兵衛分	
右衛門三郎	久兵衛分	
右衛門三郎	はかた久兵衛分	
吉兵衛		
吉兵衛		
吉兵衛		
吉兵衛		
吉兵衛		
吉兵衛		
吉兵衛		
作十郎		
作十郎		

表５　野帳・検地帳・名寄帳の対照

野帳(延宝5年)	延宝検地帳(延宝7年)							
名請人	No.	小字	地目	面積 反	畝	歩	分米(石)	名請人
〈表3の集計から除外した分〉								
源太夫	3	道ノはた	上畑		2	4	0.277	九右衛門分　源太夫
源太夫	17	道ノはた	中畑		1	25	0.202	太兵衛　源太夫
源太夫	21	道ノはた	下田		2	27	0.377	九兵衛分　源太夫
弥左衛門	23	道ノはた	中田			27	0.126	久左衛門ニなる　弥左衛門
弥左衛門	24	道ノはた	上畑		1	7	0.160	久左衛門ニなる　弥左衛門
久兵衛	41	十五ノ坪	中田			8	0.037	徳右衛門分　久兵衛
×	134	五ノ坪	上田	1		14	1.570	徳右衛門分　久兵衛
太兵衛	124	四ノ坪	中田	1	1	24	1.652	久左衛門ニなる　太兵衛
又太夫	6	道ノはた	上畑		1	3	0.143	又太夫分　又兵衛
久兵衛	5	道ノはた	上畑		1	3	0.143	権右衛門分　久兵衛
×	130	五ノ坪	上田		8	14	1.270	権右衛門分　久兵衛
徳右衛門	44	十六ノ坪	中田			7	0.033	作太郎分　徳右衛門
久左衛門	59	八ノ坪	上田		5	14	0.820	弥左衛門地　久左衛門
源太夫地　太兵衛	78	十八ノ坪	中田		8	24	1.232	◎源太夫地　太兵衛
×	151	九ノ坪	中田	2	1	8	2.977	◎源太夫地　太兵衛
×	100	十六ノ坪	上田	1		10	1.550	◎又右衛門地　吉兵衛
孫兵衛地　新左衛門	33	はかた北口	上田		9	27	1.485	孫兵衛地　久右衛門ニ　理左衛門
×	108	十ノ坪	上田		9	7	1.385	◎出作はかた村　久右衛門ニ孫兵衛
又右衛門　七左衛門	20	道ノはた	下田		3	9	0.429	しのた七左衛門分　又右衛門
〈源太夫に関する分〉								
×	11	道ノはた	中畑		1	1	0.113	源太夫
源太夫	32	道ノはた	中田		1	26	0.261	源太夫
源太夫	77	十八ノ坪	下田		9	3	1.183	源太夫
源太夫	84	十八ノ坪	上田	1	4	23	2.215	源太夫
×	103	十六ノ坪	中田		8	22	1.223	源太夫
源太夫	152	六ノ坪	上田	1	1	21	1.755	源太夫
〈主として右衛門三郎に関する分〉								
三太夫	8	道ノはた	中畑		1	26	0.205	三太郎
佐右衛門	14	道ノはた	中畑		1	7	0.136	佐右衛門
はかた　長左衛門	34	はかた北口	上畑		2	17	0.334	出作はかた村　長左衛門
佐兵衛	50	六ノ坪	上田		5	2	0.760	左兵衛
小左衛門	53	六ノ坪	上田		8	18	1.290	小左衛門
庄兵衛	90	七ノ坪	上田	1		20	1.600	庄兵衛
×	104	十五	中田	1	4	29	2.095	◎出作はかた村　孫兵衛
×	105	十六ノ坪	中田		8	28	1.251	◎出作はかた村　理左衛門
×	109	はなむら	上畑		4	4	0.537	彦左衛門
×	110	はなむら	上畑		3	20	0.477	弥兵衛
×	111	はなむら	中畑		4	7	0.466	◎出作はかた村　久兵衛
×	145	はなむら	中田			28	0.131	◎出作はかた村　久兵衛
〈吉兵衛に関する分〉								
わうし出作　吉兵衛	19	道ノはた	下田		3	21	0.481	吉兵衛
吉兵衛	51	六ノ坪	上田		9	21	1.455	吉兵衛
五郎兵衛	54	六ノ坪	上田		6	19	0.995	五郎兵衛
吉兵衛	68	十七ノ坪	下田		7	6	0.936	吉兵衛
吉兵衛	96	（七ノ坪カ）	上田	1		22	1.610	吉兵衛
吉兵衛	119	十七ノ坪	中田		5	1	0.705	吉兵衛
王子出作　吉兵衛	127	四ノ坪	上田		8	20	1.300	吉兵衛
〈作十郎に関する分〉								
作十郎	116	十七ノ坪	中田		3	12	0.476	作十郎
王子村出作　作十郎	125	四ノ坪	中田	1	1	9	1.582	作十郎

名寄帳での名義変更を参照するといくつかのことが明らかになる。

検地帳での源太夫名請地のうち、源太夫単独名請地であった六筆は、名寄帳では太兵衛が二筆、右衛門三郎・新右衛門・又兵衛・弥左衛門が一筆ずつ名請けしている（表5二段目）。このほかに、除外した一九筆中五筆に源太夫の名前が含まれていたが、名寄帳では太兵衛が三筆（No.17・78・151）、九郎右衛門と九兵衛が一筆ずつ（No.3・21）名請けしている。つまり、検地帳での源太夫名請地を最も多く引き継いだのは、太兵衛である。一方で太兵衛以外の源太夫名請地を引き継いだ者の多くは、検地帳で三石以上を所持している。

ここから、何らかの事情で源太夫が逼塞し、かわた村内の有力者に田地を売却した可能性が想定できる。これに対し、太兵衛の名請地は検地帳では非常に少ないことや、野帳段階から「源太夫地　太兵衛」などと記される筆があることを考えると、源太夫と太兵衛には血縁関係が存在した可能性が高いように思われる。この段階において末子相続が行われていた確証はないが、まず太兵衛が長男として分家し、わずかな高を分け与えられたが、父の源太夫が死んだ際に、借財等を整理するため田畑の半分程度を売却し、残りの田畑と庄屋役を太兵衛が引き継いだのではないか、と考えておきたい。

③右衛門三郎と出作について

まず名寄帳での右衛門三郎名請地のなかに含まれる、検地帳段階で出作地であった可能性のある一筆について触れておく。名寄帳では、名請人記載に脇書が添えられる筆が存在する。右衛門三郎名請地以外は、脇書は少なく、また記載される名前は後年のもの（一八世紀後期頃カ）と思われる。これに対し右衛門三郎名請地にはすべて脇書があり、その内容は検地帳の記載とほぼ一致する。検地帳一〇九筆目は、「彦左衛門」が名請人となっており、名寄帳では右衛門三郎名請地となるが、名寄帳の脇書には「はかた彦左衛門分」と記載されている。ここから、彦左衛門は伯太村の人物である可能性が高い。

次に右衛門三郎の不可解さについて考えておきたい。右衛門三郎は検地帳では一筆も名請けをしていないが、名寄帳では一三筆（七・六石余）を名請けしている。これらは、検地帳での所持高二石未満のかわた七名の名請地と伯太村出作人三名の名請地を含む。名寄帳の帳末の記載を参照すれば、名代や小作人が検地帳では名請人として記載されていた、ということになるが、これほどの規模が本当に見過ごされたのだろうか。

また名寄帳では、検地帳での残る一名の伯太村出作人の所持地も庄右衛門の名請地となり、結果的に出作人は一名も存在していない。しかしこれが果たして事実を反映しているのかどうか、疑問である。伯太村百姓がかわた所持地の名代や小作人であった、あるいは一年の間に出作地がすべてかわたに売却された、こうした可能性は低いように思われる。

さらに延宝期に年次が最も近く所持高状況が確認できる享保元（一七一六）年の免割帳では、王子村と伯太村の出作人が存在していることが確認できる。王子村伊兵衛が一〇・四一二石、伯太村儀兵衛が一・六一一石、伯太村五郎兵衛が二・〇九五石、伯太村の七郎兵衛が〇・三三四石所持している[22]。このうち五郎兵衛と七郎兵衛の高は、検地帳での伯太村孫兵衛と伯太村長左衛門の所持高と奇しくも一致するのである。

こうした点から、名寄帳が実態を反映している可能性を完全には否定できないが、名寄帳を作成する目的の一つが「出作人が存在しない」という体裁を装うことにあり、そのために意図的な操作が行われた可能性が存在するように思われるのである[23]。

④出作記載の有無について

野帳・検地帳・名寄帳を比較すると、さらに出作地が存在した可能性が浮上する。

王子村検地帳から、延宝七年に王子村百姓とかわたの双方に吉兵衛が存在したことは確実だが、王子（かわた）村の検地帳で「吉兵衛」が名請人である六筆中二筆は、野帳段階で「王子出作 吉兵衛」となっている（№19・127）。また、検地帳で二筆を名請けする作十郎も、野帳段階では一筆が「王子村出作 作十郎」となっている。野帳での「王子村出作」という記載は、次のような疑問を生じさせる。Iこの三筆は検地帳ではなぜ「王子村出作」と記載されないのか（実際の名請人は誰か）、Ⅱ検地帳の誤りを訂正する名寄帳でもやはり「王子村出作」と記載されないのはなぜか、Ⅲ野帳で「王子村出作」と記載のない吉兵衛や作十郎の名請地も、王子村百姓の出作地である可能性はないのか、Ⅳ他のかわたと思われる人物に同様の可能性はないのか、などである。

まずⅠだが、これは公式な検地帳を作成する際に、検地惣奉行など作成者側が「王子村出作」を削除したのではないか、と考えられる。王子（かわた）村延宝検地帳の正式名称は「王子村検地帳」なのであり、その名請人として「王子村出作○○」という記載は適当ではないと判断されたのだろう。上泉郷出作王子村が切り分けられた経緯に詳しくない検地役人等に、王子村の中に王子村百姓とかわたが住み（枝郷）、かわたが庄屋を務める王子（かわた）村が隣接する、という複雑な状況がどのように理解され、検地帳に記載されたのか、という問題が存在するように思われる。延宝検地の段階では、まだ南王子村の名は存在しないのである。このように考えると、検地段階でもこの三筆は「王子村出作」であった可能性が高い。これらが名寄帳でも王子村百姓の名請地であることを明記されなかった理由も同様で（Ⅱ）、先に述べた名寄帳作成の目的とも関わるのではないだろうか(24)。

より難しいのはⅢ・Ⅳである。そもそも野帳は、少なくとも四名の検地奉行が作成しており、先に述べた状況を前提に王子（かわた）村内の王子村百姓の所持地が「出作」と判断されるのか、また四名が統一的な判断をしているのか、という問題がある。「王子村出作」と記載のある野帳は、浅野弥太進作成分（吉兵衛分・検地帳一九筆目）と吉田九郎左衛門作成分（吉兵衛分・同一二七筆目、作十郎分・一二五筆目）である。ここから、浅野と吉田は名請人が王子村百姓である場合、厳密に記載を区別したものと判断できる。このため吉田作成の野帳に記載される検地帳一一六筆目の作十郎名請地と、一一九筆目の吉兵衛名請地はかわたの名請地であると思われる。また、浅野・吉田作成の野帳に書き上げられる他の人物も、かわたであると判断される。このように考えると両者の担当する合計六五筆中、王子村出作地は三筆しか存在しないことになる。残る二名の奉行が作成した野帳と、現存しない二冊については判断材料を欠く。しかし、浅野・吉田作成の野帳で名請けをする肩書きのない二八名はかわたであると判断され、彼らと王子村百姓の名前の重複などを確認する限り、王子村出作地が他にも存在する可能性は否定できないが、存在した場合もかなり限定的であると考えられる。

おわりに―延宝検地時の王子村と王子（かわた）村―

最後に、延宝検地時の王子村と王子（かわた）村の村高所持状況、とくに出作がどの程度存在したかについて整理を試みたい。

その際に、延宝八年に作成された名寄帳の評価が必要となるが、次のように判断しておく。名寄帳については、源太夫の名請地が消滅するなど、一年間に生じた名請人の変化が反映されていると思われる一方で、伯太村の出作人が存在しなくなる点や右衛門三郎の登場については、不可解な点が多い。そのため、延宝期の村高所持状況を想定する場合、検地帳を基本とすべきである。

その上で、両村の村高所持状況を整理すると、次の通り想定できる。

王子村については、村高三一五・八〇二一石のうち、脱漏分七・六石余（村高の二・四％）については検討が不可能である。複数人が名請けをする筆が他に一三・八七二五石（村高の四・四％）存在し、これも除外せざるを得ないが、いずれも名請人は王子村百姓と想定できる。残る村高については、王子村百姓の名請人は四〇名確認でき、ほかにかわたが六名（八筆、二・一石余）、尾井村の一名（一筆、二石余）が所持する。かわたや出作の所持は村高全体を見た場合、極めて限定的である。仮に脱漏分が全て出作地であったとしても、一一・七石余に過ぎず、王子村田地は九五％以上を王子村百姓が所持していた。

王子（かわた）村の場合、村高一四二・四〇七石余のうち、検地帳の一九筆は名請人記載が独特である。この一九筆（一五・八六八石、村高の一一％）を除外して、検地帳を整理した場合、出作人は伯太村の四名（五筆、四・

二七七石）しか存在しない。しかし、野帳や名寄帳の情報を整理し、一九筆についての想定も踏まえると、さらに伯太村出作地であった可能性の高い三筆、王子村出作地であった可能性の高い四筆の存在が明らかになる。これらの筆は次の通りである。

＊伯太村出作地と想定されるもの

（検地帳記載順）	（小字）	（地目）	（面積）	（分米）
三三筆目	はかた北口	上田	九畝二七歩	一・四八五石
一〇八筆目	十ノ坪	上田	九畝七歩	一・三八五石
一〇九筆目	はなむら	上畑	四畝四歩	〇・五三七石

＊王子村出作地と想定されるもの（二〇筆目は、王子村以外の信太郷の村の可能性もある）

一九筆目	道ノはた	下田	三畝二一歩	〇・四八一石
二〇筆目	道ノはた	下田	三畝九歩	〇・四二九石
一二五筆目	四ノ坪	中田	一反一畝九歩	一・五八二石
一二七筆目	四ノ坪	上田	八畝二〇歩	一・三石

先に挙げた数字と合計すると、伯太村出作人は五名（八筆、七・六八四石）、王子村出作人は三名（四筆、三・七九二石）となる。ただし野帳の二冊の欠冊や、王子村との当時の関係性からもう少し出作地が存在した可能性も存在する。村高全体における出作地の割合は、王子村よりも高いことは確実だが、それでも王子（かわた）村の九〇％程度の田畑はかわたが所持していたと想定できる。

最後に、延宝検地帳の分析の難しさでもある、当時の王子村と王子（かわた）村の極めて特殊な状況について述べておきたい。正保四年頃の出作切り分けから、貞享三年までは、王子村地内に百姓とかわたが居住しながら、かわたに年貢直納が認められた村請制村が隣接して存在していた。そして、その村請制村は「王子村」や「王子かわた村」と呼ばれていた。後年、王子（かわた）村が南王子村という名になり、かわたが南王子村に移転した事実はここでは重要ではない。あくまでも延宝期の居住と村領のあり方を前提に、検地帳がどう作成されたかを検討しなければならないのである。

この間、幕領代官は異なり、そのために二村として扱われることが担保されていた。延宝検地にあたっては、二村は異なる検地惣奉行の検地を受けたが、検地役人らにこの状況がどのように見えたのかは難しい問題である。王子村検地帳の場合、かわたには「皮多」と肩書きを付しており、王子村百姓との見分けは可能である。しかしこの時点で王子村内のかわた所持地が「出作」と見なされたのかについては、明らかではない。王子（かわた）村の場合、野帳作成段階では少なくとも二人の検地奉行は王子村百姓が所持する王子（かわた）村田地を「出作」と判断したが、検地帳作成段階では、「出作」とは見なされなかったと考えられる。このように、実態と王子村百姓やかわたの認識がどうだったのかという問題に加えて、検地に際して検地役人らがどのように判断したのか、それは当事者の認識と一致するものだったのか、という問題が検地帳記載には存在するのである。こうした大きな問題が存在することを踏まえた上で、王子村百姓とかわた、村請制村・村領としての王子村と王子（かわた）村の一七世紀後期を検討していかなければならない。

注

（1）『奥田家文書』では、奥田家所蔵史料でないものについては、出典が記されている。

（2）森杉夫『近世部落の諸問題』（堺市同和地区古文書調査研究会、一九七五年）八五頁参照。なお、『和泉市史　第二巻』（一九六八年）にも王子村延宝検地帳の表紙と帳末部分が翻刻されている。押印から『奥田家文書』八九六と同じものを底本としていると思われるが、こちらでは「立花家文書」とされている。立花家については不詳であるが、奥田家に伝来した史料ではないことは確かである。

（3）王子村は延宝検地後、五回の新開検地を受けて、天保二年の村高は三二三・七一〇八石（『和泉国大鳥郡泉郡村々様子大概書』、本書**第一章表3**参照）となった。明治初期の「地券発行願書綴」（和泉市王子町山千代重榮氏所蔵史料）には、各筆に面積と分米記載があり、その分米合計は三二四石である。地券発行願書綴と延宝検地帳を対比して不足分の特定を試みたが、延宝検地帳での小字「笠掛」「山谷」と屋敷地が明治初期には大きく変化しており、特定することはできなかった。

（4）しかし佐次兵衛の屋敷地三筆は分米合計二・一一八九石であり、この点では吉兵衛を上回る。

（5）所持高四・五石余の源太夫の屋敷地は二畝六歩・〇・二八六石、権蔵の屋敷地は一畝二八歩・〇・二五一三石である。

（6）仁兵衛は、王子（かわた）村分での名請人「仁助」に相当すると考えられる。

（7）畑一筆の小字は不明だが、かわたが名請けをする屋敷地と古検は同じとされている。このため、かわたが名請けをする屋敷地に隣接するものと思われる。

（8）かわたが居住していた除地は、移転後小字「古屋敷」として高付けされ、二八名と寺が名請けをしている（元禄一二年、『奥田家文書』八九八）。これは移転前の除地内の利用を反映していると思われる。この中に源太夫と九郎右衛門は登場しないが、仁兵衛・久左衛門はそれぞれ名請けしている。

（9）王子村延宝検地帳のどの筆に対応するか検討したが、特定することはできなかった。

（10）こちらについては、旧和泉市史の調査で写真撮影がなされている（一部抜けあり）。この写真は『奥田家文書』八九五の底本であると考えられるが、帖の継ぎ目に印がなく、やはり写であると判断される。

（11）検地帳の記載は次の通りであるが、計算上も、分米は〇・一九五石となる。

（二筆目）

同

古検右之内

一、下田　九間 五間　壱畝拾五歩　久右衛門

此分米壱斗九升七合　　但壱石三斗代

また、旧市史撮影の写真と『奥田家文書』の翻刻を照合すると三カ所の相違がある（なお八二筆目～九三筆目、一一八筆目～一四一筆目は写真が存在しない）。本論をすすめる上では問題とはならないが、記載しておく。

	（『奥田家文書』）	（写真）
四七筆目の地目：	中畑	中田
七五筆目の小字：	同（十七ノ坪）	八ノ坪
一〇四筆目の古検面積：	一反八反拾歩	壱反八畝拾歩

(12)『奥田家文書』八九一～八九四。各冊の表紙には担当役人の名前があり、表紙の記載はそれぞれ異なる。八九一は「王子村検地帳」（浅野弥太進）、八九二は「検地帳王子村」（吉田九郎左衛門）、八九三は「王子村検地帳」（岡本又右衛門）、八九四は「王子村検地野帳」（渋谷孫左衛門）となっている。このうち浅野と渋谷は王子（かわた）村検地帳の帳末に奉行として名が見えるため、四名はいずれも岡部家中の者であると考えられる。

この四冊の書き上げ順は、ごく一部を除き、そのまま検地帳に踏襲されている。つまりこの四冊は、検地帳の下帳として公式に検地奉行が作成した野帳である。ただし表紙の記載が異なるため、各奉行間に多少の独自性が含まれる可能性も存在すると思われる。なお現存しない二冊は、検地帳の九七筆目～一一一筆目と、一二九筆目～一五一筆目に対応する分である。

(13)『奥田家文書』八九七。

(14)この文言のあとには年月の記載があるだけで、惣百姓判形や宛先は欠く。実際に提出されたものかどうか、提出された場合その提出先はどこか、など不明な点が多い史料である。

(15)王子村分とは異なり、王子（かわた）村分には「皮多」などの肩書きが一切ないため、四〇名が全てかわたであるかどうかは必ずしも明瞭ではない。事実、四〇名中二〇名は、王子村検地帳の名請人（王子村百姓）と名前が一致する。このうち源太夫・吉兵衛・九郎右衛門・仁兵衛・久左衛門・仁右衛門については、王子村の検地帳記載から、王子村百姓とかわたの双方に同名の者が存在したことが明らかである。他の一四名については判断が難しいが、貞享五年の村方申し合わせ（『奥田家文書』二五一五）においても内一〇名が確認できるため、基本的には全員がかわたであろうと判断した。

(16)『奥田家文書』二四〇〇。

(17)前掲注8参照。

(18)野帳は六冊中二冊を欠くが、問題の一九筆を除き、検地帳と名請人記載が異なるものは四筆である。うち三筆は、後述する「王子（村）出作」に関わるものである。残る一筆は、検地帳三筆目（名請人三太郎）に相当するものが、野帳では三太夫となっている。

(19)この三筆目を写真で確認すると、「九右衛門分」ではなく「九郎右衛門分」のようにも見える。なお、王子（かわた）村の延宝検地帳では他に「九右衛門」が登場する筆はない。

(20)この地域では、延宝検地帳の名請人記載を「〇〇地　□□」とし、「〇〇」に文禄検地などの古検での名請人名が入るものがある。ただし、こうした記載がなされる場合、検地帳の全筆になされるため、本補論で取り上げているものはこれに相当しないと考えられる。また、王子村の文禄検地帳は伝わっていないが、少なくとも慶長九年の指出帳には、源太夫や又右衛門は名請人として登場しない。

(21)『奥田家文書』二四〇一。

(22)『奥田家文書』二一六九。本史料では、四人に肩書きがなく出作人であるとは分からないが、翌年以降の免割帳を追うと、享保三年分で伊兵衛が王子村の者、享保七年分で三人が伯太村の者であることが判明する。

(23)なお「右門三郎」という名は、貞享五年の村方申し合わせでは確認できるが、組頭ではない。

(24)名寄帳は各人ごとに集計がなされており、吉兵衛と作十郎が二人ずつ存在するようには記載されていない。そのため、王子村百姓の名請地は一筆も存在しない、という体になる。

第三章　一八世紀中期の南王子村の村落構造

はじめに

本章で対象とする近世の「かわた」村は、二つの側面から捉える必要がある。すなわち「かわた」身分であるという側面とともに、村という行政単位を成していたという側面である。

「かわた」身分の研究は一九六〇年代以降活発になったが、その当初は幕藩権力による差別支配政策と「かわた」の抵抗という視点からなされた部落史的研究がその大半を占めた。この部落史的研究を脱却する動きが、七〇年代から脇田修氏による所有論をはじめとして見られるようになる。その後「かわた」身分の研究に地域や村といった重要な視点をもたらしたのが、一九八〇年に発表された朝尾直弘氏の「幕藩制と畿内の『かわた』農民―河内国更池村を中心に―」である(1)。対象となった更池村「かわた」は更池村を本村とする本村付の「かわた」村であり、本村庄屋による支配を受けていた。さらに更池村「かわた」が享保期まで「布忍村」と名乗っていたことを手がかりに、中世末期には布忍郷に従属していたことを明らかにし、本村との関係に加えて布忍郷、つまり地域における「かわた」村という視点が必要であるという指摘がなされた。加えてもう一点は「かわた」身分間の仲間式法の存在から渡辺村による「頭村支配」を受けていたことである。仲間式法とは斃牛馬処理や草場の範囲を成り立たせるための身分内取り決めである。更池村「かわた」は河内国丹南郡大保村での行刑において下級雑役を務めているが、これは渡辺村が負担する役を仲間式法によって分担していたのである。つまり、更池村は本村庄屋の支配下にあると同時に渡辺村による「頭村支配」も受けていた。この地域と身分という二つの側面を見なければならないという指摘は部落史的研究を転換させる大きな示唆であった。

では本章で対象とする和泉国泉郡南王子村に関する先行研究について概括してみよう。近世において多くの「かわた」村が本村付であったのに対し、南王子村は独自の庄屋・年寄を有する「一村立」の村であった。その庄屋利右衛門家に残された史料群が『奥田家文書』である(2)。南王子村に関する先行研究はおおむね三つに分類することができる。

一つめは、先述したとおり「かわた」身分研究の初期に非常に多かった部落史的研究である。森杉夫氏による一連の研究がその中心であり、「かわた」身分が年貢を負担していたことや千原騒動の中心的役割を果たしたのは「かわた」ではなかったこと、周辺一般村の落伍者が「かわた」村へ流入した事実はないなど、その当時一般に流布していた差別的言説を否定する内容であった(3)。

二つめは、「地域の中の南王子村」という視点から行われた研究であり、朝尾氏の研究と同じく部落史的研究を脱却しようとしたものである。藤本清二郎氏は地域社会と幕藩権力の動向は必ずしも一致せず、身分を克服することを可能とする土壌がそこにはあったとしている(4)。また小野田栄子氏は出作と草場の分析を通じて「かわた」と百姓の間に起こる対立と、身分解放への基礎的条件について明らかにしている(5)。さらに久留島浩氏は、郡中割や組合割などの地域入用を一村として負担することで地域社会の構成員たりえたことを明らかにしている(6)。

三つめは最近の「村」としての南王子村を見ようとする動きであり、近世後期から近代にかけて頻発する村方騒動の分析を通じて内部構造の解明がなされている(7)。西尾泰広氏は安政期の村方騒動の分析を通じてこの時期の南王子村の特質について述べている。それによれば、南王子村は二人庄屋制の村であり、一方は田畑を所持し代々庄屋を務めているが、もう一方は村外のアウトロー的存在とのつながりを持つような庄屋である。さらにそれぞれの庄屋にくみする年寄や組頭層もおおよそのような特徴を持っている(8)。村方騒動においては様々なことが問題となり、多くの場合アウトロー的存在が問題を設定したり、煽ったりするが、何が争点となるかによって小前層の動向は大きく変わる。つまり騒動が最終的にどのように決着するかは村内で大多数を占める小前層が握っていた。このように内部で常に分裂を繰り返す一方、村外や差別に対して、また村財政などについては非常に強い結束力をみせている。村の借銀返済のための風呂益や明治初年の合村反対運動などがそれであり、一般村に比べて村としての規制力や縛りが非常に強かった。内部で分裂を繰り返し、何度も騒動が起きる一方で村外に対しては非常に強い結束をみせる、というのがこの時期の特質であったとされる。

横山芽衣子氏は明治初年の村方騒動の分析を行っているが、庄屋が戸長に、組頭が伍長に名称を変えてもこの特質は引き継がれたことが明らかにされている。しかしこの村内で分裂・騒動を繰り返しながら村外や村の運営などに関して非常に強い結束をみせるという特質が、一体いつ頃から見られるのか、また安政期以前の内部構造はどうであったかということについては十分明らかにされていない。

南王子村先行研究の三つめと非常に大きな関係があり、互いに影響を及ぼしあっているのが、最近の近世村落史研究である(9)。ある一つの地域を「村々連合」と捉えるが、これを形成する一つ一つの村の内実は多様であり、そこに「村」の一般性を見いだすことはできない、という指摘がなされている。翻って考えると、地域を考える必要があるとした先掲朝尾論文でも村の内部構造には触れられていない。また南王子村先行研究の二つめとして挙げた地域を考える視点においても、そこに想定されている村は庄屋がおり、年寄がいるといった一面的で画一的な村にすぎない。村の内部で上層、中層、下層それぞれの意見はどのようなものであり、その意見はどのように集約されていたのかといったことはこれまであまり問題とされてこなかった。つまり南王子村の内部構造を明らかにすることは、「かわた」身分研究において意味をもつだけでなく、南王子村と周辺村にどのような差異があり、どのような地域を形成していたかを解明する上でも重要なのである。村の内実を明らかにすることなしに、地域を考えることはできず、この二つを合わせて考えることでより実態に即した南王子村の姿に近づけると考えられる。

そこで本章では南王子村を「村」として考える立場から、その一八世紀中期における内部構造を明らかにすることを目的とする。寛延二（一七四九）年には史料上確認できる最初の村方騒動が起きており、この時期すでに村政において矛盾が生じていたことは明らかである。そしてこの騒動以降南王子村は二人庄屋制となり、一九世紀に頻発する村方騒動における対立構造は制度的に整った、といえる。安政期の特質がいつ頃まで遡ることができるのかという疑問のすべてが解決できないにしても、この時期の内部構造を明らかにすることでつながりを考えることができるだろう。

村方騒動の分析から村の内部構造を考えるという方法は、対立構造を明らかにできるという点では有効だが、限界もある。それは先掲西尾論文において多数存在する組頭を一括して「組頭層」とし、また村内大多数を占める村方騒動の行方を左右する小前・無高も「小前・無高層」と捉えており、一面的にしか把握できていないことである。そのため彼らの内実にまで深く踏み込めておらず、村の内部構造をある程度は明らかにできたものの村落構造と言えるまでには至っていない。そこで本章では西尾氏や横山氏の村方騒動分析の手法に学びつつ、この問題点を克服し、より村の内実に迫るために「家」に注目する。

一般に「家の成立」は、家名・家職（家業）・家産の三つがセットで跡を継ぐ息子に相続される体制が整う一七世紀後半頃のこととされている。しかし南王子村では分家や同家が頻繁にみられることや、いわゆる「末子相続」が行われていたことなどがすでに明らかにされており[10]、南王子村における「家」を考える上で何が誰にどのように相続されていくのかは非常に大きな問題である。さらには果たして一般に考えられている家が南王子村において成立していたのか、南王子村における「家」とは何かという疑問が生じる。このような問題意識から、ここでは「家」と表現しておく。そこで寛延三年以降ほぼ隔年で残されている宗門改帳の分析を通じて、一つ一つの「家」のあり方を問い直したい。宗門改帳に関してはその記載内容に不備があると考えられるが(11)、「家」のあり方をある程度明らかにすることは可能である。「村」は「家」の集合体であり、「家」のあり方は「村」のあり方にもつながってゆく部分があるのではないだろうか。「家」と「村」の関係はどのようなものであったかということも意識しておく必要があろう。

また南王子村では人口の激増とそれに伴う家数の増加・貧困といった、関西の「かわた」村では一般的に見られる現象と「一村立」であるがゆえの特殊性が併存すると想定されるが、この両者を総合的に捉え「村」のあり様に迫っていきたい。

当該期の村役人は寛延二年四月以降、庄屋は利右衛門と次兵衛、年寄は儀兵衛と元右衛門（宝暦一二年以降は兵右衛門）である。

一、南王子村における様々な「家」のあり方

本節ではまず「家」のあり方についてみてゆく。すでに先行研究において南王子村では分家・同家が頻繁に行われていたことが明らかにされている。またいわゆる「末子相続」についての分析もある(12)。分家・同家が頻繁に行われていた事実は、「村」のあり方に深く関わっていたと考えられる。そこで本節では宗門改帳を詳細に分析しながら、一つ一つの「家」のあり方を検討し、そこに「村」の構造と特質を見いだすことを目標としたい。なお対象とするのは『奥田家文書』に含まれる最古の宗門改帳である寛延三（一七五〇）年分から明和七（一七七〇）年分までの八冊、都合二一年間とする(13)。宗門改帳では本人の名前が変わったり、相続によって代替わりするなどの理由で同じ家でも名前人が頻繁に変わるため、すべての家に番号をつけて分析した(14)。以降図表

表1　家数の増減と内訳

年次	寛延3年	宝暦2年	宝暦4年	宝暦12年	宝暦14年	明和3年	明和5年	明和7年
西暦	1750	1752	1754	1762	1764	1766	1768	1770
家数(軒)	134	132	144	160	166	172	175	173

内訳			寛延3年～宝暦2年	宝暦2～4年	宝暦4～12年	宝暦12～14年	宝暦14年～明和3年	明和3～5年	明和5～7年
増	実数		0	13	30	8	9	7	7
	内訳	分家		12	14	3	7	2	4
		他所から			2	1			
		不明		1	14	4	2	5	3
減	実数		−2	−1	−14	−2	−3	−4	−9
	内訳	同家	−1	−1	−5		−1	−3	−5
		他所へ							−1
		欠落							−1
		不明	−1		−9	−2	−2	−1	−2
計			−2	12	16	6	6	3	−2

家数は宗門改帳帳末の集計ではなく、実数をとった。

典拠：『奥田家文書』 9 ～16、389、391。本章１節の図表も同じ。

などに現れる「家番号」とはこれである。さらに宗門改帳に加えて「御用控」を使用する。「御用控」は庄屋利右衛門が奥書をして一橋家の役所あるいは堺奉行所や他村の庄屋にあてた文書の控えをまとめたもので、南王子村の人別に関することや様々な事件、年貢関係のものなど当該期の村の様子を知ることのできる史料である[15]。

南王子村の寛延三年段階の村内軒数は一三四軒であり、以降明和七年までの二一年間に、増減を繰り返しながら家数が三九軒増加している（**表1**）。また**表1**にはのせていないが、人数も寛延三年の六六一人から、明和七年には八三五人と一七〇人以上増えている。家数増加の理由は不明と分家がほとんどで、減少の理由は不明と同家がほとんどである。よって基本的には分家と同家を繰り返しながら増加している、といえる。なお増加の不明分はいずれかの家の分家かと思われる場合もあるが、比定できないものもある。また減少の不明は死失と考えられる場合もある。分家は相続によってうみだされる場合と、以前に何らかの理由で同家していて分家する場合とがある。ではまず相続について見ていくこととする。

（1）相続

寛延三年に宗門改帳に記載された一三四軒中、二一年間で相続が行われた家は五四軒ある。それぞれの家の相続についてまとめたものが表2である。左から順に家番号、父親の名前・年齢・所持高、相続した倅の名前・年齢・続柄・相続した高、さらに相続時の父親の状況、その他の倅の状況、相続形態、備考となっている。相続時の状況が父親が存命中の場合は表上段、死亡の場合は下段とした。死亡の場合、（　）内にその時点で家に残っていた倅を記載している。父親の死後、明和七年までに倅が名前を継いだことが確認できる場合は、名前を太字とした。相続形態の項目で、「3／3相続」とあるのは三人倅がいるうち、三番目の倅が相続したという意味である。この項目を見る限りは「1／1相続」が多いため、一見「末子相続」は少なく、長子（単子）相続が多い。しかし寛延三年段階で、父親と当時家に残っている倅の年齢からすでに長男など上の倅が分家している場合も想定されるため（表2相続した倅「続柄」欄横の＊印）、実際はこれ以上に「末子相続」が行われていたものと思われる。この期間中に相続には至らないものの、長男が分家した家が七軒あること（表3）、また親と同居していない若年層の夫婦の家が寛延三年時点でいくつもあることも裏付けになろう。しかしすべてが「末子相続」だったわけではなく、無高層では多産多死で子どもが成人しにくいこともあり、一定数の長子（単子）相続も行われていたと考えられる。

以上から南王子村において相続形態は一様ではなく「家」によって様々であったことが指摘できる。また分家が多いため、現在で言うところの「核家族」が村内に占める割合が高いことも特徴の一つである。では相続の具体的なあり方を表2から二つの「家」を紹介しながら見ていこう。

まず取り上げるのは仁兵衛「家」である（表2・図1）。寛延三年段階の家人は、仁兵衛（54）と女房はな（43）、岩松（19）と三四郎（16）の倅二人に、きさ（24）・ちゃう（12）・はな（9）・わき（7）の娘四人、さらに何らかの理由で同家している仁兵衛の姉いや（55）とその娘かる（25）、かるの倅音松（2）の計一一人で、

分家した倅			相続形態	備考
名前	家番号	所持高		
長男六右衛門 次男六郎兵衛	0136 0157	1.59 0	3/3	
			1/1	四兵衛は在家で出家する。
			1/1	
			1/1	
長男太兵衛	0155	2.78	1/2?	図6
			1/1	
			1/1	補注
次男八右衛門	0137	0	2/2?	
長男左兵衛	0181	1.597	2/2	
			1/1	
			1/1	
			1/1	
			1/1	甚兵衛は在家で出家する。
長男与四右衛門 次男与四兵衛	0140 0174	0.683 0	3/3	
			1/1	
			1/1	
			1/1	
			1/1	
			1/1	
			1/2?	実子がいるが、消息不明。
			1/1	
長男文治	0149	3.845	2/2	年寄
			1/1	後家名前を経る。
			1/2☆	5才下の弟同居。
			2/2	奉公に出ていた兄がいるが、消息不明。
			2→3/3?	長男は縁戚へ養子。金兵衛死後、三男がつぐ。
			1/1	
			1/2	後家名前を経る。5才下の弟がいるが、消息不明。
			1/2	11才下の弟同居(明和7年には消息不明)。
長男嘉右衛門	0152	2.845	2/2	
			1/1	
			1/1	図5/分家していた長男が戻り(同家)、相続。
			1/1	
			1/3☆	4才下、6才下の弟同居。
			1/1	
			2/3☆	奉公に出た長男不明、6才下の弟同居。
			1/2	後家名前を経る。奉公に出た長男の消息不明。
			1/3☆	後家名前を経る。5才下の弟同居。
長男太右衛門	0138	0	3/3	奉公に出た次男消息不明/四郎兵衛は宝暦14年以降伊兵衛を名乗る。
長男仁兵衛	0151	0.13	1→2→3/3	図1/次男村内で養子(0123へ)。
			1/1	

表２　相続のあり方

家番号	父親		相続した倅			相続時の父親の状況
	名前(年齢)	所持高	名前(年齢)	続柄	相続した高	
0001	重右衛門(73)	4.208	元治(28)	三男*	1.791	存命
0012	四兵衛(61)	0	九郎兵衛(33)	長男*	0	
0015	角兵衛(57)	0	孫七(30)	長男	0	
0016	仁右衛門(63)	6.175	嘉兵衛(39)	長男	6.175	
0017	太兵衛(64)	0.524	五兵衛(27)	次男*	0	
0020	与左衛門(63)	0	幸助(33)	長男*	0	
0035	善左衛門(64)	0.127	梅右衛門(27)	長男*	0.127	
0042	八右衛門(73)	0	惣助(27)	長男*	0	
0044	市郎右衛門(81)	3.99	作兵衛(49)	次男	2.393	
0045	市郎右衛門(72)	0	太郎右衛門(46)	長男*	0	
0054	伊右衛門(77)	0	丈右衛門(27)	長男*	0	
0055	与次右衛門(63)	0	清七(33)	長男*	0	
0062	甚兵衛(73)	0	喜右衛門(37)	長男*	0	
0063	勘右衛門(71)	0.683	儀右衛門(31)	三男*	0	
0078	次郎左衛門(75)	0.322	五右衛門(36)	養子	0.322	
0085	与茂三(68)	0.221	惣七(31)	長男*	0.221	
0087	兵右衛門(64)	3.741	善右衛門(39)	長男*	2.285	
0098	吉兵衛(65)	0	長右衛門(35)	長男*	0	
0103	甚左衛門(54)	0	庄右衛門(27)	長男*	0	
0123	又右衛門(61)	1.329	四郎兵衛(31)	養子	1.329	
0130	次右衛門(74)	5	新七(32)	長男*	5	
0132	儀兵衛(74)	13.362	**助右衛門**(30)	次男*	9.545	
0005	吉郎兵衛(-)	0	**吉郎兵衛**(24)	長男	0	死亡(長男)
0006	次郎兵衛(44)	3.931	藤次郎(17)	長男	3.931	欠落、死亡(長男・次男)
0007	茂兵衛(55)	0	重兵衛(35)	次男*	1.5	死亡(次男)
0011	吉右衛門(55)	0	金兵衛(39)	次男	0	死亡(次男・三男)
0013	文右衛門(63)	0	文吉(33)	長男*	0	死亡(長男)
0027	庄左衛門(-)	1.553	彦太郎(13)	長男	0.428	死亡(長男)
0031	半左衛門(50)	0	喜三兵衛(28)	長男	0.063	死亡(長男・次男)
0036	武右衛門(64)	4.361	**武右衛門**(24)	次男*	2.717	死亡(次男)
0038	作右衛門(56)	0.135	**作右衛門**(22)	長男	0.135	死亡(長男△)
0039	長兵衛(53)	0.467	**長兵衛**(26)	長男	0.467	死亡
0046	忠右衛門(59)	0	吉右衛門(26)	長男*	0	死亡(長男)
0050	八郎兵衛(54)	0	梅松(19)	長男*	0	死亡(長男・次男・三男)
0052	儀右衛門(67)	0	**儀右衛門**(31)	長男*	0	死亡(長男)
0057	長左衛門(63)	0.095	八郎兵衛(22)	次男*	0.095	死亡(次男・三男)
0058	半兵衛(-)	0	半助(26)	次男	0	死亡(長男・次男)
0060	又助(31)	0	権太郎(20)	長男	0	死亡(長男・次男・三男)
0064	四郎兵衛(54)	1.465	**四郎兵衛**(19)	三男*	1.465	死亡(長男△・三男)
0065	仁兵衛(54)	0.39	太右衛門(21)	三男*	0.26	死亡(長男・次男・三男)
0067	奥右衛門(57)	0	杢右衛門(27)	長男*	0	死亡(長男)

			1/1	
			1/1	
長男左喜之助	0158?		2/2	
			1/1	
			1/2☆	六治郎は2年後に与三兵衛を名乗る、2才下の弟同居。
長男何右衛門 三男四右衛門	0144 0198	0 0	2/3	
長男市右衛門 三男四郎三郎	0154 0193	0.209 0	2/3	母は三男四郎三郎方に同居。
			1/2?	文左衛門は甚右衛門女房の父の名前。
			1/3	次男不明、三男他村へ養子。
			1/1	補注
長男源七 次男弥右衛門	0162 0175	0 0	2→3/3	
			1/2☆	8才下の弟同居。
長男新右衛門 次男宇右衛門	0146 0179	0.558 0.853	3/3	庄屋／図2

って2/2相続である。また0118は、安永3年に一家で善六（0119）方に同家し、善六が才兵衛の兄であることが判明した。よって2/2相続である。

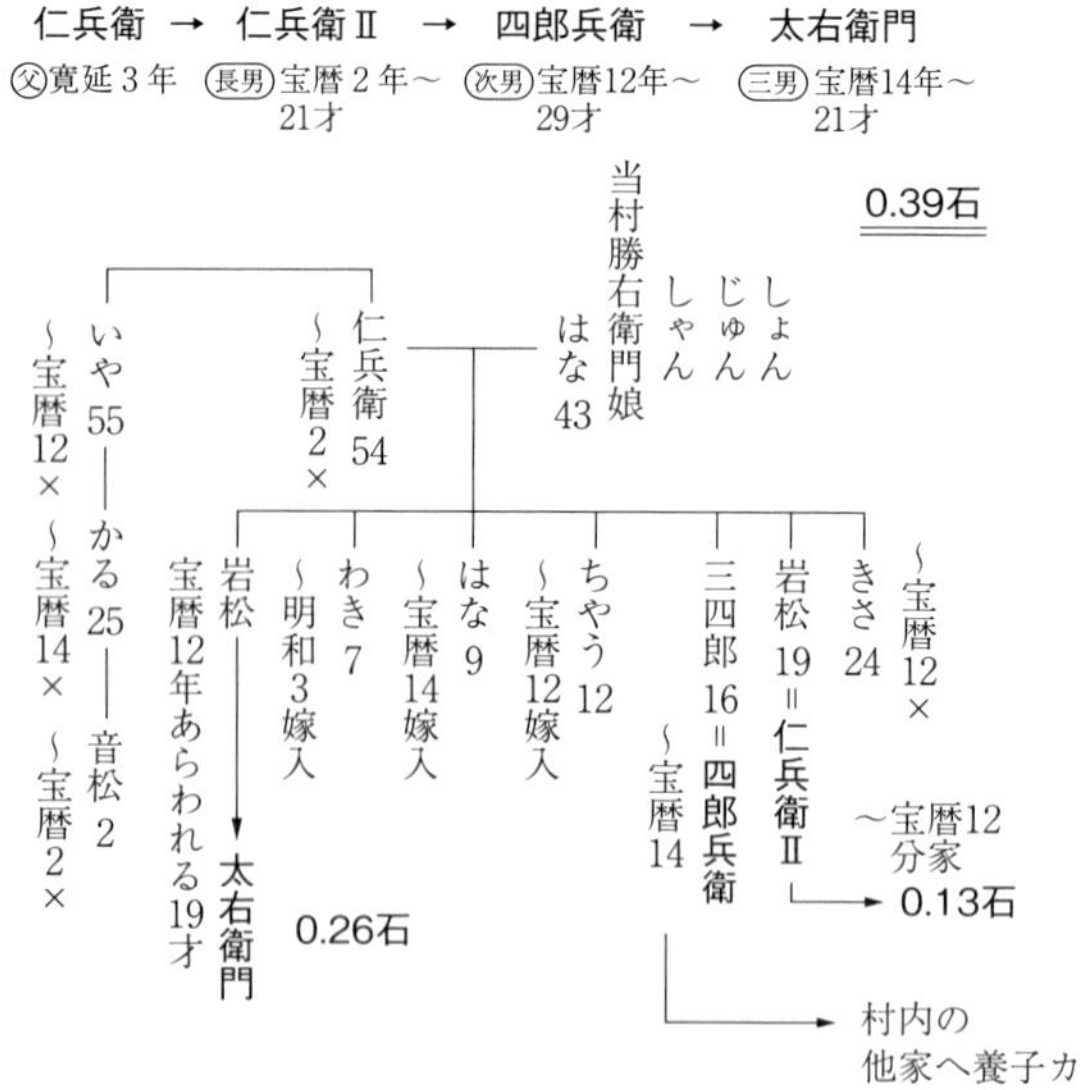

図1　仁兵衛「家」

年齢は寛延3年の宗門改帳段階のもの。その後出生した子には、生年を記した。以下の図も同じ。

0075	佐太右衛門(38)	0	新次郎(13)	長男	0	欠落(長男)
0079	徳兵衛(46)	0	与助(24)	長男*	0	死亡(長男)
0083	与右衛門(57)	0.059	儀七(20)	次男*	0.059	死亡(長男△・次男)
0090	忠兵衛(62)	1.73	半兵衛(33)	長男*	1.73	死亡(長男)
0097	与三兵衛(39)	0.225	六治郎(13)	長男	0.225	死亡(長男・次男)
0099	甚太夫(66)	0.029	磯右衛門(29)	次男*	0.029	死亡(次男・三男)
0109	?		伊助(26)	次男	0	死亡後 (長男・次男・三男)
0112	甚右衛門(75)	0	文左衛門(36)	養子カ	0	死亡(養子カ・次男)
0117	勘左衛門(-)	—	勘左衛門(23)	長男	0	死亡(長男・次男・三男)
0118	喜兵衛(72)	0.444	才兵衛(30)	長男*	0.444	死亡(長男)
0120	金右衛門(62)	0	茂兵衛(27)	三男*	0	死亡(長男・次男・三男)
0127	七郎兵衛(57)	0	藤八(25)	長男	0	死亡(次男・三男)
0133	次兵衛(66)	4.104	**次兵衛**(27)	三男*	2.661	死亡(三男)

後家名前を経る事例のうち、父の名前が分からないもの・子への相続に至らないものは除いた。なお、上段は父と倅の年齢は同じ年次であるが、下段は異なる（父は死亡直前の年齢、倅は名前人になった際の年齢）。
補注：0035は、明和8年に梅右衛門が一家で欠落した際に、政右衛門（0108）が兄であることが判明した。よ

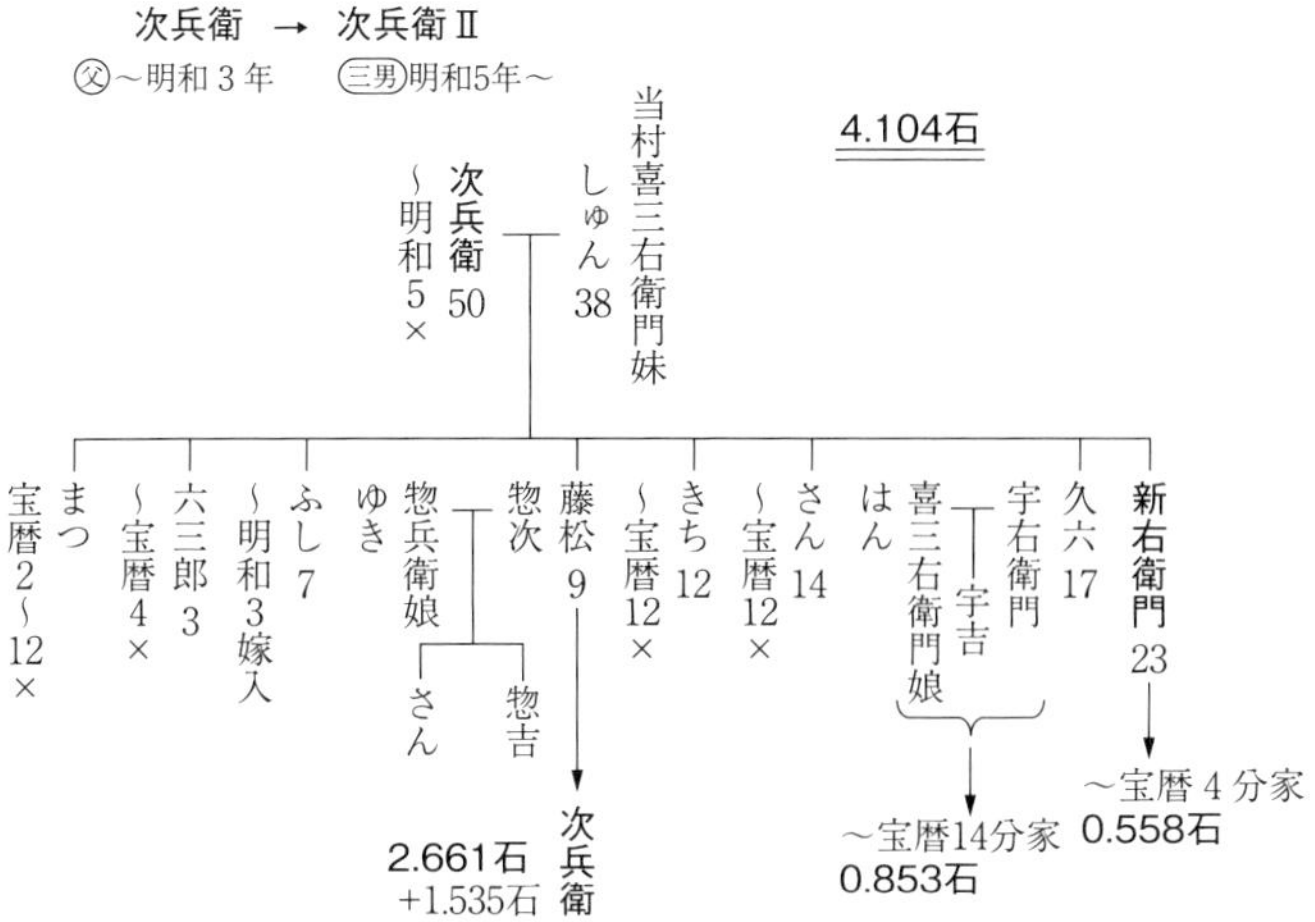

図2　次兵衛「家」

表3　相続には至らないが倅が分家した家

家番号	名前人（父親）	所持高	倅の人数	分家 家番号	分家 続柄	分家 名前人	分家 所持高
0002	喜三右衛門	1.909	3人	0195	長男	源兵衛	0
0003	源右衛門	2.094	5人	0156	長男	左次右衛門	0.49
0061	勘助	0	2人	0184	長男	忠右衛門	0
0073	半右衛門	0	3人	0189	次男	喜八	0
0074	伝右衛門	0	5人	0190	長男	新助	0
0102	松右衛門	0.058	2人	0145	長男	太七	0
0111	紋右衛門	0	5人	0192	長男カ	伊惣次	0
0140	与四右衛門	0.683	3人	0188	長男	五郎兵衛	0

0003は左次右衛門の分家後、所持高が1.604石となる。
与四右衛門は宝暦4年以降の分家であるため、本文中ではカウントしていない。

所持高は〇・三九石である。二年後の宝暦二年に仁兵衛と音松が亡くなり、長男岩松が二一歳で仁兵衛を名乗り相続している。宝暦四年も長男仁兵衛が名前人であるが、宝暦一二年には仁兵衛は〇・一三石をもって分家し、次男三四郎が二九歳で四郎兵衛を名乗って残り〇・二六石を相続している。この他の変化として八年の間に次女ちゃうを嫁に出し、長女きさと姉いやは理由は不明だがいなくなり、年齢的に考えると初代仁兵衛の三男と思われる岩松（19）が増えている。さらに宝暦一四年には四郎兵衛がいなくなり（村内の他家へ養子カ）、岩松が太右衛門を名乗って相続している。この二年の間に、三女はなを嫁に出し、かるが理由不明でいなくなり、家族は計三人となっている[16]。さらに明和三年までに四女わきを嫁に出し、太右衛門と母の二人家族となるが、以後太右衛門が継続してこの家の名前人である[17]。つまり仁兵衛「家」では父親の死後、上の子から順に相続してゆき、最終的には三男が相続しているのである。そこで父親の死亡に際して名前人が交代したものの、弟がまだ同居している場合は相続が完了したとは言えない（表2「相続形態」欄の☆印）。

次に次兵衛「家」を見てみよう（表2・図2）。南王子村には庄屋が二人いるが、次兵衛はそのうちの一人であり、所持高は四・一〇四石と南王子村では安定した「家」といえる。寛延三年段階で家族は次兵衛（50）と女房しゅん（38）、新右衛門（23）・久六（17）・藤松（9）・六三郎（3）の倅四人に、さん（14）・きち（12）・ふし（7）の娘三人、計九人である。この家ではまず宝暦四年までに四男六三郎が死に、四女まつが生まれ、長男の新右衛門が分家している。次に宝暦一二年までの変化として、長女さん、次女きち（嫁に出したか）、四女まつの二人がいなくなり、次男久六が宇右衛門と名を変え、喜三右衛門の娘はんと結婚し宇吉をもうけている（宝暦一四年の家人は七人）。なお喜三右衛門はしゅんの兄である。この宇右衛門一家三人は宝暦一四年には分家している。さらに明和三年までに三男惣次（＝藤松）に惣兵衛の娘ゆきが嫁入りし、三女ふしを嫁に出したため、この「家」は次兵衛夫婦に三男の惣次夫婦の計四人となっている。そして次兵衛死亡後には、惣次が次兵衛を名乗り庄屋役にもついた。以後しゅんと次兵衛夫婦にその子ども、という家族構成となっている。

所持高をみると宝暦四年に次兵衛の高は四・一〇四石で、分家した長男新右衛門は無高（次兵衛借地）となっているが、宝暦一二年には次兵衛が三・五四六石、与右衛門（新右衛門から改名）が〇・五五八石になっているため、次兵衛から新右衛門に〇・五五八石が渡ったと考えられる。同じく宇右衛門には〇・八五三石が渡り、次兵衛は明和三年には二・六六一石となっている。ところが惣次が相続した所持高は四・一九六石であり、明和三年から五年の間に一・五三五石増えている。この高が村内のどの家からやってきたものかは不明であるが、分家によって分散した分を取り戻そうとしたとも考えられる。以上、次兵衛「家」では父親の存命中に長男から高をもたせて分家させ、父親の死亡時に家に残っていた三男が相続した。また娘を嫁に出し、倅には嫁を取り、更に分家させるなど家人の移動が激しいことも特徴として挙げられる。

仁兵衛「家」と次兵衛「家」の例はいわゆる「末子相続」である。このように表現することが果たして妥当なのかどうかという問題もあるが、ひとまずこのように表現しておく。「末子相続」の場合、父親の存命中に倅を順に分家させていくこと、また父親が死亡した場合は家に残っている倅が上から順に相続するが分家していくため、最終的にはいずれも末子が相続する。これらの形態は**表2**で「1／1相続」とされた家以外のおおよそのあり方である。高を所持している場合は分割するが、小前層では分割されないこともあり（**表2**）、またその割合も一律ではない。ここまででは、一応の規則性をもって相続が行われているかのように見える。しかし次項以降、さらにいくつかの家を見ていくとそう単純なものではない。

（2）分家と同家

次に挙げるのは権右衛門「家」である（図3）。権右衛門は元文期に一旦庄屋を務めている。所持高は寛延三年で五・五〇一石、さらに長男は宝暦一二年から年寄を務めており、一見安定した高持のように考えられる。しかし宗門改帳上の「家」は大きく異なる。

寛延三年に権右衛門「家」は権右衛門（54）と女房きち（42）、辻右衛門（24）と為松（13）の倅二人に、娘つた（4）の五人家族で、この他にすでに嫁に出した娘ひち（32）がいる。まず宝暦二年までに三男藤助が生まれ、六人家族となっている。続いて宝暦一二年には長男辻右衛門が兵右衛門と名を変えて分家、結婚しており、年寄を務めるようになる。またこの間にきちが死亡したようである。

これ以降権右衛門「家」と兵右衛門「家」の間で不可解な現象が見られるのだが、説明のため前者を〈A〉、後者を〈B〉とする。この四年後の明和三年には〈A〉から権右衛門と藤助が〈B〉に同家している。〈A〉の家は次男利助（＝為松）が相続し、重兵衛の妹ひちと結婚し、娘も生まれている。なお娘つたを嫁に出したため、明和三年に〈A〉は三人家族である。さらに二年後の明和五年には利助はひちと離婚し、ひちは娘を連れて実家に戻ったため、〈A〉は利助一人となっている。一方〈B〉では権右衛門が死に、兵右衛門が権右衛門を名乗るようになる。そして明和七年には利助が〈B〉に同家するに至り、本来の「家」であった〈A〉がなくなっている。利助がなぜ家をたたむことになったのか詳しいことは分からないが、利助が明和六年に分米〇・二〇二石の中田を小作人に売り渡した証文があること[18]、利助が所持していた三・二六三石が同家のあと〈B〉に引き継がれていないことから、何らかの理由で経営に行き詰まったと考えられる。

以上権右衛門「家」を見たが、長男が分家し、その後父と三男がこれに同家、さらには本来の「家」を相続するも逼塞した次男も同家し、本来の「家」がなくなっている。こういった例はほかにも二例あり、非常に流動的であることが分かる。また高持であっても何らかの契機で経営に行き詰まることがあり、必ずしも安定していないことも分かる。

次に与三右衛門「家」と林右衛門（長兵衛）「家」を見てみよう。与三右衛門は寛延三年に四〇歳、女房はな（35）と倅新六（12）、はつ（6）・ふじ（4）の娘二人で五人家族、無高である（図4）。宝暦二年までに三女さんが生まれている。宝暦一二年までに次女ふじがいなくなり、四女よしが生まれ、さらに与三右衛門の伯母ゆ

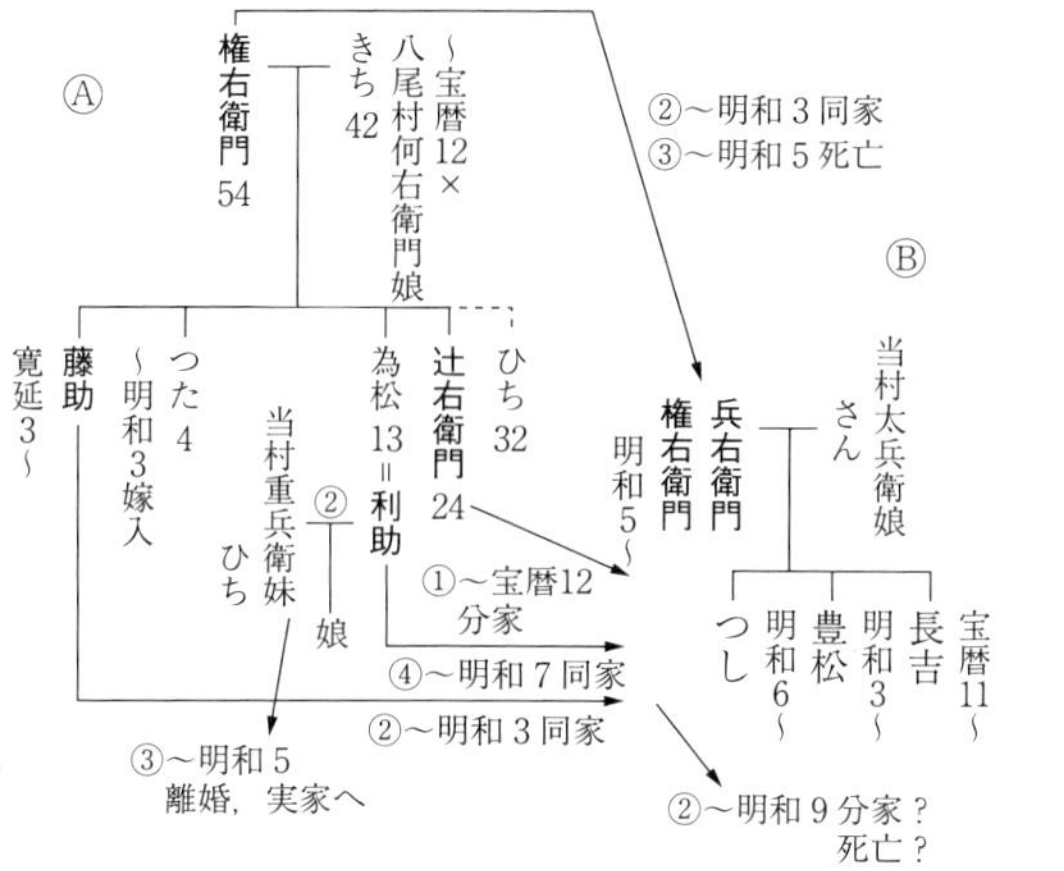

①宝暦4→12　辻右衛門は分家（B）し、結婚、年寄となる（兵右衛門を名乗のる）きち死亡か
②宝暦14→明和3　A）　権右衛門，利助に家をゆずる
B）　権右衛門と藤助はBへ移動
利助は重兵衛の娘と結婚、娘が生まれる
権右衛門と藤助がやってくる
③明和3→5　A）　利助がひちと離婚、ひちと娘は重兵衛家へ
B）　権右衛門が死に、兵右衛門が権右衛門を名のる
④明和5→7　A）　利助、Bへ移動
⇨Aがなくなる
B）　利助がやってくる（権助と名を変える）
⑤明和7→9　藤助がいなくなる
→分家

		宝暦2	宝暦4	宝暦12	宝暦14	明和3	明和5	明和7
A	人数	6	6	4	4	3	1	
	高	5.501	〈脱〉	7.596	7.591	3.263	3.263	
B	人数			3	3	5	4	5
	高			1.783	1.783	5.783	5.783	5.783

図3　権右衛門「家」

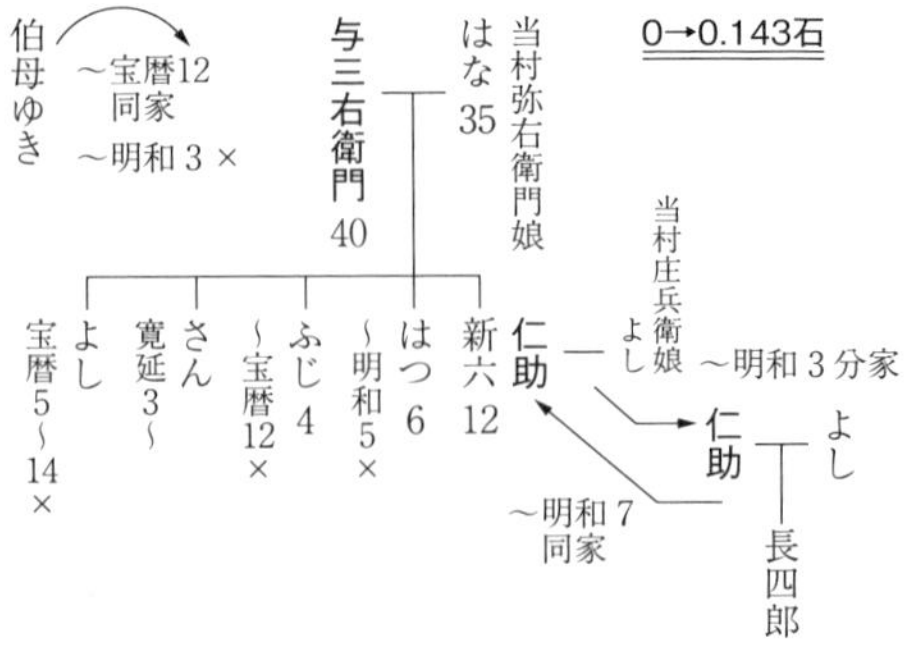

図4　与三右衛門「家」

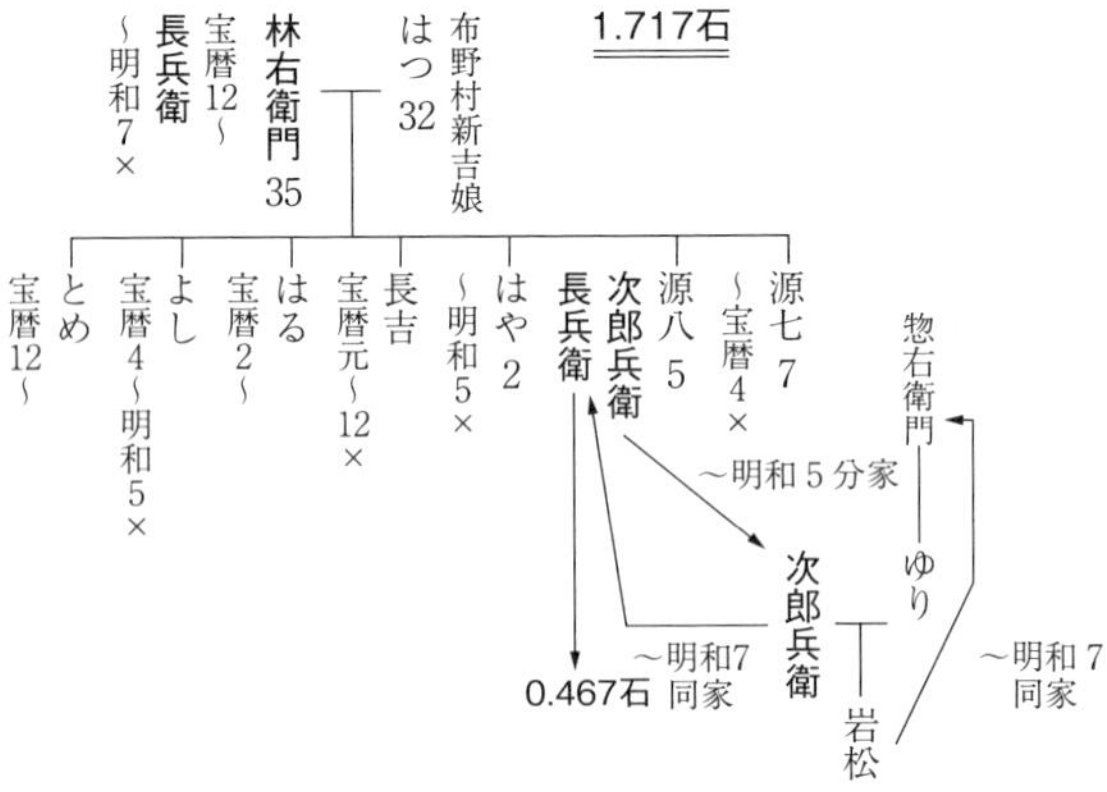

図5　林右衛門（長兵衛）「家」

き（53）が同家したため、七人家族になっている。ゆきは宝暦四年までは弟の徳左衛門夫婦と暮らしていたが、弟夫婦がいなくなり（おそらく死失）、〇・一四三石の高をもって与三右衛門「家」に同家したのである。与三右衛門とゆきは二歳ちがいであり、伯母・甥ではなく姉弟であろう。それまで与三右衛門は無高（林右衛門借地）であったが、ゆきの死後も彼女がもたらした高を所持し続ける。さらに宝暦一四年には四女よしがいなくなり、長男仁助（新六）によしが嫁入りしている。そしてその二年後の明和三年には仁助夫婦が無高で分家し、長男長四郎が生まれている。図4の通り、与三右衛門に倅は一人しかおらず、分家させる理由は不明である。明和五年までに長女はつがいなくなり、明和七年には一旦分家した仁助が長四郎を連れて同家している（仁助女房よしは死失か）。

続いて林右衛門（長兵衛）「家」であるが、林右衛門は寛延三年に三五歳、女房はつ（32）と源七（7）・源八（5）の倅二人に娘はや（2）の五人家族である（図5）。高は一・七一七石所持している。林右衛門は宝暦一二年以降、長兵衛と名を変えている。宝暦二年までには三男長吉が生まれているが、宝暦四年には長男源七が、宝暦一二年までにこの長吉が亡くなり、成人した倅は次男源八のみであった。ほかに次女はると三女よしが宝暦一二年までに、四女とめが宝暦一四年までに生まれている。源八は次郎兵衛と名乗り明和三年まで同居していたが、明和五年には無高（長兵衛借地）で分家して惣右衛門の娘ゆりと結婚、長男岩松をもうけている。ところが明和七年までに父長兵衛が亡くなると、次郎兵衛は実家に戻り長兵衛を名乗って相続しているのである。岩松はゆりの実家である惣右衛門のもとに同家しており、次郎兵衛の分家は消滅している（ゆりは実家に戻っておらず、死失か）。なお父長兵衛の代から所持高を減らしており、次郎兵衛が相続したのは〇・四六七石であった。

この二つの「家」は一人息子が分家したあとに同家するというパターンであり、他にも類例が存在する。一体何のために一人しかいない倅を分家させるのか、そもそも南王子村において分家とは何かを考える必要がある。

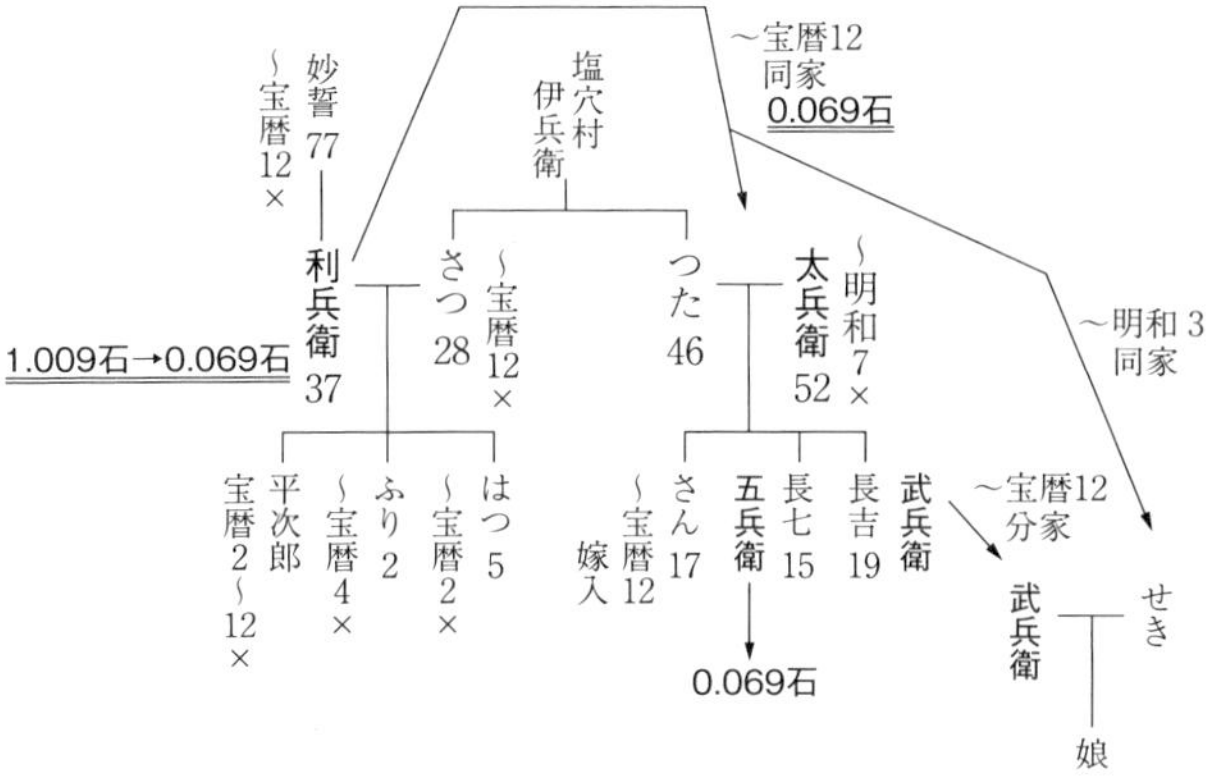

図6　利兵衛の同家

次に利兵衛の同家について取り上げる。利兵衛は寛延三年に三七歳

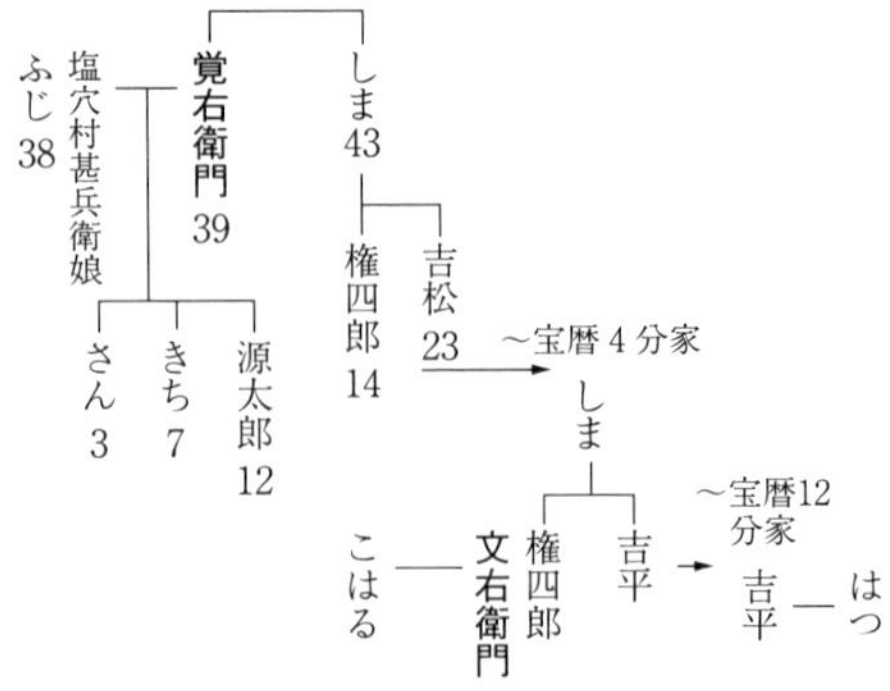

図 7　文右衛門（権四郎）「家」

で、母妙誓（77）と女房さつ（28）、はつ（5）とふり（2）の娘二人で計五人家族であった（図6）。所持高は一・〇〇九石である（宝暦四年には〇・〇六九石となる）。長女はつは宝暦二年までに死亡し、宝暦四年には次女ふりも死亡するが、長男平次郎が生まれて四人家族となった。しかし宝暦一二年には利兵衛を除く三人の消息は不明となり、利兵衛は〇・〇六九石の所持高とともに五兵衛「家」に同家している。利兵衛の女房さつと五兵衛の父である太兵衛の女房つたはそれぞれ「塩穴村伊兵衛娘」となっており、利兵衛は義姉の嫁ぎ先に同家したことになる。一旦五兵衛のもとに同家した利兵衛であるが、四年後の明和三年にはさらに武兵衛「家」に同家している。武兵衛は太兵衛の長男だが、利兵衛が五兵衛のもとに同家した宝暦一二年にはすでに分家していた。つまり利兵衛は武兵衛が分家する際にともに移動したのではなく、五兵衛のもとからわざわざ移動したことになる。ただし高は移動していない。

利兵衛の例は非常に極端な同家の例である。同家の多くは、夫に先立たれた女房が子どもを連れて実家に戻る事例や老夫婦が娘の嫁ぎ先に同居する例などである。しかし中には全く血縁関係の分からない同家も存在する。

では子どもを連れて実家に戻った場合、その後どうなるのか見てみよう。文右衛門（権四郎）「家」をとりあげる。寛延三年には権四郎（14）は兄吉松（23）と母しま（43）とともにしまの弟覚右衛門（39）のもとに同家していた（図7）。覚右衛門は無高であり、女房と三人の子どもがいた。宝暦四年にはしま親子三人は無高で分家しており、吉平（吉松）が名前人となっている。さらに宝暦一二年までに兄吉平が分家し、権四郎が文右衛門と名乗って相続、結婚している。つまり子どもを連れて実家に同家した場合、その子どもが倅であれば、二〇歳前後で母親共々分家している。一方娘の場合には、娘を嫁に出して母親は実家で一生を終えることが多い。

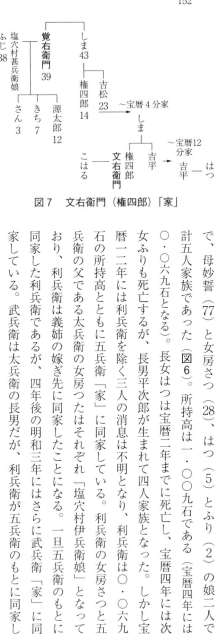

以上、分家と同家をめぐる「家」のあり方を見てきたが、南王子村では一つ一つ「家」のあり方がちがっており、多様であったことが分かる。一旦分家したにもかかわらず、同家する例や一人息子を分家させる例、近いとは言えない親戚の家に同家する例もあれば、一時的に実家に同家する例など、実に流動的で様々である。そして次兵衛「家」や太兵衛「家」のようにこれらは同時に起きていることであり、非常に複雑である。多くの家をみればみるほど、南王子村における「家」とは何かを考えざるをえない。ここまで「相続」という表現を使ってきたが、果たして妥当だったのか非常に疑問である。本項の最後に取り上げた文右衛門は、「兄から家を相続した」と書いたが、無高である彼は兄から一体何を相続したのだろうか。また表2にいま一度もどると、「相続形態」の欄に「?」がついている家は誰が相続したのかよく分からない例である。家番号〇〇一七の太兵衛「家」は長男武兵衛が分家し、不動産としての家は次男が相続したと思われるが（ただしこの高は利兵衛の同家によって太兵衛「家」にもたらされた）、父親の死後長男武兵衛が太兵衛を名乗るようになる。これは最初に挙げた仁兵衛「家」についても同じであり、あくまでも家産の観点から「末子相続」であったと言えるにすぎない。この他にも表2において、家産と家名がセットで倅に相続されたのは六例に過ぎず、その場合も所持高が分割されていることが多い。父親の名前を継ぐことに、どのような意味があるのかを考える必要もある。ただし南王子村では名前の変更が頻繁に起きており、倅が父親の死の直後にその名を継ぐ場合もあれば、何年かは別の名前を名乗り（その間父の名は全くの他人が名乗る）、その後父の名を名乗る例も多く、極めて複雑である。また父親から一旦倅に相続が行われたにも関わらず、父親が再び名前人となる例もある（倅の同居は続いている）。家職については無高の場合、全く不明である。そのため一般に言われている家名・家職・家産が相続されていくような家はこの時点で南王子村では成立していないと考えられる。

（3）欠落

宝暦一四年五月以降の記事をのせる「御用控」には一家で欠落した例が三件含まれている。まず、明和五年一一月と最も時期が早く欠落の原因が分かる丈右衛門について見てみよう(19)。

「御用控」Ⅱ―1は明和五年一一月九日付で南王子村の庄屋・年寄から一橋家の府中役所に丈右衛門の欠落について断ったものである。その中には「御領知池田下村太兵衛と申仁、先用（月）九日当村無高丈右衛門と申者ニ銀子百八拾目幷やまめ弐丁・よき弐丁借置候而、段々催促致候得共、何分相帰シ不申候間、相渡シ候様ニ申付呉レ候由被申届」とあり、丈右衛門は近隣の池田下村太兵衛から借銀をしたが、返済を滞らせ、太兵衛が一〇月九日に南王子村の村役人にとりなしを求めていたことが分かる。これをうけて、村役人は丈右衛門に太兵衛と相対するように指示したが、丈右衛門は受け入れず、一一月二日に再度太兵衛から申し出があり、庄屋は本人と五人組に相対するよう指示をしている。そして一一月五日の夜に丈右衛門は一家で欠落し、九日に庄屋・年寄から府中役所に断りが提出されたのである。丈右衛門は三〇歳で、女房はつ（29、泉州滝村出身）、さわ（8）・きよ（4）・つや（2）の娘三人とともに欠落している(20)。

他の二例は原因が全く不明である。明和七年五月六日の夜には無高の庄助（55）が女房（泉州嶋村出身）と四人の子ども共々欠落(21)、また翌明和八年六月二八日には無高の梅右衛門（38）が女房（京六条村出身）と三人の子どもとともに欠落している(22)。

この三者に共通することは、まず第一に欠落した段階において無高であったことである。丈右衛門は父伊右衛門の代から無高であり、寛延三年から宝暦二年までは仁兵衛借地に居住、宝暦四年は不明だが、同一二年には久左衛門借地となっている。丈右衛門は宝暦一四年に名前人となるが、明和五年には市右衛門借家に移っている。仁兵衛、久左衛門、市右衛門の間に血縁関係などはなく、また三人の間で高が移動した形跡もないことから丈右衛門は親の代から居所を転々としていたと考えられる。

庄助は宝暦一二年の宗門改帳以降確認できる人物である。親と同居していないため、いずれかの家の分家ではないか、とも考えられるが詳細は不明である。庄助は宝暦一二年から明和七年まで無高であり、宝暦一二年は惣兵衛借地、同一四年は不明、明和三年には平次借地、明和五年は与四右衛門借地となっている。惣兵衛、平次、与四右衛門には先ほどと同様に血縁関係や高の移動がないことから、庄助も居所を転々としていたと考えられる。

梅右衛門は宝暦四年に名前人となった際に〇・一二七石を相続し、明和五年まで所持し続けているが、欠落直前の明和七年宗門改帳では無高・惣兵衛借地となっている。

第二に、女房が他村（周辺かわた村）出身者であることも三者に共通する。詳しくは次項で述べるが、この時期の南王子村では他村出身の女房は決して珍しいことではない。そのためこの三例から結論を述べるのは早計ではあるが、村内に有力な身内が存在しないことが、先述した利兵衛や利助の同家のような形をとらずに、欠落に至る一つの要因となった可能性が高い。南王子村では欠落はそう稀なことではなかったと考えられる。

（4）他村との転出と転入

ここでは南王子村と周辺かわた村の間で起きた家と人の移動について見ることにする。

「御用控」には一件だけ、ある「家」の他村への転出届がある(23)。日付は明和七年二月二七日、南王子村の庄屋から塩穴村の与次兵衛と吉兵衛にあてて出されている(24)。内容は「当村吉郎兵衛年三拾才・娘みよ七才・悴岩松と申、右三人之者共、其御村ニ住居願度義申ニ付、俗性送リ遣申候」とあり、吉郎兵衛が娘と倅とともに塩穴村へ転居する、というものである。吉郎兵衛は無高であり、借地を転々としていたようである(25)。明和五年の宗門改帳には吉郎兵衛の女房ひち（泉州嶋村出身）が登録されているが、この史料には現れないため、それまでに死亡したものと思われる。さらにそれ以前の宗門改帳から、宝暦一四年までに死亡した吉郎兵衛の母ぎんは塩穴村出身であったことが分かるので、おそらくは女房の死亡が契機となって母の出身地である塩穴村へ転居

表４　他村出身者の家

年次	家番号	名前人(年齢)	出身村(宗門改帳での注記)	女房(年齢)	出身村	子ども、その他
〜 寛延3年	0051	新兵衛(48)	紀州北野村	まつ(44)	南王子村	倅1、娘3
	0055	与次右衛門(59)	泉州大鳥郡塩穴村	なつ(63)	泉州大鳥郡塩穴村	倅1、娘3
	0059	九平次(41)	紀州有馬村・紀州宮村・紀州国分村	やす(35)	泉州日根郡布野村	倅1、娘2
	0069	多助(52)	紀州名草郡中村・紀州荒川村・紀州国分村	—		〜明和7×
	0121	惣八(28)	紀州古和田村	つた(23)	南王子村	—
宝暦12年	0161	与次兵衛(40)	紀州古和田村より当村次郎左衛門養子に参り候	たつ(25)	南王子村	倅1、娘1
	0176	権四郎(34)	摂州渡辺村より引越し申し候	ゆら(29)	南王子村	倅2、娘1
宝暦14年	0185	五郎助(32)	紀州北野村より養子に参り候〈明和3・5年の注記〉	—		姉1

子どもの人数は各年次のもの。

与次兵衛・五郎助は「養子」とあるが詳細不明（次郎左衛門には子がいる）。また権四郎は南王子村出身である可能性が高い。

表６　村外への奉公

年次	家番号	名前人(年齢)	所持高	続柄	名前	奉公先	備考
寛延3年	0007	茂兵衛(51)	0	倅	義友	摂州外島村寺持	
	0011	吉右衛門(52)	0	次男	亀七	渡辺村	宝暦2年、叔母の家〈0078〉へ養子。同年22才。
	0057	佐次兵衛(46)	0	倅	平次郎	京六条村	宝暦2年、村に戻る。同年18才。
	0058	半兵衛後家(55)	0	倅	文四郎	渡辺村	宝暦2年、村に戻る。同年21才。
	0064	四郎兵衛(52)	1.465	倅	杉松	渡辺村	
	0070	又兵衛(32)	0	次男	六三郎	渡辺村	次男ではなく弟カ。
宝暦2年	0007	茂兵衛(53)	0	倅	義友	渡辺村寺持	
	0064	四郎兵衛(54)	1.465	倅	杉松	渡辺村	
	0070	又兵衛(34)	0	次男	六三郎	渡辺村	宝暦4年、村に戻る。同年22才。次男ではなく弟カ。
	0073	半右衛門(41)	脱	娘	はな	渡辺村	寛延3年に18才。
	0102	松右衛門(50)	0.058	娘	かね	渡辺村	寛延3年に25才。
宝暦4年	0007	茂兵衛(55)	0	倅	義友	渡辺村寺持	
	0064	四郎兵衛(19)	1.465	兄	喜右衛門	渡辺村	杉松カ。
宝暦12年	0003	源右衛門(55)	2.094	倅	助次郎	渡辺村	宝暦4年に15才。
	0082	安兵衛(56)	0	倅	平四郎	渡辺村	宝暦2年に17才、同4年記載なし。
				倅	伊兵衛	渡辺村	
宝暦14年	0003	源右衛門(57)	1.604	—	助次郎	渡辺村	
				—	五郎松	渡辺村	宝暦12年に20才。
	0023	清右衛門(63)	0	倅	岩松	渡辺村	
明和3年	0003	源右衛門(59)	1.604	倅	源兵衛	渡辺村	五郎松カ。
				倅	助次郎	渡辺村	
	0072	三郎兵衛(61)	0	倅	伊四郎	渡辺村	
明和5年	0003	源右衛門(61)	1.604	倅	源兵衛	渡辺村	
				倅	助次郎	渡辺村	明和7年に源次郎として村に戻るカ(26才)。
明和7年	0003	源右衛門(63)	1.604	倅	源兵衛	渡辺村	

表5　奉公人出身地一覧

年次	雇い主		奉　公　人	
	家番号	名前人	名前(年齢)	身元
寛延3年	0004	平兵衛	長作(24)	紀州名賀郡井坂村伝兵衛倅
	0018	久左衛門	藤兵衛(25)	南王子村故すき倅
	0077	仲右衛門	八兵衛(25)	紀州名賀郡国分村左次兵衛倅
	0089	為右衛門	市次郎(27)	紀州那賀郡古和田村太郎作倅
	0132	儀兵衛	次郎三郎(-)	紀州名賀郡井坂村庄三郎倅
	0134	利右衛門	市兵衛(28)	紀州名草郡中村長五郎倅
			文吉(27)	紀州名草郡有馬村清兵衛弟
			いや(20)	紀州那賀郡古和田村市兵衛娘
宝暦2年	0004	平兵衛	六兵衛(-)	―
	0018	久左衛門	―(-)	―
	0077	仲右衛門	三右衛門(40)	紀州名草郡有馬村利右衛門倅
	0089	為右衛門	吉兵衛(40)	紀州名草郡本渡村庄兵衛弟
	0132	儀兵衛	次郎三郎(-)	紀州名賀郡井坂村庄三郎倅
	0134	利右衛門	長作(30)	紀州名賀郡井坂村長兵衛倅
			八郎兵衛(-)	紀州名草郡国分村万助弟
			五郎(-)	紀州名草郡中村五郎兵衛倅
			いや(-)	紀州名賀郡古和田村市次郎妹
宝暦4年	0004	平兵衛	六兵衛(51)	紀州名賀郡小蔵村仁右衛門兄
	0016	仁右衛門	六兵衛(25)	紀州名草郡中村
	0018	久左衛門	市兵衛(28)	紀州那賀郡国分村
	0077	仲右衛門	権兵衛(30)	紀州国分村六兵衛倅
	0089	為右衛門	五郎(20)	紀州名賀郡中村孫太郎甥
	0130	次右衛門	甚六(18)	紀州中村
	0132	儀兵衛	権太郎(13)	紀州名草郡宮村次郎右衛門倅
	0134	利右衛門	七兵衛(28)	紀州名草郡中村与右衛門倅
宝暦12年	0004	平兵衛	惣兵衛(32)	河州瀬ケ井村八兵衛倅
	0016	仁右衛門	六三(18)	紀州名手村善右衛門倅
	0018	久左衛門	長兵衛(26)	紀州那賀郡古和田村助三郎倅
	0077	仲右衛門	善六(28)	紀州名手村善右衛門倅
	0089	利右衛門	藤兵衛(21)	紀州国分村久三郎倅
	0132	儀兵衛	七兵衛(24)	紀州国分村九兵衛倅
	0134	九市郎	弥助(25)	紀州古和田村与次兵衛倅
	0150	兵右衛門	助次郎(21)	紀州中村左次兵衛倅
宝暦14年	0077	仲右衛門	弥助(25)	紀州古和田村源兵衛倅
	0089	利右衛門	伝吉(18)	紀州井坂村九郎右衛門倅
	0132	助右衛門	―(-)	紀州井坂村九助倅
	0134	武八郎	長兵衛(31)	紀州古和田村与次兵衛倅
明和3年	0077	仲右衛門	伝七(-)	河州布忍村庄兵衛倅
	0089	利右衛門	辰次郎(19)	紀州井坂村九郎右衛門倅
	0134	平治	長兵衛(33)	紀州古和田村与兵衛倅
明和5年	0077	仲右衛門	伝七(-)	紀州刈敷村庄兵衛倅
	0089	利右衛門	三蔵(19)	紀州□□村与市倅
	0132	助右衛門	五郎兵衛(24)	紀州井坂村九右衛門倅
	0133	次兵衛	長八(18)	紀州□□村七郎兵衛倅
	0134	武八郎	六兵衛(27)	紀州総寺村半兵衛倅
明和7年	0089	利右衛門	八兵衛(23)	紀州井坂村吉郎兵衛倅
	0132	儀兵衛	久四郎(21)	紀州狩宿村七郎兵衛倅
	0133	次兵衛	源蔵(20)	紀州狩宿村喜兵衛倅
	0134	武兵衛	六兵衛(25)	紀州名手村半助倅

表7　女房が他村出身者である割合

	～寛延3年	宝暦2年	宝暦4年	宝暦12年	宝暦14年	明和3年	明和5年	明和7年
既婚者総数	125	7	20	54	16	14	9	10
村内出身	87	5	14	36	12	13	6	8
村外出身	31	1	4	12	3	1	3	1
不明	6	0	3	5	2	0	0	1
全体に占める割合(%)	24.80	28.57	20.00	22.22	18.75	7.14	33.33	10.00

したものと思われる。

では逆に南王子村に他村から転入してきた家はどの程度あったのだろうか。宗門改帳の記載をもとにまとめたものが表4である。これによると寛延三年段階で一三四軒中五軒が他村出身者であること、その後三軒増加していること、主に紀州からやってきていることが分かる。このように家単位で見ると周辺村との間で、出入があることが分かる。では個人単位ではどうか見てみよう。

まず興味深いのは南王子村にやってくる奉公人の出身地である（表5）。南王子村ではこの時期一部の高持層が下人を雇っているが、その出身地はほぼ全て紀州である。逆に南王子村から奉公に出た人間について宗門改帳の記載をまとめたものが表6である。こちらはほぼ全て渡辺村に奉公に出ていることが分かる。奉公に関しては渡辺村が中心地であり、紀州からは南王子村を結節点とし、その後渡辺村へ行くことも想定できるかもしれない。

また結婚を機に移動する場合も多く、表7は南王子村における他村出身の女房の割合を算出したもの、表8は具体的な出身村である。これをみると全体として女房の二割程度が村外出身であり、泉州・河州・紀州出身者が多いこと、夫の所持高と女房が村外出身者であることには相関関係がないことが分かる。逆に南王子村から他村へ嫁に行く例もあり、宗門改帳に六件（表9）、「御用控」には三件ふくまれている(26)。「御用控」の三件はいずれも連続して収められており、内二件は同一の日付で、もう一件もおそらく同じ日付だと考えられる。興味深いのはこの三件とも嫁ぎ先が河州向野村であることである。表9をみると、宝暦二年に嶋村と布忍村に二人ずつ嫁いでおり、村内に村外との結婚を取り持つ人間が存在したのではないかと考えられる。

表8　女房の出身地一覧

年次	家番号	夫		女房	
		名前(年齢)	所持高	名前(年齢)	出身村
～寛延3年	0003	源右衛門(42)	2.094	ゆら(37)	泉州大鳥郡塩穴村
	0005	吉郎兵衛(37)	0.157	ぎん(27)	泉州大鳥郡塩穴村
	0008	利兵衛(37)	1.009	さつ(28)	泉州大鳥郡塩穴村
	0017	太兵衛(52)	0.524	つた(46)	泉州大鳥郡塩穴村
	0019	藤右衛門(47)	0.359	ひさ(39)	紀州名草郡北野村
	0027	庄左衛門(38)	1.553	やす(37)	泉州日根郡布野村
	0032	徳左衛門(41)	0.143	さん(31)	泉州日根郡布野村
	0039	林右衛門(35)	1.717	はつ(32)	泉州日根郡布野村
	0042	惣助(27)	0	きち(25)	紀州那賀郡古和田村
	0050	八郎兵衛(39)	0	つき(30)	紀州那賀郡古和田村
	0052	儀右衛門(67)	0	はつ(63)	泉州日根郡滝村
	0054	伊右衛門(64)	0	ふじ(46)	紀州名草郡北野村
	0055	与次右衛門(59)	0	なつ(63)	泉州大鳥郡塩穴村
	0059	九平次(41)	0	やす(35)	泉州日根郡布野村
	0067	奥右衛門(55)	0	わき(50)	河州石川郡富田林村
	0068	覚右衛門(39)	0	ふじ(38)	泉州大鳥郡塩穴村
	0071	市兵衛(49)	0	はな(45)	泉州日根郡布野村
	0073	半右衛門(39)	0	さつ(38)	紀州中村／泉州日根郡滝村
	0074	伝右衛門(42)	0	ゆり(38)	泉州大鳥郡塩穴村
	0081	九郎兵衛(26)	0	むめ(27)	泉州南郡あそ村(嶋村)
	0083	与右衛門(51)	0.059	きさ(46)	泉州日根郡岡田村
	0086	権右衛門(54)	5.501	きち(42)	河州若江郡八尾村
	0090	忠兵衛(58)	1.73	こじよ(45)	紀州名草郡北野村
	0098	吉兵衛(61)	0	ちま(55)	泉州日根郡布野村
	0108	政右衛門(28)	0	まつ(24)	和州葛上郡小林村
	0115	嘉七(25)	0	ひち(21)	河州石川郡富田林村
	0116	与三左衛門(39)	0.044	さん(32)	泉州日根郡滝村
	0117	〈勘左衛門〉	0	後家(41)	河州若江郡八尾村
	0120	金右衛門(60)	0	きみ(52)	河州若江郡八尾村
	0122	権四郎(37)	0	きく(31)	紀州那賀郡古和田村
	0134	源兵衛(32)＊		みや(20)	河州若江郡荒本村
宝暦2年	0035	梅右衛門(25)＊	0.127	ひち(21)	摂州渡辺村
宝暦4年	0067	杢右衛門(27)	0	さん(24)	河州志紀郡瀬ケ井村
	0088	三郎右衛門(38)	0.158	なつ(31)	紀州那賀郡古和田村
	0092	清兵衛(34)	0.102	さつ(31)	河州丹北郡布忍村(更池村)
	0108	政右衛門(32)	0	さよ(28)	河州石川郡富田林村

宝暦12年	0035	梅右衛門(30)	0.127	そね(30)	京六条村
	0044	作兵衛(44)	3.99	かる(29)	河州丹北郡富田新田／矢田部村
	0054	才右衛門(25)*	0	はつ(24)	泉州日根郡滝村
	0062	喜右衛門(37)		しげ(31)	河州丹北郡布忍村(更池村)
	0064	伊兵衛(27)	1.465	はや(27)	泉州日根郡野々村(布野村)
	0093	常右衛門(32)	脱	はつ(31)	紀州名草郡北野村／中村
	0109	伊助(26)	0	とめ(24)	泉州日根郡樫井村
	0132	助右衛門(28)*	9.545	そわ(23)	河州若江郡瀬ケ井村
	0167	又平(36)	0	こよし(31)	摂州渡辺村
	0172	久兵衛(46)	0	ひち(36)	河州若江郡八尾村
	0177	吉兵衛(35)	0	はつ(28)	泉州日根郡滝村
	0178	庄助(46)	0	はつ(34)	泉州南郡麻生村(嶋村)
宝暦14年	0005	吉郎兵衛(24)	0	ひち(24)	泉州南郡麻生村(嶋村)
	0051	新兵衛(62)	0	かめ(58)	紀州那賀郡国分村
	0074	新介(26)*	0	まつ(24)	河州石川郡富田林村
明和3年	0155	武兵衛(35)	2.9	とめ(23)	河州丹北郡布忍村(更池村)
明和5年	0077	仲右衛門(50)	7.485	きわ(30)	河州丹北郡布忍村(更池村)
	0112	文左衛門(34)	0	しな(28)	泉州日根郡布々村(布野村)
	0117	勘左衛門(40)	0.044	りん(25)	泉州日根郡布々村(布野村)
明和7年	0007	重兵衛(44)	1.5	しな(36)	泉州大鳥郡塩穴村

名前人以外には*を付した。

また宗門改帳では国名・郡名の間違い・欠如が多いので、そららについては修正・補正をした（村名は記載通りとした）。

表９　他村への縁付

年次	家番号	名前(年齢)	嫁ぎ先	その他
宝暦2年	0012	よし(20)	河州丹北郡布忍村(更池村)	
	0038	てう(20)	泉州南郡嶋村	宝暦4年には実家に戻る、以後不明。
	0058	ぎん(18)	泉州南郡嶋村	宝暦4年には実家に戻る、以後不明。
	0087	ぎん(20)	河州丹北郡布忍村(更池村)	
明和5年	0039	こきん(18)	紀州土生村(伊都郡端場村カ)	
明和7年	0019	なつ(27)	河州丹北郡富田新田	

年齢は２年前の宗門改帳による（例：よしは寛延３年に20才と記載され、宝暦２年には嫁いだ事実のみが記録されている)。

御用控に含まれる三件の他村への縁付は、宗門改帳の記載と一致しない（該当者がいない、あるいは人別が減少しないなど）ためここでは除外した。

表10　減少した家の詳細

時期	家番号	名前人	所持高	家人の動向
寛延3年〜宝暦2年	0043	久兵衛	0	久兵衛(41)、きく(11)、きさ(8)不明。
	★ 0084	文七後家	0	文七後家なつ(45)、てう(18)はなつの兄宅〈0022〉へ同家。たね(7)不明。
宝暦2〜4年	★ 0037	久右衛門	0.394	まつ(55)は兄宅〈0130〉へ同家、所持高も同じく。久右衛門(29)不明。
宝暦4〜12年	★ 0008	利兵衛	0.069	利兵衛(41)は義姉の嫁ぎ先〈0017〉へ同家、所持高も同じく。妙誓(81)・さつ(32)・平次郎(2)不明。
	0010	わき	0	わき(41)・いわ(13)・くら(9)不明。
	★ 0025	八郎右衛門	0	八郎右衛門(62)・さん(56)長女の嫁ぎ先〈0140〉へ同家。
	0028	左次右衛門後家さん	0	さん(46)・四郎(15)・はな(16)・ちゃう(3)不明。
	★ 0032	徳左衛門	0.143	姉ゆき(46)は甥宅〈0034〉へ同家、所持高も同じく。徳左衛門(45)・さん(35)不明。
	0049	文左衛門	0	文左衛門(52)不明。しゅん(18)は嫁入。
	0053	さん(津右衛門後家)	0	さん(36)・てう(4)不明。
	0056	庄六	0	庄六(17)・きわ(46)不明。
	0091	又次郎	0	又次郎(21)・せき(50)不明。
	0104	与次兵衛	0	与次兵衛(31)・しゅん(23)・ひち(2)不明。
	★ 0139	喜右衛門	脱	喜右衛門(33)実家〈0062〉に戻り、実家の名前人となる。
	0143	半助	0	半助(23)・こちゃう(23)・半四郎(5)・三四郎(18)・しま(45)不明。
	★ 0144	何右衛門	0	なつ(26)・徳松(4)、なつの実家〈0046〉へ同家。何右衛門(27)不明。
	0145	脱(太七カ)	脱	太七カ(脱)・ちゃう(22)不明。
宝暦12〜14年	0159	市郎兵衛後家	0	市郎兵衛後家(33)・平吉(12)不明。
	0163	長七	0	長七(24)・まさ(20)不明。
宝暦14年〜明和3年	★ 0092	杉右衛門	0.102	杉右衛門(26)分家した兄宅〈0153〉へ同家、高も同じく。ゆり(66)不明。
	0122	きく(権四郎後家)	0.044	きく(45)・九蔵(17)・七之助(8)不明。
	0142	六兵衛	0	六兵衛(32)不明。
明和3〜5年	★ 0073	彦兵衛	0.139	彦兵衛(55)・さつ(54)・辰之助(22)・はる(25)、分家した長男宅〈0189〉へ同家、高も同じく。さん(15)は嫁入。
	0164	甚兵衛	0	甚兵衛(30)・さん(25)・さき(4)不明。
	★ 0180	松太郎	0	松太郎(23)実家に戻る〈0041〉。
	★ 0194	仁助	0	仁助(27)・長四郎(3)は仁助の実家へ同家〈0034、ただし明和7年以降の記載〉。よし(25)不明。
明和5〜7年	※ 0005	吉郎兵衛	0	吉郎兵衛(28)・ひち(28)・みよ(5)・岩松(3)、塩穴村へ転居。
	★ 0048	きち(庄右衛門後家)	0	きち(51)・さよ(11)、きちの実家〈0118〉へ同家。
	○ 0054	丈右衛門	0	丈右衛門(30)・はつ(29)・さわ(8)・きよ(4)・つや(2)、欠落。母ふし(65)は不明。
	0069	太助	0	太助(67)不明。
	★ 0086	利助	3.263	利助(27)、分家した兄宅〈0150〉へ同家。
	0106	六兵衛	0	六兵衛(44)・はつ(33)・つや(13)不明。
	★ 0182	長五郎	0	長五郎(50)・みよ(11)は半助家〈0058/血縁不明〉へ同家。こん(45)・つき(9)・長蔵(6)は不明。
	★ 0197	次郎兵衛	0	次郎兵衛(25)は実家〈0039〉に同家し、実家の名前人となる。ゆり(25)不明。息子岩松(2)はゆりの実家〈0024〉へ同家。
	★ 0202	清助	0	清助(26)、実家〈0072〉へ同家カ。

★は同家、※は転出、○は欠落

表11　増加した家のうち出自不明分

時期	家番号	名前人(年齢)	所持高	家人
宝暦2～4年	0148	松兵衛(40)	脱	きち(40)・さよ(3)
宝暦4～12年	0158	喜助(28)	0	こさん(27)・喜之助(3)
	0160	伊左衛門(32)	0	よし(28)・せき(60)
	0163	長七(24)	0	まさ(20)
	0164	左太七(26)	0	さん(22)
	0165	甚助(24)	脱	まき(22)・久次郎(22)・しけ(16)
	0166	徳兵衛(28)	0	つや(26)・岩松(3)
	0167	又平(36)	0	こよし(31)・庄吉(12)・庄松(5)・こよ(3)
	0168	源助(28)	脱	はな(26)
	0169	杢兵衛(33)	0	いち(23)・喜市(3)
	0170	藤兵衛(23)	0	かつ(20)
	0171	甚七(26)	脱	ちゃう(19)・五郎松(15)・さん(52)
	0173	平助(26)	0	とめ(23)・平次(2)
	0174	与四兵衛(35)	0	いわ(28)・常松(9)・杉松(6)・惣次郎(3)
	0178	庄助(46)	0	はつ(34)・三之助(8)・むめ(11)
宝暦12～14年	0180	松太郎(21)	0	―
	0182	長五郎(46)	0	こん(41)・みよ(7)・づき(5)・長七(2)
	0183	弥三右衛門(53)	0	ひさ(41)・もと(4)・まつ(13)
	0186	善四郎(38)	0	ゆき(23)
宝暦14年～明和3年	0187	五郎松(18)	脱	さん(12)・権六(8)・ゆら(51)
	0191	藤次郎(20)	0	きん(21)・伊八(2)
明和3～5年	0196	伊八(24)	0	つや(24)
	0199	六次郎(28)	0	しけ(24)・清吉(2)
	0200	甚兵衛(29)	0	ふさ(28)・甚吉(5)・甚五郎(2)
	0201	孫左衛門(28)	0	しも(59)・六三郎(17)
	0202	清助(26)	0	―
明和5～7年	0204	武助(34)	0	くめ(25)
	0205	平七(30)	0	はな(24)
	0206	市助(48)	0	さよ(47)・長七(26)

表12　出自が不明瞭な個人の増加

年次	家番号	名前人(年齢)	所持高	増加した人物
宝暦2年	0005	吉郎兵衛(39)	0.157	倅 次郎松(14)
	0028	左次右衛門後家さん(44)	0	倅 四郎(13)
	0035	善左衛門(62)	0.127	娘 つた(21)
	0045	太郎右衛門(36)	0	娘 ちゃう(12)
宝暦4年	0013	文右衛門(63)	0	娘 さつ(23)
	0023	清右衛門(53)	0	娘 さつ(12)
	0026	小兵衛(32)	2.992	倅 六十郎(7)
	0028	左次右衛門後家さん(46)	0	娘 ちゃう(3)
	0044	平右衛門(69)	5.161	娘 きさ(28)
	0067	杢右衛門(27)	脱	弟 源太郎(18)
	0120	弥右衛門(22)	脱	妹 いわ(17)
宝暦12年	0022	源左衛門(51)	0	姪 たね(19)
	0023	清右衛門(61)	0	娘 よし(13)
	0065	四郎兵衛(29)	0	弟 岩松(19)
	0072	三郎兵衛(57)	0	倅 与四郎(13)
	0074	伝右衛門(53)	脱	倅 六三郎(23)
	0121	惣八(39)	脱	倅 長吉(16)
	0122	きく(43)	0.044	倅 七之助(3)
	0123	又右衛門(59)	1.329	娘 きん(21)
宝暦14年	0003	源右衛門(57)	1.604	娘 とよ(13)
	0012	源左衛門(53)	0	娘 しな(9)
	0047	八兵衛(54)	0	娘 さん(23) 娘 とめ(12)
	0072	三郎兵衛(59)	0	娘 なつ(18)
	0075	善助(23)	0	妹 ゆき(11)
	0079	与助(26)	0	弟 岩松(13)
	0082	安兵衛(58)	0	娘 つじ(6)
	0088	三郎右衛門(50)	0.158	倅 藤八(8)
	0111	紋右衛門(55)	0	倅 伊惣次(23)
	0119	善六(40)	0.095	娘 はな(9)
	0127	七郎兵衛(55)	0	娘 ふさ(11)
	0128	善兵衛(41)	0.091	娘 よし(7)
	0153	清兵衛(44)	0	娘 なつ(7)
	0158	喜助(30)	0	娘 ちゃう(9)
	0160	伊左衛門(34)	0	倅 伊三郎(6)
	0175	弥右衛門(33)	0	娘 はつ(8)
明和3年	0013	文吉(37)	0	倅 与吉(12)
	0033	庄兵衛(53)	0	娘 きん(9)
	0044	作兵衛(49)	2.393	倅 長七(6)
	0055	治助(45)	0	娘 ふて(8)
	0060	権太郎(22)	0	妹 しな(4)
	0073	彦兵衛(55)	0.139	娘 はる(25) 娘 さん(15)
	0075	伝兵衛(25)	0	妹 かつ(21)
	0076	太郎兵衛(46)	0.498	娘 とめ(8)
	0112	甚右衛門(73)	0	倅 平兵衛(32)
明和5年	0019	藤右衛門(64)	0.335	娘 んめ(23)
	0066	弥助(54)	0	娘 つた(10)
	0071	重次郎(67)	0	孫 久蔵(9)
	0087	善右衛門(45)	2.285	妹 かね(30)
	0090	半兵衛(38)	0	娘 ちよ(7)
	0106	六兵衛(44)	0	娘 つや(13)
	0113	左左衛門(48)	0	娘 きく(9)
	0115	善七(43)	0	娘 こてう(9) 娘 こへん(14)
	0116	与三左衛門(50)	0	倅 九蔵(18)
	0141	文右衛門(28)	0	倅 藤松(8)
	0162	源七(45)	0	娘 こけん(10) 娘 しけ(9)
明和7年	0072	三郎兵衛(72)	0	倅 清助(27)
	0082	安兵衛(64)	0	倅 岩松(15)
	0094	七兵衛(54)	0	倅 平八(29)
	0112	文左衛門(36)	0	娘 しけ(6)
	0138	太右衛門後家(34)	0	倅 惣吉(8) 倅 太四郎(3)
	0154	市右衛門(36)	0.209	倅 梅蔵(8)
	0155	太兵衛(38)	0.524	倅 甚六(28)

※4～5才の子どもで、実子の可能性が残る者は除いた。

以上、奉公と結婚に焦点をあててみたが、家数の問題で捉え直すといくつかのことが分かってくる。**表1**で示した家数増減内訳のうち減少した家の詳細が**表10**、増加した家のうち出自不明分が**表11**である。**表11**で明和三年から五年の間に増えている清助に注目しよう。清助は明和五年には一人で家を構えているが、明和三年から五年の間に減少した若者に清助に該当する人物はおらず、明和五年に突然南王子村に現れたことになる。ところが清助は明和七年には三郎兵衛の「家」に倅として同家している（**表10**）。三郎兵衛「家」の宗門改帳の記載を遡ってみると、明和三年に「悴伊四郎、摂州渡辺村（奉公）参り申候」という記載がある。この伊四郎は寛延三年に七歳であった次男の伊三郎であると思われる。伊三郎は宝暦四年に一一歳と登録されたのを最後に以後不明となるが、年齢から考えると清助は伊三郎であると考えられる。つまり三郎兵衛の次男伊三郎は、宝暦四年から一二年（一一歳から一九歳）の間のある時点で渡辺村に奉公に出、明和三年の宗門改帳にもその旨が記載された。明和五年には南王子村に戻り、父親の家には戻らず清助として一軒を構えたが、明和七年には実家に同家した可能性が極めて高いと考えられる。

このように考えると、**表11**の多くは分家だろうが、この内の何軒かは南王子村出身で奉公から帰村した若者の可能性がある。その場合若夫婦に幼い子どもという家族構成であると考えられるが、それ以外の家（明和五年から七年の市助など）は、先ほど見た他村からの流入などである可能性も残る。また**表10**で「★」を付した家は同家のため減少しているが、それ以外の同家先が確認できない内のいくつかは欠落である可能性もある。

また奉公と結婚以外にも、様々な理由での移動がある。例えば宝暦一一年一一月に市右衛門が庄屋と年寄に提出した一札には、「久七と申者、宗旨之義一向宗紛無御座、則私河州ニ奉公致候節もうけ申候私子ニ而、則母も相果、独身ニ罷成折柄、私義呼入候而甚勝手宜御座（候）ニ付、養子分ンニ仕度候」とあり、市右衛門が他村に奉公中にもうけた私子を養子として引き取っている[27]。私子の引き取りの例はもう一件ある。ほかにも単純な養子の引き取りもあれば、他村に住む女房の兄を呼び寄せて同家する事例や[28]、他村に縁付いた娘が離縁して戻ってくるという例もあり、実に様々である。

南王子村の宗門改帳には記載が不十分と思われる節があることも指摘しておかなければならない。個人が登録されなくなる分には最終的には死亡したものとして処理できるが、問題は乳幼児以外の増加分をどう考えるかである（表12）。たとえばある時突然二三歳と二一歳の娘が増えたり、女房のいない家に七歳の倅が現れたり、また夫は数年以上前に亡くなった後家の家に乳幼児ではない娘や倅が現れるなど、毎年必ず不可解な人員の増加が見られる。この宗門改帳の不備も、南王子村における流動的な人間や「家」のあり方を象徴しているのかもしれない。

（5）小括

全体的な基調として南王子村では分家と同家を繰り返しながら、家数が増加している。分家は相続の際に生み出され、同家は多くの場合、相互扶助を目的として行われると考えられる。しかし一人息子を分家させる例もあり、分家とは何かを考える必要がある。さらに、南王子村における「相続」とは何か、何をもって「相続」と表現すればいいのかという大きな問題が残る。それぞれの「家」においてそのあり方は異なり、一つとして同じものはない。一定の規則性をもって「末子相続」が行われたかのように見える家でも、父親の名前は長男が継いでいたり、分家させたにもかかわらず数年で同家するという流動的なあり方も見られる。この流動性は高持・無高という階層を問わず見られる。しかし無高であっても二〇年間分家や同家をせずに「安定している」ように見える家も多く、村内における「家」のあり方は非常に特殊である。一般に言われている家名・家職・家産がセットになって相続されていく家は、この村には存在していないと考えられる。しかし本節では約二〇年を対象としたにすぎず、この点についてはより長いスパンでの検証が必要である。

本節でみてきた「家」の不安定さはかわた村であるがゆえの現象であろう。この期間中に人口が一七〇〇人以上増加していることとも深く関わっていると思われるが、その関連を解明することは今後の課題である。

南王子村と村外との関係を見ると、周辺「かわた」村との間で「家」の移動が見られる。また結婚や奉公での転出入もあり、奉公から戻って新しい「家」として定着することも想定される。合わせて考えると、村内では分家と同家が繰り返し行われ、村外へ出て行く・戻る・村外からやってくることもあり、二重の意味で流動的であるといえる。また宗門改帳の不備や、最も多い人物で二〇年間に三回名前を変更するという名前変わりの多さもこの流動的な状況の現れではないかと考えられる。

二、村内所持高とその実態

南王子村の村高は一四三石余であり、寛延三年段階の村高所持状況は表13の通りである。これを見ると総軒数一三四軒中、高持が五六軒、無高が七七軒、不明一軒である。高持の内でも二石未満が三八軒と多く、無高層と合わせると村方の八割以上が二石未満となる。一方で二〇石以上所持する家もあり、中間層が少なく二極化が著しい。表13から導くことのできる村内状況は以上であるが、様々な局面からそれぞれの「家」を詳細に見ていくと村内所持高に全てが還元できるわけではない。本節では村内所持高に表れない、いくつかの実態についで明らかにしてゆく。

表13　寛延三年の村内所持高状況

所持高	軒数
20石以上	1
10〜20石	1
5〜10石	7
2〜5石	9
0〜2石	38
0石	77
不明	1
計	134

不明の１軒は安兵衛であるが、宝暦２年も不明、宝暦４年には無高（借地）である。無高77軒のうち、４軒が借家である。

（1）庄屋利右衛門と年寄儀兵衛

ここで注目する庄屋利右衛門と年寄儀兵衛は村内でも突出した

高持の二家である。寛延三年段階で利右衛門は六三歳、所持高二五・二八一石、儀兵衛は五九歳で所持高一三・三六二石である。つまり表13において二〇石以上となっている家と一〇石から二〇石となっている家である。利右衛門はこの他に享保元（一七一六）年と同一〇年に隣村の王子村に出作地を買得しており、その出作地合計は面積にして一町余の一六・五七二八石である(29)。以下宝暦四（一七五四）年から一二年の間に起きた庄屋利右衛門の交代を手がかりに両者のあり方を見ていくこととする。

まず宗門改帳の記載を見てみよう。宝暦四年の宗門改帳では庄屋利右衛門は六七歳で所持高は抜けているが、二〇石余と考えられる。ここではひとまずこの人物を初代利右衛門としておく(30)。初代利右衛門は倅源兵衛（36）、嫁みや（24）に九市郎（9）・平次（5）・平吉（4）の孫三人という家族構成であった。くだって宝暦一二年の宗門改帳では庄屋利右衛門は四六歳、所持高一〇・二七五石となっており、二代目に交代したことが分かる。家族構成は女房ちゃう（38）とゆき（22）・さん（16）・みよ（14）の娘三人である。つまり宝暦四年から一二年の間に庄屋利右衛門は交代しているが、年齢や家族構成から二代目は初代利右衛門の倅源兵衛ではないのである。

宝暦一二年の宗門改帳をさらに詳しく見ると、家族構成から初代利右衛門の家らしきものが存在する。名前人は九市郎一七歳、母みや（32）、平治（13）・平吉（7）・三々郎（4）の弟三人に、妹とわ（10）、さらに父利右衛門七五歳とある。所持高は二二・二六二石であり、初代利右衛門「家」に間違いない。孫に家を譲ったものの初代は健在であり、「父」とあるのは「祖父」の間違いであろう。つまり宝暦一二年には初代と二代目である二人の利右衛門が南王子村に存在していたのである。では二代目の利右衛門となった人物は一体何者だろうか。

宝暦四年と一二年の宗門改帳に記載されている家を一軒ずつ照合すると、二代目の利右衛門は宝暦四年に為右衛門と名乗っている人物であることが分かる。宝暦四年には三八歳で、女房てう（30）と、ゆき（14）・ふし（12）・さん（8）・みよ（6）・きさ（3）の娘五人と暮らしており、所持高は一〇・二七五石とあり、家族構成と所持高の面から見て間違いない(31)。さらに遡ると寛延三年と宝暦二年の宗門改帳では女房ちゃうに「是ハ当村利右衛門娘」と記載があり、為右衛門は初代利右衛門の娘婿であったことが分かる（図8）。つまり八年間に庄屋役と利右衛門の名前が義父から娘婿へ移動したことになる。ここで注目されることは、初代利右衛門の倅源兵衛が宝暦一二年の宗門改帳で確認できないことである。順当にいけば二代目利右衛門となったであろう人物だが、おそらく死亡したものと思われる。そしてこれが契機となり庄屋交代という運びになったのだろう。交代の時期は源兵衛の四男三々郎が宝暦九年生まれであること、宗門改帳が宝暦一二年以降残っていることから、宝暦一〇年の宗門改帳作成後、一二年までの間と考えられる。

さて為右衛門は利右衛門の娘婿であるという理由だけで二代目となれたのであろうか。**表13**からも明らかだが、南王子村において一〇石程度を所持することは大きな意味をもつ。そこで為右衛門の所持高に注目すると興味深いことが分かってくる。寛延三年以前の村の状況は史料が極端に限られているため断片的にしか分からないが、元文三（一七三八）年の村内所持高を明らかにできる「寛延四年　修復銀戻し割賦帳」がある(32)。

史料1

一、銀拾弐匁九分七厘

右は石原清左衛門様御代官所之節、御修覆銀此度御返シ被□(為)成、則拾四年以前□(元)文三午年銘々之持高へ割賦被仰付候ニ付、奉得其意、拾四年以前之百姓持高へ割賦仕処、如件

本文はこのようにはじまり、寛延四年に、元文三年に当時南王子村を支配していた石原清左衛門代官所から求められた修復銀が村へ戻され、当時の持高に応じて割賦し、返却するという内容である。一石につき九厘ずつ戻されることになり、史料では戻された額と受け取った人物の名前と印が一筆ずつある。つまりこれを石高に換算すれば元文三年の所持高が復元できる。これと寛延三年の宗門改帳を元にそれぞれ所持高を対応させたものが**表14**である。左側が「寛延四年　修復銀戻し割賦帳」から復元した元文三年の所持高、中央が寛延三年の宗門改帳

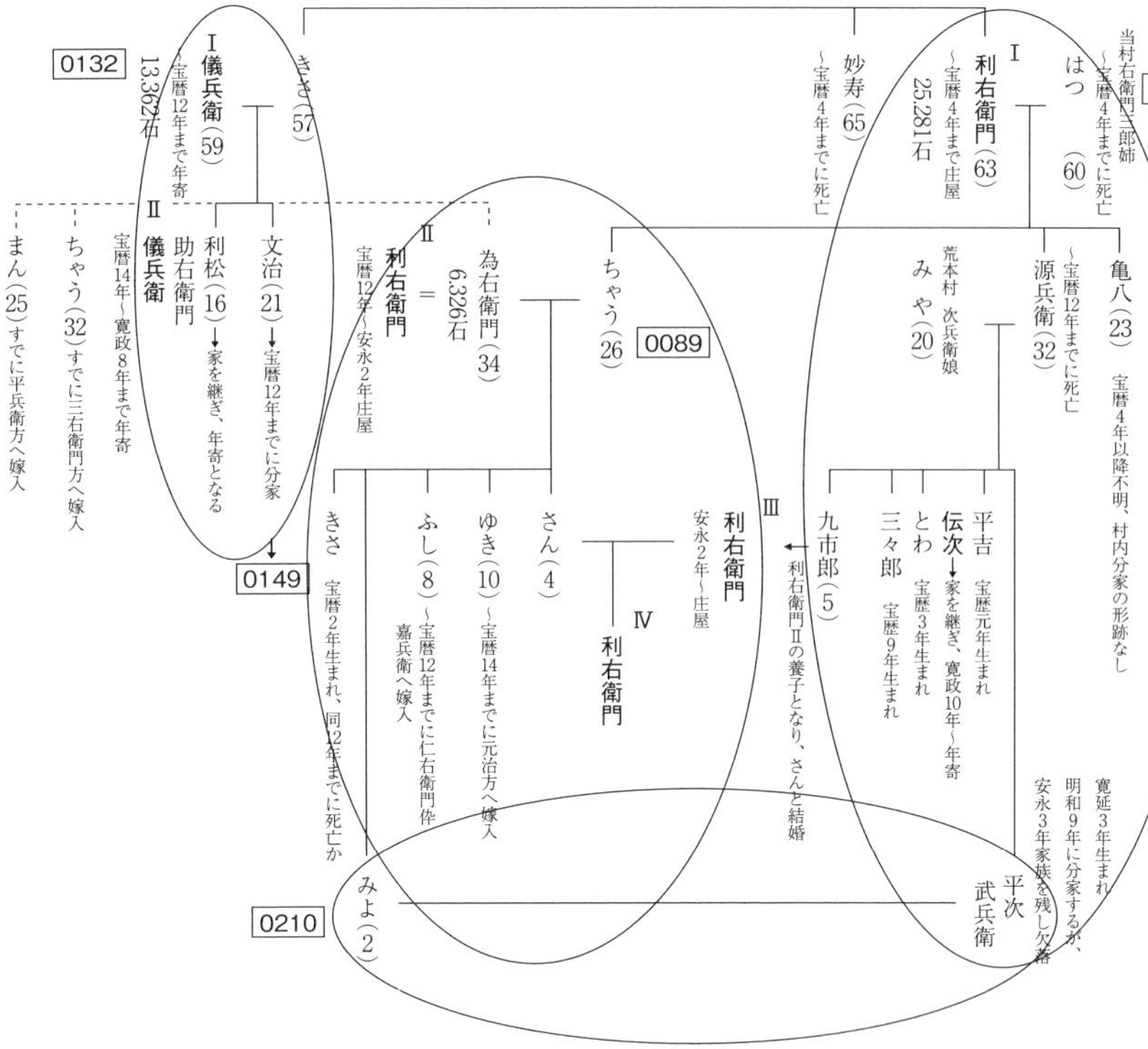

図8　利右衛門と儀兵衛相関図　年齢、所持高は寛延3年段階のもの。

に基づく所持高、右側がその差である。元文三年の高は一石に九厘という計算のため若干の誤差が含まれている。なお一三年で名前が変わっているが、同じ人物と思われる場合は元文三年の名前欄に「＊」を記載した(33)。寛延三年の欄に記載が一切ない人物は元文三年と全く照合できない場合であり（勘兵衛ら八名）、右側の為右衛門ら一九名は寛延三年に初めて確認できる人物である。

寛延三年に為右衛門の所持高は六・三二六石だが、元文三年に為右衛門は存在していない。一方儀兵衛の高を見ると、元文三年には一九・六八九石だが、寛延三年には六・三二七石減少して一三・三六二石となっている。ここから為右衛門の所持高は儀兵衛から渡ったと考えられる。これを一節で見てきた相続のあり方と儀兵衛と為右衛門

表14　元文3年と寛延3年の所持高対照表

元文3年		寛延3年		寛延3年と元文3年の差
所持高	名前	所持高	年齢	
22.556	★利右衛門	25.281	63	2.725
19.689	★義兵衛	13.362	59	▲6.327
14.233	★平兵衛	7.546	35	▲6.687
6.356	★仲右衛門	7.485	32	1.129
5.689	作右衛門	0.135	44	▲5.554
5.500	権右衛門	5.501	54	0.001
5.267	★仁右衛門	6.174	49	0.907
5.167	平右衛門	5.161	65	▲0.006
5.000	二郎兵衛	3.937	29	▲1.063
4.989	★源右衛門	2.094	42	▲2.895
4.611	次右衛門	4.606	63	▲0.005
4.289	元右衛門	1.974	41	▲2.315
3.744	兵右衛門*	3.741	52	▲0.003
3.678	勘兵衛			▲3.678
3.189	次兵衛	4.104	50	0.915
3.000	佐兵衛	2.992	29	▲0.008
2.567	★三右衛門	2.567	37	0.000
1.733	忠兵衛	1.73	58	▲0.003
1.722	長兵衛*	1.717	35	▲0.005
1.611	義左衛門			▲1.611
1.567	常右衛門	1.565	26	▲0.002
1.556	庄左衛門	1.553	38	▲0.003
1.467	四郎兵衛	1.465	52	▲0.002
1.356	武右衛門	4.361	61	3.005
1.200	徳右衛門	1.195	38	▲0.005
0.433	★右衛門三郎	0.221	54	▲0.212
0.400	久右衛門	0.394	27	▲0.006
0.367	多郎兵衛	0.358	30	▲0.009
0.333	喜兵衛	0.484	68	0.151
0.278	七郎兵衛			▲0.278
0.211	権兵衛			▲0.211
0.189	善左衛門	0.127	60	▲0.062
0.167	喜右衛門			▲0.167
0.156	三郎右衛門*	0.158	38	0.002
0.144	徳左衛門	0.143	41	▲0.001
0.144	甚兵衛	0.139	63	▲0.005
0.122	与右衛門	0.059	51	▲0.063
0.067	★久左衛門	6.691	42	6.624
0.029	孫兵衛			▲0.029
6人で約8.004石	市兵衛*	0.15	73	
	勝右衛門			
	仁兵衛	0.39	54	
	十右衛門			
	喜三右衛門	1.909	43	
	惣兵衛	0.311	33	

元文3年の所持高と対照できない高持

寛延3年			寛延3年と元文3年の差
名前	所持高	年齢	
★為右衛門	6.326	34	6.326
宇右衛門	4.208	55	4.208
又右衛門	1.329	47	1.329
★利兵衛	1.009	37	1.009
安右衛門	0.982	52	0.982
勘右衛門	0.683	57	0.683
太兵衛	0.524	52	0.524
★藤右衛門	0.359	47	0.359
次郎左衛門	0.322	57	0.322
市右衛門	0.209	18	0.209
吉郎兵衛	0.157	37	0.157
清兵衛	0.102	30	0.102
紋右衛門	0.095	42	0.095
清七	0.091	28	0.091
五郎右衛門	0.078	35	0.078
増右衛門	0.063	39	0.063
松右衛門	0.058	48	0.058
与三左衛門	0.044	39	0.044
甚太夫	0.029	62	0.029

【表の見方】

元文3年の所持高は「寛延4年　修復銀戻し割賦帳」から復元した。6人については、虫損により正確な所持高が不明。そのため残る人物の合計高を村高から引き、おおよその高を示した。

寛延3年の情報は宗門改帳による。年齢は分家などを考慮するため載せた。元文3年の名前人が寛延3年には変化していると思われる場合、名前のうしろに＊を付けた（寛延3年には、兵右衛門は五兵衛、長兵衛は林右衛門、三郎右衛門は市郎右衛門、市兵衛後家は市兵衛となっている）。

網掛けの家はそれぞれ元は同じ家だと考えられる（例：久左衛門は平兵衛の兄であり、分家した際にまず一部の高を分けられ、父の死後残りの所持高を平兵衛と分け、父の名は弟が継いだ）。

名前の左に★がついている人物は寛延の村方騒動で利右衛門方である。

の年齢などをあわせて考えると、為右衛門は儀兵衛の長男で分家の際に高分けがなされたと考えられる。元文三年段階で二一歳の為右衛門は儀兵衛と同居していたが、その後ちゃうと結婚したのを契機に分家したのだろう。図8を見ると、為右衛門の長女ゆきが寛延三年に一〇歳であることや、儀兵衛ときさの年齢、その長女ちゃうの年齢や、儀兵衛のあとを三男が継いでいることが分かり、いずれも傍証になろう。つまり二代目の利右衛門は初代利右衛門の娘婿であると同時に年寄儀兵衛の長男であった。さらに儀兵衛の女房きさは初代利右衛門の妹であり、庄屋である初代利右衛門と年寄儀兵衛は密接な関係にあったことが分かる。

これ以後の初代利右衛門・儀兵衛・二代目利右衛門の「家」のあり方をみると更に興味深いことが明らかになる。図8と表15をもとに、まず明和九（安永元、一七七二）年頃までについて見てゆく。なお表中の家番号〇一三四が初代利右衛門「家」、〇〇八九が二代目利右衛門「家」、〇一三二が儀兵衛「家」、〇一四九は初代儀兵衛次男の文治が分家した「家」、〇二一〇は初代利右衛門「家」からの分家である。表15にはそれぞれの年次の名前人と、年齢・所持高を記入している。

初代利右衛門は宝暦一四年の宗門改帳では確認できないため、同年までに死亡したものと考えられる。初代利右衛門のあとを継いだ孫の九市郎は明和三年に二一歳で二代目利右衛門の養子理平となり、その娘さんと結婚している。これは為右衛門が庄屋となる際に決定していた可能性が高いと思われる。理平は安永二年に二八歳で庄屋（三代目利右衛門）となり、さんとの間に生まれた子どもが後に四代目利右衛門となっている。

九市郎が養子として家を出たあと、〇一三四は弟の平次が一七歳で継ぐが、これも二代目利右衛門の娘みよと結婚し、武兵衛と名を変え、分家している。この結婚は身内固めの意味合いが強かったと思われるが、武兵衛は安永三年に妻子を残して欠落している(34)。武兵衛（平次）が分家したあとを継いだのはその弟伝次（平吉）で、明和九年に一七歳の時であった。一方、初代儀兵衛は宝暦一四年に三〇歳となった三男助右衛門に年寄役を譲り、安永三年までに死亡している。また次男の文治を宝暦一二年までに分家させている。

宝暦14年 1764	明和3年 1766	明和8年 1771	明和9年 1772	安永3年 1774
×				
武八郎19 22.262	×			
6.012	平次17 15.690	武兵衛 15.690	×	
	養子	分家	伝次17 10.937	伝次19 10.937
			武兵衛 4.753	×
★利右衛門48 10.257	★利右衛門50 16.269	★利右衛門 14.814	★利右衛門56 14.814	× 同家 0.262
	理平21	利平	利平27	★利右衛門Ⅲ 29 20.164
0.56		1.455		×
☆助右衛門30 8.895	☆助右衛門32 9.455	☆儀兵衛Ⅱ 8.998	☆儀兵衛37 8.998	☆儀兵衛40 8.998
文治36 4.495	文治38 4.495	文治 4.952	文治44 4.952	×
	0.457			文治22 2.215
45.909	45.909	44.454	44.454	42.314

寛政2年 1790	寛政4年 1792	寛政6年 1794	寛政8年 1796	寛政10年 1798	寛政12年 1800	享和2年 1802
伝次35 5.417	伝次37 3.462	伝次39 3.462	伝次41 3.462	☆伝次43 1.804	☆伝次45 1.803	☆伝次47 1.404
分家	武兵衛24 0.088	武平26 0.088	元次29 0.088	元次31 0.088	元次33 0.088	元次35 0.088
★利右衛門45 12.536	★利右衛門47 12.273	★利右衛門49 12.273	★利右衛門51 12.273	★利右衛門53 12.275	★利右衛門55 9.208	★利右衛門57 9.208
☆儀兵衛57 2.822	☆儀兵衛59 2.822	☆儀兵衛61 2.822	☆儀兵衛63 2.369	×		
				儀兵衛27 2.174	儀兵衛29 2.174	儀兵衛31 2.174
文次32 0.677	文次34 0.677	×				
		文次後家37 0	文次後家39 0	文次後家41 0	文次後家43 0	文次後家45 0
21.452	19.322	18.645	18.192	16.341	13.273	12.874

表15　三家（五家）の高推移

家番号	寛延2年 1749	寛延4年 1751	宝暦2年 1752	宝暦3年 1753	宝暦4年 1754	宝暦6年 1756	宝暦12年 1762
0134	★利右衛門Ⅰ 25.281 (0.94)	★利右衛門 26.221	★利右衛門65 26.221 (4.519)	★利右衛門 22.262 (0.56)	★利右衛門67 22.262	★利右衛門 22.262	九市郎17 22.262
0210							
0089	為右衛門 6.326	為右衛門 6.326	為右衛門36 6.326 (0.028)	為右衛門 10.257	為右衛門38 10.257	為右衛門 10.257	★利右衛門Ⅱ46 10.257
0132	☆儀兵衛Ⅰ 13.362	☆儀兵衛 13.362	☆儀兵衛62 13.362	☆儀兵衛 13.390	☆儀兵衛64 13.390 (分家)(3.845)	☆儀兵衛 9.545 (0.65)	☆儀兵衛72 8.895
0149						文治 3.845	文治34 4.495
合計	44.969	45.909	45.909	45.909	45.909	45.909	45.909

家番号	安永5年 1776	安永9年 1780	天明2年 1782	天明4年 1784	天明5年 1785	天明6年 1786	天明8年 1788
0134	伝次21 10.675	伝次25 7.13	伝次27 7.43	伝次29 7.18	伝次30 5.27	伝次31 5.27	伝次33 5.28
0210	(分家) 武兵衛後家 1.673	武兵衛後家 0.298	(同家)				
0089	★利右衛門31 18.619	★利右衛門35 14.789	★利右衛門37 14.786	★利右衛門39 14.786	★利右衛門40 14.486	★利右衛門41 12.538	★利右衛門43 12.53
0132	☆儀兵衛42 9.455	☆儀兵衛46 9.03	☆儀兵衛48 7.545	☆儀兵衛51 5.571	☆儀兵衛52 3.947	☆儀兵衛53 3.947	☆儀兵衛55 3.96
0149	不明	文次22 1.79	文次24 1.788	文次26 2.059	文次27 2.059	文次28 0.948	文次30 0.677
合計	40.422	33.037	31.549	29.596	25.762	22.703	22.447

★…庄屋、☆年寄／名前の後ろは年齢。×印は宗門改帳に登録されなくなることを示す。

（楕円）は三家外との移動

（点線楕円）は三家内での移動

各年次の宗門改帳の情報に、各年度の免割帳での所持高を記載した。

ここまでがそれぞれの家で中心となる人物の動向であるが、つぎに表15をもとに所持高に注目してみよう。宝暦二年から同三年の間に初代利右衛門から為右衛門に四・五一九石、この為右衛門から父である初代儀兵衛に〇・〇二八石が移動している。また宝暦一四年から明和三年の間に武八郎（九市郎）から二代目利右衛門に六・〇一二石が渡るなど、寛延二年から明和九年の間はほぼこの三家（文治・武兵衛を含むと五家）の間でのみ高が移動している。よって、この間表15において各年次の三家ないし五家の所持高合計は四五石前後とほぼ一定である。つまり表15で一つ一つの家として横に見ていくと高は一定ではないが、三家ないし五家で合わせてみると安定していることが分かり、私たちが持つ一般的な「一つの家」といった様相である。源兵衛の死という不測の事態に際して、初代利右衛門の娘婿かつ儀兵衛の倅である為右衛門が間をつなぐ形で二代目となり、源兵衛の長男が二代目利右衛門の養子となり後に三代目利右衛門となった他、身内同士の結婚も二組あり所持高以外の面でも極めて強い結束を見せている。そして三家ないし五家で連帯することで、村高が一四三石余の南王子村で寛延三年以降二〇年以上にわたり四〇石以上を所持し続け、他にも出作地をかなり所持していた(35)。彼らを利右衛門・儀兵衛連合体とここでは一応呼んでおくが、村政に与えた影響力が非常に大きかったことは容易に想像できる。

しかし一節で見たような非常に流動的な側面を併せ持っていることも指摘しておかねばならない。それは三代目利右衛門の弟・武兵衛家族についてである。武兵衛が安永三年に妻子を残して欠落したことは先述したが、残された女房みよは安永三年に長男兵吉を連れて三代目利右衛門（〇〇八九）のもとに同家している。自分の実家に戻ったわけだが、そこで次男兵次郎を産み、安永五年には一・六七三石を所持する武兵衛後家として分家している。ところがみよは天明二（一七八二）年までに死亡してしまい、残された兵吉と兵次郎は同年には叔父である伝次（〇一三四）のもとに同家している。天明二年の時点で三代目利右衛門には倅が二人いたが、伝次には娘しかおらず、跡を継がせるために引き取ったのかもしれない。そのような理由でこの二人の子どもは天明期には宗門改帳に伝次「悴」として記載されているが、寛政二（一七九〇）年に伝次に長男が誕生すると「甥」と記載され、寛政四年には兵吉は武兵衛を名乗って分家している(36)。

一方、兵吉の父である武兵衛は欠落から一八年後の寛政四年二月、南王子村に帰村した。この時の申し立てでは、「もともと困窮していたところ、さらに病気がちになり、渡世が難しくなったので廻国の志をたて村をふと出たのですが、旧知の友がいる鳥取城下で重い病気になり、回復するのに時間がかかりました。しかし残してきた妻子が心配になり、帰村した次第です。」と述べている(37)。この申し立ての真偽ははかり難いが、欠落したのちに帰村するというあり方は非常に流動的であり、安定していると捉えられる利右衛門・儀兵衛連合体も南王子村特有の流動性と無縁ではなかったのである。

話は多少前後するが、明和九年以降の三家の様子を追っていこう。一言で言うとこれ以降三家とも所持高が減少していく。伝次は安永三年には一〇・九三七石であったが、享和二年には一・四〇四石となっている。さらに家番号〇〇八九の三代目利右衛門は安永三年に二〇石余であったが、享和二年には九石余、家番号〇一三二の二代目儀兵衛は安永三年に八・九石余であったが、享和二年には二石余となっている。初代儀兵衛、二代目利右衛門とも安永三年までに死亡しており、安永三年には伝次一九歳、三代目利右衛門二九歳、二代目儀兵衛四〇歳と比較的若年であることもあってか、三家とも不安定だったと考えられる。このうち二代目儀兵衛には倅が四人おり、分家によって高が減少した可能性も考えられるが、伝次と二代目利右衛門は分家だけでは説明しきれない。

「明和八年二月　田畑家屋敷売証文控」は、明和八年二月から文化八（一八一一）年八月までの、利右衛門が庄屋として奥書をした村内ほぼ全ての田畑家屋敷売証文の控である(38)。この史料の中から利右衛門・伝次・儀兵衛・文次がかかわる証文を表16に抜き出した。四家合わせて享和二年までに合計二五・六四四石を手放しているが、史料の本文中に述べられている理由は年貢銀に差し詰まったというものが大半である。なお、この史料中で四家は明和三年一二月の一件を除き、売却する一方である。このほかに三代目利右衛門が安永三年に王子村に一・五八九五石の出作地を買得しているが、天明四年には善六という人物に渡っている。初代儀兵衛も宝暦一二

表 16　三家が手放した土地

時期	小字	位	面積 (反.畝.歩)	分米 (石)	代銀 (匁)	売り主	買い主	売却の理由など
安永4年3月	十八ノ坪	上田	1.6.11	2.455	0	利右衛門	ゆき	由緒があるので譲る
安永6年6月	六ノ坪	上田	1.1.21	1.755	400	伝次	与左衛門	安永5年12月御割賦銀に差し詰まり他借しており、その返済のため
安永6年10月	十七坪	中田	0.3.01	0.425	221	儀兵衛	与三左衛門	年貢初納銀に差し詰まり
安永6年10月	十ノ坪	上田	0.9.07	1.385	310	伝次	喜八	年貢初納銀に差し詰まり
安永7年4月	十六ノ坪	上田	1.0.10	1.55	170	利右衛門	喜平次	年貢銀に差し詰まり
安永7年6月	五ノ坪	上田	1.0.26	1.63	650	理右衛門	為右衛門	拠んところなき入用出来につき
	五ノ坪	上田	0.4.14	0.65				
安永9年12月	十六ノ坪	上田	0.9.27	1.485	233	利右衛門	太郎兵衛	
天明3年7月	道ノはた	中畑	0.0.06	0.024	26	儀兵衛	－	其許望みにつき
天明3年11月	五ノ坪	上田	1.0.00	1.5	300	儀兵衛	源次郎	年貢銀に差し詰まり
天明3年12月	道ノはた	中畑	0.1.26	0.205	185	善次	伝次	年貢銀に差し詰まり
天明4年4月	十五ノ坪	中田	0.0.08	0.037	7.5	伝次	喜八	其許望みにつき
天明4年12月	七ノ坪	上田	1.0.20	1.6	273	利右衛門	仁兵衛	当月年貢銀に差し詰まり
天明5年正月	八ノ坪	上田	1.2.22	1.91	300	伝次	善六	当月年貢銀に差し詰まり
天明5年正月	十六ノ坪	中田	0.2.24	0.392	195	儀兵衛	惣兵衛	当月年貢銀に差し詰まり
天明5年正月	十七坪	中田	0.8.24	1.232	196	儀兵衛	平吉	当月年貢銀に差し詰まり
天明5年2月	五ノ坪	中田	0.7.28	1.111	221	文次	与助	当月年貢銀に差し詰まり
天明5年3月	十八ノ坪	中田	0.4.19	0.648	260	利右衛門	弥右衛門	当月年貢銀に差し詰まり
天明6年12月	道ノはた	中畑	0.2.14	0.271	130	文次	喜八	年貢銀に差し詰まり
寛政2年11月	十七ノ坪	中田	0.2.05	0.303	281.7	伝次	儀助	年貢銀に差し詰まり
寛政2年11月	十七ノ坪	中田	0.3.12	0.476	442	伝次	惣兵衛	年貢銀に差し詰まり
寛政2年11月	十七ノ坪	中田	0.1.21	0.238	355.3	伝次	喜兵衛	年貢銀に差し詰まり
	十七ノ坪	中田	0.1.01	0.145				
寛政2年11月	道ノはた	中畑	0.1.10	0.145	208	伝次	徳兵衛	年貢銀に差し詰まり
	道ノはた	中畑	0.0.08	0.029				
寛政2年11月	十七ノ坪	中田	0.1.06	0.168	156	伝次	吉郎兵衛	年貢銀に差し詰まり
寛政2年11月	十七ノ坪	中田	0.1.19	0.229	212.3	伝次	次郎兵衛	年貢銀に差し詰まり
寛政2年11月	十七ノ坪	中田	0.1.06	0.168	156	伝次	儀右衛門	年貢銀に差し詰まり
寛政2年11月	道ノはた	上畑	0.0.14	0.061	240	利右衛門	武八	年貢銀に差し詰まり
寛政5年12月	五ノ坪	中田	0.4.25	0.677	150	文次後家	嘉右衛門	年貢銀に差し詰まり
寛政5年12月	建家(梁間2間・桁行3間半)・風呂				236	文次後家	嘉右衛門	困窮につき
寛政10年2月	七ノ坪	上田	1.2.02	1.61	585	伝次	弥助	年貢銀に差し詰まり
寛政12年10月	道端	上畑	0.1.03	0.143	723	伝次	善六	年貢銀に差し詰まり
	道端	上畑	0.1.03	0.143				
	道端	中畑	0.1.01	0.113				
享和2年12月	十七ノ坪	下田	0.7.06	0.936	－	伝次	平兵衛	年貢銀に差し詰まり

合計　25.644 〈天明3年12月の買得を除く〉

年に一・六石程度の出作地を買得したが、天明四年には仁右衛門に渡っている。このほかの先述した出作高について見てみると、まず二代目利右衛門が明和三年に王子村に所持していた五・五六七五石は天明四年には手放されている。また初代利右衛門が享保期に買得した一六・五七二八石の出作地のうち、天明四年に伝次が所持していたのは八・四〇五五石であり、天明四年以降については今のところ不明である。

このように明和九年以降、この三家は村高・出作高ともに所持高を減らしている。これは二代目利右衛門と初代儀兵衛の死によってこの連合体の要を失ったからであろう。しかし寛政一〇年には年寄役が二代目儀兵衛から伝次に移っている。儀兵衛と伝次は両者とも高を減らしており、儀兵衛が逼塞したためという理由は考えにくい。ましで伝次は寛政一二年には儀兵衛の所持高を下回っている。ここから考えられることは、やはり身内での交代が意識されたか、そもそも初代利右衛門の血をひく伝次の方が家格として上であると認識されていたからではないだろうか。そのためこの頃まで三家の連帯は結束力を弱めながらもある程度残っていたと考えられる。

以上、庄屋利右衛門と年寄儀兵衛のあり方を見てきた。この二人は、寛延三年には村内で突出した高持であり、加えて利右衛門は王子村に一六石程度の出作地も所持していた。利右衛門の倅が早世するというアクシデントがあったものの、利右衛門の娘婿で儀兵衛の長男であった為右衛門が二代目利右衛門となり庄屋役をつぎ、初代利右衛門・儀兵衛・二代目利右衛門の三家が連帯することでこの危機を乗り切った。この間村高一四三石余の内、実にこの三家で四五石前後も所持していたのである。しかし二代目利右衛門と初代儀兵衛が安永三年頃までに死亡し、以後三家とも急激に所持高を減らしてゆく。それでも年寄役が儀兵衛から伝次へ移ったことを考えると、少なくとも寛政一〇年頃までは三家の連合体は力を弱めながらも残っていたものと思われる。

この三者が村政へ与えた影響は非常に大きかったことは想像に難くない。寛延三年段階では庄屋利右衛門と年寄儀兵衛は儀兵衛の女房が利右衛門の妹であるため義理の兄弟であった。為右衛門が二代目利右衛門となった宝暦一二年以降、庄屋利右衛門と年寄儀兵衛は親子であり、さらに明和元年に儀兵衛の三男が年寄役と儀兵衛の名を継いだ後は利右衛門と儀兵衛は兄弟であった。つまり庄屋利右衛門と年寄儀兵衛は常に身内であり、安永三年頃までは三家とも非常に安定した経営を展開していた。一軒ずつの所持高だけでは見えてこない、村落構造の一端がここに見てとれるのである。

(2) 小前・無高層と出作

南王子村は村人の数に比べて、村高が非常に少ないため、必然的に村人は村外に出作地を所持するようになっていった。小野田栄子氏は、王子村への出作地の大半は宝暦から明和期(一七五一～七一)にかけて取得され、その中心が小前・無高層であったことを明らかにしている[39]。「家」について考えるとき、その経済力についても考える必要がある。しかし小前・無高層は所持高がほとんどないため、その実態がよく分からない。また無高であるため、村内所持高を手がかりにした血縁関係の分析も不可能である。そこで本項では史料の関係上隣村王子村に取得した出作地と小前・無高層の関係を考えることで、小前・無高層の実態を明らかにしたい。

王子村は南王子村の北側に位置し、面積二一町余、村高三一五石余である。両村は、天明四年に南王子村の出作人が不当な扱いを受けていると訴えたため争論となった。この時点で王子村に出作している南王子村の村人は五一人、石高は一三三石余に及んでいる。この争論で南王子村が一橋家の府中役所に出作地一覧を提出している[40]。この史料には出作地の位・面積・分米・取得時期・買い主・売り主・代銀などが記されており、多くのことが分かる。これをまとめて、取得時期順にした(**表17**)。さらに宗門改帳の分析をもとに、取得時期の買い主の所持高と、売り主が南王子村の村人の場合、その所持高も記入した。

まず取得時期について見てみよう。この内、売り主が南王子村の村人の場合はここでは対象としない[41]。また**表17**下段の取得時期が不明となっている九件も対象としない。取得が最も早いものは天和二(一六八二)年である。この後享保期(一七一六～三五)に先ほど述べた利右衛門の取得を含め五件あり、出作地の取得が本格化するのは宝暦から明和期にかけてであり、二八件ある。明和六年から、直近の安永九年までは四件を除いて南王子村の村人間での売買である。つまり宝暦から明和六年頃までに王子村への出作地の大半が取得されたのである。

次に買い主の村内での所持高を見てみよう。享保末年から寛延二年までは村内所持高を知ることのできる史料がないため、全く不明である。しかし寛延三年以降出作地を取得した者の大半は村内における小前・無高層であった。宝暦二年一〇月に南王子村の吉右衛門から二・六一九七石を買得した与右衛門は村内で〇・〇五九石を所持しており、前年と同年一一月に買得している角右衛門は無高である。以下、軒並み無高が並んでいる。宝暦一二年三月には久左衛門や年寄儀兵衛などの高持が取得しているが、これは売り主が王子村の年寄角左衛門であるため、村役人同士のつきあいから村高を相応に所持する人物に渡ったのではないかと思われる。売り主が南王子村の村人の場合、その村高を見るとこれもまた小前・無高層が多い。先ほどの与右衛門に土地を売った吉右衛門は無高であり、宝暦七年に半左衛門に二石余を売った次郎左衛門の所持高は〇・三二二石であった。

この間の流れを見ると、おそらく王子村への出作を本格化させる大元のきっかけは、利右衛門による合計一六石を超える享保期の取得であったと思われるが、それ以降この流れに追随した者の多くは村内の高を十分所持できない小前・無高層であった。彼らの所持した出作高はそれぞれ三石にも満たない程度ではあるが、それでも比較的安定した生活を営むことができたと思われる。無高の家は宗門改帳において「無高」と書かれ、さらに「〇〇借地」と書かれる。出作地を所持する場合、地主名が変化しないことが多く、その後一石とはいえ村内に高を所持するようになる場合もある。しかしもちろん南王子村村内の小前・無高層の全てが出作地を所持できたわけではない。出作地所持を可能にするような何らかの経済力をもたなかった小前・無高層はおそらく、一節で見た丈右衛門や庄助、梅右衛門のように些細なことがきっかけで欠落せねばならないような生活を強いられていたことだろう。

つまり宗門改帳に「無高」と同じように記載されていても、出作地をある程度所持して安定した生活を営むこ

表17　王子村の出作地取得状況

時期	売り主	小字	位	面積（反.畝.歩）	分米（石）	代銀（匁）	買い主	家番号	村内高	出作高計	天明4年の所持者（分割されている場合、面積・分米）	その他・備考
天和2年12月	王子村 久兵衛	宮前北	－	1.0.00	1.4	700	又兵衛				長兵衛	
不明（元禄13年）	－	古屋敷	－	3.8.28	5.061	1200	〈利右衛門〉				〈利右衛門〉	付箋「除地のため証文なし、元禄13年より高付」
元禄16年12月	王子村 七右衛門	向田	中田	0.4.27	0.7105	570	喜三右衛門				四郎兵衛	
正徳5年正月	南王子村 与兵衛	山原	上田	0.2.09	0.3565	550	与三兵衛				与三兵衛	
		山原	下田	0.1.22	0.2253							
享保元年12月	府中村 角左衛門	横枕	上々田	1.7.28	2.959	7000	利右衛門	0134	9程度カ	5.3515	藤次郎　1.1.00　1.815 平助　0.6.28　1.144	
		横枕	上々田	1.4.15	2.3925						与三兵衛	
享保4年11月	王子村 吉兵衛	みそ地	上田	0.9.03	1.4105	600	次郎左衛門				久兵衛	
		みそ地	上田	0.4.13	0.6872						次郎左衛門	
享保10年2月	中村 文左衛門	宮前	上々田	4.4.11	7.3205	3210	利右衛門	0134	20.159	16.573	伝次	
		宮前	上田	0.7.00	1.085							
		市ノ坪	上田	0.9.00	1.395						仁右衛門	
		みそ地	上田	0.9.05	1.4208						源七	
享保10年3月	南王子村 吉右衛門 1.189石	池ノかわ	上田	0.3.17	0.5528	312	八郎右衛門		0	1.4466	勘右衛門	
		向田	上田	0.5.23	0.8938							
享保18年12月	南王子村 弥右衛門 0.147石〈享保16年〉	ため田	上田	1.1.07	1.7417	460	仁右衛門	0016	5.129	1.7417	久左衛門	
元文5年12月	王子村 太兵衛	市坪	上田	0.4.21	0.7285	150	勘右衛門				善六	
寛保2年7月	南王子村 忠右衛門	宮前	上田	0.5.02	0.7853	195	与三左衛門				伝次	
寛保3年12月	南王子村 弥右衛門	雨ふり	上田	1.0.02	1.5603	600	久左衛門	0018	－	1.5603	久左衛門	享保10年、中村文左衛門から南王子村弥左衛門へ売渡し。
寛保3年12月	王子村 勘右衛門	横枕	上田	0.9.15	1.4725	1200	久左衛門	0018	－	4.9703	久左衛門	
		横枕	上田	1.2.15	1.9375							
延享元年12月	王子村 惣兵衛	ため田	上田	1.7.05	2.6808	780	三郎右衛門	0088?			次郎左衛門　0.9.10　1.447 与三右衛門　0.7.25　1.214	
延享2年5月	南王子村 弥右衛門	雨ふり	上田	0.4.22	0.7337	270	久左衛門	0018	－	5.704	久左衛門	享保10年、中村文左衛門から南王子村弥左衛門へ売渡し。
延享3年5月	南王子村 市右衛門	かわのはた	上田	0.8.28	1.3847	393	又兵衛	0070?			為右衛門	
延享4年12月	南王子村 十兵衛	市坪	中田	0.8.20	1.2567	390	勘右衛門	0063?	0.683?		儀右衛門	
		市坪	中田	0.2.03	0.3405							
寛延2年12月	王子村 久右衛門	砂子田	上田	1.0.14	1.6223	300	久左衛門	0018	6.691	7.3263	太兵衛	
宝暦元年11月	南王子村 弥三兵衛 0097　0石	笠掛	上田	0.5.10	0.8267	104	角右衛門	0068	0	0.8267	角右衛門	

宝暦2年10月	南王子村 吉右衛門 0011 0石	笠かけ	中田	0.0.22	0.1063	500	与右衛門	0083	0.059	2.6197	兵助	
		笠かけ	中田	0.5.26	0.8507							
		笠かけ	中田	0.0.14	0.0677							
		屋敷之間	下田	0.0.16	0.0693							
		屋敷之間	中田	0.0.11	0.0532							
		屋敷之間	中田	0.1.11	0.1982							
		笠かけ	上畑	0.3.15	0.455							
		笠かけ	中畑	0.2.26	0.344							
		笠かけ	中畑	0.3.05	0.38							
			屋敷	0.0.22	0.0953							
宝暦2年11月	王子村 宇右衛門	横枕	上田	1.1.20	1.8083	900	仁右衛門	0016	6.175	4.6858	仁右衛門	
		宮前	中田	0.7.25	1.1358							
宝暦2年11月	王子村 茂兵衛	笠掛	中田	0.2.24	0.406	260	角右衛門	0068	0	2.245	角右衛門	
		笠掛	中畑	0.5.12	0.648							
		笠掛	中田	0.1.14	0.2127							
		山原	下田	0.1.05	0.1516							
宝暦3年4月	富秋村 太郎四郎	ため田	上田	1.7.17	2.7228	600	善六	0119	0	2.7228	善六	
宝暦3年10月	富秋村 武右衛門	雨ふり	上田	0.9.20	1.4983	550	新兵衛	0051	0	3.1206	弥右衛門	
		雨ふり	上田	1.0.14	1.6223						忠兵衛	
宝暦3年11月	王子村 吉郎兵衛	笠掛	下田	0.8.13	1.0963	260	八郎右衛門	0025	0	2.5429	勘右衛門	
宝暦4年6月	中央寺	ためだ	中田	0.3.26	0.5607	85	角右衛門	0068	0	2.8057	角右衛門	
宝暦4年12月	王子村 宮内	笠掛	上田	0.3.08	0.5063	145	太郎兵衛	0076	0.497	1.8988	太郎兵衛	付箋「当村より御検地請申候」
		笠掛	上田	0.6.10	0.9817							
		池かわ	中田	0.2.25	0.4108							
宝暦4年12月	王子村 宇兵衛	六反田	上々田	0.9.24	1.617	390	半左衛門	0031	0	2.7122	半左衛門	
		向田	上田	0.5.15	0.8525							
			上畑	0.0.20	0.0867							
			屋敷	0.1.06	0.156							
宝暦4年12月	王子村 吉兵衛	笠掛	中田	0.6.07	0.9038	180	甚助	0147	0	0.9038	五兵衛	
宝暦5年12月	王子村 宮内	笠かけ	下田	0.7.00	0.91	221	善兵衛	0128	0.091	0.91	善兵衛	
宝暦7年2月	南王子村 次郎左衛門 0078 0.322石	南谷	中田	0.4.03	0.5945	494	半左衛門	0031	0	4.8034	半左衛門	
		笠かけ	上田	0.2.10	0.3617							
		笠かけ	中田	0.0.22	0.1063							
		笠かけ	上畑	0.3.15	0.455							
		笠かけ	中畑	0.1.23	0.2297							
			屋敷	0.2.26	0.344						太郎兵衛	
宝暦7年4月	王子村 壱岐	笠掛	下田	0.3.23	0.4897	600	太郎兵衛	0076	0.497	2.4611	太郎兵衛	奥944では、譲り主は王子村庄屋文治。
		元禄12年新開		0.0.20	0.0726							

時期	売り主	小字	位	面積（反.畝.歩）	分米（石）	代銀（匁）	買い主	家番号	村内高	出作高計	天明4年の所持者（分割されている場合、面積・分米）	その他・備考
宝暦7年12月	王子村 善兵衛	壱坪	上田	1.0.05	1.5758	578.5	甚助	0147	0	5.2076	弥助	
		壱坪	上田	0.7.19	1.1832						平助	
		壱坪	上田	0.9.29	1.5448						彦兵衛	奥944では、譲り主は吉兵衛。
宝暦8年正月	南王子村 ゆき	雨ふり	上田	0.9.03	1.411	500	与三右衛門	0034	0or0.143	1.411	弥右衛門	享保10年、中村文左衛門から南王子村弥左衛門へ売渡し。
宝暦8年正月	王子村 吉兵衛	みそ地	上田	1.0.02	1.5603	430	次郎左衛門	0078	0.322	3.658	次郎左衛門	
宝暦8年4月	王子村 庄兵衛	六反田	上田	0.8.22	1.3537	270	元右衛門	0131	1.974?	1.8535	元右衛門	
		六反田	上田	0.0.05	0.0258							
宝暦8年5月	王子村 武右衛門	山谷	中田	0.1.29	0.2853	78	角右衛門	0068	0	3.091	角右衛門	
宝暦8年5月	王子村 久右衛門	あひこ田	上田	1.6.20	2.5833	520	勘右衛門	0063	0.681or0		為右衛門	
		あひこ田	上田	0.2.17	0.3978							
宝暦10年9月	南王子村 次郎右衛門 0107 0石	市坪	上田	0.5.27	0.9145	420	金兵衛	0011	0	2.9088	佐次兵衛	奥944では、天明4年の所持者は嘉右衛門。
		市坪	上田	0.6.26	1.0643							
		一坪	上田	0.6.00	0.93						平助	
宝暦11年5月	王子村 吉郎兵衛	片山	下田	0.1.04	0.1473	100	徳兵衛	0166	0	0.8841	徳兵衛	
		道はた	上田	0.4.05	0.6458							
		道はた	下田	0.0.21	0.091							
宝暦11年12月	王子村 岡右衛門	屋敷之間	下田	0.2.10	0.3033	689	長次郎	0136	1.59	0.3033	庄九郎	
宝暦12年3月	王子村年寄角左衛門	砂子田	中田	1.1.11	1.6482	468	久左衛門	0018	6.691	8.9745	太兵衛	
宝暦12年3月	王子村年寄角左衛門	六反田	上田	1.0.11	1.6068	234	儀兵衛	0132	9.545	1.6068	仁右衛門	
宝暦12年3月	王子村年寄角左衛門	六反田	上田	0.8.28	1.3847	351	次郎兵衛	0006	3.937	1.3847	次郎兵衛	
宝暦12年3月	王子村年寄角左衛門	横枕	上々田	0.9.19	1.5895	195	宇右衛門	0179?	?	1.5895	宇右衛門	
宝暦12年閏4月	池上村 六兵衛	花村	中畑	0.4.13	0.532	50	喜三右衛門	0002	1.909	2.441	磯治	
明和4年2月	富秋村 幸右衛門	五反田	上田	0.9.05	1.4208	200	元右衛門	0131	0.474	3.2743	元右衛門	
明和4年2月	富秋村 幸右衛門	疇くら	中田	0.8.20	1.2567	416	嘉右衛門	0152	2.845	2.9532	嘉右衛門	
		疇くら	中田	1.1.21	1.6965							
明和4年2月	富秋村 幸右衛門	笠掛	中田	1.3.07	1.9188	390	太郎兵衛	0076	0.498	4.3799	太郎兵衛	
明和4年3月	富秋村 幸右衛門	市坪	上田	1.9.04	2.9657	400	佐次右衛門	0156	0.49	2.9657	甚兵衛 0.9.17 1.483	奥944では、甚兵衛の一括所持を付箋で分割。
											伊左衛門 0.9.17 1.483	
明和5年12月	南王子村 太兵衛 0155 2.909石	ため田	上田	0.9.23	1.5138	286	惣兵衛	0126	6.227	1.5138	惣兵衛	
明和6年正月	王子村 式部代兄徳次郎	砂子田	上々田	0.8.22	1.441	299	惣兵衛	0126	6.227	4.5938	惣兵衛	
		砂子田	上々田	0.9.28	1.639							
明和6年3月	王子村年寄角左衛門	花村	上畑	0.1.15	0.195	13	喜三右衛門	0002	1.909	2.636	磯治	
明和6年5月	南王子村 久左衛門 0018 3.889石	砂子田	上田	0.9.05	1.4208	750	惣兵衛	0126	6.227	7.6576	新右衛門	
		砂子田	上田	1.0.18	1.643							
明和7年10月	南王子村 茂兵衛 0120 0石	向田	上々田	1.3.04	2.167	450	与右衛門	0083	1.237	4.7867	与右衛門	

明和8年5月	南王子村 茂兵衛	六反田	上田	1.0.02	1.5603	299	惣兵衛	0126	6.227	9.2179	惣兵衛	
明和8年5月	南王子村 与左衛門 0009　4.71石	六反田	上田	0.8.26	1.463	208	仁兵衛	0151	0.13	1.463	仁兵衛	
安永2年12月	南王子村 茂兵衛 0120　0石	六反田	上田	0.8.10	1.2917	331.5	善兵衛	0128	0.091	0004	善兵衛	
		六反田	上田	0.8.28	1.3848							
安永3年正月	南王子村 太兵衛 0155　0.524石	よこ枕	上々田	0.9.19	1.5895	195	利右衛門	0089	17.094	1.5895	善六	
安永3年5月	南王子村喜三右衛門	ため田	上田	0.4.26	0.7543	500	太郎兵衛	0076	3.971	5.842	太郎兵衛	
		ため田	上田	0.4.17	0.7078							
安永3年5月	南王子村喜三右衛門	向田	上田	0.2.23	0.4288	40	四郎兵衛	0123	1.329	0.4288	四郎兵衛	
安永4年閏12月	南王子村 市右衛門 0156　0.209石	池のかわ	上田	0.6.06	0.961	104	甚助	0165	0.236	6.5222	彦兵衛	
		山谷	中田	0.1.01	0.1499							
		山谷	下田	0.0.23	0.0997							
		山原	中畑	0.0.26	0.104							
安永7年2月	南王子村 与四兵衛 0174　0石	向田	上田	0.9.29	1.5448	178.1	勘右衛門	0140	0.683	1.5448	儀右衛門	奥944では、小字は市坪。
安永8年2月	王子村 嘉右衛門	屋敷間	中田	0.4.00	0.58	39	長兵衛	0039	0.467	0.58	長兵衛	
安永8年4月	南王子村 忠右衛門 0184　0.362石	屋敷之間	中田	0.0.06	0.029	8	長兵衛	0039	0.467	0.609		
安永8年12月	南王子村 喜三右衛門 0213　1.909石	向田	上田	0.7.21	1.1935	170	弥助	0247	0	1.1935	弥助	
安永9年8月	王子村 嘉右衛門	道はた	上田	0.3.13	0.5323	156	新右衛門	0168	1.35	1.4209	新右衛門	
		屋敷之間	下田	0.4.10	0.5633							
		屋敷之間	屋敷	0.1.24	0.2343							
		屋敷之間	屋敷	0.0.21	0.091							
不明	不明	笠かけ	中田	1.0.10	1.4983	500	喜三右衛門より譲り請四郎兵衛分?				四郎兵衛または六兵衛	付箋「当村より開いたので証文なし」
不明	不明	元禄12年新開		0.0.24	0.105	35	太次兵衛				太次兵衛	
		山原	中畑	0.1.24	0.211							
不明	不明	向田	中田	0.1.29	0.285	25	安兵衛				安兵衛	
不明	不明	笠かけ	下田	0.1.09	0.156	10	作兵衛				作兵衛	
不明	不明	笠かけ	下田	0.0.12	0.052	不明	仁兵衛				仁兵衛	
不明	不明	池かわ	上田	0.2.29	0.466	200	又兵衛				長兵衛	
不明	不明	笠掛	中田	1.3.00	1.885	700	孫右衛門				孫右衛門	
不明	不明	南谷	―	0.4.07	0.573	300	八右衛門				八右衛門	
不明	不明	笠掛	下田	0.4.04	0.5374	1100	与三兵衛				与三兵衛	
		宮前	上田	1.0.06	1.581							
		屋敷間	―	0.0.14	0.0677							
				合計	133.2193						〈計算上は133.2393〉	

典拠：『奥田家文書』907・944。備考欄の享保10年の情報は『奥田家文書』1472による。

とができた層と日々をなんとか暮らしている最下層に二分されると想定できる(42)。また小前層でも、自分の住む住居しか所持できない場合と、これに加えて出作地を所持している場合が当然考えられる。そのため表13のように村高所持によって「〇から二石」「無高」と分ける方法は一面的であり、決して南王子村の村人のありのままの階層を反映してはいない。なお村内で無高であった人物がどのようにして出作地を買得する際の代銀を用意できたのかという問題が残る。おそらく彼らの多くはそれまで高持層の下で小作をしていたのではないかと思われるが、具体的に解明することは今後の課題である。

(3) 五人組と組頭

天保・安政期に頻発する村方騒動において、組頭が対立する両派に属して騒動で大きな役割を果たしていたことが、先掲西尾論文で明らかにされている。南王子村における日常的な村政運営のあり方については明らかになっていないが、組頭がある程度関与していたことは間違いない。組頭はすべて高持であったのか、それとも無高も含まれていたのか、村政には全ての組頭が参加できたのか、できなかったのか、ということは村落構造を考える上で非常に重要である。そこで次に一八世紀中期段階で五人組と組頭がどのようなあり方をしていたのかを限られた範囲であるが見ていこう。

明和三年に作成された二点の村方申合から、この時点で南王子村には五人組が三一組あったことが分かる(43)。これを同年の宗門改帳と照合したものが表18である。史料の連印順に並べ、便宜上最初の組から順に番号を付した。三一組中、高持が組頭を務めている組は一六組であり、全ての組頭が高持というわけではない。また同じ高持といっても二石未満の小前の組頭が一〇人いることも注目される。第一組や第七組などを見れば組内で所持高が最も多い者が組頭を必ず務めているわけではない。また第二組には六~七石の者が三人いる一方、全員が無高の組もあり、所持高によって組編成が行われているとは考えられない。おそらくこれ以前の五人組編成のまま、時がたつにつれて所持高が変動したものと思われる。

次に享保八（一七二三）年の村方申合と同年の免割帳を照合した表19を見よう(44)。この時点で五人組は一九組あり、内一四組で高持が組頭を務めている。明和三年よりも高持が組頭を務めている比率は高い。南王子村では家数が激増するため、当然五人組の数も増加したと考えられる(45)。増加する家の多くは無高であり、次第に全ての組で高持が組頭を務めることが不可能になっていったと思われる。なお庄屋・年寄が五人組に所属していることが確認できるのは享保八年の史料、表19までである。明和三年においても、庄屋・年寄が五人組に所属している可能性は極めて低い。さらに表18の第一一組「権助」は利助である可能性が高く（図3）、そうするとこの組は家番号〇〇八五〜〇〇八八の組と〇一三四（平次）となる。先述したように、〇一三四は初代利右衛門「家」であり〇〇八九は二代目利右衛門「家」であることを考えると、庄屋交代の際に庄屋役と所属する五人組が入れ替わったのだろう。つまりこの時期、庄屋は五人組には所属していなかったと考えられる。享保八年から明和三年の間に五人組の編成が変化したことになるが、これは次節で述べる寛延二（一七四九）年の村方騒動、あるいはそれ以前の村政の混乱に原因がある可能性も指摘できよう。また表18の第二組が全員、寛延の村方騒動で利右衛門方についていたことも注目しておく必要がある。ただし、利右衛門方が集中しているのはこの組だけである。いずれにせよ組数の増加と、その編成方法は全く不明であり、今後の課題である(46)。

次に宝暦五年に組頭であったと思われる二三人と明和三年の三一人について照合する(47)。宝暦五年の二三人中、一四人が明和三年にも組頭を務めている。しかしこの中には代替わりした家もあり、組頭の交代がその家の代替わりによって起こるわけではないことが分かる。

では、全ての組頭は村政に参加できたのだろうか。明和六年二月の博奕法度に関する「南王子村請印帳」には庄屋以下、村方全員が連判している(48)（第四章表2）。このうち上段と下段の間には史料中に、「御役所からの仰せ渡しを上段の人々から逐一聞き、承知致しました。」という文言がある。そのため上段は庄屋・年寄をはじめ

18	組頭 七右衛門[左兵衛カ]	[0026]	[2.992]	
	彦太郎	0027	0.428	
	三右衛門	0009	2.325	
	九兵衛	0029	0.15	
	甚七	0171	0	
	助次郎			
19	組頭 幸助	0020	0	
	惣右衛門	0024	0	
	清右衛門	0023	0	
	源左衛門	0022	0	
	藤兵衛	0170	0	
20	組頭 門右衛門	0111	0	
	半七	0110	0	
	市右衛門	0154	0.209	
	平助	0173	0	
	左々右衛門	0113	0	
21	組頭 弥三兵衛	0030	0	
	与三右衛門	0034	0.143	
	惣八	0121	0	
	甚右衛門	0112	0	
	伊惣次	0192	0	0111分家
	若右衛門	0129	0.158	
22	組頭 又兵衛	0070	0	
	杢右衛門	0067	0	
	甚助後家	0147	0	0067分家
	松兵衛後家	0148	0	
23	組頭 長次郎	0136	1.59	0001分家
	太右衛門後家	0138	0	0064分家
	与四兵衛	0174	0	
	文治	0149	4.495	0132分家
	重兵衛	0007	1.5	
24	組頭 惣兵衛	0126	2.886	
	四郎兵衛	0123	1.329	
	安右衛門	0124	0.982	
	善兵衛	0128	0.091	
	七郎兵衛	0127	0	
25	組頭 善七	0115	0	
	庄吉	0114	0	
	伊左衛門	0160	0	
	源助	0168	0	
	市兵衛	0100	0.15	
26	組頭 八郎兵衛	0050	0	
	新兵衛	0051	0	
	兵助	0052	0	
	丈右衛門	0054	0	
	杢兵衛	0169	0	
27	組頭 喜三兵衛	0031	0.252	
	善六	0119	0.095	
	久兵衛	0172	0	0088分家
	才兵衛	0118	0.286	
	五郎助	0185	0	
28	組頭 彦兵衛	0073	0.139	
	伝右衛門	0074	0	
	伝兵衛	0075	0	
	勘兵衛	0081	0	
	庄兵衛	0033	0	
	新助	0190	0	0074分家
29	組頭 太郎兵衛	0076	0.498	
	与次兵衛	0161	0	
	勘助	0061	0	
	又平	0167	0	
	徳兵衛	0166	0	
	弥三右衛門	0183	0	
	藤四郎	0191	0	
30	組頭 与三左衛門	0116	0	
	儀七	0083	0.059	
	勘左衛門	0117	0.044	
	権四郎	0176	0	0122分家
	茂兵衛	0120	0	
	九平次	0059	0	
31	組頭 佐右衛門	0021	0	
	安兵衛	0082	0	
	忠右衛門	0184	0	0061分家
	甚助	0165	0	
	清七			

〈村役人〉

庄屋 利右衛門	0089	10.28
庄屋 次兵衛	0133	2.661
年寄 助右衛門	0132	9.8
年寄 兵右衛門	0150	5.783

典拠：『奥田家文書』319・353（明和３年３月・４月の連印）を、同年３月の宗門改帳と照合した。
連印と宗門改帳の名前人が異なる場合は、［　］に宗門改帳の名前人を記載した。これらは、高齢の父親が名前人（倅が組頭）であったり、名前人交代の前後である、などの事情による。

表 18　明和三年の五人組編成

		家番号	所持高	備考
1	組頭 重右衛門	0001	1.791	
	喜三右衛門	0002	1.909	
	源右衛門	0003	1.604	
	平兵衛	0004	7.546	
	宇兵衛	0080	0	
	左次右衛門	0156	0.49	0003分家
	源兵衛	0195	0	0002分家
2	組頭 嘉兵衛	0016	6.175	
	五兵衛	0017	0.069	
	久左衛門	0018	6.691	
	藤右衛門	0019	0.395	
	仲右衛門	0077	7.485	
3	組頭 仁兵衛	0151	0.13	0065分家
	文右衛門	0141	0	0068分家
	喜助	0158	0	
	善四郎	0186	0	
	弥右衛門	0175	0	0120分家
4	組頭 長左衛門	0057	0.095	
	伊助	0109	0	
	半助	0058	0	
	吉助[権太郎]	0060	0	
	寅松			
5	組頭 藤次郎	0006	3.931	
	徳右衛門	0095	0.97	
	孫右衛門	0096	0	
	与三兵衛	0097	0.225	
	宇右衛門	0179	0.853	0133分家
	吉郎兵衛	0005	0	
6	組頭 角兵衛	0015	0	
	左次兵衛	0011	0	
	文七[文吉]	0013	0	
	九郎兵衛	0012	0	
	重郎兵衛	0014	0	
7	組頭 五右衛門[次郎左衛門]	0078	0.322	
	茂右衛門	0125	0	
	与右衛門	0146	0.558	0133分家
	喜右衛門	0062	0	
	与四右衛門	0140	0.683	0063分家
8	組頭 儀右衛門	0063	0	
	太右衛門	0065	0.26	
	伊兵衛	0064	1.465	
	弥兵衛	0066	0	
	元右衛門	0131	0.477	
	五郎兵衛	0188	0	0140分家
9	組頭 武兵衛	0155	2.90-	0017分家
	嘉右衛門	0152	2.845	0036分家
	源七	0162	0	0120分家
	次助	0055	0	
	与助	0079	0	
10	組頭 武右衛門	0036	2.717	
	梅右衛門	0035	0.127	
	作右衛門	0038	抜(高持)	
	長兵衛	0039	抜(高持)	
	新七	0130	5	
11	組頭 与茂三[惣七]	0085	0.221	
	権助[利助カ]	[0086]	[3.263]	
	善右衛門	0087	2.285	
	三郎右衛門	0088	0.158	
	平治	0134	22.252	
12	組頭 半兵衛	0090	0	
	常右衛門	0093	0	
	七兵衛	0094	0	
	清兵衛	0153	0.102	0092分家
13	組頭 磯右衛門	0099	0.029	
	庄右衛門	0103	0	
	丈助	0102	0.058	
	増右衛門	0101	0.063	
	六郎兵衛	0157	0	
14	組頭 政右衛門	0108	0	
	次郎右衛門	0107	0	
	九右衛門	0106	0	
	与兵衛	0105	0	
	庄助	0178	0	
15	組頭 重次郎	0071	0	
	角右衛門	0068	0	
	長右衛門	0098	0	
	吉兵衛	0177	0	0141分家
	太助	0069	0	
16	組頭 弥左衛門	0040	0	
	三郎兵衛	0072	0	
	清八	0041	0	
	惣助	0042	0	
	八右衛門	0137	0	0042分家
17	組頭 作兵衛	0044	2.393	
	庄右衛門	0048	0	
	太郎右衛門	0045	0	
	八兵衛	0047	0	
	孫兵衛[左兵衛]	0181	0	0044分家
	吉右衛門	0046	0	

表19　享保八年の五人組編成

	名前	所持高		名前	所持高		名前	所持高
組頭	儀右衛門		組頭	善左衛門	5.009	組頭	三郎右衛門	2.068
	教忍			長兵衛	1.717		弥兵衛	
	庄太夫			次兵衛	1.675		与次右衛門	
	金右衛門			作右衛門	7.033		甚九郎	
				武右衛門			仁左衛門	
組頭庄屋	理右衛門	18.517	組頭	太郎兵衛	4.285	組頭	太右衛門	
	喜三右衛門	5.909		九左衛門			七右衛門	
	勘兵衛	1.232		与左衛門			文右衛門	
	嘉兵衛	11.709		次右衛門	3.325		庄右衛門	
	源兵衛	4.305		八郎右衛門			又兵衛	0.17
組頭	太左衛門	1.565	組頭	市右衛門	2.136	組頭	次郎兵衛	11.789
	善兵衛			市兵衛	2.14		与三兵衛	
	忠兵衛			善四郎			三右衛門	2.569
	吉右衛門	1.189		喜左衛門			重兵衛	1.553
	孫右衛門	1.195		次郎左衛門			六兵衛	2.992
組頭	七兵衛		組頭	次郎右衛門	0.117	組頭	右衛門三郎	
	清兵衛	0.139		孫兵衛	0.029		弥右衛門	1.532
	甚兵衛			四右衛門			藤兵衛	
	市郎右衛門			新兵衛			小兵衛	
	勘右衛門			七郎右衛門			半右衛門	
組頭	九右衛門	3.225	組頭	三郎兵衛	2.38	組頭	源太夫	0.331
	与次兵衛			徳右衛門	1.543		喜右衛門	0.167
	惣右衛門			平右衛門	2.785		伝兵衛	
	信右衛門			権右衛門	9.072		喜兵衛	
				忠右衛門			半兵衛	
組頭	義兵衛	15.813	組頭	次郎太夫	0.481	組頭	吉兵衛	
	伊兵衛	3.543		彦左衛門			源左衛門	
	惣兵衛	0.311		伝右衛門			弥三右衛門	
	与三右衛門			伊右衛門			五郎左衛門	
	長右衛門			喜三兵衛			源右衛門後家	
組頭	九郎兵衛	1.755						
	作兵衛							
	庄九郎							
	八右衛門							
	武兵衛	2.81						

合計19組93軒

典拠：『奥田家文書』2519（享保8年2月村方申合）の連印に、享保8年度免割帳の情報を加えた（『奥田家文書』2175）。

なお、免割帳では左兵衛0.331石とあるものを、源太夫に比定した。これは享保期の免割帳記載から、同一の家と判断したことによる。

免割帳に名前があるが比定できない人物は以下の3人である。

利兵衛0.358石、儀兵衛1.661石、七郎兵衛0.334石
なお儀兵衛と七郎兵衛は伯太村からの出作人であると考えられる。

とする村政にかかわることのできる層であり、下段は村人一般であると思われる。これを表18と比較してみよう。上段には七人の組頭が名を連ねているが、儀右衛門を除くと全員高持である。村政に関与できる組頭は限られており、しかも高持がほとんどであったと考えられる。この七人以外の組頭は下段上部にまとまって署名している。書かれている順から考えると一応ほかの村人とは区別されるが、あまり扱いは変わらなかったと思われる。また組頭以下も連判の順は組ごとではないことも注目される。次に上段に書かれている「百姓」は百姓代であると考えられるが、これは組頭を務めていない有力高持である。武八郎は前出の初代利右衛門の孫であるし、平兵衛・仲右衛門も七石程度所持している。以上のことを考えると、無高でも組頭には就けるが村政に関与することはほぼ不可能であり、小前・無高層の組頭は百姓代よりも立場が低かったと考えられる。

（4）小括

南王子村では人口に比して村高があまりにも少ないため、常に村外へ何らかの経済基盤をもつ必要があった。そのためこの時期には、村内の小前・無高層を中心に王子村に合計一三三石余に及ぶ出作地を所持していた。しかし当然のことながら、小前・無高層は出作地を所持できた者とできなかった者に分かれていた。出作地を所持できた者達は比較的安定した生活を営むことができたであろうが、所持できなかった者はその日の生活にも事欠き、何かあれば欠落するしかないような状況にあったと考えられる。表13では二石未満の家が一一五軒あるが、それらは一様ではなく二分化していたと考えられる。

その一方で庄屋利右衛門と年寄儀兵衛が連帯して「家」を守り、庄屋・年寄という村政上の立場も守っていた。彼らは連帯することによって村高の三分の一近くにあたる四五石余を約二〇年にわたって所持していた。彼らは一軒ずつの高以上の力をもって村内に存在していたのである。

以上のことから、宗門改帳や免割帳から浮かび上がってくる表13のような村内所持高を基準にした内部構造の把握は南王子村では十分とは言えない。しかし村政の場では、何よりも村高を所持しているという事実が優先された。そのため、小前・無高層が村政に直接関与することはほぼ不可能であり、とくに出作地を所持するような経済力をもつ小前・無高層の一部は不満をもっていたと考えられる。

三、寛延二年の村方騒動

本章の目的は一八世紀中期の村落構造を明らかにすることである。そのために非常に大きな意味をもつのが、寛延二年に起きた庄屋役をめぐる村方騒動である。この騒動は一言で言うと、二節で見てきた利右衛門・儀兵衛が中心となって起こし、それぞれ庄屋役・年寄役に復帰することに成功したものである。以下この騒動の概要とその背景を順にみてゆこう。

（1）騒動の概要

寛延二年の村方騒動に関する史料は四点しか残されていないが、この限られた史料からまず騒動の概要を見ておこう。寛延二年に騒動が起きた時点で、庄屋は次兵衛一人であった。年寄は不明だが、元右衛門であった可能性が高い。また延享三（一七四六）年まで南王子村は幕領で石原清左衛門代官所支配であったが、延享四年以降一橋領知となっている。

まず寛延二年二月に利右衛門・儀兵衛・仁右衛門・為右衛門・平兵衛・久左衛門・源右衛門・仲右衛門・与茂三（右衛門三郎）・三右衛門・藤右衛門・利兵衛・二郎右衛門の一三人が庄屋次兵衛の不当を一橋家の役所に訴えることで騒動は始まった。この時利右衛門らが役所に提出した二点の史料から要点を整理していこう(49)。

その要求は①庄屋次兵衛が我がままに取り捌き、百姓は諸事不勝手になり迷惑している、更に延享四年の免定をいまだに百姓に見せていない。②年貢上納に関して村方での取り立てと役所への上納に差がある、村方諸事の村内割り当てと支出についても同様である。③延享四年の御延石代についても差がある。④ここ二年の諸掛物入用について百姓に相談せず、勝手に割賦している。⑤年貢皆済状を延享四年分以外見せていない。⑥寛延元年の郷割銀に関しても村方取り立てと府中村に支払った額とに差がある。以前は庄屋・年寄・百姓が相談して村方小入用の勘定をしていたのに、次兵衛は勝手に行っている。⑦廻状持出人足と御用人足は以前は村方から順々に勤めてきたのに、次兵衛は賃銀を取り、高掛けにしている、というものである。③から⑥は②を詳しく説明したものと思われる。また③の御延石はおそらく期日を過ぎて納められた年貢銀のことである。以上のように述べた上で利右衛門らは「小高の次兵衛が百姓に相談せずに我がまま勝手に取り捌き、村方の不利益を顧みず百姓は難儀している。そのため御高所持の私達一三人分の高については別に庄屋をたててもらいたい。」と主張した。

これに対し役所では次兵衛に返答書を出すよう求め、同年三月に次兵衛は返答書を提出した(50)。その主張は以下の通りである。①延享四年の免定は下されたときに百姓中に見せている、見せていないというのは一三人の大きな偽りで他の百姓らへ確認していただきたい。②年貢上納と村方諸事において取り立てと支払いに差があるとされたが、帳面を確認していただきたい。③延享四年の御延石代について値違い分の一二匁余はいまだ百姓中の手元にあり、自分の手元にはない。④この二年の村の諸掛物については帳面を確認していただきたい。⑤年貢皆済状は毎年見せている、これも帳面を確認していただきたい。⑥寛延元年の郷割銀の取り立てと支出に関しても帳面を確認していただきたい、村方小入用については百姓立会の上で勘定をしている。⑦廻状持出人足と御用人足の賃銀を決めたのは先の庄屋利右衛門であり、自分は無関係である。

以上が次兵衛の主張であり、利右衛門らが訴えた不当の全てを真っ向から否定し、このような言いがかりは迷惑千万であると一々述べている。さらに注意しておきたいのは「先の庄屋が役を召し上げられた後、しばらく南王子村は年寄捌となったが、村方一同から代官所に私を庄屋に推挙する連判状が提出され、上様から私に庄屋を仰せつけられた。私は小高で不調法者ではあるが、一銭一粒まで大切にしている。私の普段の身持ちは小前百姓に確認していただきたい。」と述べていることである。

双方の言い分をまとめると争点は、Ⅰ年貢上納・村方諸事入用・延石代・郷割銀等について次兵衛の横領があるかどうか、Ⅱ免定・皆済状・諸掛物入用を次兵衛が村方に公開していたかどうか、Ⅲ普段の次兵衛の身持ちはどうか、という三点である。また次兵衛は「先庄屋利右衛門」、「先庄屋御役被為召上候」と書いており、先ほど挙げた文面も考慮すると寛延二年以前に何らかの庄屋役をめぐる動きがあったと考えられる。

この騒動は南王子村が属する府中組の庄屋中が仲裁に入り、同年四月に内済となった(51)。その結果、今後は次兵衛を訴えた一三人分の七九・二七五石は庄屋利右衛門・年寄儀兵衛が捌き、残りの高持四二人分と出作三人分の六三・一三二石は庄屋次兵衛・年寄元右衛門が捌くこととなった。さらに今後土地の売買があっても庄屋の支配は右の通りとし、「土地を買い取った百姓は入作たるべし。」とされた。他にも惣作高〇・七二六石は庄屋二人が一年交替で支配すること、検地帳・検地帳写・同年以降の免定・皆済目録・小入用帳は庄屋二人が一年交替で預かり、それ以外の書物や帳面は寛延元年分までは次兵衛が預かること、同年以降の書類は庄屋二人が交代で預かること、免割・小入用割は庄屋・年寄・百姓立会のもとで行われることが決められ、帳面の預かりは寛延二年が次兵衛、寛延三年が利右衛門となり、以降隔年で担当することになった。利右衛門らの「自分たち一三人分の高は別の庄屋をたててもらいたい。」という主張が大筋で認められたといえる。

ここで注目されるのは、これが単なる年番の二人庄屋制ではなく、それぞれの庄屋と土地が密接に結びつき、村高が利右衛門捌分と次兵衛捌分に二分されたことである。「入作たるべし」とは、寛延二年以降に例えば利右衛門が次兵衛捌の土地の一部を買得すれば、自分が庄屋であってもその土地の年貢は次兵衛に納め、利右衛門捌分の以前から所持していた土地の年貢は自分に納めなければならないということである。つまり別村に近い扱いとなる。そして年貢の徴収はそれぞれの庄屋が毎年自分の捌く土地から徴収するものの、合わせて領主に納めるときには年番で担当するのである。対外的には庄屋は年番制であるが、対内的には大きく二つに分かれたことになる。

（2）騒動以前の庄屋

この騒動の経過から、その背景にそれ以前に庄屋役をめぐる何らかの動きがあったと考えられるため、本項では『奥田家文書』に含まれる寛延二年以前の史料から代々の庄屋について考えておこう。

寛延二年以前の史料の差出・宛先から庄屋を務めていた人物を抜き出していこう。伯太村から高分けがなされて年貢直納体制が整ったのが正保四（一六四七）年頃であり、遅くともこの頃には南王子村に庄屋が存在していたと考えられる。史料で確認できる庄屋は寛文五（一六六五）年の源太夫が最初である(52)。この源太夫は先行研究『ある被差別部落の歴史』では利右衛門「家」の先祖ではないかとされているが、詳しいことは分からない。庄屋源太夫は延宝七（一六七九）年三月を最後に確認できなくなり(53)、その後天和元（一六八一）年には太兵衛が庄屋となっている(54)。元禄一〇（一六九七）年に南王子村の領主が交代する間隙を狙って、隣村王子村の庄屋が南王子村に対し検地帳などを渡すように要求し、南王子村の枝郷化をはかる事件があった。この際太兵衛は検地帳の引き渡しを拒絶し、王子村庄屋と結託した幕府代官の下役と思われる小野朝之丞によって当時南王子村の年寄であった弥右衛門ともども手鎖となっている(55)。

利右衛門が庄屋に就くのはその翌年の元禄一一年からであり(56)、同年に南王子村はそれまで居住していた王子村領内の除地から村内に唯一の寺である西教寺ごと村を挙げて南王子村領内に立ち退いている。利右衛門はこの後長きにわたって庄屋を務め、おそらくその間に利右衛門自身の代替わりもあったと思われる。しかし元文元（一七三六）年以降確認できなくなり(57)、元文三年には権右衛門が庄屋となっている。権右衛門が庄屋として表れる史料は一点だけである(58)。そしてその翌年の元文四年と寛保元（一七四一）年四月には伊兵衛が庄屋を

表20　寛延2年以前の庄屋

寛文5～延宝7年 (1665～1679) 源太夫 (利右衛門家？)	→	天和元～元禄10年 (1681～1697) 太兵衛 王子村庄屋の枝郷化に抵抗し、手鎖となる	→	元禄11～元文元年 (1698～1736) 利右衛門 庄屋役召上？	→	元文3年 (1738) 権右衛門 寛延3年に54才
元文4～寛保元年4月 (1739～1741.4) 伊兵衛 寛延3年には、仲右衛門の父伊兵衛66才 庄屋役召上？	→	寛保元年9月 (1741.9) 助松村作左衛門 助松村平右衛門 代官所よりの仰付	→	南王子村年寄捌	→	延享元年～ (1744) 次兵衛 村方からの推挙により代官所から仰付

務めていることが確認できる。しかしこれも史料は二点しかなく、しかも一年半程度と非常に短い期間である(59)。さらに寛保元年九月の史料によれば、この時点で南王子村の庄屋は助松村の作左衛門と平右衛門に兼帯庄屋として仰せ付けられており、これに対して南王子村では何とか村捌としてもらえるように代官所に願おうと相談が持たれている(60)。

以上が史料から整理できる、南王子村の庄屋の流れである。ここに前項でみた次兵衛の返答内容や、いくつかの考えられることを加えたものが**表20**である。次兵衛は「先庄屋が役を召し上げられたのち、しばらく年寄捌であったが、村方一同から自分を庄屋に推薦する連判状が差し出された。」と述べている。先ほど挙げた寛保元年九月の史料において、代官所が他村に兼帯庄屋を命じたことを考えると、その直前の伊兵衛は庄屋役を召し上げられたと考えるのが妥当である。そして南王子村から代官所へ何とか兼帯庄屋は勘弁していただきたいと働きかけた結果、年寄捌となり、その後次兵衛が庄屋となったのだろう。年寄捌の時期に誰が年寄だったのかは不明である。

次兵衛が庄屋に就いた時期も定かではないが、この騒動で延享四年の免定が一つの争点となっているので、遅くとも延享四年には庄屋を務めていたと考えられる。さらに遡って延享元年八月に「巡見一件請書」という史料がある(61)。巡見使が来るにあたって作成されたもので、村内一一九軒の連判があり、宛先は庄屋・年寄中である。この一一九軒中に利右衛門や権右衛門、伊兵衛・儀兵衛の名はあるが次兵衛と元右衛門の名はない。そのためこの時点ですでに次兵衛が庄屋、元右衛門が年寄であったと思われる。このように考えると次兵衛の述べる「役を召し上げられた先庄屋」とは伊兵衛であり、これは表20とも整合するが、同じ史料中で次兵衛は「先庄屋利右衛門」とも述べている。寛保元年から延享元年までの四年という短期間に、再び利右衛門が庄屋となりそれを召し上げられ、さらに騒動を起こして庄屋に復役するということは考えにくい。そのため「先庄屋利右衛門」は元文元年に退役し、延享四年までに復帰した事実はないと思われる。

次兵衛が言うところの役を召し上げられた庄屋が利右衛門なのか伊兵衛なのか、それとも二人ともを指すのかは不明瞭である。また庄屋役を召し上げられた人物に再び庄屋役が仰せ付けられるのかという疑問や、利右衛門は次兵衛の庄屋推挙状に連判したのか、利右衛門が連判せずに次兵衛が庄屋に就けるのかという疑問もあり、この辺りの流れはよく分からないことが多い。この間の史料が極めて少ないことが、事実を明らかにすることを妨げているが、それはこの村方騒動の決着において寛延元年以前の書物は次兵衛が預かることとなったため、そのほとんどが『奥田家文書』に収められていないからである。

利右衛門が元文元年から同三年の間に庄屋を退いたのち、次兵衛が庄屋に就くまでの間に庄屋は頻繁に交代している。しかも一度は兼帯庄屋が代官から仰せ付けられている。このことは元文元年以降に何らかの大規模な村方騒動があったことを示していると考えられる。

(3) 村方騒動に関わった人物と享保期の動き

まず騒動の翌年である寛延三年の宗門改帳をもとに利右衛門方・次兵衛方にくみした人物について見ていこう。同年の宗門改帳を所持高順にし、双方の立場にまとめたものが表21である(62)。騒動の翌年のものなので若干数字が異なるが（次兵衛方が四四軒であること、次郎右衛門が無高となっていることなど）、おおむねこの通りだと考え

表21　騒動における双方の立場

利右衛門方				所持高	次兵衛方			
		下人	軒数		軒数	下人		
☆利右衛門	25.281	3	1	20石以上	0			
★儀兵衛	13.362	1	1	10～20石	0			
平兵衛	7.546	1	5	6～10石	0			
※仲右衛門	7.485	1						
久左衛門	6.691	0						
為右衛門	6.326	1						
仁右衛門	6.174	0						
			0	4～6石	6	0	権右衛門	5.501
						0	平右衛門	5.161
						0	次右衛門	4.606
						0	武右衛門	4.361
						0	宇右衛門	4.208
						0	☆次兵衛	4.104
三右衛門	2.567	0	2	2～4石	3	0	次郎兵衛	3.937
源右衛門	2.094	0				0	五兵衛	3.741
						0	佐兵衛	2.992
利兵衛	1.009	0	3	0～2石	35	0	★元右衛門	1.974
藤右衛門	0.359	0				0	他34名	
右衛門三郎	0.221	0						
次郎右衛門	0	0	1	0石				
	-0.16			不明	3		出作人	
	79.275	7	13	合計	44＋3	0		63.132

☆印は庄屋、★印は年寄

※仲右衛門の父は伊兵衛（寛延3年に66才）で、前庄屋と思われる

利右衛門方捌高は79.275石であるが、宗門改帳に記載されている所持高を合計すると0.16石不足する。寛延2年10月の利右衛門方免割帳を確認すると、三右衛門は2.569石、ほかに三郎右衛門が0.158石となっており、計0.16石の差異がある。寛延2年5月の村方騒動以後、早い時期に次郎右衛門が三郎右衛門（宗門改帳では名前人・市郎右衛門で0.158石所持、宝暦4年から三郎右衛門を名乗る）に土地を売却したか、短期間に名前の変更があったと考えられる。

られる。

騒動の決着において一三人の所持高七九・二七五石が利右衛門捌となったことからも分かるが、利右衛門方には高持が多い。利右衛門方には村内所持高上位七人までが名を連ねており、彼らだけで七〇石余（つまり村高の半分）を所持している。次兵衛方では下人をおいている例はないが、こちらでは計七人を雇用している。また宗門改帳によれば村内無高のうち半数近い三五軒は彼らの借地に居住している。

さらに彼らは互いに縁戚であることが多い。儀兵衛の女房が利右衛門の妹であることは先述したが、三右衛門と平兵衛の女房はそれぞれ儀兵衛の娘である。また**表14**を見ると六・六石余が元文三年から寛延三年の間に平兵衛から久左衛門に渡っており、年齢も考慮するとこの二人は兄弟である可能性が高い。その場合父親は加兵衛である。さらに右衛門三郎は利右衛門の女房の弟である。また仁右衛門の娘が仲右衛門の女房となっている。所持高が同程度の家同士で婚姻関係が築かれるのは自然なことかもしれないが、注目しておく必要があるだろう。元文四年から寛保元年に庄屋を務めていた伊兵衛は、宗門改帳では仲右衛門の父六六歳として登録されている。以上のことを考えると、利右衛門方の中心は前節で見た利右衛門と儀兵衛連合体であり、さらに血縁関係のある高持が付随したものと考えられる。

これに対して次兵衛方には二石未満の者が圧倒的に多い。次兵衛自身の所持高も四石余で、利右衛門らをさしおいて庄屋役を務めていたのは非常に不自然である。しかし次兵衛の主張では、先の庄屋が役を召し上げられた後に村方から望まれて庄屋となったということなので、村内で人望があったのではないかと考えられる。またこちらには元文三年に庄屋を務めていた権右衛門が含まれている。この権右衛門と五兵衛は享保期の所持高推移を見る限り、兄弟のようである。

表21からは、この騒動が高持対小前層という対立構造であるかのように見える。しかし前項で見たようにこれ以前に何らかの騒動があったことは間違いなく、寛延二年以前の状況とそれぞれの「家」がその時期どのような

動きを見せていたのかを見なければこの騒動の本当の姿は捉えられない。そこでまず次兵衛が何者であるのか考えてみよう。次兵衛は本当に単なる「小高者」なのだろうか。「御用控」にその手がかりはある。

史料2

口上

一橋御領知泉州泉郡南王子村

次郎兵衛悴　藤次郎　当十五才

同人妻　はつ　当卅四

同人娘　つね　当弐才

同人弟　与右衛門　当卅九才

一、次郎兵衛当四拾四才罷成、此者当月廿三日夜家出仕候ニ付、同廿四日為尋、鉦・太鼓御願申上候処、御聞届被為　成難有奉存、方々三日三夜相尋候所、右次郎兵衛王子村と当村と用水立会之溜池南谷字惣之池はまり相果居申候ヲ、昨廿七日四ツ半刻見付、早速罷越及見候所、右次郎兵衛ニ相違無御座候ニ付、早速御訴申上候、則御建士（検使）被為　遣御見分、何之胡乱成義も無御座候ニ付、私共御吟味成被下、次郎兵衛儀先月二日頃ゟ病気罷在候処、当廿二日ゟ乱心之躰ニ相見候ニ付、無油断介抱仕候処、当廿三日夜中家出仕、右之仕合御座候、乱心者之儀ニ御座候得は、自滅ニ相見、何之怪敷義無御座候、外へ対シ一言之申分ン無御座候、依之、右次郎兵衛死骸御慈悲之上、私共へ被下置候様奉願上候、此上外ゟ露顕於有之ハ、如何様之越度ニも可被仰付候、已上、

宝暦十四年申四月廿八日

藤次郎

はつ

つね

右之通、御聞済被成下、願之通、次郎兵衛死骸被下置候ハヽ、難有奉存候、已上、

与右衛門
助右衛門
理右衛門

御奉行様
御建士《（検使）》九猪市大夫様
中田又助様
職事堀嘉七

宝暦一四年に、病気で伏せっていた次郎兵衛が、気が触れて行方不明となる事件があった。家出人として捜索願いが出され、捜索も行われたが、南王子村と王子村の溜池である惣ノ池で死んでいるところが発見された[63]。この一連の史料中、次郎兵衛の家族とともに次郎兵衛の弟として三九歳の与右衛門が連印している[64]。この与右衛門は、実は図2でみた、次兵衛の長男新右衛門がその後名前を変えた姿である。つまり次郎兵衛は新右衛門の兄であり、次兵衛の倅となるのである。

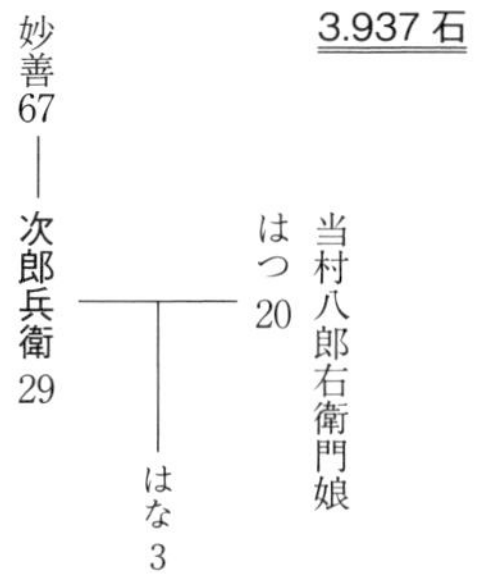

図9　寛延三年の次郎兵衛

次郎兵衛の寛延三年段階の家族構成は、宗門改帳の記載によると図9となる。所持高は三・九三七石で、次郎兵衛は二九歳、女房はつ（20）と娘はな（3）、母妙善（67）と四人で暮らしている。この時点で藤次郎はまだ生まれていない。一方、同年に次兵衛は五〇歳、その長子新右衛門は二三歳で、次郎兵衛の年齢も親子の関係としては許容範囲である（図2）。ただし、次郎兵衛と同居している母妙善が問題となる。次郎兵衛の母と考えるのが自然だが[65]、次兵衛と年齢の

表22　享保20年の所持高と、混乱期における役職

名前	所持高	役職	備考
理右衛門	22.558	〜元文元年庄屋	★
儀兵衛	19.688	〜元文元年年寄	★
加兵衛	14.236	寛保元年年寄	★ 平兵衛と久左衛門の父
二郎兵衛	8.188	〜元文元年年寄	☆ 次兵衛家？
伊兵衛	6.149	寛保元年庄屋	★ 仲右衛門の父
作右衛門	5.683		☆
権右衛門	5.501	元文3年庄屋	☆
仁右衛門	5.269	元文3年年寄	★
源兵衛	4.990		★？
元右衛門	4.285		☆ 寛延3年以降次兵衛方年寄
兵右衛門	3.741		☆
勘兵衛	3.679		？
次右衛門	3.325		☆
重右衛門	3.180		☆
(31人省略)			
計	142.407		

村方騒動において利右衛門は★印、次兵衛方は☆印

釣り合いがとれない。また出家しているので夫に先立たれたものと思われる。しかし次兵衛の女房は実在しており、しかもしゅんは三八歳である。二三歳である新右衛門の実母と考えるにはやや無理がある。よって新右衛門の実母はしゅんでなく、次郎兵衛と新右衛門は同腹の兄弟であるとも考えられる。宗門改帳を見る限り、妙善としゅんがネックとなって次兵衛と次郎兵衛が親子とは断定できない(66)。しかしここでは先ほどの史料を尊重して、次郎兵衛と与右衛門は兄弟であり、次郎兵衛と次兵衛も親子だと考えることとする。

次に見るのは享保二〇（一七三五）年の免割帳である(67)。**表22**はこのうちの所持高上位一四人である。享保二〇年の免割帳には次兵衛の名前は見えないが、二郎兵衛は八・一八八石を所持している。その三年後、元文三年の所持高は**表14**左側から得られるが、ここでは二郎兵衛が五石、次兵衛が三・一八九石となっており、二郎兵衛の高が次兵衛と二分されたことが分かる。この三年間に高がほかに三石程度移動した人物はいない。なお**表14**と**表22**を見比べれば分かるが、元文三年は一石につき九厘という額から算出しているため、〇・〇〇一〜〇・〇〇三石程度の誤差がある。寛延三年に五〇歳の次兵衛は享保二〇年には三五歳、元文三年には三八歳であり、二郎兵衛の元から分家する際に高分けされたとも考えられる。いずれにせよ庄

表23　18世紀中期までの庄屋・年寄等一覧

年次	庄屋	年寄	百姓惣代ほか	『奥田家文書』史料番号
寛文5年9月	源太夫	若太夫　市助		2399
延宝元年3月	〈肩書きなし〉源太夫・若太夫			1788・1789
延宝元年8月	源太夫	若太夫　又右衛門		2400
延宝7年3月	源太夫	〈案内者〉若太夫・助右衛門・又右衛門		895
天和元年5月	太兵衛	助右衛門　弥左衛門		2401
天和3年3月	太兵衛	弥左衛門　助右衛門		2402
貞享5年7月	太兵衛	助衛門　弥左衛門		2515
元禄10年5月	太兵衛	弥左衛門	〈百姓〉助右衛門・仁右衛門・久左衛門・九兵衛・平右衛門 ・四郎兵衛・右衛門三郎・兵右衛門・九右衛門	2447
元禄11年2月	理右衛門	弥左衛門　助右衛門		2404
元禄11年10月	理右衛門	助右衛門　弥左衛門	〈頭百姓〉仁右衛門・久左衛門・兵右衛門	2447
元禄12年2月	理右衛門	助右衛門　平右衛門		2405
元禄15年3月	利右衛門	助右衛門　平右衛門		2407
正徳2年3月	理右衛門	助右衛門　平右衛門	〈頭百姓〉九兵衛・次郎兵衛・五郎右衛門	1295・1296
正徳3年3月	利右衛門	助右衛門　次郎兵衛	〈百姓惣代〉喜三右衛門	1297
正徳3年9月	利右衛門	助右衛門　次兵衛		1
正徳4年4月	理右衛門	助右衛門　次郎兵衛		2288
正徳6年	理右衛門	助右衛門　次郎兵衛	〈百姓惣代〉嘉兵衛・六兵衛	1299
享保元年閏2月	理右衛門	助右衛門　次郎兵衛		2409
享保3年7月	理右衛門	次郎兵衛		308
享保4年3月	理右衛門	次郎兵衛　儀兵衛		1300
享保5年3月	理右衛門	二郎兵衛　喜三右衛門		1301
享保6年6月	理右衛門	次郎兵衛　喜三右衛門	〈惣百姓代〉権右衛門・儀兵衛・三郎兵衛・太郎兵衛・三郎右衛門	2411
享保6年11月	理右衛門	次郎兵衛　喜三右衛門	〈惣百姓代〉権右衛門・儀兵衛	2413・2414
享保7年3月	利右衛門	次郎兵衛　喜多右衛門	〈百姓惣代〉茂兵衛・権右衛門	2081
享保8年4月	理右衛門	次郎兵衛　権右衛門	〈百姓惣代〉儀兵衛・平右衛門	2082・2415
享保9年9月	理右衛門	次郎兵衛　権右衛門	〈百姓惣代〉儀兵衛・三郎兵衛	2083
享保10年4月	理右衛門	二郎兵衛　儀兵衛	〈百姓惣代〉善左衛門・嘉兵衛	2084
享保10年4月	理右衛門	次郎兵衛　儀兵衛	〈百姓惣代〉三郎兵衛・伊兵衛	2416
享保11年4月	理右衛門	次郎兵衛　儀兵衛	〈百姓惣代〉権右衛門・伊兵衛	2085
享保12年4月	理右衛門	次郎兵衛　儀兵衛	〈百姓惣代〉嘉兵衛・伊兵衛	2086
享保13年4月	理右衛門	次郎兵衛　儀兵衛	〈百姓惣代〉嘉兵衛・権右衛門	2087
享保14年6月	理右衛門	次郎兵衛　儀兵衛	〈百姓惣代〉嘉兵衛・権右衛門	2088
享保14年6月	理右衛門	治郎兵衛　儀兵衛	〈百姓惣代〉権右衛門・三郎右衛門・武右衛門	2418
享保14年6月	理右衛門	儀兵衛	〈百姓惣代〉権右衛門・三郎右衛門・武右衛門・三郎兵衛	2419
享保14年8月	理右衛門	次郎兵衛　儀兵衛	〈百姓惣代〉伊兵衛・嘉兵衛	941・2447
享保14年10月	理右衛門	次郎兵衛　儀兵衛	〈百姓代〉加兵衛・伊兵衛	385・2425
享保14年10月	理右衛門	儀兵衛　権右衛門	〈百姓代〉三郎右衛門・源兵衛	2426
享保14年12月	理右衛門	次郎兵衛	〈惣百姓代〉儀兵衛・伊兵衛・加兵衛	2427
享保14年12月	理右衛門	次郎兵衛　儀兵衛		2429
享保15年6月	理右衛門	次郎兵衛　儀兵衛	〈百姓代〉嘉兵衛・権右衛門	2433
享保16年正月	理右衛門	次郎兵衛　儀兵衛	〈百姓代〉嘉兵衛・権右衛門・三郎右衛門	2434
享保16年5月	理右衛門	次郎兵衛　儀兵衛	〈百姓惣代〉伊兵衛・加兵衛	2436
享保17年2月	理右衛門	儀兵衛　次郎兵衛	〈百姓代〉権右衛門・仁右衛門・嘉兵衛 〈肩書なし〉三郎兵衛・次右衛門・三郎右衛門・兵右衛門 ・善左衛門・伊兵衛・九兵衛・十右衛門・源右衛門	2438
享保17年5月	理右衛門	儀兵衛　次郎兵衛		2293～2295
享保18年2月	理右衛門	儀兵衛　次郎兵衛		2439
享保20年9月	理右衛門	儀兵衛　次郎兵衛	〈百姓惣代〉加兵衛・作右衛門・仁右衛門・武右衛門	2573
享保20年9月	理右衛門	儀兵衛　二郎兵衛	〈百姓〉元右衛門・十兵衛・勘兵衛・源兵衛・加兵衛	386
元文元年4月	理右衛門	儀兵衛　次郎兵衛		2093
元文3年正月	権右衛門	仁右衛門		2
元文4年8月	伊兵衛	嘉兵衛　元右衛門	〈百姓代〉平右衛門・吉兵衛・長右衛門・(後欠)	387
寛保元年4月	伊兵衛	嘉兵衛		2094

屋次兵衛の高は二郎兵衛から渡ったものであり、おそらく親子であると考えられる。

では二郎兵衛はどのような人物なのだろうか。表23は庄屋だけではなく、年寄や百姓代などもとりあげたものである。これによれば二郎兵衛は正徳三（一七一三）年頃から年寄を務めている。享保期にも年寄として確認できるが、利右衛門退役後は登場しない。つまり次兵衛は単なる小高者ではなく、かつて年寄であった二郎兵衛の倅であった。

さらに表23を見ていこう。儀兵衛は享保一〇年以降年寄を務めている(68)。儀兵衛は二郎兵衛よりも遅れて年寄となったためか、連判する際の順序は次郎兵衛・儀兵衛であった。しかしその順序は享保一七年以降逆転している。この時期に一体何があったのだろうか。手がかりとなるのは『奥田家文書』に残されている享保期の免割帳である(69)。前節で見た利右衛門と儀兵衛の連合がいつ頃から始まるのかという問題とともに享保期の高所持状況について見ていこう。

享保元年の免割帳では利右衛門の高は抜けている。しかし利右衛門を除いた合計高は一三三石余であり、村高が一四三石余であることから利右衛門の所持高は九石程度と考えられる。これは寛延三年の二五石余という村内で一番の所持高に比べて極端に少ない。そして享保元年段階で所持高トップは儀兵衛の一四・三二八石であり、二位が次郎兵衛の一三・二七四石、王子村伊兵衛が出作として一〇・四一二石、さらに兵右衛門が九・〇七二石と続いている。つまり利右衛門はこの時点で村内で四位または五位程度の高持であった。しかし利右衛門はその後徐々に高を伸ばしてゆく。享保三年には一二・〇八六石、同六年には王子村伊兵衛から五・三二石を引き継いで計一七・四〇六石となり（村内一位）、さらに同九年には二〇・一五九石となり、以後二〇石から二五石の間で推移している。儀兵衛も享保期に徐々に高を伸ばして享保二〇年には一九・六八八石となっている。一方次郎兵衛は享保元年の一三石余から徐々に高を減らし、同二〇年には八・一八八石となっている。

享保期には利右衛門と儀兵衛の間で高が頻繁に移動する事実は確認できないが、享保元年の段階ですでに儀兵衛は利右衛門の妹と結婚していたであろうから、つながりはあったはずである(70)。そして二人がそろって高を伸ばしてゆく中で、連帯感が生まれたと考えられる。享保一二年頃から二人合わせて所持高が四〇石を超えるようになり、村政に与える影響力は決定的になったと思われる。そのような中で自然と次郎兵衛と儀兵衛の力関係は逆転していったのだろう。そしてこの利右衛門と儀兵衛の強すぎる影響力が元文元年以降、村政に混乱をもたらした原因だと考えられる。

表22の役職欄は、享保二〇年から延享元年頃に次兵衛が庄屋となるまでの期間の役職である。享保二〇年時点で村内所持高の上位を占めていた人物がその後、頻繁に交代しながら庄屋・年寄を務めていたことが分かる。元文三年に庄屋を務めた権右衛門は寛延二年の村方騒動において次兵衛方、年寄であった仁右衛門は利右衛門方であった。さらに寛保元年に庄屋であった伊兵衛と、年寄であった加兵衛はともに利右衛門方である。この間の混乱は高持対小前・無高層というよりも、高持層内部の対立とも考えられる。利右衛門につくか、それに反発する方につくのか、高持層は揺れ、寛延の村方騒動につながっていったのだろう。

おそらく利右衛門は村人から退役を求められ、その後をうけた権右衛門は反利右衛門的村政を行ったが、年寄は仁右衛門であり、利右衛門方の勢力を抑えられなかった。そして再び利右衛門方の庄屋・年寄となったが、村方が承知せずにうまくいかなかったため代官所から兼帯庄屋が仰せ付けられる、という事態になったのだろう。その後かつて利右衛門らが台頭する中で影響力を弱めた年寄次郎兵衛とつながりのある次兵衛に庄屋役が巡ってきたと考えられる。つまり表21を見る限り、高持対小前・無高層と捉えることができる寛延二年の村方騒動だが、それ以前の状況を見ると高持層の内部でも分裂が起きていたのである。寛延の村方騒動は、この延長線上にあり、一見小前層と見える人々もそれ以前には村内で有数の高持であった「家」の流れをくんでいたのである。

（4）寛延二年以降の村内状況

この騒動の決着時に決定した事柄は寛延二年以降どうなったのだろうか。庄屋の年番については、同年以降文政七（一八二四）年頃までは西暦の偶数年は利右衛門、奇数年は次兵衛が務めている。史料中では、年番の庄屋、（対外的に）非番の庄屋、年番庄屋方の年寄、非番庄屋方の年寄という順序で書かれるが、年寄に関しては順序が逆になっている例もいくつかみられる。文政九年以降は西暦の偶数年は次兵衛方、奇数年は利右衛門方が庄屋を務めている。この頃入れ替わったのは利右衛門「家」で相続を巡るトラブルが発生し、一旦庄屋役から離れたためと思われる。

さらに利右衛門捌、次兵衛捌の枠組みは、その後も土地の売買時などに〇〇捌と書かれた史料がある。また享保期の免割帳は村高一四三石余について作成されているが、騒動後の寛延二年一〇月の免割帳は利右衛門方一三人分についてのみであり、以後も七九石余分である。さらに一〇〇年以上が経過した安政五（一八五八）年九月には二冊の名寄帳が作成されている(71)。一冊は利右衛門捌分、もう一冊は次兵衛のあと庄屋となった三右衛門捌分である。ここから利右衛門は七九・二七七石、三右衛門は六三・一八石を捌いていることが分かる。寛延期の決定からは多少石数が前後しているが、二冊ともに登場する人物がいることから、「入作たるべし」という枠組みは維持され続けたといえる。

次に庄屋の交代について考えてみよう。利右衛門については先述したが、次兵衛は明和三年一二月に死亡し、翌年一月には倅が継ぐことになる。この時の史料では、まず庄屋利右衛門、年寄助右衛門と兵右衛門が一二月二一日に一橋家の役所に次兵衛の死亡を知らせている(72)。続いて、翌年正月一一日には村の「百姓共総代」が次兵衛の倅惣治に親の名と印を継がせて庄屋役を仰せ付けられるよう願っている。これに利右衛門と助右衛門が奥書をして役所に提出された。この願いは聞き届けられ、明和五年の宗門改帳から惣治が次兵衛を名乗り、庄屋となっている。しかし利右衛門と助右衛門の奥書の文言は事務的であり、積極的ではない様子が窺える。また「百姓共総代」が村内のどこまでを指し示すのかは不明であるが、かなりの人数の代表であろう。さらに二通目には次兵衛方年寄の兵右衛門の名が見えず、「百姓共総代」に含まれている可能性もある。以上のことを考えると、この時点でも村内には確執が残っていたと思われる。

(5) 小括

寛延二年の村方騒動は、翌年の宗門改帳の分析だけでは一見高持対小前・無高層という対立構造である。しかしそれ以前の村の状況とそれぞれの「家」のあり方を見るとこの対立構造は当てはまらない。享保期に急激に高を伸ばした庄屋利右衛門と年寄儀兵衛は村政において大きな影響力を持つようになり、これが享保末年以降に村政の混乱をもたらした。寛延の村方騒動はその延長線上にあり、庄屋・年寄から一旦離れざるをえなかった利右衛門と儀兵衛が、幕領から一橋家へと支配が変わったことを一つのきっかけとして復帰を意図して騒動を起こしたと言える。一見小高者に見える次兵衛は、享保期には村内有数の高持で年寄を務めた次郎兵衛とのつながりが認められ、その他の人物についてもそもそもは同じ「家」と考えられる人々がまとまってどちらかにくみしていることもある。「家」を考えることで、村方騒動の理解は全く異なってくるのである。

またこの一連の騒動を通じて、この時期の利右衛門と儀兵衛に対する見方も深まった。彼らは一旦村役人を退いたものの、この騒動で村を完全に二分する形でその過半数を捌く庄屋・年寄に復帰したのである。彼らの連合体が村政に与えた影響力の大きさについていま一度考える必要がある。この騒動の決着は元文元年の利右衛門退役後に展開された、村政の混乱を一時的に解決するための手段であり、すべての問題が解決されたわけではなかっただろう。この時点においてその後に頻発する村方騒動の制度的下地が整い、その後家数が増加してゆく南王子村でこの時残された問題がさらに大きくなり、やがて天保・安政期に頻発する村方騒動につながるのではないだろうか。

おわりに

以上、「家」に注目することを中心に、この時期の南王子村の内部構造を見てきた。庄屋利右衛門・年寄儀兵衛・のちに二代目利右衛門となる三「家」は連帯し、享保一二年頃から安永三年頃までは四〇石程度を所持し、さらには庄屋役まで守り、南王子村において所持高以上の存在であったと考えられる。一方村内の小前・無高層の一部は宝暦から明和にかけて出作地を所持するようになり、比較的安定していたと想定される。しかし出作地を所持できない無高層ももちろんおり、彼らは村内の最下層であったと思われる。つまり宗門改帳において同じように「無高」と表現されていても、そこには出作地を所持して安定した生活を営める層と、村内最下層ともいうべき層の二つが考えられるのである。利右衛門・儀兵衛らに不当を訴えられた庄屋次兵衛は、一見小高者であったが、享保期の動きを見ると村内有数の所持高を有していた次郎兵衛とのつながりがあり、単なる小高ではなかった。そしてこの村方騒動の原因の一部は享保期にあったのである。このように捉えると寛延二年の村方騒動は高持対小前・無高層という単純な対立構造ではなく、それ以前の村政の混乱とそこでのそれぞれの「家」のあり方の延長線上にあった。おそらく寛延二年頃が利右衛門・儀兵衛連合体のピークであり、その後ゆっくりと解体に向かうと考えられる。

一八世紀中期においてもすでに村内で騒動を繰り返していた形跡が見られた。また兼帯庄屋を仰せ付けられた際には、何とか阻止しようと話し合いが持たれており、ここには利右衛門方・次兵衛方を問わず両派とも連判している。これは村外に対して見せる強い結束であり、よって安政期に見られるような特質はすでにこの時期に現れている。そして寛延二年以降、二人庄屋制となったことは二人の庄屋を頂点として騒動が行われるというその後のあり方を制度的に決定したといえる。

本章では村落構造を明らかにするため「家」に注目するという方法をとった。そしてここから導き出された村の実態は村内の所持高状況とは全く異なるものであった。つまり宗門改帳や免割帳のある特定の年次を切り取って、村内所持高状況を明らかにし、それだけで南王子村の内部構造を明らかにすることには限界がある。それは一面的な実態にすぎない。より「村」の実態に近づくためには一つ一つの「家」を丁寧に追っていき、時の経過に応じてどのように変化していくのか、「家」の変化が「村」のあり方にどう影響していくのかを考えなければならない。年次の離れた二つの時期を切り取って、そこで名前が同じだという理由だけで「同じ」家だと決定するのは早計である。またそこに現れる所持高状況と家数の変化だけでその間に起きた「村」の変化のすべてを語ることはできない。場合によっては一軒ずつではなく、二軒、三軒と血縁関係のある家を一つのまとまりと考える中で見えてくる実態もあるだろう。これは南王子村だけでなく、すべての村の内部構造を分析する上で重要であり、ある程度有効な方法であると考える。

しかし「家」をみる上で、もう一つ考えなければならないことがある。それは「家」とは何か、「家の成立」とは何かということである。南王子村では家名・家職・家産がそろって相続されていくような「家」はこの時期皆無である。「家の成立」をこの三つが相続されてゆくことだけで語るのならば、南王子村には「家」が存在しないことになってしまう。では一節で見たような状況は一体何なのだろうか。そこに「家」が存在しないと言い切ってしまうのは実態にそぐわない。では果たして一般に言われている「家の成立」条件は正しいのだろうか。それは南王子村のこれ以後の「家」のあり方をみるだけでなく、他の百姓村においても考える必要がある。「家の成立」とは何かという問題意識を持ちながら、一つ一つの「家」を問い直し、さらには「村」を問い直すことによって新しい「村」の実態が明らかになるだろう。そして「かわた」村・百姓村を問わずこの視角から分析することで、「家の成立」条件は何かということがあらためて明らかになると考えられる。

また南王子村の「相続」を明らかにする上で不十分だった点について述べておく。それは経済力と住居である。

南王子村では村高が少ないため、村人は村高以外の経済基盤を求める必要があり、その一つが出作地であった。出作地を所持できない層は小作であったり、雪踏細工直稼等をしていたと考えられる。このような点がより具体的に明らかになれば、何を「相続」するのか、なぜ分家できるのかということが分かるだろう。もう一つの住居は経済力とも密接な関わりがあるが、どのような借地・借家がそこに想定できるのかは明らかではない。南王子村では屋敷地が極端に少なく、何度も役所に対して田畑を屋敷地にしたいと願い出ている。そのような村にあって、家数は増加し続ける。無高の人々は都市社会における長屋のような家屋に住んでいたのだろうか。しかし長屋では農具の管理や様々な農作業は不可能であり、少なくとも出作地を所持するためには長屋住まいでは無理だと考えられる。分家する際の住居の実態を解明することも「相続」を考える上で必要不可欠であり、今後の課題である。

注

（1）朝尾直弘「幕藩制と畿内の『かわた』農民―河内国更池村を中心に―」（『新しい歴史学のために』一六〇、一九八〇年、『朝尾直弘著作集第七巻　身分制社会論』岩波書店、二〇〇四年所収）。

（2）奥田家文書研究会編『奥田家文書　全十五巻』（大阪府同和事業促進協議会、大阪部落解放研究所、一九六九年～一九七六年）。

（3）森杉夫「近世末解放村落の貢租」（『日本歴史』二五九、一九六九年）、同「天明期の百姓一揆―泉州一橋領知の場合―」（『大阪府立大学社会科学論集』一、一九七〇年）、同「近世末解放部落の成立と生活―河内更池村・和泉南王子村を中心として―」（『部落解放』二一、一九七一年）、同「出作をめぐる差別と争論」（『大阪府立大学紀要　人文・社会科学』二七、一九七九年）。高市光男「江戸時代後期の部落の人口動態―和泉国泉郡南王子村の場合―」（『部落問題研究』四五、一九七五年）ほか。

（4）藤本清二郎「近世賤民制の展開と地域社会」（『歴史評論』三六八、一九八〇年）。のち同『近世賤民制と地域社会―和泉国の歴史像―』（清文堂、一九九七年）に前半部分のみ所収。
（5）小野田栄子「幕藩制解体期における賤民身分をめぐる諸動向―『解放』の基礎条件と百姓身分との対立―」（『日本史研究』一八一、一九七七年）。
（6）久留島浩「幕末維新期における『地域社会』と『かわた』村―泉州南王子村を中心に―」（『部落問題研究』一一七、一九九二年）。
（7）飯田直樹「賤称廃止令前後の地域社会―南王子村平民祝恐相撲を題材にして―」（『歴史評論』六一一、二〇〇一年）、西尾泰広「安政年間村方入縺一件よりみた南王子村」（『部落問題研究』一六二、二〇〇二年）、横山芽衣子「維新変革期の地域と民衆―南王子村西教寺帰依不帰依一件をめぐって―」（『部落問題研究』一七〇、二〇〇四年）。なお畑中敏之氏は天保期の村方騒動の分析を行っているが、「村」の内部構造よりも雪踏商人などの経済的側面を見ようとする視点が強いため、本文中では触れていない。同「近世後期における『かわた村』の動向―『かわた村』村方騒動の考察を中心に―」（『部落問題研究』五一、一九七六年、同『近世村落社会の身分構造』部落問題研究所、一九九〇年所収）。
（8）南王子村における組頭とは五人組の組頭のことである。近世後期に人口・家数が爆発的に増加する南王子村ではこの時期数十人の組頭が存在した。
（9）町田哲『近世和泉の地域社会構造』（山川出版社、二〇〇四年）。
（10）盛田嘉徳・岡本良一・森杉夫『ある被差別部落の歴史―和泉国南王子村―』（岩波新書、一九七九年）。
（11）名前が頻繁にかわる、年齢が合わない、続柄がおかしいなど。また本文中で詳しく述べるが、不明瞭な人員の増加も見られる。
（12）中尾健次「泉州南王子村における『末子相続』の分析―ある被差別部落における『家』観念―」（『歴史研究』一八、一九八一年）。
（13）『奥田家文書』九～一六。寛延三（一七五〇）年、宝暦二（一七五二）年、宝暦四年、宝暦一二年、宝暦一四年、明和三（一七六六）年、明和五年、明和七年のもの。いずれも三月作成。

南王子村は寛延二年以降二人庄屋制となり、毎年交代で二人の庄屋が文書の管理にあたることとなったため、『奥田家文書』には基本的に隔年で宗門改帳が残されている。宝暦六・八・一〇年の分が抜けているのは、詳しくは後述するが庄屋利右衛門の交代があったためと考えられる。また宝暦四年から一二年の分析は時間があいているため確定できない部分が多いことをあらかじめ断っておく。

(14) 宗門改帳において、その家で最初に書かれる人物を「名前人」と呼んでおく。これは一般に大坂の都市下層社会においての呼び名であるが、南王子村にもひとまず適用しておく。なお家番号は寛延三年宗門改帳に記載されている順に一三四まで番号をつけ、以後年ごとに増加する家について番号を付した。

(15) 『奥田家文書』三八九、三九一。三八九は宝暦一四年四月から明和五年九月分までを含み、三九一は明和五年一一月から明和八年八月分までを含む。これ以後前者を「御用控」Ⅰ、後者を「御用控」Ⅱとし、さらにそれぞれに含まれている史料の順に応じて、Ⅰ—○、Ⅱ—□と表記する。

(16) 仁兵衛の家族は一一人から三人、さらに二人と激減している。次兵衛家でも家人が減少しており、宗門改帳の様式が変化し、少人数で書かれるようになった可能性も残る。しかし家人の減少がすべての家で見られるわけではない。

(17) 太右衛門の母、つまり仁兵衛の女房の名前は頻繁にかわっている。寛延三年から宝暦四年は「はな」、宝暦一二年には「しゃん」、宝暦一四年は「じゅん」、明和三・五年は「しゅん」、同七年には「しょん」となっている。しかし続柄や年齢の記載を見る限り同一人物である。南王子村の宗門改帳ではこのように頻繁に名前がかわる事例が男女を問わずみられるが、続柄や年齢から同一人物と把握できる場合が多い。また名前人の名前がかわった場合は、家族構成や年齢、所持高などから人物を断定している。

(18) 『奥田家文書』一四七三。

(19) 御用控Ⅱ—1。

(20) 御用控Ⅱ—2。

(21) 御用控Ⅱ—27。

(22) 御用控Ⅱ—44。
(23) 御用控Ⅱ—25。
(24) 塩穴村は舳松村を本村とする本村付の「かわた」村である。そのため与次兵衛と吉兵衛は庄屋ではあり得ないが、本文の内容から塩穴村の肝煎であったと思われる。
(25) 吉郎兵衛の宗門改帳の記載は、宝暦四年に次郎兵衛借地、同一二年に次衛《ママ》借地、さらに同一四年には次兵衛借家、明和三年には藤次郎借地となっている。宝暦一二年の「次衛」が次郎兵衛と次兵衛のどちらを指すのかは分からない。なお次郎兵衛と藤次郎は親子である。
(26) 御用控Ⅰ—25、26、27。
(27) 『奥田家文書』七一。ただし宝暦一二年に市右衛門は村内に存在するものの、久七に該当する者は確定できない。
(28) 御用控Ⅱ—8。
(29) 王子村は南王子村の北側に存在する村である。出作とは、他村の土地を所持することである。この場合年貢を納める時には、自分の住む村ではなく出作のある村の庄屋に納めることになる。
(30) 庄屋利右衛門の初見は元禄一一（一六九八）年であり、ここでいう初代の父親もしくは祖父ではないかと思われる（『奥田家文書』五〇六など）。
(31) 宝暦一二年までの八年間に娘ふしときさがいなくなっているが、ふしは村内の仁右衛門倅嘉兵衛の元へ縁付いていることが確認できる。きさは不明だが、幼少のため病没した可能性が高い。
(32) 『奥田家文書』一三六八。
(33) 例えば、元文三年に一・七二二石だった長兵衛は寛延三年の林右衛門三五才、一・七一七石と対応させている。この林右衛門は前節二項で取り上げた林右衛門（長兵衛）である。寛延三年に三五才であった林右衛門はそれ以前の一三年間に父長兵衛の跡を継いだと考えられる。林右衛門が宝暦一二年以降、長兵衛を名乗ることが手がかりとなっている。
(34) 『奥田家文書』三九二。

(35) 二代目利右衛門は明和三年免割帳(『奥田家文書』二三〇〇)によれば、村高一六・二六九石のほかに、王子村に五・五六七五石、これとは別に王子村の小字古屋敷に〇・七六五五石、尾井村に四・一石を所持しており、四つを合わせると二六・七〇一五石であった。
(36) 『奥田家文書』二六。弟兵次郎は、武兵衛の家にも伝次の家には記載されておらず、消息不明。
(37) 『奥田家文書』三九四。
(38) 『奥田家文書』一四七五。
(39) 前掲注5。
(40) 『奥田家文書』九〇七、九四四。また別の史料では享保期に出作人が一〇人程度であったことも分かる。
(41) 取得時期以前に王子村あるいは他村の百姓から取得しているため。**表17**の「その他・備考」欄のうち三ヶ所については、『奥田家文書』一四七二によって、享保一〇年に中村の文左衛門から南王子村弥左衛門に売却された旨を注記した。この他に**表17**で南王子村の村人間での売買となっている土地の来歴が分かる史料はない。
(42) このように二分できるとすれば、宗門改帳において借地が変化した回数が一つの指標となるのではないかと考えられる。ただし地主の家において代替わりや相続、あるいは土地そのものが地主間で移動したことも考えられるため、慎重に考える必要がある。
(43) 『奥田家文書』三二九、三五三。
(44) 『奥田家文書』二五一九。
(45) 南王子村で最初に確認される五人組の数は貞享五(一六八八)年の一一組である(『奥田家文書』二五一五)。その後元禄一六(一七〇三)年には一五組(『奥田家文書』二六八六)、享保八年と同一三年には一九組、宝暦五年には二八組が確認される。
(46) 宗門改帳に書かれる順序に五人組がすべて反映されるわけではないが(明和三年宗門改帳は**表18**の五人組の順序で並んでいる部分もあれば混ざっている部分もある)、**表18**のうち第二組や第六組など家番号が続いている組があり、寛延三年以降は宗門改帳の順序を丁寧に追えば、ある程度五人組の編成を明らかにできるのではないかと考えている。

(47)『奥田家文書』三五一。この史料に署名している二八人中、肩に組頭と書かれているのは一〇人である。同年に作成されたもう一通の村方申合（『奥田家文書』二二六七）には二七人が署名し、内二人が組頭となっている。この二つの史料中二三人の名前が一致するため、これを組頭と考えておく。
(48)『奥田家文書』三三〇。
(49)『奥田家文書』三一五、三一六。
(50)『奥田家文書』六〇三。
(51)『奥田家文書』六二八。
(52)『奥田家文書』二三九九。
(53)『奥田家文書』八九五、延宝検地帳である。
(54)『奥田家文書』二四〇一。
(55)『奥田家文書』二七〇八。この史料は作成日時が「元禄拾壱年丑六月吉日」となっているが、丑年は元禄一〇年で元禄一一年は寅年であること、また史料内容から元禄一〇年のものと考えられる。
(56)『奥田家文書』二四〇四、二三八二、五〇六、二四四七。
(57)『奥田家文書』二〇九三。
(58)『奥田家文書』二。
(59)『奥田家文書』三八七、二〇九四。
(60)『奥田家文書』五〇九。
(61)『奥田家文書』五一〇。
(62)村方騒動の史料で利右衛門方にくみし、「与茂三」と名乗っている人物は宗門改帳では「右衛門三郎」である。
(63)御用控Ⅰ—1〜7。
(64)御用控Ⅰ—7。

(65) 次郎兵衛の女房はつは「当村八郎右衛門の娘」と宗門改帳に記載されている。八郎右衛門は寛延三年に五八才で、女房さん（52）と子ども二人と暮らしている。
(66) 次郎兵衛が妙善の養子である可能性や、宗門改帳に不備がある場合も考えられる。
(67) 『奥田家文書』一一九一。
(68) 儀兵衛の名前は享保一〇年以前も百姓惣代としてしばしば史料上に登場する。また表15で見たように、二代目儀兵衛は助右衛門を名乗っていた時期があり、享保元年以前の年寄助右衛門が儀兵衛と何らかの関係があったとも考えられる。しかしここでは寛延三年に年寄となった儀兵衛と所持高から同一人物と特定できる享保一〇年以降の年寄儀兵衛についてのみ問題とする。
(69) 『奥田家文書』一一六九〜一一九一。享保元年から二〇年までの間で、抜けているのは同四年・五年・一七年・一八年・一九年分。一五年分で免割帳が二三冊存在するのは、翌年四月あるいは六月に代官所に提出したものと、庄屋が免割後手元で記録したものの二種類があるためである。
(70) 儀兵衛夫婦の長男で後に二代目利右衛門となる為右衛門は寛延三年に三四才であるから、享保二年生まれである。
(71) 『奥田家文書』九二三、九二四。
(72) 御用控I—22、23。

〔補注〕本論では、庄屋利右衛門が娘婿為右衛門に庄屋役を譲った時期を宝暦一〇年三月（宗門改帳作成）以後、同一二年三月までの間と想定した。二〇〇八年に『大阪の部落史第九巻（史料編　補遺）』が解放出版社から刊行され、南王子村の史料が新たに掲載された。庄屋次兵衛家に由来すると考えられる「諸事御用筋控帳」は、宝暦一〇年八月から宝暦一四年五月までの願書類を含んでいる。『奥田家文書』に含まれる御用控と基本的な性格は共通するが、必ずしも作成順に並んでいないこと、周辺かわた村や近隣百姓村で作成された願書類などが含まれている点でやや性格が異なる。本史料中に、宝暦一一年九月二六日に、利右衛門が病気と高齢を理由に倅為右衛門への庄屋役交代を願い出ている願書が含まれており、交代の時期が確定するとともに、推測が妥当であったことが判明した。

第四章　泉州南王子村における村落構造の変化

はじめに

畿内におけるかわた集団を考える時に注目されるのは、彼らが斃牛馬処理権の及ぶ草場を所持するかわたであると同時に、土地を所持するかわた百姓でもあったという事実である。彼らは集落を形成し、多くの場合「かわた村」として把握されていた。本章ではこの二つの側面を併せ持つかわた村を、内部構造から捉え直すことを目的とする。

畿内におけるかわた村については、畑中敏之氏によって本村付体制論という三類型が提示されている(1)。かわた村の村高公認と、本村である百姓村との関係という行政的存在形態に即して、Ⅰ型：村高の公認はなく、完全に百姓村（本村）に包摂される場合、Ⅱ型：村高は公認されているが、本村支配を受ける場合、Ⅲ型：村高の公認をうけ、本村支配も受けない場合、という三分類がなされた。本村との関係から考えると、Ⅰ・Ⅱ型は「本村付」、Ⅲ型は「一村立」となり、村高公認を考えると、Ⅰ型は非行政村、Ⅱ・Ⅲ型は行政村となる。その上で畿内においてはⅠ・Ⅱ型の「本村付」が主流であり、Ⅲ型は例外であるとしている。

畑中氏の三分類は、行政的存在形態の分類としては妥当である。しかしあくまでも支配のあり方の類型化であり、この指摘を踏まえた上で、支配のあり方の差異がもつ意味をかわた村の側から捉え直す必要がある。この点については、従来本村による支配のあり方として論じられることが多かった。これは本村付の場合、かわた村ではなく本村に史料が残される事例が多いことと対応している。しかし本村支配も支配の問題であって、かわた村の側から捉え直す場合、それはかわた村の内部構造から行われなければならない。レベルの異なる把握をされることが、個々のかわた村の内部構造にどのように影響するのかを検証しなければならないのである。たとえば畑中氏が言うところの行政村とは、村請制村を指すが、その場合（Ⅱ・Ⅲ型）はかわた村内部に庄屋・年寄がおかれる。一方Ⅰ型の場合は、かわた年寄（あるいは肝煎などと呼ばれる）が存在するのみであった。村高の公認が、かわた村の内部構造に少なからず影響を及ぼしていたことは疑いのないところである。

冒頭で述べた畿内におけるかわた村が持つ二つの側面と内部構造の関係について、朝尾直弘氏が重要な指摘をされている(2)。朝尾氏は河州更池村（畑中氏の分類に準ずるとⅠ型）が本村支配と大坂渡辺村の頭支配という二重支配を受けていたことを明らかにし、これに対応する形で村内には本村支配に連なるかわた肝煎と、頭村支配に連なるかわた惣代という、異なる性格を有する二者が存在していたことを指摘した。

朝尾氏の指摘も、もちろん支配の側面に限られている。しかし、かわた村の内部構造を考える上で示唆深い。すなわち、かわた村は内部に二つの体系を有しつつも、かわた村としてまとまりをなしていたのである。かわた村をトータルに捉える場合、その内部構造に二つの側面はどのように位置づけられていたのか、どちらが主でどちらが従か、結合の論理＝秩序は何かを慎重に考える必要がある。しかし従来の研究では、この点について十分意識化されていないように思う。たとえば南王子村の場合、草場の問題と出作の問題はそれぞれ別個に論じられることが多く、結果的にそれはかわた村という彼らの存在形態を見過ごしている。かわたは、かわた村の村民として存在していたのであり、どちらか一側面のみを検討するだけでは不十分である。

本章では以上のような問題意識から、かわた村を内部構造から捉え直すことを目的とする。それは支配の問題を集団の側から捉え直すと同時に、二つの側面を有するかわた村を統一的に把握することを意味する。近世身分制社会を「役」の体系と捉える立場からこの問題を言い換えれば、本源的には斃牛馬処理に基礎をおくかわた集団が、土地を所持し、年貢を負担するようになり、その一部は村高の公認までうけた結果、いかに変質を遂げるのかということになる。その場合、個々のかわた集団についての事例を蓄積する必要がある。畿内におけるかわた村は、畑中氏が指摘した行政的存在形態に限らず様々な差異を有しているからである。個々のかわた村における特徴を十分に意識した上で、ひとつずつ検証されなければならない。

一つのかわた村に即して、その成立と展開を連続的に捉えるという点では藤本清二郎氏による泉州嶋村の研究が参考となる(3)。草場の所持と庄屋家の問題を集団のあり方として連続的に見通すという意味で、それまでの研究に比べて非常に画期的であった。このような方法に学びながら、なお意識的に集団の内部構造について考える必要がある。

そこで本章では、泉州南王子村における村落構造について検討することとする。具体的には一八世紀後半における村政の変化を追うが、先述したように決して草場や出作の問題を捨象するのではない。それらの問題を抱えながら展開するかわた村のあり方（村落秩序）を明らかにするのである。一節で南王子村に関する基礎的な事項を確認したうえで、二節では天明四（一七八四）年に作成された「申渡事」という史料の内容を確認し、三・四節では天明四年前後の村政のあり方をみて、「申渡事」が村政をどう変化させたのか、そのことの持つ根源的な意味は何かについて考えることとする。

一、泉州南王子村についての予備的考察

泉州南王子村についてはすでに先行研究も多く存在しているが、南王子村というかわた村を考える上で重要な事項をあらかじめ五点記しておく(4)。

一点目は、南王子村は一村立（Ⅲ型）のかわた村であり、その村高が一四三石余であるということである。もとは信太郷王子村内の除地に居住するかわたであったが、一七世紀中期に隣接する上泉郷内の一四六石余について年貢直納が認められた。その後一七世紀末に上泉郷内の村領に居所を移転させ、名実ともに一村立となったのである(5)。この間、一時期を除いてほぼ幕領代官支配であり、延享四（一七四七）年以降一橋領知となっている。

南王子村がかわた村であるにも関わらず、一村立が認められた理由について若干の補足をしておく。一言で言えば、それは地域的特性に求められる。

当該地域は条里地割の残る平野部であり、文禄三（一五九四）年に太閤検地が実施された際に特殊な措置がなされた。郷ごとに検地を実施するにあたり、郷境は条里のラインで区切られた。その結果、すでに展開していた村（集落と耕地がすでに結びついた状態）が郷境で分断されることになったのである。これは、この時区切られた「郷」が、内部に他郷の村の村領を抱え込むことを意味した。この他郷の村領であるにも関わらず、郷内に入り込んだ領域は、「出作〇〇（他郷の村名）」という形で検地をうけ、郷内の村の庄屋に年貢収納が任された。この基本的に無人の「出作〇〇」という領域は、当該地域にいくつも見いだすことができる。

実態を無視して設定された「出作〇〇」は、正保期に郷内の村から他郷の村への高の切り分けという形で克服されてゆく。郷外の村に切り分けられる場合もあれば、郷内の村にそのまま残される場合もあり、一律に行われたわけではなかった。その時点での所持者は主にどちらか、という実態に即して行われたようであるが、このような事例は複数の村で確認できる。こうした地域的特性を背景に、王子村内のかわたに上泉郷内の「出作王子村」についての免定が交付されるようになったのである。王子村にではなく、かわたに交付されたのは、実際の所持者が多い村に渡すという原則があってのことであろう(6)。その後、王子村との熾烈な水論を経て、隣郷の土地というある意味では限定される形ではあるが、南王子村の一村立が実現したのである。一七世紀中期以降のかわたにとって「一村立」の村格を守ることは最重要課題であり、高分け以降ほぼ毎年の免定が『奥田家文書』

に残されていることがその何よりの現れである(7)。

二点目は、一点目と即自的な問題であるが、『奥田家文書』が南王子村の庄屋家に残された史料であるということである。一村立、すなわち村請制村の庄屋家に残された史料であり、その内容は免定や免割帳、小入用帳、願書留、村としての取締書などがほとんどである。これは周辺の百姓村に残された庄屋家文書となんら異なるものではない。このことは、彼らがあくまでも「村」として存在していたことの現れであり、史料自体も村政上問題となることを語っている。

三点目は、一八世紀中期以降に二人庄屋制をとることである。これは寛延二（一七四九）年の村方騒動後の体制である。輪番ではなく、村内を捌高という形で、土地に即して完全に二分し、そこに庄屋・年寄が一人ずつ置かれた。一八世紀後半には、利右衛門捌は庄屋利右衛門、年寄儀兵衛（のち伝次）、次兵衛捌は庄屋次兵衛、年寄権右衛門である。

四点目は、南王子村が下級行刑役を負担していないという事実である。和泉国では、塩穴村（舳松村内かわた）が堺奉行所のもと行刑役を担っていた。摂津・河内のかわた村は渡辺村から下級行刑役を分担させられていたものと思われるが(8)、南王子村と塩穴村にこのような関係は確認できない。役と集団の関係を考える上で、この点については十分考慮しておく必要があろう。ただし、南王子村においても「死牛馬取捌人」という、草場を統括する存在は確認できる。

五点目は、南王子村における人口増加問題である。畿内のかわた村において人口が増加することは既によく知られているが、南王子村においても同様の傾向が見られる（表1）。一七世紀中の実数は不明だが、寛延三年に六六一人であったものがその七〇年後にはほぼ倍増しており、一八世紀中期以降はまさに激増していく。南王子村における人口激増と、それを支えた雪踏産業や他村への出作などの経済基盤については、すでに研究されてきたところである(9)。この点は十分に注意しなければならない事実だが、かわた村という存在形態をとるかわた

表1　南王子村における家数・人口の変遷

年	西暦	総軒数	高持	無高	五人組組数	総人口	男	女	出家
慶長9年	1604	28人が信太郷王子村内の土地58石余を名請							
延宝7年	1679	約40人が上泉郷出作王子村(のちの南王子村)を名請							
元禄元年	1688	58			11				
元禄8年	1695	24軒が死牛馬取捌に関する一札に署名(草場株所有)							
元禄16年	1703				15				
宝永元年	1704	75＋3							
正徳3年	1713	93	35	58		403	203	199	1
享保8年	1723	93			19				
元文3年	1738	106				520	282	238	1
延享元年	1744	119＋2							
寛延3年	1750	134	56	78		661	307	351	3
天明4年	1784	175	83	92	31	799	436	363	1
寛政12年	1800	230	98	132		1112	577	554	1
文政3年	1820	260	89	171		1380	711	668	1
天保10年	1839	265				1425	711	713	1
安政6年	1859	347	78	265	24	1990	995	1029	6

西教寺を家数に含めている史料については、－1とした数を入れている。総人口には出家を含む場合と含まない場合がある。

寛延3年以降については、宗門改帳の帳末の書き上げをそのまま記した。ただし、高持・無高の書き上げはないため、筆者が数えた。宗門改帳には所持高の記載が抜けている家もあるが、前後の年次の宗門改帳を確認して判断した。

なお、天保10年の総軒数は266が実数で、高持78、無高188である。また安政6年の男人数は961が実数である。

典拠は、『奥田家文書』1、2、9、22、31、41、52、61、510、890、895、1791、2515、2518、2519、2686。

集団のあり方に注目する場合、その事実が集団にどのような影響を与えたのかということが問題となる。畑中氏は天保期の村方騒動の分析を通じて、この実証を試みている[10]。村方騒動の中心である雪踏商人が、旧来の村役人層と対立していることを見いだしているが、対立構造の本質は十分明らかになっていない。

この点に関して、一八世紀中期の村のあり方を指摘しておきたい。人口激増は、村高の限られた南王子村では小前・無高層の増加となる。彼らの多くは村外に様々な生業を求めることになり、その一部は村外に出作を所持していた。安永二（一七七三）年には出作地の合計は二六三石余となっており[11]、すでに村高をはるかに超える規模で展開していた。このうち、約半分について所持者が確定でき、出作所持者の中には村内無高も含まれていた。しかし出作高は村高ではないため、村政上はあくまでも無高として扱われていたと考えられ、矛盾が生じていた（後述）。

二、天明四年の「申渡事」

天明四（一七八四）年閏正月、南王子村では庄屋・年寄の四人から村内一七六軒に対して村方取り締まりに関する全九条の申し渡しがなされた[12]。組頭や借地人・借家人を主な問題とする、それまでにはない取り締まりである。なお、天明四年三月に作成された宗門改帳によれば総軒数は一七五で、高持八三軒・無高九二軒である。無高の内訳は借地が七八軒、借家が一四軒である[13]。内容に難しい部分も含まれるので「申渡事」を全文引用しておく。

申渡事

一①、村方一統困窮仕、諸事取〆りニ付、百姓江村方入口へ立番申付候趣被申聞、致承知候、

一②、御年貢上納方ハ不及申ニ、石掛ケ銀申触候日限無遅滞、出銀可有之候、若シ日限ニ至相滞り候は、其者之組頭ゟ早速取立、持参可有之候、尤御年貢銀庄屋方へ取立候ハ、両庄屋江組頭弐人宛々、昼夜相詰メ可申候、

一③、村方住居之人別商売等ニ罷出、夜ニ入村方江罷帰り候節、荷物等有之ハ、立番之改可請候、若シ不審成荷物持帰り候は、立番ゟ村役人江被相届ケ、其上ニ而先方江相糺可申候、

一④、組頭ゟ組内組合セ之者、自分ン持高ハ勿論、地借之者ハ地主ゟ諸事引負手形を出、借家之者は家主ゟ右同断、若シ無手形者組合セ置候而、後日ニ変事有之時、組頭越度たるへく候事、

付り、組頭之義ハ、庄屋・年寄ゟ致差図可申付候、依之、自身番を指赦候、

一⑤、向後借地幷借家之儀、借地之もの変事有之節は、諸入用ハ其者所持之品々売払、其残りは親類ゟ出銀可仕候、其上引たり不申候ハヽ、地主より相弁可申候、五人組之儀は、地主ゟ其もの組頭江引請手形可差入候、

借家之義も右同断ニ可相心得候、

一⑥、地借之者は、地主方へ何事ニよらす変事有之候節は、入用相懸り候共、少シも地主江難儀懸ケ不被申引請手形地主江可相渡候、

一⑦、借地之家、質物等ニ差入候は、地主之印形幷村役人之加判無之証文ハ、決而取敷（カ）不申候、

一⑧、村方諸入用集メ日限申触候ハ、銘々組頭江持寄セ遅滞致間鋪候、若シ出銀延引致シ候者有之は、其者地主へ相届ケ、地主ゟ組頭江相渡し、組頭ゟ村方へ持参可申候、

一⑨、自分持高ニ住居仕候者、家屋敷質物ニ差入候ハヽ、村役人幷組頭印形可取立候、若シ役人・組頭加印無之証文ハ相立不申候、勿論変事等有之節、諸入用相掛り候ハ、其者之所持之品々売払、其余ハ其者之親類、又ハ組頭ゟ相弁可申候、且又諸入用相滞候ハヽ、組頭取立持参（可）仕候、

右之趣一ヶ条宛々被申聞得心仕、以来相慎可申候、若シ心得違之儀仕候歟、又は村方ニ而悪鋪取沙汰有之候ハヽ、早速　御上々様江如何様ニ御申立被成候と（ママ）共、御恨ニ存間鋪候、依而銘々得心印形指出申所、如件、

天明四年辰閏正月六日　　伝治㊞

与三左衛門㊞　次郎兵衛㊞

（中略　一七三名連印）

庄屋　中江

年寄

この史料は村方一七六軒が庄屋・年寄に対して誓約を行う形式で作成されている。一条目と二条目以下では大きく性格が異なる。一条目は村方一同の言葉であるのに対し、二条目以下は村役人から申し渡された、以後村人が守るべき箇条である。

一条目からは今回この申し渡しがなされた目的が「村方困窮のため、諸事取り締まり」にあり、そのために「百姓」に村の入口での「立番」が申し付けられたことが分かる。困窮の具体的内容は次節で検討することとし、ここでは「百姓」と「立番」について考えておこう。第一にここでいう「百姓」とは高持を指すと考えられる。南王子村の宗門改帳では高持は「百姓」と表現され、「無高」とは明確に区別されている。また一条目において「村方一統」は村の全員を指しているが、明らかに「百姓」はこれと区別されている。この立番は三条目によれば、村外から持ち込まれる荷物を改める役割を担っている。「不審な荷物」を持ち込んだ人物がいれば、村役人に報告した上で取り調べを行うのである。この申し渡しを読む限り、立番の仕事は荷物の改めだけである。どういった性格の荷物が村へ入り込むことが問題になっているのか、ここからでは十分に分からない。しかし村方困窮のためという目的を考慮すれば、盗品や奢侈品、他人からの預かり荷物などが想定されているのであろう。一条目からは、高持のみに立番が申し付けられたことを確認しておきたい。

二条目以下では、①組頭による組内の管理、②無高である借地人・借家人への責任の所在、③村内における組頭の役割、について取り決められている。①の組頭による組内の管理については四条目で述べられている。組頭には組内の全ての家から手形を取ることが要求されており、その際、高持は本人から、借地人は地主から、借家人は家主から手形を取るとされている。この地主・家主が差し出す手形は「諸事引負手形」と呼ばれており、変事があった際に地主・家主が責任を負うことを保証するものである。そのため手形を取らずに後日問題が起きた時には組頭の越度となる。さらに附則として、組頭は庄屋・年寄が任命すること、これにより「自身番」は免除されるとある。これは組頭が③に見るような役割を果たす必要があるからであろう。この附則は誰が組頭となりうるのか、という重要な点を考えるヒントを与えてくれる。組頭が免除される「自身番」は一条目で述べられている「立番」にほかならない。先述したように、「立番」を務めるのは「百姓」、すなわち高持に限定されており、組頭は高持の中から、庄屋・年寄が任命することが明示されているのである。

②の借地人・借家人への責任の所在については、五条目から八条目において取り決められている。五条目では借地人・借家人に変事が起きた時の入用は、まずは本人の所持品を売り払って弁済し、それでも不足する分は、親類・地主（家主）の順で負担することとされている。無高の親類は無高であることが多く、親類では全て賄うことができないため、このような規定が必要になるのであろう。この三段階目の地主（家主）による弁済を保証するものが、地主（家主）が借地人（借家人）の組頭へ差し出す「引請手形」であり、①で見た「諸事引負手形」に対応する。地主・家主から手形を出してもらう一方で、借地人は地主に対して変事の際に入用の負担をかけない旨の「引請手形」を差し出すことが六条目で求められている。地主は借地人の組頭に対して手形を出さなければならないが、その手形を出す条件として借地人から手形を取るのである。もちろん変事の際には、最終的に地主・家主に負担がかかることは変わらないが、そのような事態をできる限り抑制するための措置といえよう。借家人にこの規定はないが、当時まだ借地人が圧倒的で借家人が少なかったことと関係するものと考えられる。

七条目は借地人が家を質入れする時の規定である。村役人に加え、地主からも加判をもらわなければならない、とされている。八条目は村方諸入用、つまり二条目の「御年貢上納方・石掛銀」などの持高にかかる入用ではなく、家別銀についての箇条である。日限までにそれぞれの組頭のもとへ持参することが求められているが、借地人が遅滞した場合には組頭が地主から取り立てるとされている。ここでも借地人に対しての責任は最終的には組頭ではなく地主が負うことが明示されている（借家人にはこの規定がないが、借家人から家主への手形提出がないことに対応するのではないかと考えておきたい）。これに対して、高持については九条目において、質入れの際には村役人と組頭の印形が必要であること、変事の入用は本人の所持品の売り払い代、親類、組頭の順で弁済することとされており、高持については組頭が責任を持つのである。すなわち、①での組頭が組内の家からとる手形のあり方と対応して、高持は組頭が、借地人・借家人には地主・家主が責任を追うことになり、特に後者について詳細な規定がされているのである。

次に③の村内における組頭の役割についてであるが、①の組頭による組内の管理に加えて二条目と九条目の内容があげられる。二条目は年貢銀・石掛銀の出銀（＝高持にかかるもの）に関するものである。この出銀は高持本人が庄屋のもとへ持参することが想定されているが、遅滞した場合には組頭が取り立てることになっていた。さらに年貢銀出銀の日には組頭が庄屋宅に昼夜二人ずつ詰めるとされており、組頭は事務作業の手伝いをするものと思われる。一方九条目は村方諸入用、つまり家別銀の徴収について述べられている。これは組内の者が組頭のもとへ持参することとされており、年貢銀とは徴収システムが異なり、より直接的に組頭が関与するものといえよう。村役人の下で、組頭が担う役割が明文化されているといえる。

以上が天明四年閏正月に南王子村で村役人主導のもと実施された取り締まりの内容である。組頭には組内の家から手形を取ることを求め、これをもって組内取り締まりの強化をはかった。当時すでに村内で半数を超えていた無高については、地主・家主から手形を出させることとし、彼らについての最終的な責任は地主・家主が負うことになったのである。また同時に村政における組頭の役割を明らかにし、統制も加えている。村役人はこの二つの柱をもって村内取り締まりの徹底をはかったと言える。組頭、借地人・借家人、地主・家主を村政上どのように位置づけるかという取り決めは南王子村ではこれ以前に存在せず、この時期になって村内を包括する秩序が新たに創出されたのである。

地主・家主の責任を明確にしたことは、すでに南王子村において都市下層に類似するような状態がある程度進行していたためと思われる。ここで問題となるのは、当然地主・家主のほとんどは高持であるという事実である。次に地主・家主の立場からこの申し渡しの持つ意味を考えてみよう(14)。

引取一札之事

一、其許借地ニ住居仕候政右衛門儀、御公儀御法度之は《（ママ）》不及申上、平日身持等相慎セ可申候、若右政右衛門儀、其許借地住居仕罷有候内、何様之儀出来仕候とも、多分ニ入用銀抔相懸り候とも、私ゟ相済、少シも御難儀相懸ケ申間敷候、何事よらす、聊ニ而も不埒之致方有之候ハヽ、早速私方へ引取、屋敷明渡可申候、尤居屋敷御年貢幷村方諸入〔用脱カ〕銀相滞候ハヽ、早速私ゟ取立、相渡可申候、為後日引取手形、依而如件、

天明四年辰閏正月

政右衛門引取請負人　磯次㊞

利右衛門殿

この一札は、利右衛門の借地に居住している政右衛門について磯次が引取請負人となることを地主の利右衛門に約束したものである(15)。その内容は、①身持ちの保障、②政右衛門に変事があり、入用がかかった場合には負担すること、③政右衛門が不埒な行為をした場合、すぐに引き取り、屋敷を明け渡すこと、④居屋敷年貢銀（借地の地代も含むカ）や村方諸入用が滞れば取り立てること、というものである。これは大坂における家請人の機能とほぼ同様である(16)。これらの内容から、この一札が申し渡し後に作成されたことは明白である。申し渡しの規定では、利右衛門は政右衛門の組頭に「引負手形」を出し、政右衛門は利右衛門に変事の際の入用などをかけないという手形を出すことになっている。すなわち磯次のような請人は見えてこない。しかし、借地人・借家人から差し出す手形に実効性が薄いことは当初から予想されるところであり、磯次のような請人が入り込む余地があるのである。このような史料は一点しかなく、無高と地主・家主の間で広く請人がおかれたのか、ごく一部だけであったかは不明である。

次に地主である利右衛門について触れておきたい。利右衛門は申し渡しを取り決めた庄屋の一人であると同時に、当時村内で一番の高持であり、借地人も一二人と村内で一番多く抱えていた。庄屋として村全体に関わる申し渡しを作成する一方で、多数の借地人を抱える地主として請人もとらずに「手形」を出すことは難しかったの

であろう。この引取一札には庄屋・利右衛門の地主としての立場が明確に表れているといえよう。このように天明四年の村方申し渡しは一見無高の問題に特化して作成されているが、高持も無関係ではなく、全体として「村」の秩序の創出であったといえる。

高持を組頭におき、村政に関与させる体制は百姓村では一般的に見られることである。和泉の当該地域でも一八世紀中期以降村方取り締まりを意図してこのような動きはよく見られる。しかし問題は、南王子村においてどのように作用するのか、である。

そこで次節では天明四年以前の村政のあり方を検証し、なぜ申し渡しが作成されることになったのかを考えてみたい。その場合、特に五人組と組頭、組頭と村政に注目することとする。これ以前の南王子村の村政においては、組頭はさほど重要なポストではなく、組頭も高持に限定されてはいなかったからである。しかし、先述したように申し渡しではすべての組頭が高持であることが明示されていた。すなわちこの申し渡しは五人組の組替えをも暗示しているからである。

三、天明四年までの村政

(1) 五人組と組頭について

南王子村には五人組帳は残っておらず、五人組の構成は単発の連印から復元する必要がある。享保八（一七二三）年には総軒数九三軒で村役人家も含めて一九の五人組を構成していた（第三章表19）。四軒の組が二、五軒の組が一七であった。さらに下って明和三（一七六六）年には、村役人四軒を除く一六四軒が三一組を構成している（第三章表18）。組内軒数には若干のばらつきがあり、四軒が二組、五軒が二〇組、六軒が七組、七軒が二組となっている。組頭に注目すると、享保八年には一九人の組頭のうち高持は一四人、無高は五人であったが、明和三年には三一人の組頭のうち高持が一六人、無高が一四人、不明一人となっている。高持といっても、二石未満の組頭が一〇人おり、村内の高持・無高の存在比率にほぼ比例して組頭も存在していたようである。もとは高持を組頭においていたが、家数が増加するとともに組頭の半数を無高が占めるようになったと考えてよかろう。明和三年の五人組構成を見れば、高持ばかりで構成されている組、無高ばかりの組、組頭だけが高持の組、組頭は無高だが組内に高持がいる組など様々で、統一的な基準のもとに全体が構成されているとは考えにくい。

南王子村では家数が漸次増加するが、その際に新しい五人組がどのようにできるかについて考えておきたい。明和三年に五人組の構成が判明するが、これは宗門改帳の順序にほぼ反映されている。そこで宗門改帳の並び方の変遷を辿ることで、組の変化もほぼ解明することが可能である。家の増加はその大半が分家によるが、分家すると宗門改帳上ではひとまず本家の前後に書かれることが多い。この時点では本家が属している組に所属していることになる。ところが数年たつと、各組に散らばっているこれらの新しい家と既存の数組を混ぜ合わせて新たな五人組ができている。その際に組頭を務めるのは新しい家ではなく、古い家であることが多い。明和三年から五年の間には、それまでに存在した二つの五人組と、各組内の新しい家を混ぜて、三つの組に組み替えられている。その前後で各家の地主記載が特に変化することもないので、五人組は必ずしも地縁的な結びつきではないようだ。享保八年からの組数増加も、このように機械的に対応した結果と考えられる。

（2）村政における組頭と百姓代

次に三つの史料から、当時の村政がどのように遂行されていたのか見ていこう。

まず取り上げるのは、明和六年に作成された「差上ケ申一札之事」である[17]。村内の博奕取り締まりに関して、一橋家の府中役所に村から差し出した一札であり、内容は大きく二つに分かれる。前半は役所に呼び出され、村内の博奕取り締まりを申し付けられた一六人による請書であり、肩書きは庄屋・年寄・組頭・百姓である。これに対して後半は、帰村した彼らからその内容を伝えられた人々の請印である。後半に連印している人々は前半の人々を「惣代」と呼んでおり、組頭と肩書きされた与惣左衛門以下一五四軒が連印している。表2はこの連印に書かれた順に、所持高と五人組の組を書き入れたものである。上段が役所から呼び出された人々であるのに対し、下段の人々は村人一般と考えられる。上段を構成するのは庄屋、年寄に加え、組頭七人と「百姓」五人である。一方下段は、上部に組頭がまとまって連印し、その下に家々が組に関係なく連印している。

続いて、所持高の面から百姓代と組頭について考えてゆこう。まず「百姓」は百姓代と考えられるが、彼らは全て高持であり、いずれも組頭ではない。百姓代は組頭を務めていない高持から選ばれていると考えられる。次に組頭であるが、上段・下段の両方に存在する。下段に連印している組頭は、上段に名を連ねている組頭に比べて比較的所持高が少ない。これに対して上段の組頭は儀右衛門を除くと高持である。役所に呼び出されたという、正確には村内における線引きではないが、組頭の中には村政に関与できる者とできない者の区別があり、基準は村高の所持によっていたものと考えられる。この時期南王子村の人々は隣村王子村に合計一三七石余の出作があり、無高の者でも小規模ながらその所持が確認できる。組頭の中でも、次郎左衛門（七組）は三・六石余、喜三兵衛（二七組）は四・八石余、太郎兵衛（二九組）は四・三石余を所持していた。しかし彼らは上段を構成する組頭とはなりえなかったのである。出作高の所持は村政においては一切顧みられず、あくまでも南王子村高の所持のみが基準となって村政が展開していたのである。

次に、組頭と百姓代の関係についてさらに考えておこう。安永二（一七七三）年春に南王子村では疫癘が流行した(18)。四月一二日には庄屋が府中役所に二度目の夫食拝借願を出し、ようやく拝借米の許可がおりた。この願書中で、村内の半数以上である「四五〇人が伏せっている」と述べられており、深刻な状態に陥っていたようである。領主からの拝借米許可が下りたことで、南王子村には同領の村々から救米が寄せられることになった。そのような中で、四月一七日に村役人は一九人の「頭百姓」を呼び出して、それぞれの家で病人がきちんと介抱

	茂右衛門	0125	0	7		孫八	0101	0.063	13
	磯治	0192	0	c		徳次郎			
	六次郎	0199	0	18or31		吉助	0060	0	22
	甚七	0171	0	18		治助	0055	0	9
	八右衛門	0137	0	16		平助	0173	0	a
	惣八	0121	0	21		新右衛門(源助)	0168	0	25
	吉兵衛	0177	0	15		勘左衛門	0117	0.044	30
	徳兵衛	0166	0	29		権四郎	0176	0	30
	甚兵衛	0200	0	31		藤兵衛	0170	0	19
	半助	0058	0	31		甚助	0165	0	31
	杢兵衛	0169	0	26		孫右衛門	0096	0	5
	孫太郎					徳右衛門	0095	0.907	5
	与惣兵衛(六治郎)	0097	0.225	5		九兵衛	0029	0.150	18
	元右衛門	0131	0.477	8		藤四郎	0191	0	29
	弥惣右衛門	0183	0	29		文左衛門(甚右衛門)	0112	0	21
	杢右衛門	0067	0	22		市右衛門	0154	0.209	b
	梅右衛門	0035	0.127	10		三郎兵衛	0072	0	16
	庄吉	0114	0	25		安兵衛	0082	0	30カ
	庄兵衛	0033	0	28		文吉	0013	0	6
	文右衛門	0141	0	3		半五			
	左次兵衛	0011	0	6		太郎右衛門	0045	0	17
	与兵衛	0105	0	b		権兵衛(才兵衛)	0118	0.286	27
	弥右衛門	0175	0	3		次郎右衛門	0107	0	14
	庄助	0178	0	14		七兵衛	0094	0	12
	茂兵衛	0120	0	12		源七	0162	0	9
	六郎右衛門					吉右衛門	0046	0	17
	吉郎兵衛	0005	0	5		宇二兵衛(宇兵衛)	0080	0	1
	与左衛門(三右衛門)	0009	2.325	9		惣右衛門	0024	0	19
	善六	0119	0.095	27		嘉右衛門	0152	2.845	9
	藤八	0127	0	24		又平	0167	0	29
	九郎兵衛	0012	0	6		伝右衛門	0074	0	28
	松右衛門(丈助)	0102	0.058	13		長五郎	0182	0	30カ
	伊左衛門	0160	0	25		清兵衛	0153	0.102	12
	新兵衛	0051	0	26		儀七	0083	0.059	30
	伝兵衛	0075	0	28		庄右衛門	0103	0	13
	太右衛門後家(しゃらん)	0138	0	23		甚助後家	0147	0	22
	松兵衛後家(きち)	0148	0	22		市兵衛	0100	0.150	25
	勘助	0061	0	29		勘兵衛	0081	0	28

平七、助次郎、半五は明和５年から７年の間に新しくできた家である。

明和５年宗門改帳に名前があるが連印に比定できない人物は以下の通り。

組	名前	イエ番号	所持高	備考
a	長左衛門	0057	0.095	
b	四郎三郎	0193	0	
10カ	次郎兵衛	0197	0	明和5年のみのイエ(0039の分家)
11	利助	0086	3.263	明和7年にはイエがない
11	三郎右衛門	0088	0.088	
12	常右衛門	0093	0	
14	六兵衛	0106	0	明和7年にはイエがない
15	太助	0069	0	明和7年にはイエがない
17	きち	0048	0	明和7年にはイエがない
18	彦太郎	0027	0.428	
26	丈右衛門	0054	0	明和7年にはイエがない
26	梅松	0050	0	
27	五郎助	0185	0	
30カ	孫左衛門	0201	0	

表2　明和6年の連判

肩書と名前は『奥田家文書』320の連印による。

第3章表18（明和3年の五人組）をもとに、明和5年の宗門改帳から同年の五人組を復元し、その情報を加えた。

所持高は明和5年段階のものである。

名前のうしろに（　）がある分は、宗門改帳の名前人である。

a～c組は、明和3年の4組・20組をもとに明和5年までにできた新しい組である。

肩書	名前	家番号	所持高	五人組
庄屋	次兵衛	0133	4.196	
庄屋	利右衛門	0089	16.269	
年寄	権右衛門	0150	5.783	
年寄	儀兵衛(助右衛門)	0132	9.800	
組頭	武兵衛	0155	2.909	9 組頭
組頭	惣兵衛	0126	6.227	24 組頭
組頭	元治	0001	1.791	1 組頭
組頭	武右衛門	0036	2.717	10 組頭
組頭	次郎兵衛(藤兵衛)	0006	3.931	5 組頭
	儀右衛門	0063	0	8 組頭
組頭	嘉兵衛	0016	6.175	2 組頭
百姓	武八郎	0134	15.690	11
百姓	平兵衛	0004	7.546	1
百姓	仲右衛門	0077	7.485	2
百姓	文治	0149	4.495	23
百姓	善右衛門	0087	2.285	11

肩書	名前	家番号	所持高	五人組					
組頭	与惣左衛門	0116	0	30 組頭		次郎左衛門(五右衛門)	0078	0.322	7 組頭
	長次郎(市次郎)	0136	1.590	23 組頭		門右衛門	0111	0	c 組頭
	半兵衛	0090	0	12 組頭		重次郎	0071	0	15 組頭
	孫七	0015	0	6 組頭		伊介	0109	0	b 組頭
	善七	0115	0	25 組頭		又兵衛	0070	0	22 組頭
	磯右衛門	0099	0.029	13 組頭		喜三兵衛	0031	0.252	27 組頭
	弥左衛門	0040	0	16 組頭		八兵衛	0047	0	17 組頭
	左兵衛	0026	2.992	18 組頭		兵助	0052	0	26 組頭
	仁兵衛	0151	0.130	3 組頭		左右衛門	0021	0	31 組頭
	幸介	0020	0	19 組頭		太郎兵衛	0076	0.638	29 組頭
	惣七	0085	0.221	11 組頭		政右衛門	0108	0	14 組頭
	半七	0110	0	a 組頭		弥惣兵衛	0030	0	21 組頭
	喜八	0189	0.139	28 組頭		喜惣右衛門	0002	1.909	1
	角右衛門	0068	0	15		惣介	0042	0	16
	弥兵衛(弥助)	0066	0	8		忠右衛門	0184	0	a
	五兵衛	0017	0.069	2		清助	0202	0	25
	重兵衛	0007	1.500	23		与右衛門	0146	1.238	7
	源兵衛	0195	0	c		新七	0130	5	10
	清右衛門	0023	0	19		長兵衛	0039	0.467	10
	清八	0041	0	16		九平次	0059	0	30カ
	左次右衛門	0156	0.490	1		善兵衛	0128	0.091	24
	喜介	0158	0	3		作右衛門	0038	0.135	10
	与助	0079	0	9		与惣右衛門	0034	0.143	21
	善四郎	0186	0	3		作兵衛	0044	0.215	17
	孫兵衛	0181	1.395	17		源左衛門	0022	0	19
	安右衛門	0124	0.985	24		新介	0190	0	28
	六郎兵衛	0157	0	c		四右衛門	0198	0	13
	藤右衛門	0019	0.395	2		太右衛門	0065	0.260	8
	与四右衛門	0140	0.683	7		四郎兵衛	0123	1.329	24
	長右衛門	0098	0	15		重郎兵衛	0014	0	6
	伊兵衛	0064	1.465	8		若右衛門	0129	0.158	21
	与四兵衛	0174	0	23		宇右衛門	0179	0.205	5
	喜右衛門	0062	0	7		小左衛門	0113	0	a
	与次兵衛	0161	0	29		助次郎			
	五郎松	0187	0	9		小太郎			
	長七					五郎兵衛	0188	0	c
	久左衛門(半五)	0018	6.691	2		源右衛門	0003	1.604	1
	久兵衛	0172	0.070	27		寅松			
	平七					伊八	0196	0	14

表3　安永2年の「頭百姓」

	組	所持高	表2上段	その他	利	安永3年
文治	23	4.445	百姓代	儀兵衛子	⌀	×
久左衛門後家	2	3.889			○	△
平兵衛	1	7.546	百姓代		○	
与右衛門	7	1.237		次兵衛兄	／	×
六兵衛	18※	2.922			○	
与左衛門	18	4.710			○	
源右衛門	1	1.604				
覚右衛門	15	0				×
武兵衛	11	脱		利右衛門弟	⌀	欠落
長次郎	23※	1.590		重右衛門分家		
半吾	2	3.704		久左衛門後家分家	⌀	
権助	23	0		権右衛門弟		
重兵衛	23	1.550	百姓代			×
左次右衛門	11	3.190		源右衛門分家	／	
武右衛門	10※	2.727	組頭			×
嘉兵衛	2※	6.175	組頭		○	
太郎兵衛	29※	0.638				
伝治	11	脱	百姓代	利右衛門弟	○	
重右衛門(元次)	1※	1.791	組頭			

所持高は明和9年宗門改帳による。
組欄の※は組頭。利欄の○は寛延の村方騒動で利右衛門方についた家を、斜線は寛延2年当時イエがなかったことを表す（斜線に○のある家は、利右衛門方の家からの分家）。
重右衛門は宗門改帳では組頭元次の父77才のため、元次を指すと判断した。

されているか見回るように指示した(19)。これに対して頭百姓らは相談の上、一昼夜に四人ずつ病家を回り、服薬の様子や食料が行き渡っているかどうかを改めることとしたのである。これは領主から拝借米の許可をうけた村として、しなければならない対応であった。村内のほぼ全ての家が病人を抱えているような状況にあって、村役人四人では到底村内の各家の様子を改めることは不可能であり、頭百姓の手を借りることで村内管理の貫徹をはかったのである。

表3はこの一九人に所持高や五人組などの情報を補ったものである。「組」の欄に記載されている番号が本人が所属する組であり、※印は組頭である。この欄から、一九人が組頭であることを理由に召集されたのではないことは明らかである。一九人のうち、組頭を務めている者は六人にすぎない。では一体何が基準であったのか。それは「頭百姓」という言葉が指し示す通り、高持であるか否かという点にあった。表中では覚右衛門と権助の二人を除いて全員が高持である。覚右衛門の死後名前人となった儀八は安永三年には○・六五石を所持しており、この時点でも高持であった可能性がある。また権助は、年寄・権右衛門の弟であり、この間権右衛門家と分家・同家を繰り返しており、それに伴い所持高も兄との間で転々とし

ていた（第三章図3）。安永三年には三・一一四石を所持しており、権助も高持であると見なせるだろう。さらに明和九年の宗門改帳では、所持高が抜けている武兵衛・伝次も庄屋・利右衛門家に連なる有力な家であり、高持である。六人の組頭も高持であり、要するに「頭百姓」とは全員が高持であった。

この一九人の頭百姓についてもう少し検討を続ける。明和六年に百姓代であった五軒のうち、四軒が安永二年にも頭百姓であった（表3「表2上段」欄）。残る一軒の仲右衛門家はこの疫癘流行によって安永三年には絶家している(20)。組頭は七軒中三軒が重なっている。明和六年にも中核であった人々が、安永二年にも呼ばれたということになろう。さらに「利」欄に○が入っている者は、寛延の村方騒動で利右衛門方についた家である。これらの家はこの時期にもなお庄屋・利右衛門家の強い影響下にあった。「その他」欄に「○○兄・弟」などの記載がある人物は、四人の村役人の血縁者などである。六〇歳を超える久左衛門後家が呼ばれるなど(21)、実効性の面では多少の疑問も残るが、この頭百姓達こそが村役人にとって手足となって村内管理を任せられる人物であったのである。

四月二五日には、村外から寄せられた救米の割賦が人数割で行われた。庄屋・年寄に加え、一〇人の高持である「百姓代」がこの割賦に関与している。この一〇人のうち、六人しか四月一七日の「頭百姓」と重ならず、そもそも百姓代が何人いるのかも定かではない。このように高持の中から「頭百姓」や「百姓代」が選ばれる基準は曖昧だが、村政を遂行する上で村役人は組頭ではなく高持に依拠していたことは確かである。

この安永二年の疫癘流行について、さらに三点注目しておきたい。一点目はこの時点で村内に飯米購入層が相当展開していたことである。この救米割賦の前段として村役人は村中一統と割賦方法を相談している。その際村中一統は「病気で伏せっている者はもちろん、病気になっていない者もその介抱のため渡世がなりがたく、同様に飢渇している。」と病気ではない者も飢えた状態にあることが問題になっており、この時期すでに村外で賃稼ぎを行う層が相当に展開していたことは明らかである。彼らは所持高の面では無高、あるいは二石未満の零細な層であり、日々不安定な生活を営んでいた。イエの維持も容易ではなく同家・分家を繰り返す存在であったと思われる。

二点目は、この疫癘流行による被害の規模である。正確な数字は不明だが、明和九年の宗門改帳では一七三軒七九八人であったものが、安永三年には一五一軒六六五人となっており(22)、少なくとも一三〇人以上が死亡したことになる。一連の史料では、拝借米の許可が下りた時点ですでに約一〇〇人が死亡しており、被害が拡大した原因の一つは役所の対応の遅さにあったと考えられる。減少した二二軒の内訳は、名前人が死亡し、残された家族が同家をして完全になくなった家が二九、新しい家（分家）が七であるが、この外に名前人が交代した家が四四軒確認できる。これは一点目の飯米購入層が不安定な生活を営んでいることと関係しよう。しかし被害は無高の飯米購入層にとどまらない。四月一七日に村役人が呼び出した一九人の頭百姓からも死者が出ている（表3「安永3年」欄×印）。このように被害は村内全体に及んでおり、村全体の不安定さを露呈している。

三点目は、相当数の家が大打撃を受けた結果、五人組の編成がどうなったかという問題である。安永二年には三二の五人組が確認できるが、組頭のうち翌年も存命している者は一四人にすぎない。残りは、子の名前に変わっている家が七、後家名前になっている家が六、さらに完全になくなった家が五である。組内で半数の家がなくなった事例も確認でき、五人組の枠組みが維持できない状況に陥った。しかし安永三年以降の宗門改帳の記載順を見る限り、疫癘収束後に大規模な編成替えは行われていない。組内軒数が著しく減少した組は統合し、組頭が絶家、あるいは名前人が交代した組では組内の他の家が組頭となるなど、一部の編成を変更したにとどまっている。

次に天明二（一七八二）年に組頭三一人から庄屋・年寄宛てに作成された一札から、この時期何が問題となっており、村役人がいかに対応したかを見ておこう(23)。

天明二年二月一五日に「鉢のむねにて」大鳥郡田中村の番人を南王子村の者が打擲するという事件が起きた。

「鉢のむね」が田中村に隣接する鉢ヶ峰村を指すのか、勧進をめぐってという理由を指すのかは不明である。この事件に関して南王子村の庄屋・年寄は堺の町目付に呼び出され、その際についでという形で、「所々の法事などに大勢で参って酒食をし、地頭の名を出して理不尽な振る舞いをしている者が多いので、そのようなことがないように村内在稼の者にしっかり申し付けるように。」と伝えられた。そこで村役人は一九日に村内の在稼者から印形を取るとともに、それとは別に組頭からも組内の管理を誓う一札を差し出させたのである。この一件から、在稼者が村外で起こす問題について村役人が苦慮している様子がうかがえる。村高がごく限られた南王子村では、人口の増加に比例して在稼者も増加していたと考えられる。この問題に関して、村役人が当事者である在稼者だけではなく、組頭達からも一札をとっている点が注目される。これ以前にも領主へ差し出す請書や村内での取り決めに五人組ごとに連印するといったことは見られる。だがそれらは形式的なものであり、五人組自体は組内を管理するという機能をそれほど果たしていなかったと思われる。必ずしも地縁的ではないと考えられる組の構成もその原因の一つである。そのため、疫癘流行の時にも高持が呼ばれ、村内の管理にあたったのである。しかし天明二年には、組頭に一札を出させているのであり、村内を漏れなく管理する体制として組頭が利用されている。天明四年の申し渡しに向けた萌芽を見いだすことができよう。なおこの三一人の組頭は半数が無高であり、安永二年以後も大きな組替えが行われていないことを裏付ける。

天明四年以前の村政についてまとめておこう。この時期、南王子村において五人組や組頭は確かに存在するが、村内管理の上で必ずしも機能してはいなかった。五人組ごとに連印をする、ということはあるものの、新しい組が機械的に作られ、半数の組頭が無高という状況では村政上明確な権限を与えられるには至らなかったのである。組頭にかわって村役人が村政を遂行する上で依拠していた存在は高持であった。これは安永二年の疫癘流行の際の対応を見ても明らかである。一方で村役人がこのような対応をとる背景には、人口・家数の増加があったと考えられる。村役人四人では村内管理の貫徹が次第に不可能となり、村役人は自らの手足となって村政を扶助する存在を求めていた。それが、安永二年には高持の中から村役人が選び出した「頭百姓」であり、天明二年には半数が無高を占める組頭だったのである。村内総軒数が一五〇～一七〇軒、総人口が約八〇〇人となり、この時期は一〇年に約一〇〇人ずつ増加していた。村役人は村内をくまなく覆う新たな体制を模索し始めており、それは二〇～三〇人程度に権限を分与する方向性を伴っていた。

このような状況にあった南王子村において、天明四年に村役人は高持の組頭に権限を分与する方向を打ち出したのである。それまでの高持か、組頭か、という体制を統一したと言えよう。なぜそれが天明四年閏正月だったのかといえば、直接的には千原騒動が契機となったと考えられる。千原騒動は天明二年の夏に起きた一橋領知の下掛屋打ち壊し事件である(24)。この騒動は領知村々の二〇〇名余の百姓によるものであったが、南王子村でも無高を中心に約二〇名が取り調べを受け、入牢となった。この一件の処罰は天明三年九月に江戸で下されたが、百姓たちへの処罰とともに、南王子村の村内無高全員と思われる九三人について三〇日の手鎖相当が申し渡された(のちに大坂渡辺村年寄のもとで、一五日の手鎖となる)。取り調べの様子では、数名は騒動に参加した可能性もあるが、無高全員に手鎖というのは差別的な裁許である。これとは別に、騒動の連帯責任として領知村々には一律に過料として、村高から村役人と高持の処罰者の持ち高を引いた高一〇〇石につき銭二貫余が課された。このため南王子村でも、高持たちが過料二貫文余を所持高に応じて負担することになった。この間村では村役人が度々大坂や堺に出役しており、牢扶持銀などと合わせて天明二年の小入用は例年の数倍に膨れあがった(**第五章表3**)。これらの多くは負債として村に残ることになった。南王子村にとっての千原騒動とは、事の真偽はともかく村内無高が原因となって村全体が負債をおう大きな事件であった。天明三年一一月には、堺奉行所から千原騒動に関する事後処理はすべて終了していると伝えられており、年明けを待って村役人は村内管理をいかにして徹底するか・無高を村内においてどう管理するか・責任の所在はどこにおくかといった点に主眼をおく申し渡しを村内に出したのである。しかしあくまでも千原騒動は直接的な契機であって、それ以前から村役人は新たな村政のあり方を模索していたのである。

以上のような経過を追うと、高持を組頭に据えて村政上明確に位置づけることの意味がさらに明白となる。村内管理の徹底をはかるため、五人組の大規模な編成替えを行い、高持の組頭に組内管理を徹底させることにしたのである。それまでの曖昧な体制から一気に脱却し、村内を網羅的に管理する体制へと移行したのである。天明四年以前のあり方を考えれば、新たな体制が最良だと村役人が判断したのも当然である。組替えは、天明四年閏正月の申し渡しの直後に行われたと考えられる。五人組の構成はほぼ宗門改帳の順序に反映されているが、天明四年三月作成の宗門改帳はそれ以前のものと全く順序が異なる(25)。宗門改帳の順序を見る限り、無高ばかりの組は、他の組にいた高持を新たに組頭として設定したり、あるいはバラバラにして複数の組へ組み入れるなどして全て解消されている。高持が組頭を務めていた組も、いくつかの組に分け、無高を組み入れるなどして、結果的にはそれまでとは全く異なる五人組が出来上がったと考えられる。「申渡」を実現するため、新しい五人組と組頭が設定されたのである。

四、天明四年以降の五人組と村政

本節では、五人組が明確に村政に位置づけられた天明四年以降の展開について見てゆくこととする。前節で見たように、この体制は村内管理を徹底することを目的としていた。しかしこの体制は、村役人が意図した方向には必ずしも作用しなかったようである。

（1）組頭と村政

寛政一二（一八〇〇）年九月、南王子村では村方取締請書連印帳が作成された(26)。同年夏、村内の六名が博奕で召し捕らえられたことが契機であった。この請書は全一四条からなり、博奕とその宿の問題を中心に嶋木綿や竹皮の売買、預かり荷物や質屋といった農業以外の生業についての規定や、袖乞いの禁止について取り決められている。この時点で様々な生業に従事する人々が村内に多数展開し、そのことが問題を起こす原因となっていることが読み取れる。

この請書の一四条目では組頭について言及がある。それによれば、組頭は村方の諸参会に立ち会い、村役人よりの申し渡しを組内に伝えなければならないのに、「自分の組内に不埒者はいない。」と豪語して組内への伝達をしない組頭がいると述べられている。さらにそのような不埒な組頭が存在するために、村内取り締まりのために組頭が寄合をする時にもうまくいかず、そのため夏以来の騒動が起こったのだとしている。これらの記述は、天明四年の段階から一段階進んで、組頭が村政上欠かせない存在となっていること、それは村方諸参会に参加し、組内に決定事項を伝える、という形で実現していることを示している。また時には組頭だけで寄合を行うこともあり、村役人の権限のもとではあるが独自のまとまりを形成しつつあることもうかがえる。しかし組頭といっても村役人の意向に反する者もおり、そのことが今回の事態を引き起こす原因となったとされている。こういった組頭を条文中では「当夏以来の村内の騒動を、川向かいの喧嘩のように考えている。」と批難したうえで、以後村役人の指示を疎略にすれば、村役人から役所にその組頭を訴えると締めくくられている。この一四条目には附則があり、村方の諸参会・諸法事の際の組頭の席次は庄屋・年寄・百姓代に次ぐとされている。

この条から、組頭が村政上欠かせない存在となっている一方で、村役人の意向に沿わない組頭が出てくるという新たな問題が起きていることが分かる。村役人は、村内混乱の原因が一部の組頭にあるという認識のもと、以後問題があれば村役人から役所へ訴えることと、諸参会での席次を明確にすることで、村政に関わる存在であることをもう一度組頭に強く意識させようとしたのである。

しかしこの問題の根本的な原因は、高持から組頭を選ぶ、という体制そのものにあった。連印帳が作成される契機となった博奕には、高持三人と無高三人が関与していた(27)。高持のうち、孫兵衛は三・三石余、文右衛門は一・七石余を所持していた。一見小高のようにも見えるが、孫兵衛の高は村内で一〇番目であり、牛も所持していた。そのような人物でさえ、無高とともに博奕をしていたのである。また奉行所から役人が召し捕りのため来村した折には、六人それぞれが在稼に出ており、長い者では五日ほど戻ってこなかった。もちろん孫兵衛もこの中に含まれており、村役人に対して「大和路から紀州辺りへ竹皮を買い付けに行っていた。」と事情を説明している。南王子村では必ずしも高所持は生業や素行の保証とはならないのである。この取締請書の各条にも表れているように、村高に依拠して生活している者は少なく、村高の有無によって組頭を選ぶというシステム自体に問題があったのである。また所持高が頻繁に移動する村では、常に組頭を高持で固めることも難しかったと思われる。

この一件から二年後の享和二（一八〇二）年には「さしこくら一件」という博奕問題が起きている。主に女性によるものだったが、主導者の一人とされたのは無高の組頭の女房であった。無高の組頭がなぜ存在するのかは不明だが、基本的には以後も高持が組頭を務めている。ここで問題となるのは、博奕が村内に広範に広がっていること、そして組頭の女房でさえも参加しているという、いかんともし難い状況である。

組頭が村役人の意向に添わないという問題とともに、それ以上に深刻な問題は村内における博奕であった。一九世紀に入ると、博奕問題を主眼とする村方取り締まりが頻繁に行われるようになるが、その中ではこの問題に対処するために組頭の権限が強化されていく様子が読み取れる。文化一三（一八一六）年には、博奕をしていれば発見次第組頭一同が宿へ押し寄せ、借家であっても打ち壊す、とされている(28)。また、人数の増加とともに、御触を守らない者が増えた村内の状況を案じた村役人と組頭がこの取締書を作成したとされており、村役人の下で取り締まりにあたる組頭の様子がわかる。さらに文政二（一八一九）年に作成された村方取締申合では、不埒者があったということで、村役人・百姓代に加え組頭も召し出され御察当を受けたことが記され、組内の者を組頭宅に呼び付けて取り締まりの内容を伝えること、とされている(29)。博奕に代表される頻発する様々な事態においていて、博奕宿の即時打ち壊し、村役人とともに役所に出頭、さらに組内の家に出向くのではなく、呼びつける、など組頭の権限は次第に強化されていく。組頭が果たして一枚岩に団結して、村内の管理にあたるようになったのかは疑問だが、「組頭中」や「組頭一同」と表現されることも多くなり、次第に組頭層が形成されていったと考えられる。

（2）組の展開

次に、五人組が天明四年以後どのように展開してゆくのか、見通しておこう。見通し、というのは宗門改帳で一つ一つの家について詳細に追っていないので、組の展開を正確に把握できていないためである。南王子村では、家が不安定であり、分家・同家、名替などが頻繁に見られる。同じ名前人の家であっても、一〇年も年次がひらけば、同じ家とは限らない。そのため新しい五人組は地縁的なまとまりなのか、組頭はどのように決まるのかなど、五人組に関する重要な検討は後日の課題とせざるを得なかった。

天明四年以後ではっきりと五人組の編成が確認できるのは寛政五年である（表4）(30)。寛政五年には二一軒、三一組が確認できる。三一組のうち、三組（7・19・20）を除いては高持が組頭であり、天明四年に組み替えられた新しい五人組のその後の様子である。天保期まで、数組を除き高持が組頭を務めていることが確認でき、天明四年以降は原則として組頭は高持に限定され続けた。寛政五年の時点では組内軒数の平均は六〜七軒である。

表5は天保期頃までの組頭と組内軒数の一覧である。これは組ごとの連印から、組の変遷を追ったものである。ただし組頭の名前のみで並べているので、横軸が必ずしも繋がるかどうかは不明である。組内の名前を見ても一〇年程度で半数は入れ替わっており、実際に組を移動しているのか、名前人が交代しただけなのか（移動はしていない）は全く不明である。そこで、ここでは組数と組内軒数のあり方に絞って見てゆくこととする。

寛政五年には確かに五人組であったものが、化政期から次第に組内軒数にばらつきが見られるようになる。例えば文化一三年には甚助が組頭を務める組は一七軒、九兵衛の組は二〇軒と「五人組」とは思えない組が出てくる。その一方で同じ年に市兵衛の組は三軒、佐治兵衛の組には四軒といった具合である。その後も組内軒数は全体的に増加していくものの、一定せず、文政一三年には五軒の組がある一方で九兵衛の組は三五軒となっている。南王子村においては次第に五人組が独自の「組」として展開するのである。組内軒数は多くの組で増加するが、それは家数が増加するにも関わらず組数は減少していくためである。寛政五年には三一組であったものが、寛政一二年には二九、文政一三年には二五まで減少している。天保の村方騒動中には、明らかに組内軒数の平均化を意図して組替えが行われ、三三組となっている。九兵衛組も三五軒が一二軒となっている。しかし天保一三年には二五組と、もとの組数に戻っている。

この現象は、おそらく村方取り締まりのため組頭の権限を強化していくことと不可分の関係であったと考えられる。組頭は村政全体に欠かせない存在となると同時に、組頭は組内に対しても大きな力を及ぼすようになる。それは先ほど確認したように、村内取り締まりを組内に伝えるにあたって、組内の家々に出向くのではなく、組頭宅に呼びつけるというあり方にも現れている。そのような中で次第に組頭と組内の間で固定的な関係が醸成されていくのであろう。また組分けがなされなくなる要因の一つは、高持を組頭にするという原則にも求められよう。組頭を高持に限定したため、容易に組分けができなくなったのである。この点も天明四年以前の、ある程度新しい家が増えれば機械的に組を作りだしていたあり方とは全く異なる。村役人側が新たな組頭を選出することを忌避したのか、それとも組頭らが自らの立場を排他的に独占しようとしたのかは不明である。しかし、少なくとも天明四年以後、村役人が五人組の大規模な編成替えを目指すことはなく、高持の組頭に依拠するという村政の体制は維持され続けた。その意味において天明四年の申し渡しは南王子村において生き続けたのである。

	組頭	彦兵衛	5.160	
		弥左衛門	0.059	
		次右衛門	0	利右衛門借地
		新七	0	利右衛門借地
		藤兵衛	0	佐右衛門借地
		喜六	0	次郎右衛門借地
	組頭	惣兵衛	9.372	
		常右衛門	0	惣兵衛借地
		与三右衛門	0	惣兵衛借地
		庄兵衛	0	儀兵衛借地
	組頭	十右衛門	0	源次借地
		平九郎	3.242	
		甚助	0.135	
		平八	0	惣兵衛借地
		仁助後家	0.145	
		与次兵衛後家	0	久左衛門借地
	組頭	源次郎	0	又右衛門借家
		伝兵衛	0.335	
		市郎兵衛	0	長吉借地
		孫七	0	喜八借地
)		忠次郎	0	喜八借地
		甚兵衛	0	儀兵衛借地
		定七	0	平九郎借家
		小四郎	0	常右衛門借家
	組頭	与平次	2.067	
		宇右衛門	0.205	
		伊右衛門	0.560	
		七右衛門	0.560	
		次郎兵衛後家	0	三郎右衛門借家
	組頭	平助	1.226	
		伊助	0	喜兵衛借地
2		長五郎	0	平助借家
		市右衛門	0	善兵衛借地
		浅右衛門	0	喜八借地
	組頭	儀助	8.877	
		松兵衛	0	和介借家
3		八兵衛	0	三郎右衛門借地
		義八	0	太八借地
		与左衛門	0.425	
		甚右衛門	0	三郎右衛門借地
	組頭	角右衛門	1.960	
		九右衛門	0	兵次借地
		幸八	0	惣兵衛借地
		安右衛門	0	弥助借家
4		四右衛門(四郎右衛門カ)	0	喜八借地
		惣助	0	次郎右衛門借地
		五右衛門(又右衛門カ)	0	嘉右衛門借地
		惣七(惣次郎カ)	0	角右衛門借家
		岩松	0	喜八借地

25	組頭	四郎兵衛	2.720	
		佐右衛門	0.401	
		源次	0.427	
		為右衛門	2.280	
		嘉平次	0	伝次借家
26	組頭	仁兵衛	1.820	
		仲右衛門	1.755	
		太右衛門	0	弥右衛門借地
		磯次	1.310	
		勘太郎	0	四郎兵衛借地
		伊兵衛後家	0	平九郎借地
27	組頭	次郎兵衛	1.330	
		孫右衛門	0.262	
		辻右衛門	0	武右衛門借地
		小右衛門	0	吉郎兵衛借地
		庄助	0	与左衛門借地
		義右衛門	0.178	
28	組頭	平右衛門	0.182	
		惣八	0	弥右衛門借地
		与四郎	0	次郎右衛門借地
		宇兵衛	0	源次借地
		四右衛門後家	0.280	
		六兵門(六兵衛)後家	0.318	
		元次後家	0	源次借地
29	組頭	喜平二	2.050	
		徳兵衛	0.817	
		兵次	0.105	
		捨松	0	徳次郎借家
		新六	0	徳次郎借家
		善次郎	0	徳次郎借地
		吉平	1.485	
		庄左衛門	0.070	
30	組頭	長兵衛	0.243	
		杢兵衛	0	喜八借地
		佐助	0	何右衛門借地
		又平	0	喜八借地
		清助	0	嘉右衛門借地
		仁助	0	次郎右衛門借地
		惣右衛門	0	新右衛門借地
		文左衛門	0	儀助借家
		勘四郎	0	喜八借地
		幸助	0	武兵衛借地
		庄七	0	喜八借地
		平七	0	喜六借地
31	組頭	武右衛門	3.960	
		佐次兵衛	0	武右衛門借地
		徳右衛門	0	武右衛門借地
		作右衛門	0	四郎兵衛借地
	31	武兵衛	新しい家で組に振り分け前カ	
	14	磯右衛門	〃	
		太八	8組の太八カ	
	26	喜右衛門	新しい家で組に振り分け前カ	
		岩松	24組の岩松カ	
	1	磯七	新しい家で組に振り分け前カ	
		吉右衛門	〃	
		市郎兵衛	20組の市郎兵衛カ	
	13	三右衛門	新しい家で組に振り分け前カ	
		利右衛門	〃	

われる（太八・岩松も同じ事情カ）。ただし武兵衛は、２組の武兵衛とは印の形が異なるため別人である（寛政６年には武兵衛と武
して別に宗門改帳に登録される）。10軒のうち５軒の前に付した番号は、寛政６年宗門改帳の順序から予想される翌年に組み込まれ
の五人組である。

表4　寛政5年の五人組

1	組頭	与三兵衛	1.735	
		金兵衛	0	武右衛門借地
		弥右衛門	0.648	
		喜三郎	0	武右衛門借地
		次郎左衛門	1.919	
		甚七	0	何右衛門借地
2	組頭	嘉兵衛	5	
		仁右衛門	0.430	
		三郎右衛門	0.158	
		五兵衛後家	0.069	
		伊兵衛	0.050	
3	組頭	伝次	3.462	
		半七	0	喜八借地
		文次	0.677	
		又右衛門	0	儀助借地
		喜左衛門	0	惣兵衛借地
		四兵衛	0	喜兵衛借地
		武兵衛	0.088	
4	組頭	清右衛門	1.795	
		長右衛門	0.221	
		久次郎	0	孫四郎借地
		新八	0	孫四郎借地
		勘左衛門	0	甚助借地
		文七	0	勘四郎借家
5	組頭	五郎兵衛	0.172	
		勘右衛門	0	喜平二借地
		半兵衛	0	平九郎借地
		嘉吉	0	徳次郎借家
		徳次郎	3.971	
6	組頭	忠兵衛	0.395	
		源七	1.610	
		文右衛門	0	喜八借地
		清六	0	喜八借地
		三郎兵衛	0	伝兵衛借地
		文四郎	0	武八借地
7	組頭	六郎兵衛	0	儀助借地
		太兵衛	1.270	
		次郎右衛門	0.160	
		弥兵衛	0	惣兵衛借地
8	組頭	久右衛門	1.560	
		長次郎	0	喜八借地
		太八	0.332	
		吉兵衛	0	佐七借地
		善兵衛	0.304	
		利八	0	善六借地
9	組頭	何右衛門	0.264	
		藤次郎	0	徳次郎借地
		又兵衛	0	武八借地
		弥吉(弥七カ)	0	喜八借地
		市兵衛	0	武八借地
		新兵衛	0	新右衛門借地
		久七	0	佐七借地
		新助	0	五郎兵衛借家
10	組頭	善六	3.375	
		三兵衛	0	喜八借地
		喜三兵衛	0.058	
		才兵衛	0	吉郎兵衛借地
		吉郎兵衛	0.227	
		新右衛門	1.350	
11	組頭	嘉右衛門	3.335	
		八郎兵衛	0	喜八借地
		茂七(佐七カ)	0.546	
		与助	1.101	
		吉助	0	利右衛門借地
		和助	0	利右衛門借地
		平吉	2.981	
12	組頭	喜兵衛	3.550	
		弥助	0	利右衛門借地
		紋右衛門	0	利右衛門借地
		庄九郎	0	善六借地
		兵助	0	何右衛門借地
13	組頭	源右衛門	1.811	
		元右衛門	0.081	
		与市郎	0	次郎右衛門借地
		嘉八	0	惣兵衛借家
		半五	1.648	
		安兵衛	0.093	
		太助	0	忠兵衛借家
		八右衛門	0	弥右衛門借地
		清兵衛	0	武八借地
14	組頭	与三左衛門	2.555	
		伊左衛門	0	武右衛門借地
		権四郎	0	兵次借家
		孫四郎	0.044	
		善九郎	0	平九郎借地
15	組頭	忠左衛門	0.362	
		与八	0	忠左衛門借地
		喜八	5.640	
		伊八	0.307	
		長吉	0.168	
		清七	0	喜八借家
		喜助	0	喜八借地
		武八	0.061	
16	組頭	兵右衛門	0.490	
		市郎右衛門	1.465	
		利助	0	平右衛門借地
		佐次右衛門	0.490	
		孫兵衛	0	伝次借家
		久左衛門	0.061	
		久太郎	0	喜平二借地

＜村役人＞

庄屋	利右衛門	12.273
庄屋	次兵衛	2.564
年寄	儀兵衛	2.822
年寄	権右衛門	1.745

寛政5年正月の「申渡請証文」(『奥田家文書』326）の連印順に1組（仮）からとし、寛政4年宗門改帳（『奥田家文書』27）の情報を加えた。名前に続く数字が所持高である。村役人は連印では冒頭に記される。

寛政4年の宗門改帳は四郎兵衛から始まり、25組の家を書き上げ、続いて平右衛門と28組の家が書き上げられており、宗門改帳はほぼ五人組ごとに作成されている。名前のうしろの（　）は宗門改帳での該当すると思われる名前人である。

寛政4年宗門改帳には203軒、寛政6年宗門改帳（『奥田家文書』28）には217軒が記載されており、寛政5年の連印は村役人4軒と五人組を構成する197軒と末尾の10軒からなる。末尾の10軒のうち武兵衛・太八・岩松・市郎兵衛は、五人組内にも名前を見出せるうち市郎兵衛は五人組内では名のみで印がないが、末尾には印もあるので、他行中などの理由で後日に末尾に連印したのではないか

文政5年7月 (360)	文政11年5月 (2529)	文政13年7月 (2531)	天保7年7月 (2532)	天保13年7月 (2544)
			庄兵衛⑩	……庄兵衛㉕
——⑨	——弥右衛門⑬	——⑬	権右衛門⑭	藤七⑬
久七④	——⑬	——⑨	——⑨	……久七⑫
——⑯	——⑯	——⑯	——⑨	……甚助⑪
——仁右衛門⑥	——⑪	——嘉兵衛⑮	——⑪	惣兵衛⑧
——元七⑩	——⑫	——⑫	——⑩	……元七⑥
——④		助治郎⑤	——⑧	源治郎㉒
——⑬			勇治郎⑤	……久兵衛⑨
——⑬	——⑬	——⑪	——⑦	……弥七⑨
——久兵衛⑦	——⑤	——⑥	嘉右衛門⑤	……嘉右衛門⑦
——好右衛門⑪	——⑯	——由右衛門⑮	周蔵⑬	……由右衛門⑬
——⑦	——⑦	——⑥	——与右衛門⑫	
——⑫	——⑮	——⑯	——⑲	茂右衛門⑧
政七⑭	——⑰	——⑮	——⑩	半六⑧
——⑦	——⑥	——⑥	——⑥	喜八⑥
——杢右衛門⑩	——佐兵衛⑩	——⑩	庄右衛門⑧	次兵衛⑮
——⑫	——⑪	——⑨	——⑨	安右衛門⑩
——六右衛門⑨	——⑩	——⑦	——⑦	……六右衛門⑨
——⑯	——与三兵衛⑯	——⑯	——⑥	……与惣兵衛⑩
利平⑧			清兵衛⑧	……清兵衛⑨
——⑥	——⑤	——⑥	直八⑥	新治郎⑧
			喜助⑨	
——⑩	——⑨	——⑨	——⑧	……儀助⑳
——㉚	——㉜	——㉟	——⑫	……九兵衛⑫
——⑧	——⑨	——⑩	——⑧	……四郎兵衛⑥
——⑫	——仁兵衛⑪	——⑫	——⑧	
——⑪			作右衛門⑧	
	文治⑬	——⑯	清吉⑨	
			政平㉑	
——新作⑬	——吉右衛門⑬	——⑫	政右衛門⑯	
——⑦	——武右衛門⑩	——⑦	——⑧	
			権治郎㉔	……権治郎㊴
			彦兵衛⑦	……彦兵衛⑨
27	24	25	33	25

——の部分は組頭が前の年次と同じか、異なっていても組内の半数程度が一致したので、ひとまず同じ組と判断した。組頭の名前が同じでも、数軒しか一致しない場合や、組内軒数が倍増・半減する場合もあり、一部で編成替えがなされていると思われる。

表５　南王子村における五人組の変遷

年次 （史料番号）	寛政５年正月 （326）	寛成 12 年９月 （2524）	文化元年８月 （358）	文化 13 年９月 （2525）
	与三兵衛⑥	⑧	⑧	⑧
	嘉兵衛⑤	⑦	五兵衛⑥	⑧
	伝次⑦	喜左衛門⑧		
	清右衛門⑥	徳次郎⑥	⑩	甚助⑰
	五郎兵衛⑤	⑦	⑦	⑪
	忠兵衛⑥	⑫	⑨	⑫
	六郎兵衛④	太次兵衛⑧	兵治⑤	喜右衛門⑩
	久右衛門⑥	五郎作⑥	⑪	久右衛門⑫
	何右衛門⑧	伝右衛門⑨	⑧	弥七⑩
	善六⑥	⑦	⑦	⑧
	嘉右衛門⑦	平吉⑥	⑧	太兵衛⑥
	喜兵衛⑤	⑥	⑦	⑥
	源右衛門⑨	三右衛門⑥	⑤	⑪
	与三左衛門⑤	嘉右衛門④		
	忠左衛門⑧	伊八⑪	勘助⑪	喜八⑥
	兵右衛門⑦	⑩	⑩	源右衛門⑬
	彦兵衛⑥	⑧	⑧	彦四郎⑪
	惣兵衛④	⑤	④	⑦
	十右衛門⑥	平兵衛⑪	⑫	⑫
	源次郎⑧			
	与平次⑤	⑦	伊右衛門⑥	⑤
	平助⑤	茂兵衛⑧	平助⑧	市兵衛③
	儀助⑥	⑦	⑨	⑩
	角右衛門⑨	⑪	九兵衛⑮	⑳
	四郎兵衛⑤	⑦	⑧	⑦
	仁兵衛⑥	⑥	⑤	七郎右衛門⑩
	次郎兵衛⑥	⑦	⑦	⑨
	平右衛門⑦			
	喜平二⑧	⑧	⑨	
	長兵衛⑫	⑫	⑮	弥三右衛門⑨
	武右衛門④	⑧	⑥	佐治兵衛④
	新しい家⑦			
総組数	31	29	27	26

表中の名前は組頭であり、○内の数字は組内軒数である。

表6　組頭九兵衛の人別帳記載（文政13年）

百姓	九兵衛(66)	高壱石四斗七升
女房	しつ(53)	
倅	重七(19)	
娘	たけ(10)	
娘	とよ(6)	
同居甥	惣吉(22)	
同居惣吉姉	しの(24)	
従弟	宇右衛門(44)	病気ニ付、同家仕候
宇右衛門倅	宇吉(19)	
同居甥	喜之吉(15)	去丑御改之節、武助内へ組入御座候処、武助家出後、さん・喜之吉両人、親類共夫々介抱仕、同人壱人相加へ申候、
同居甥	嘉八(28)	去丑御改之節、当村三右衛門方ニ奉公仕、同人内へ組入御座候処、年季明ニ付、罷帰り候故、組入申候、
同家従弟	太郎右衛門(41)	近年極困窮ニ付、組内ゟ介抱仕、去丑御改之節ハ才助方江同家仕候処、当年ハ組頭九兵衛方へ同家仕候
太郎右衛門女房	げん(37)	
同人倅	善吉(12)	
同人娘	いと(8)	
同人娘	はつ(6)	
同人母	はん(63)	
下男	松五郎(15)	紀州伊都郡佐屋村万蔵倅、壱ヶ年季奉公
外ニ、太右衛門并平四郎、当年ゟ別家為致申候		

典拠は『奥田家文書』47。

（3）組とは何か―ひとつの事例―

家数が増加し続けるにも関わらず、組数が減少していく原因のひとつに組頭と組内の家々の間に固定的な関係が醸成されていくことが予想された。この問題を考えるため、ここではひとつの事例を取り上げる。表6は、文政一三年の宗門改帳における組頭九兵衛の記載である(31)。

この年、九兵衛は一・四七石を所持しており、家内には一七名と下男一名の計一八名が書き上げられている。九兵衛の家族は女房と倅一人、娘二人と考えられ、残る一二人は同居人である。同居人は、「甥」惣吉とその姉、「従弟」宇右衛門とその倅、「甥」喜之吉、「甥」嘉八、「従弟」の太郎右衛門一家という内訳であり、五つのグループに分けられる。「同居」と「同家」、また宇右衛門にいずれの肩書きもないことに差異があるのかもしれないが、詳細は不明である。惣吉以外には同居の理由が書かれており、宇右衛門は「病気のため同家」とある。ここで注目したいのは太郎右衛門である。太郎右衛門には「近年極困窮しているので組内から世話をしており、前年の改めの際には才助方へ同家していたが、今年は組頭である九兵衛方へ同家している。」と記されており、困窮している太郎右衛門が組の世話を受けており、文政一三年には組頭九兵衛が太郎右衛門を同家させていることが分かる。前年に太郎右衛門が同家していた才助も、九兵衛組内の家であることが確認できる。組は、組内の困窮者を同家させるような、生活を保障する機能を果たしていたのである。喜之吉についても、太郎右衛門とほぼ近似する事例と考えられる。「武助が家出後、親類で面倒を見ていたが今年は九兵衛のもとに加えている。」という記載があるが、武助も文政一一年には九兵衛組に所属していた。おそらく親の武助が家出後、親類が面倒を見ていた喜之吉を、組頭であった九兵衛がこの年は面倒を見ていたのである。喜之吉や嘉八にも「組入」という言葉が使用されているが、ここでは「五人組へ」という意味ではなく、「宗門改帳での九兵衛家へ」という意味であると考えられる。

末尾には、九兵衛がこの年太右衛門と平四郎を分家させていることが記載されているが、前後の宗門改帳を確認すると九兵衛が毎年新たな同家を抱え込む一方で分家を出していることが分かる。繰り返される同家・分家が血縁者にとどまらないことは明白である。組内軒数が常に最大であるという九兵衛組のあり方と深く関わるかたちで、組頭の九兵衛は組内の生活困窮者を一時的に同家させるという措置を恒常的にとっていたものと考えられる。他の組頭のもとでこのようなことが行われていた事実は確認できないが、九兵衛の組では明らかに「組内」の措置として行われていた。組頭と組内の家々との間で築かれる関係は、それぞれの組で異なっていたと考えられるが、九兵衛はその最も極端な事例であろう。

天明四年以降、南王子村において組頭は確実にその権限を強化していった。それは村内で頻発する問題を抑え込むために必要不可欠な措置であり、組頭は次第に村政上欠かすことのできない存在となっていったのである。その結果、五人組は南王子村独自の「組」として展開し、組頭と組内の家々の間には容易に切り離せないような関係が築かれていったものと考えられる。もうひとつ重要な点は、組頭なしには村政が貫徹しない体制が出来上がったことである。天保期の村方騒動を組頭が主導し、村政が大混乱に陥るのもそのためではないだろうか。

おわりに

最後に、南王子村における天明四年の「申渡」の持つ根源的な意味について考えておこう。この「申渡」は無高については地主・家主が最終的な責任を取るとともに、高持の組頭を設定し、村政に関与させるという体制に移行することを示しており、その後の村政の体制を規定した。それは南王子村における秩序が、完全に村高所持に依拠することを示している。

天明四年以前は、高所持に軸を置きつつも、その中から誰を選ぶかという点において村役人の恣意がはたらいていた。その恣意とは、村役人が信用をおく人物であるかどうかという点であり、家の論理でもあった。村役人の血縁者が重用される傾向にあったのである。村役人は、自らの意を汲んで行動する者を選び、彼らに依拠しながら村政を遂行していた。しかし家数の増加と莫大な借銀が村の問題として大きくなる中で、天明四年以後、組頭を高持で固めるという体制に移行した。このこと自体は、周辺の百姓村でも見られることであり、それ以前の体制を考えれば村役人が最良であると判断したことも当然である。だが、この体制は裏返せば「高を所持していれば、誰でも組頭になることができる。」ことを意味しており、そこに村役人の恣意ははたらかない。村役人による信用でもなく、家の論理でもなく、まさに高所持の論理がかわた村において全面化したのである。これは、高所持者に組頭として村政に関与する道をひらくだけではなかった。庄屋利右衛門の弟伝次は、有力な高持であり、天明四年以前は百姓代として村政に関わっていた。伝次は天明四年の組替えによって組頭に就き、寛政一二年には組頭から年寄になっている。利右衛門捌分の村役人は代々利右衛門の血縁者が務めており、伝次が年寄に就くことも利右衛門にとっては既定路線であった。それは以前からの家の論理のもとなされたのである。しかし結果としてその際に、組頭から村役人へという回路をもひらくことになったのである。

高所持という基準を設けたことは、村役人にとって望ましくない人物でも、組頭として抱え込まなければならなくなることを意味した。博奕問題が深刻さを増す中で、組頭の権限を強化したことと合わせて、一九世紀後半以後、組頭が中心となって村方騒動が頻発する構造の起点ともなったのである。天明四年に村役人がうち立てた体制は、思わぬ方向に進むこととなった。

さて、冒頭で述べたかわた村における二つの側面からこの問題を考えれば、草場などの斃牛馬処理に関する側面は村政上完全に捨象されることとなった。南王子村における草場所持のあり方はほとんど不明だが、明和二（一七六五）年に塩穴村と草場争論に及んだ際の死牛馬取捌惣代は元右衛門・太郎兵衛・惣七の三人であった(32)。注目されるのは、元右衛門（〇・四七七石）が宝暦一二年まで年寄を務めていたこと、そして太郎兵衛（〇・四九八石）・惣七（〇・二二一石）が組頭であったという点である。この時期組頭であることに大きな意味は見いだせないが、元右衛門の事例は、死牛馬取捌惣代に無条件で村政上のポストが与えられていた可能性を示している。しかし天明四年の申し渡しは、その可能性を以後完全に否定するものであった。死牛馬取捌惣代が組頭に就くことになろうとも、それは高所持によって選ばれるのである。一九世紀に入り、取捌惣代や雪踏商人が組頭として村政に台頭することになるが、彼らはあくまでも高持としてのみ組頭に就くことが可能であった。従来、無高から雪踏商人として成長を遂げた五兵衛などが高持となる理由は、かわたの土地への憧れであると説明されていた。しかし雪踏商人が村高を集積する理由は、経営上の理由もあるのだろうが、無高は村政上はあくまでも無高でしかないという南王子村の村落秩序にあった。雪踏商人が高を所持し、村政に関与するようになることこそが、彼らもまたかわた村に属する存在であったことを明確に示しているのである。

ここまで検討してきたように、南王子村では、天明四年以降「村高」の論理が本源的な「かわたの論理」を完全に優越することになった。それは本源的に草場所持に基礎を置くかわた集団の変質でもあり、「かわた村」としての究極のあり方でもあった。注意しなければならないのは、これがあくまでも、一村立であり行刑役や皮役を通じた統制がない南王子村の事例だということである。畿内における個々のかわた村は年貢収納と、行刑役や皮役などのあり方に即してその内部構造も一様ではないだろう。その一つずつを検証することで、畿内におけるかわた集団と役、土地所持の関係が明確になるものと思われる。

注

（1）畑中敏之『近世村落社会の身分構造』（部落問題研究所、一九九〇年）。本村付体制論の初出は同書に収録されている第二章が発表された一九八〇年である。
（2）朝尾直弘「幕藩制と畿内の『かわた』農民―河内国更池村を中心に―」（『新しい歴史学のために』一六〇、一九八〇年）、同「近世の身分制と賤民」（『部落問題研究』六八、一九八一年）。いずれも『朝尾直弘著作集第七巻　身分制社会論』（岩波書店、二〇〇四年）に所収。
（3）藤本清二郎『近世賤民制と地域社会―和泉国の歴史像―』（清文堂、一九九七年）。
（4）最も概略的なものとして、盛田嘉徳・岡本良一・森杉夫『ある被差別部落の歴史―和泉国南王子村―』（岩波新書、一九七九年）。その後も多数の研究がある。本章で対象とする一八世紀後半以前の村の具体的なあり方については、本書第三章を参照。
（5）一四六石余の村高は延宝検地を経て一四二・四〇七石となった。さらに貞享期に字新宮谷が新開改めを受け、〇・七二六石を打ち出され、南王子村の村高は計一四三・一三三石となった。
（6）本書第一章参照。
（7）『奥田家文書』一九〇九～二〇七四。
（8）前掲注2、朝尾一九八〇年論文。
（9）高市光男「江戸時代後期の部落の人口動態―和泉国泉郡南王子村の場合―」（『部落問題研究』四五、一九七五年）など。

（10）畑中敏之「近世後期における『かわた村』の動向―『かわた村』村方騒動の考察を中心に―」（『部落問題研究』五一、一九七六年）。のち前掲注1書所収。

（11）『奥田家文書』三九二。

（12）『奥田家文書』六七三。

（13）『奥田家文書』二二一。

（14）『奥田家文書』六三二。

（15）天明四年の宗門改帳には「政右衛門」はいないが、無高で利右衛門借地人の「左右衛門」のことではないかと考えられる。なお磯次は天明二年宗門改帳（『奥田家文書』二一）では無高・与三左衛門借地人であったが、天明四年宗門改帳では一・三一石を所持する高持となっている。

（16）近世大坂における家請人については、西村和江「近世大坂三郷家請人仲間の展開過程―借屋請の側面を中心として」（『年報都市史研究』一〇、二〇〇二年）に詳しい。

（17）『奥田家文書』三三一〇。

（18）『奥田家文書』三九二。

（19）『奥田家文書』六七二。四月一七日に頭百姓が作成した請書は、一紙文書として挟み込まれている。

（20）明和九年の宗門改帳では、仲右衛門は五人家族であるが、安永三年には、唯一生き残ったとみられる倅一人が親類宅に同家している。なお、安永二年四月二一日または二五日の段階ですでに「中右衛門跡」となっており、救米などの割賦は三人分となっている。このため仲右衛門はこの時点には死亡していたと考えられる。

（21）明和九年の宗門改帳では、久左衛門は女房と二人暮らしであるが、安永三年には後家一人となっている。ただし、安永二年四月二一日または二五日の段階で「久左衛門後家」となっているが、二人分の割賦を受けており、久左衛門が死亡した時期ははっきりしない。

（22）『奥田家文書』一七、一八。

（23）『奥田家文書』二五二一。

(24) 森杉夫「天明の千原騒動(上)(下)」(『部落解放』六・八、一九七〇年)、同「天明期の百姓一揆―泉州一橋領知の場合―」(『社会科学論集』1、大阪府立大学社会科学研究会、一九七〇年)など。また前掲注4書などにも概略が述べられている。
(25) 前掲注13。
(26) 『奥田家文書』二五二四。
(27) 『奥田家文書』三九七。
(28) 『奥田家文書』二五二五。
(29) 『奥田家文書』二五二六。
(30) 『奥田家文書』三三二六。
(31) 『奥田家文書』四七。
(32) 『奥田家文書』一七九七。

第五章　南王子村の村入用と西教寺「俗親」について

―一八世紀後期から一九世紀への展望―

はじめに

南王子村では、一九世紀に村方騒動が頻発した。天保元（一八三〇）年一二月から同六年四月、同八年七月から同九年にかけて、さらに嘉永六（一八五三）年一一月から安政五（一八五八）年四月、明治五（一八七二）年から同七年一二月、明治一五年から同一七年と、村政における対立は断続的に発生し、近代以降にも継続したのである。近年これらの村方騒動の争点や経過、対立構造が解明されている(1)。これらの成果を踏まえた上で、西尾泰広氏は一九世紀の南王子村の村落構造の特徴を次のように整理している(2)。

①一九世紀の村方騒動は、庄屋利右衛門を代表とする伝統的村支配層である村政主流派と、これに反発する一派という対立構造を基本とする。村役人と組頭のほとんどが主流派となる一方で、もう一方の庄屋と一部の組頭が反主流派の中心となり、「小前惣代」を称するアウトロー的な存在をも含む。

②「小前惣代」は、ときに威圧的・暴力的な言動をとる。こうした性格を前面に押し出し、村内の小前層を強引に反主流派に同調させる場合が多いが、まれに小前層の意見を代弁する場合もある。

③対立の争点は、寺入用・村風呂問題、小学校入費など、村全体にかかる入用を村内でどのように徴収するか

にほぼ集約される。

④③の中でも重要な争点となったのは、寺入用と村風呂である。安政期には西教寺普請費用などの莫大な村借を返済するため、村内では風呂屋や酒屋・餅屋に株が設定され、入札で請負人が決定された。全村人に請負人の営業する店の利用を義務づけ、請負人が村に納める毎月の益銀は「西教寺仕法銀」として組頭惣代と寺世話人が管理し、借銀返済をはじめ、村入用にも出銀された。つまり村の財政において、寺と村の入用が一体化しているという大きな特徴があった。

⑤村内の小前層の中には、「風呂銭を支払えない」者が一定程度おり、彼らの不満を「小前惣代」が代弁した際に、騒動は大規模化し、長期化する。

⑥④に見られるように、村としてのまとまりを保ち、強化・強制する統合力が強い一方で、負担することが難しい小前層の存在（⑤）により、紛争が絶えない状況となる。これは大規模なかわた村である南王子村の構造に起因し、同村の大きな特質である。

さらに、問題の根幹ともなる村風呂は、寺社普請が重なった文政期には設置されており、一九世紀の早い段階から存在したことが指摘されている。

こうした一九世紀のあり方は、**第三・四章**において明らかになった一八世紀中後期のあり方とはいくつかの点で大きく異なる。連関させて捉えるためには、いくつかの作業が必要となる。その一つとして、組頭の村政上の位置付けを**第四章**で考察した。本章では残る問題のうち、次の三つを挙げる。

一点目は、利右衛門家の村政における立場である。一八世紀中期における利右衛門は圧倒的な所持高をほこり、有力高持を付随させながらも、決して村内多数派ではなかった。さらに年寄儀兵衛とともに家連合を形成していたが、安永期以降所持高を減少させていく。にも拘わらず、一九世紀には村政主流派の中心に位置するのは何故か。

二点目は西教寺と村入用の関係についてである。一八世紀中期には西教寺に関わる事象が村政レベルで問題となることは一切なかった。文政期に店規制などが開始された以後は、村入用と寺入用の一体化が進むものと思われるが、そもそもそれ以前の段階において村入用の処理はどうなされていたのか。捌高の存在も視野に入れながら、解明する必要がある。

三点目は、西教寺と利右衛門家の関わりについてである。明治五年からの騒動は、西教寺住持が自らの娘を村方に縁付かせたい、と申し出たことを契機に始まった。村方の一部が寺の自庵化に繋がりかねないと反発し、騒動はその後小学校入費負担問題へと展開していく。さらに、戸長利平治（利右衛門家）への不帰依にも発展するが、その際利右衛門家が西教寺の本尊裏判を管理していることが問題となっている。利右衛門家が本尊裏判を管理する理由は、利右衛門家が西教寺を建立したからである、と当時の村内では広く認識されていた。だが、こうした認識は一八世紀中期には明確に確認できず、いつ頃から見られるのだろうか。

そこで本章では、これらの問題について不十分ながら検討を行うこととする。まず一節では、寛政一二（一八〇〇）年段階の村の様子を確認し、捌高が寛延二（一七四九）年から五〇年を経た時点でどのような性格を有していたのかを考えたい。また二節では村方小入用を、三節では一八世紀後期に登場する西教寺の「俗親」を取り上げる。「俗親」は一八世紀後期以降に確認できる、住持の村内保証人といえる存在である。以上を通じて、村と入用、寺、利右衛門家の関係とその変化を検討していこう。

一、南王子村における二人庄屋制の変質

（1）利右衛門捌高所持人数の増加

寛延二（一七四九）年の村方騒動の決着において、利右衛門方一三人の所持地は利右衛門捌となった。これに

表1　利右衛門捌高所持人数の変遷

年度		人数	年度		人数	年度		人数
寛延2年	1749	13	安永4年	1775	23	寛政元年	1790	43
寛延4年	1751	13	安永5年	1776	24	寛政2年	1791	43
宝暦2年	1752	13	安永6年	1777	26	寛政3年	1792	49
宝暦3年	1753	13	安永7年	1778	28	寛政4年	1793	49
宝暦4年	1754	14	安永8年	1780	29	寛政5年	1794	51
宝暦6年	1756	15	安永9年	1781	29	寛政6年	1795	53
宝暦12年	1782	16	天明元年	1781	31	寛政7年	1796	55
明和元年	1764	16	天明2年	1782	33	寛政8年	1796	56
明和3年	1766	16	天明3年	1783	35	寛政9年	1797	57
明和8年	1771	20	天明4年	1784	39	寛政10年	1798	59
明和9年	1772	22	天明5年	1785	47	寛政11年	1799	63
安永2年	1773	25	天明6年	1786	46	寛政12年	1800	62
安永3年	1774	24	天明7年	1787	44	享和元年	1801	61

典拠：『奥田家文書』2192～2230

より、同年以降『奥田家文書』に残される免割帳は利右衛門捌高のみを対象とするようになる(3)。享和元（一八〇一）年までの所持人数の変遷は**表1**の通りである。

ここから、当初は一三人で所持されていたものが、次第に分散していく様子が明らかである。明和三（一七六六）年頃までの微増は、主として利右衛門や儀兵衛が倅を分家させるなどしたためである。しかし安永期以降、利右衛門・儀兵衛が田地を売却したこともあり、所持人数は漸増し、寛政一二（一八〇〇）年には六二人が利右衛門捌の土地を所持するに至っている。この利右衛門捌高の所持人数増加は村にどのような影響を及ぼすのだろうか。次に寛政一二年の村の様子を確認しながら、この点を考えていこう。

（2）寛政一二年の村の様子

表2は寛政一二年の村内全戸の一覧である。同年三月作成の宗門改帳（A(4)）から名前人・年齢・女房の身元（主だった人物のみ(5)）・家人の数・牛所持・所持高・借地と借家の状況を示した。借地と借家の欄には、高持の場合はその人物が抱えている借地人と借家人の数を、無高の場合は地主・家主の名前を記している。たとえば№１惣兵衛は

「6＊1」となっているが、借地人六人と借家人一人を抱えていることを意味している。Bは同年一一月に作成された「村中高寄帳」に記載された所持高である(6)。これは村高すべてを対象にしており、記載される所持高合計は一四二・四一二石である。Aに記載される所持高合計は一三八石余のため、Bの方が実数に近いと考えられる。Cは利右衛門捌高の免割帳の記載である(7)。同帳では田方と屋敷が区別されており、表にも反映させた。つまり、BとCの数字がほぼ一致する人物は利右衛門捌にだけ土地を所持しているものと思われる（網掛け部分）。さらにBとCに差が生じている人物は両捌に土地を所持し、Bに記載があるがCには記載がない人物は次兵衛捌にだけ土地を所持していることになる。次兵衛捌のみの帳面は残されていないが、こうして両捌の所持状況の概要は判明する。ただし、BやCに登場するが、Aに見出せない人物もおり（a～m）、注意を要する。Dは同年一〇月における中央寺の小作高であるが(8)、これもAとの対応が不明瞭な人物が四人存在する。

Aによれば、寛政一二年三月時点での家数は二三〇軒、人口は一一一一人である（西教寺を除く）。寛延三年から五〇年の間に、家数・人口とも約一・七倍に増加している。高持九八軒・無高一三二軒となり、無高の内訳は借地一〇六軒・借家二六軒となる。借家が寛延三年の五軒から漸増している。ただしB・Cの記載も尊重すれば、高持は一一七人となる。これは名前人の名前変更や、複雑なイエの動き、直近の高移動などの反映のされ方が各帳によって異なることに由来する。大規模でかつイエが複雑な動きをする南王子村において、宗門改帳からさらに踏み込んで高持軒数を特定することは難しい作業である（後述）。ひとまず寛政一二年の注目点を六つ挙げておこう。

まず第一に、寛延期に比べて所持高の分散が進行している（第三章表13参照）。一〇石以上を所持する人物はおらず、おおよそ九石以上・五石以上・二石以上・二石未満・無高という階層が設定できそうである。とくに二石未満は七七軒と多い。これらの中には、利右衛門捌の屋敷地のみを所持すると考えられる人物が複数おり（№54・56・57・60・62・63・66・71～74・78・80・86～90・92・93など）、かつて利右衛門や儀兵衛の借地人であった

表2　寛政12年の南王子村

No	A 寛政12年3月　宗門改帳							B 寛政12年11月 高寄帳	C 寛政12年度免割帳(利)			D 中央寺小作
	名前人	年	女房	家人	牛	所持高	借地*借家		計	田方	屋敷	
1	**惣兵衛**	49	与平次姉	9	1	9.372	6*1	9.284	1.022	0	1.022	
2	利右衛門　**庄屋**	55	ー	7	1	9.004	4*0	9.202	9.208	7.745	1.463	
3	**喜兵衛**	43	与平次姉	7	1	5.99	2*0	5.914	2.859	2.455	0.404	
4	**儀助**	45	六郎兵衛娘	8		5.8	1*0	5.875	5.875	5.39	0.485	
5	勘助	37	ー	5	1	5.64	12*0	1.645	1.385	1.385	0	
6	**彦兵衛**	50		6	1	5.16	10*1	5.251	4.619	4.386	0.233	
7	**徳次郎**	41		8	1	3.97	2*2	2.054	1.527	1.505	0.022	
8	**嘉兵衛**	28	惣兵衛娘	2	1	3.552	0*1	3.592	3.551	3.234	0.317	
9	**善六**	40	喜平二娘	4		3.375		3.694	1.91	1.91	0	
10	孫兵衛	25	ー	2	1	3.335	2*0	3.37	1.205	1.205	0	
11	**三右衛門**	32	喜平二娘	3	1	3.18		3.035				
12	文次	22	喜兵衛娘	2		3		3.07	3.07	3.07	0	
13	**平吉**	43	平助娘	8	1	2.981		2.989	2.987	2.987	0	0.9367
14	**四郎兵衛**	27	彦兵衛娘	3		2.72	0*1	1.969				
15	次兵衛　**庄屋**	14		3		2.66		2.66				
16	**平兵衛**	45	次郎助姉	7	1	2.346	2*0	2.346	2.346	2.285	0.061	
17	為右衛門	52	長兵衛妹	4		2.25		2.282	2.28	2.28	0	
18	儀兵衛	29	向野村	3	1	2.174	0*1	2.174	2.174	1.451	0.723	0.819
19	**喜平二**	49	徳次郎姉	7		2.05	0*2	2.073	1.55	1.55	0	
20	**武右衛門**	37	次兵衛姉	7		2.04	2*0	2.055				
21	**与平次**	38	次兵衛姉	5		2.031						
22	徳右衛門	30	彦兵衛娘	5		1.955	2*0	1.94				
23	次郎助	35		3		1.919						
24	仁右衛門	38		4		1.878		1.878	1.878	1.57	0.308	
25	伝次　**年寄**	45	善六娘	7	1	1.804	0*4	1.803	1.803	0.936	0.867	
26	太兵衛　**年寄**	39	六郎兵衛娘	9	1	1.77	0*1	1.681				
27	仲右衛門	34	弥兵衛娘	5		1.755		1.755				
28	文右衛門	34	長右衛門妹	5		1.749		1.822				
29	善右衛門	35	塩穴村	3		1.745		1.647				
30	**五郎兵衛**	36	嘉兵衛妹	3		1.74	5*0	0.313				
31	吉平	48	徳次郎姉	9		1.737	1*0	1.737	1.737	1.485	0.252	
32	**与三兵衛**	45	塩穴村	5		1.735		1.72				
33	弥助	46		8		1.715	2*1	1.716	1.61	1.61	0	
34	**仁兵衛**	41		6		1.7		1.73	1.6	1.6	0	
35	**角右衛門**	62	四郎兵衛妹	10		1.7	0*3	1.75	1.75	1.26	0.49	
36	清右衛門	46		6		1.645		1.625				
37	半吾	34	忠右衛門姉	6		1.64		1.65				
38	源七	26	喜左衛門妹	6		1.61	3*1	1.932	0.322	0	0.322	
39	源右衛門	38	杉本村	5		1.6		1.811				
40	**五郎作**	37	善六妹	5		1.56						
41	利八	45	善兵衛姉	10		1.545		1.357	0.182	0	0.182	
42	市郎右衛門	53		11		1.46		1.499	1.317	1.317	0	
43	弥右衛門	20	伊八娘	6		1.455	弟覚音13	1.455	1.455	1.455	0	
44	**次郎兵衛**	34		7		1.33		1.33	1.33	1.101	0.229	0.6237
45	磯次	59		3		1.31		1.394	1.31	1.31	0	
46	**茂兵衛**	30	儀兵衛妹	5		1.221						0.4267
47	与助	62		4		1.111		1.111	1.111	1.111	0	
48	甚作	22		4		1.06		1.065	1.065	1.065	0	
49	浅七	38		5		0.672		0.672	0.672	0.672	0	
50	七右衛門	35		4		0.67		0.818	0.145	0	0.145	
51	利兵衛	33		3		0.66						
52	伊右衛門	46		4		0.56		0.565				
53	**兵右衛門**	51		2		0.49		0.49				
54	佐次右衛門	63		7		0.49		0.49	0.49	0	0.49	
55	**伊八**	56		5		0.454	9*2	0.674	0.147	0	0.147	
56	文吉	33		8		0.453	2*0	0.453	0.453	0	0.453	
57	与左衛門	41		5		0.425	2*0	0.425	0.425	0	0.425	
58	源次	37		4		0.421	2*0	0.427				
59	佐右衛門	30		3		0.401	1*0	0.475				
60	**忠兵衛**	63		6		0.359		0.394	0.36	0	0.36	
61	源蔵	32		3		0.332	2*0					
62	吉郎兵衛	36		4		0.327	2*0	0.415	0.36	0	0.36	0.991
63	佐助	35		6		0.326	1*1	0.326	0.326	0	0.326	
64	次郎右衛門	29		4		0.318		0.317				
65	市右衛門	42		7		0.304	1*0	0.185				1.4777

66	又右衛門	31		2		0.289		0.289	0.289	0	0.289	
67	四右衛門	26		4		0.28		0.201				
68	**伝右衛門**	58		5		0.264	2*0	0.334				
69	孫右衛門	69		6		0.262	1*0	0.265				0.0334
70	**長兵衛**	55	忠兵衛妹	14		0.243		0.243				
71	長右衛門	29		6		0.221	0*2	0.221	0.221	0	0.221	1.4903
72	清八	32		9		0.21		0.21	0.21	0	0.21	
73	新右衛門	29		5		0.182	2*0	0.285	0.285	0	0.285	
74	藤兵衛	33		6		0.178		0.178	0.178	0	0.178	1.0041
75	吉兵衛	46		5		0.168						
76	弥三兵衛	42		8		0.16	5*0	2.375	2.215	1.315	0.9	
77	磯平	22		2		0.145		0.147				
78	彦右衛門	31		5		0.145						
79	藤次郎	54		5		0.14		0.121				
80	長吉	38		8		0.138		0.138	0.138	0	0.138	
81	甚助	57		7		0.135	2*0	0.136				1.6077
82	八右衛門	25		2		0.123		0.168				
83	与次兵衛	37		3		0.107		0.107				
84	宇右衛門	39		3		0.105		0.14				
85	**太次兵衛**	43	太右衛門姉	7		0.101		0.1				
86	平右衛門	44		4		0.093		0.093	0.093	0	0.093	
87	利助	37		4		0.09		0.089	0.089	0	0.089	
88	元次	33		3		0.088	1*0	0.088	0.088	0	0.088	
89	三郎右衛門	44		7		0.088	0*1	0.158	0.158	0	0.158	
90	元右衛門	49		8		0.081		0.081	0.081	0	0.081	
91	善次郎	36		6		0.07		0.056				
92	五兵衛	23		2		0.069		0.069	0.069	0	0.069	
93	武八	51		7		0.061	4*0	0.061	0.061	0	0.061	
94	庄七	23		4		0.06						
95	喜三兵衛	28		4		0.05		0.066				
96	弥右衛門	44		9		0.05		0.059				
97	六兵衛	33		4		0.035		0.026				
98	新次郎	35		8		0.025	1*1					
99	善兵衛	34		4		0	市右衛門借地					
100	清六	25		2		0	伊八借地					
101	三兵衛	45		5		0	伊八借地					
102	弥八	24		4		0	伊八借地					
103	与八	38		3		0	伊八借地					
104	彦市	24		2		0	伊八借地					
105	忠右衛門	24		5		0	伊八借地 1*0	0.145				
106	喜六	38		7		0	伊八借地					
107	長次郎	41		4		0	伊八借地					1.364
108	三郎兵衛	50		7		0	伊八借地	0.078				
109	与五郎	41		5		0	伊八借家					
110	清蔵	31		3		0	伊八借家					
111	林右衛門	46		7		0	角右衛門借家					
112	長五郎後家	44		5		0	角右衛門借家					
113	儀右衛門	44		8		0	角右衛門借家					
114	嘉平二	36		5		0	嘉兵衛借家					
115	半七	46		6		0	勘助借地					
116	半次郎	25		4		0	勘助借地					
117	兵次	37		4		0	勘助借地					
118	弥七	31		5		0	勘助借地					
119	嘉七	29		2		0	勘助借地					
120	七郎右衛門	26		2		0	勘助借地	0.274				
121	八郎兵衛	37		5		0	勘助借地					
122	又平	36		6		0	勘助借地 0*1					
123	庄吉	28		2		0	勘助借地					
124	元七	23		2		0	勘助借地					
125	孫七	45		7		0	勘助借地					
126	元助	24		2		0	勘助借地					
127	又右衛門後家	47		3		0	儀助借地					
128	権兵衛	38		7		0	吉郎兵衛借地					
129	小右衛門	38		5		0	吉郎兵衛借地					
130	作右衛門	57		7		0	喜平二借家					

131	四郎右衛門	24		2		0	喜平二借家					
132	武助	34		3		0	喜兵衛借地					0.7164
133	四兵衛	34		7		0	喜兵衛借地					
134	伊兵衛	40		7		0	儀兵衛借家					2.052
135	幸助	45		5		0	元次借地					
136	十右衛門	59		3		0	源次借地					
137	宇兵衛	52		4		0	源次借地					0.576
138	磯右衛門	31		5		0	源七借地					1.09
139	松右衛門	39		2		0	源七借地					
140	太右衛門	35		3		0	源七借地					
141	吉助	56		6		0	源七借家					
142	儀八	46		4		0	源蔵借地	0.168	0.168	0	0.168	1.6339
143	太八	34		3		0	源蔵借地	0.335				1.398
144	吉蔵	32		2		0	源兵衛借地					
145	嘉八	37		9		0	五郎兵衛借地					
146	磯七	32		5		0	五郎兵衛借地					
147	勘七	27		2		0	五郎兵衛借地					
148	幸八	41		5		0	五郎兵衛借地					
149	庄右衛門	41		6		0	五郎兵衛借地					
150	宇七	26		4		0	佐右衛門借地					
151	惣五郎	40		5	1	0	佐助借地					
152	留松	24		2		0	佐助借家					
153	庄蔵	30		4		0	三郎右衛門借家					
154	惣四郎	36		6		0	常右衛門借家					
155	庄作	20		2		0	四郎兵衛借家					
156	新兵衛	37		7		0	新右衛門借地					
157	文左衛門	69		5		0	新右衛門借地					
158	清助	57		5		0	甚七借家					
159	新八	50		3		0	新次郎借地					
160	文七	33		1		0	新次郎借家					
161	甚六	25		4		0	甚助借地					
162	勘左衛門	47		5		0	甚助借地					
163	利平	47		1		0	新助借家 1*0	0.65	0.65	0	0.65	
164	常右衛門	29		5		0	惣兵衛借地 0*1					
165	与三右衛門	36		3		0	惣兵衛借地					
166	**喜左衛門**	34	新六娘	5		0	惣兵衛借地					0.9863
167	平八	50		3		0	惣兵衛借地					
168	弥兵衛	47		4		0	惣兵衛借地					
169	清兵衛	33		5		0	惣兵衛借地					
170	茂右衛門	26		4		0	惣兵衛借家					
171	金次郎	29		3		0	太兵衛借家					1.4329
172	林兵衛	39		4		0	忠右衛門借地					
173	庄助	22		2		0	長右衛門借家					
174	万兵衛	37		1		0	長右衛門借家					
175	兵助	35		3		0	伝右衛門借地					
176	甚七	43		10		0	伝右衛門借地 0*1					
177	孫四郎	56		7		0	伝次借家					
178	藤七	33		1		0	伝次借家					0.77
179	浅右衛門	35		2		0	伝次借家					
180	伝兵衛	61		13		0	伝次借家					
181	喜三郎	43		5		0	徳右衛門借地					1.2917
182	辻右衛門	52		6		0	徳右衛門借地					
183	与七	24		3		0	徳次郎借地					
184	太作	27		3		0	徳次郎借地					3.1038
185	太助	36		3		0	徳次郎借家					
186	新六	61		5		0	徳次郎借家					
187	武兵衛	51		5		0	彦兵衛借地 0*1					
188	文次後家	43		6		0	彦兵衛借地					
189	勘太郎	34		3		0	彦兵衛借地					
190	喜右衛門	34		4		0	彦兵衛借地					
191	佐八	26		3		0	彦兵衛借地					
192	佐七	33		5		0	彦兵衛借地					
193	角兵衛	22		2		0	彦兵衛借地					
194	善七	46		3		0	彦兵衛借地					
195	三蔵	38		5		0	彦兵衛借地					
196	紋兵衛	30		3		0	彦兵衛借地					
197	清七	32		5		0	彦兵衛借家					
198	金兵衛	37		5		0	武右衛門借地					
199	藤蔵	24		3		0	武右衛門借地					
200	七郎兵衛	30		4		0	武八借地					0.364

201	六次郎	30		8		0	武八借地					
202	文四郎	40		6		0	武八借地					
203	又兵衛	40		6		0	武八借地					
204	助右衛門	43		3		0	武兵衛借家					
205	甚兵衛	63		8		0	文吉借地					
206	勘右衛門	52		6		0	文吉借地					0.208
207	庄九郎	42		5		0	平兵衛借地					
208	庄次郎	49		3		0	平兵衛借地					
209	新助	48		4		0	孫右衛門借地 0*1					
210	松兵衛	46		6		0	孫兵衛借地					
211	五右衛門	44		8		0	孫兵衛借地					
212	半兵衛	41		4		0	又平借家					
213	新吉	30		2		0	紋次借地					
214	勘兵衛	45		7		0	紋次借地					0.835
215	新作	29		4		0	弥三兵衛借地					
216	仁助	34		3		0	弥三兵衛借地					
217	定平	31		4		0	弥三兵衛借地					1.116
218	与四郎	48		6		0	弥三兵衛借地					
219	惣七	38		3		0	弥三兵衛借地					
220	九右衛門	46		8		0	弥助借地					
221	政七	24		2		0	弥助借地					
222	喜助	40		3		0	弥助借家					
223	喜三右衛門	26		3		0	与左衛門借地					
224	庄左衛門	51		6		0	与左衛門借地					
225	市郎兵衛	34		3		0	吉平借地					
226	紋右衛門	46		3		0	利右衛門借地					
227	次右衛門	55		4		0	利右衛門借地					
228	新七	43		8		0	利右衛門借地					2.057
229	和助	53		3		0	利右衛門借地					
230	八兵衛	40		2		0	利平借地					
231	円道（西教寺）	40		2				0.183	0.07	0	0.07	
	合計			1113		138.197		0	74.48			30.4053

No163利兵衛のB・Cは、No51の利平分カ。

No61源蔵とNo143太八は兄弟のため、No61のA・No143のBが対応するカ。

No75吉兵衛のAは、兄であるNo40五郎作のBに含まれるカ（d／吉兵衛は寛政8～10年にNo40から分家）。

No76弥三兵衛のBは「弥兵衛」分である。同人の享和2年宗門改帳では所持高2.375であるため、No168弥兵衛とは判断しない。

No96弥右衛門はBでは「弥左衛門」とある分を同一人物と判断した（Bにおいて弥右衛門とされる人物はNo43と判断）。

No145忠右衛門は、享和2年宗門改帳では所持高0.145とある。

No108三郎兵衛については不明。

No120七郎右衛門は、享和2年宗門改帳では所持高1.065とある。

No142儀八は、享和2年宗門改帳では所持高0.168とある。

a	紋次	No5勘助倅紋次15才カ（享和2年分家）。 2*0	4.52	1.378	0	1.378	
b	与右衛門	No21与平次カ（享和2年には与右衛門と改名）。	2.04	1.5	1.5	0	
c	次郎左衛門	No23次郎助カ（寛政6～8年に次郎左衛門から次郎助に改名）。	1.912				
d	久右衛門	No40五郎作カ（寛政10～12年に久右衛門から五郎作に改名）。	1.714	0.033	0	0.033	
e	祐教	寛政4年から12年にかけて不明。文政以降は在村。	1.444				
f	平助	No46茂兵衛の父平助64才カ。	1.223				
g	喜平二	No19との関連不明。	1.251				
h	伊左衛門	No44次郎兵衛の父伊左衛門60才カ／No44の所持高とは別カ。	0.195	0.195	0.195	0	
i	徳兵衛	No78彦右衛門の父徳兵衛65才カ。	0.174	0.147	0	0.147	
j	久兵衛	不明。	0.139				
k	平七	No94庄七カ（寛政10年には父平七が名前人）。	0.06				
l	久次郎	No99新次郎カ（寛政10～12年に久次郎から新次郎に改名）。	0.022				
m	太吉	N027仲右衛門に同家する甥太吉14才カ。	0	1.495	1.495	0	
	合計		14.694	4.748			

久七		1.808
小兵衛		1.5596
孫左衛門		1.7013
権四郎	No99新次郎の父権四郎73才カ	0.525
合計		5.5939

典拠：Aは『奥田家文書』31、Bは同911、Cは同2229、Dは同1029
名前がゴチックの人物は組頭である（寛政12年9月の連印・『奥田家文書』2524による）。なお同連印では組頭が29人いるが、このうち嘉右衛門はAに見出せない。嘉右衛門の組内の家もすべてAには存在せず、3月から9月の間に分家を中心とする組ができたと考えておく。

者が含まれているのではないかと考えられる。ただし、これほど村高の分散が進行すると、各家の経済力が所持高に直接反映していない可能性も高い。この時期には周辺に少なくとも二六〇石余の出作地があったことや、中央寺小作の担い手などを考慮すれば、各イエの実態を考える上では、村内所持高はあくまでも目安として考える必要があろう。

二点目は、利右衛門捌・次兵衛捌の両方を所持する人物が存在することである。No.1惣兵衛は所持高九石余のうち、一石余が利右衛門捌、八石余が次兵衛捌である。No.3喜兵衛や、No.5～10など村高をある程度所持する人物はどちらの捌高も所持している。B・Cの記載を汲んで高持を一一七人と数える場合、利右衛門捌高所持人は六二人、次兵衛捌高所持人は八一人であり、両捌を所持する人物は二七人となる。この数字については、次項で改めて考察するが、ともかく寛政一二年の段階で、本来存在しなかった双方の捌高所持人が相当数存在していたことは間違いない。

三点目に、それぞれが所持する土地利用の多様さを指摘しておきたい。寛政一一年一一月に作成された「屋鋪高反別書出シ帳」は、同年の屋敷地の書き上げである(9)。この史料も参照すると、①一石以上を所持し、広い屋敷地を確保しながら、借地人・借家人がいない、あるいは少ない人物（No.14・15・18・21など）、②一石以上を所持しながら、屋敷地を持たないらしい人物（No.11～13・17・47・48など）、③一石未満で、屋敷地のみを所持し、多くはないが借地人を抱える人物（No.55～59・62・63など）などが見出せる。②の場合、親族の屋敷地に住むなどしている可能性が考えられるが、高持でありながら借地人的な側面も有したことになる。また地主・家主は必ずしも有力高持に集中しておらず、一石未満の層にもかなり存在している点も注目される。とくに組頭でもあるNo.55伊八は、〇・六石余の所持地はすべて屋敷地であり、そこに自らと借地人九人・借家人二人が住んでいたようである。こうした土地利用の多様さは、各イエの能動的態度（戦略）によるものか、受動的態度によるものかは判断が難しい。しかしながら、所持高が同程度であっても、実態は大きく異なる場合があり、借地・地主関係、借家・家主関係、あるいは地主・家主層内の差異が大きいことは明らかで、諸関係を考える上で重要である。

続いて四点目として、組頭を確認しておこう。表中において名前がゴシック体の人物が組頭である。原則としてすべて高持であるが、これは天明四（一七八四）年の申し渡しの体制が継続していることを示している。寛延期に比べて所持高が分散した理由の一つは、利右衛門等の失速に求められると思われるが、もう一つの大きな理由として高所持が村政関与への足がかりとなった事情があろう。

五点目に、利右衛門と惣兵衛に注目したい。利右衛門は、寛政一〇年から一二年にかけて三男文次（№12）に三石を持たせて分家させ、その結果寛政一二年にはわずかに惣兵衛が利右衛門の所持高を上回っている。**第三章**で確認した利右衛門・儀兵衛連合を形成していた家々は、№2利右衛門（庄屋）・№12文次・№18儀兵衛・№25伝次（年寄・利右衛門弟）らとなる。合計は一五石余となるが、この連合がどの程度の結束を保っていたのかは不明である。一方の惣兵衛は寛延三年には所持高〇・三石余であったが、徐々に所持高を伸ばした。天明四年には、二代目惣兵衛（№1）の所持高は四・九石余、分家した弟喜兵衛（№3）は三石余となっている。その後も両者とも順調に所持高を伸ばし、寛政一二年には合計すれば利右衛門らに匹敵する規模となっている⑽。また享和二年から惣兵衛は次兵衛方の年寄に就いている。惣兵衛の台頭は村のあり方の変化を示すものと言えよう。

最後に婚姻関係について見ておく。寛延二年に利右衛門方の一三人は縁戚関係にあることが多かった。しかし寛政一二年には捌そのものが入り組んでおり、そうした婚姻関係の限定はほぼ見られない。利右衛門と儀兵衛は一八世紀後期に縁戚関係を重ねていたが、この時点で利右衛門・儀兵衛の女房はともに河州向野村出身である⑾。さらに注目すべき事態として、寛政八年に庄屋次兵衛の娘が利右衛門の長男清蔵に縁付いている（寛政一二年時点では№2に同家）。また利右衛門の三男文次には寛政一〇年に惣兵衛の弟である喜兵衛の娘が縁付き、利右衛門の次男藤右衛門には文化三（一八〇六）年に惣兵衛の娘が縁付いている。文化七年に利右衛門が死去したのち、清蔵が庄屋利右衛門となった。次兵衛家はすでに代替わりしており、以後二人の庄屋は義理の兄弟、という時期を迎えることになった。

以上から、寛延二年の村方騒動における対立の枠組みは、寛政一二年にほぼ存在していないと考えられる。次兵衛家と利右衛門家の間で婚姻関係が結ばれ、惣兵衛という新たな有力者が登場することが特徴的である。もちろん利右衛門・儀兵衛連合も完全に消えたわけではないだろうが、寛政一二年頃には村内有力者が新たな関係を幾重にも取り結んでおり、村政レベルでは新たな局面を迎えていたと言えるだろう。

（3）寛政一二年における両捌所持人

続いて、寛政一二年の両捌所持人の数を具体的に検討しておこう。

先述したとおり、**表1**Aの数値は合計高が村高よりも四石ほど不足し、Bは村高にほぼ一致するものの、Aに対応しない人物や、Aでは無高となる人物が存在する。Cに記載される合計高七九・二二八石は、利右衛門捌高に○・○五石余不足するものの、ほぼ一致する。以上から、C、B、Aの順で実数に近いと考えられる。重複の可能性をひとまず措くと、Aに高持と記載される九八人、Aでは無高だがB・Cによれば高持となる六人、B・Cに名前がありAとの対応が不明な一三人となり、合計一一七人である。このうち、Cに記載された人物は間違いなく利右衛門捌所持人であり、六二人である。CとBやAの差から判断すれば、次兵衛捌所持人は八一人、両捌所持人は二七人となる(12)。

より実数に近づくため、前後の宗門改帳においてイエの動きや表記を確認すると、Aでは無高のNo.163はNo.51に、No.143はNo.61に対応する蓋然性が高い(13)。またa～mの13人のうち、b～d、f・i・k～mの8人も対応する蓋然性が高い家が発見できた(14)。そうすると高持は一〇七人となり、同じ手法で捌の所持人を数えると、利右衛門捌所持人が六二人、次兵衛捌所持人が七三人、両捌所持人は二八人となる。あくまでも概数だが、寛政一二年において高持全体の三割近くが両捌所持人となっていたことは間違いないだろう。

寛延の村方騒動では、対立構造が捌という形で固定化され、両捌間の日常的な接触が遮断されたが、対立構造がほぼ解消された後に、捌はより複雑な意味を帯びるようになったと考えられる。この点は、年貢算用や石掛銀・家掛銀などの村入用徴収システムにおいて顕著に見られるのであるが、節を改めて見ていくこととしよう。

二、南王子村における村入用

江戸時代の村において、村の小入用が領主に報告される表向きのものと、村での実態に二重化していたことは広く認識されている[15]。南王子村の村入用も一八世紀後期には確実に二重化していたことが確認できる。さらに南王子村では、そもそもは別であった寺入用との一体化が進むようになり、次第に比重を増したものと考えられる。本節ではこれらの事実と、村入用徴収システムについて順に見ていこう。

（1）公的な小入用帳

『奥田家文書』には、寛延二年以降断続的に領主・一橋家に提出した小入用帳が残されている。寛延二年分は高掛りだけが記載されているが、明和四（一七六七）年以降は高掛り・反別掛り・家別掛りと、記載方式が変化したようである。あくまでも表向きの村入用であるが、ひとまず天保期の村方騒動までを見通すことを目的に、**表3**には明和四年以降の内容を年次を限ってまとめた[16]。

小入用帳では、一筆ごとに高掛り・反別掛り・家別掛りの肩書きが付されている。例年高掛りの過半は、郡中割・組合割・両国割で占められている。これは一橋家の役所維持入用や、泉州領知に関わる入用であり、郡中や府中組など各レベルで各村に村高に応じた額が割賦された[17]。その他に、文具代・大川入用銀・年貢欠銀、検見入用などが含まれる。泉州の一橋領知はこの間ほぼ年貢銀納であったが、例外的に米納となった明和六年には、

寛政11年	享和3年	文化6年	文政元年	文政4年	文政11年	文政13年	天保5年
31.45	34.02	34.5	34.55	34.55	34.55	34.5	32
23.255	32.461	47.293	37.452	13.7	14.71		15.44
23.65	30.25	21.63	28.24	27.96	26.94	39.01	40.51
29.09	39.09	80.14	96.02	84.14	44.51	40.36	39.79
					28.63	24.62	21.58
40.69	95.9	91.605	87.74	84.45	10.96	9.02	19.97
					11.64	4.97	11.24
36.12	16.55	16.34	17.24	16.37	16.53	15.45	23.39
	17.3	17.56	18.02	19.66	18.85	17.41	24.14
					0.61		
13	5	15.3		11.3			
65.82	93.68	65.44	48.5	48.5	33.5	33.5	
93.02	73.7	80.85	72.98	77.22	107.32	110.11	110.18
	9.71						
24.47							
		18.264					
				11.26			6.58
380.565 〈2.6588〉	447.661 〈3.1467〉	488.922 〈3.43677〉	440.742 〈3.0981〉	429.11 〈3.016336〉	348.75 〈2.4514627〉	328.95 〈2.18990318〉※	344.82 〈2.41153014636〉
89.38	71.36	79.36	72.93	77.22	107.25	110.11	110.11
42.9	42.9	42.9	42.9	42.9	42.9	42.9	42.9
98.79	83.79	85.6	70.07	70.95	64.35	51.4	173.28
162.22							
393.29 〈2.7503〉	198.05 〈1.385〉	207.86 〈1.45356〉	185.9 〈1.3〉	191.07 〈1.33615〉	214.5 〈1.5〉	204.41 〈1.42943〉	326.29 〈2.2817069〉
144.38	116.27	129.32	128.52	156.06	222	234.85	
160.08	191.56	194.56	210.42	221.5	213.12	213.12	199.2
100	100	100	100	100	100	100	100
300							
54	54	54	54	54	54	81	54
	12.05	12.8	18.2	18.2	18.2	18.2	16
758.46 〈3.2834〉 (231)	473.88 〈2.03379〉 (233)	490.68 〈2.105922〉 (233)	511.14 〈2.028333〉 (252)	549.76 〈1.90228〉 (289)	607.32 〈2.05175667〉 (296)	647.17 〈2.1218786〉 (305)	369.2 〈1.2515075〉 (295)
104(1)	92(1)	81	82	85	84	88	89

いる。③文政10年以降両国割は三国割となる。これは一橋家川口役所の支配領域変更による。④文政12年年寄給は3人分である。⑤文政12・13年には郡中割の一部が郡中積金利息で賄われている（※、これは郡中レベルでの判断による）。

表 3　公的な小入用帳の内訳

			明和4年	安永2年	天明2年	天明3年	寛政元年	寛政5年	寛政9年
高掛り	廻状返上賃など		*2.71*	1.65					
	紙・墨・筆代		16.8	15.6	25.81	26.29	29.96	29.11	32.18
	大川御入用銀		45.04	44.807	29.16	45.126		25.065	*22.704*
	年貢欠銀・付銀・入目銀等		38.55	14.68	14.31	21.1	28	27.25	31.51
	郡中割・組合割	正月～6月郡中割	40.51	69.85	128.734	98.68	42.41	30.137	37.9875
		7月～12月郡中割	45.13	46.232					
		正月～6月組合割	21.41	90.17	314.563	245.56	114.01	133.83	107.994
		7月～12月組合割	50.05	120.052			111.644		
	両国割	正月～6月両国割					59.183	41.35	37.785
		7月～12月両国割							
		臨時のもの							
	検見入用関係		25.88	18	27	19.5			9.6
	千原騒動取り調べ中、4人が入牢中病気につき、渡辺村で養生のため飯代・薬代				215.42				
	千原騒動につき、堺・大坂へ村役人出役				585.19	275.89			
	御用につき大坂出役						155.29	65.8	48.05
	年寄役料2人分							24	24
	庄屋役料2人分（1.433石代）							78.7	93.38
	陣屋修復入用銀								10.622
	御長屋普請入用銀								
	朝鮮通信使関係国役銀								
	堺奉行巡見入用								
	小計 **〈1石あたり〉**		**286.08** **〈2.009〉**	**421.041** **〈2.957〉**	**1340.187** **〈9.3632〉**	**732.146** **〈5.1152〉**	**540.497** **〈3.7762〉**	**455.242** **〈3.1806〉**	**455.8125** **〈3.18455〉**
反別掛り	水入給米（1反につき1升=1.43石代）		88.66	68.64	88.66	113.69	82.22	75.07	84.8
	池守賃（1反につき0.3匁）		42.9	42.9	42.9	42.9	42.9	42.9	42.9
	溜池・用水溝筋の諸雑用代		42	58.89	53.93	58.77	328.9	72.19	101.59
	惣ノ池・今池諸普請関係費								723.8
	干魃につき水汲諸雑用								
	小計 **〈1反あたり〉**		**173.56** **〈1.2137〉**	**170.43** **〈1.19〉**	**185.49** **〈1.2971〉**	**215.36** **〈1.506〉**	**454.02** **〈3.175〉**	**190.16** **〈1.33〉**	**953.09** **〈6.655〉**
家別掛り	あるき給米 （天明元年以降、総軒数×0.01石代）		75	77.22	113.46	139.13	105.8	111.82	130.46
	西教寺・福専寺初穂銀		313.2	266.8	276.33	282.63	204.24	157.62	140.04
	信太明神山掛銀		100	100	100	100	100	100	100
	疫癘流行の薬木代			92					
	千原騒動につき、堺・大坂牢扶持銀				1083.92				
	信太明神山廻り銀								
	年寄役料2人分（27匁/人）								
	御用・村用蝋燭代								
	小計 **〈1軒あたり〉** **（総軒数）**		**488.2** **〈2.806〉** (174)	**536.02** **〈3.55〉** (151)	**1573.71** **〈8.6〉** (183)	**521.76** **〈2.9815〉** (175)	**410.04** **〈2.2285〉** (184)	**369.44** **〈1.7345〉** (213)	**370.5** **〈1.6841〉** (220)
連印人数（内出作人）			52(1)	39(1)	55(1)	55(1)	86(1)	90	92(1)

典拠：『奥田家文書』1309・1312・1314・1315・1317・1318・1320～22・1325・1331・1334・1336・1338・1339

補足：①斜字体の数字については、合計金額や石あたり値段から正しいと思われる数字を入れた（例：明和４年の廻状返上賃は８筆をまとめたが、このうち舞村分 0.33 は 0.32 と判断した)。②寛政元年には堤が、同九年には樋が破損して

表4　四系統の小入用帳

性格		史料名	時期	『奥田家文書』史料番号
村分（高掛）	A-1	年々立会割覚帳	宝暦11.10～天明6.閏10	1392
	A-2	年々立会割覚帳	天明6.閏10～文政5.12	1393
利右衛門捌分（高掛）	B-1	年々諸入用銀割賦請取帳	宝暦11.10～明和3.12	1362
	B-2	年々諸入用割賦請取帳	天明8.3～寛政11.6	1364
	B-3	年々諸入用割賦請取覚帳	文化5.10～文政4.12	1366
村分（家別掛）	C-1	村方諸事入用之控帳	安永8.8～享和元年頃	1363
	C-2	村方諸事入用帳	享和2.7～文政7.12	1365
	C-3	年々立会山掛り銀家別棟役割方帳	文政6.12～文政13.12	1394
	C-3’	棟役山掛り立会割覚帳	文政8.12～文政13.12	1395
	C’-1	（安政6年7～12月棟役割帳）	安政6.12	1402
	C’-2	二季棟役幷山掛り銀割方覚帳	文久3.7～慶応2.7	1403
	C’-3	（元治元年7～棟役山掛り銀割方帳）	元治元.12	1404
家別掛徴収簿	D-1	棟役掛リ家別取立帳	天保2.12	1396
	D-2	辰年棟役家別掛リ取集帳	天保3.12	1397
	D-3	棟役掛リ家別取立帳	天保4.12	1398
	D-4	家別棟役掛リ割賦取立帳	天保5.12	1399
	D-5	二季棟役家別掛り取立帳	天保6.12～慶応元.8	1401
	D’-1	棟役八朔御巡見入用滞調子取集帳	天保6.4.21	1400

関連費用が高掛りに計上されている。反別掛りは水入給米や池守賃、惣ノ池と今池に関連する費用で占められる。家別掛りは、あるき給米のほかに、村の寺である西教寺と、その本寺福専寺への初穂銀、信太山山懸銀など宗教関係のもので占められている。それぞれ掛りに応じた内容になっていると言えよう。

だが、廻状返上賃が安永二年以後見られなくなり、庄屋給・年寄給が寛政五年以降に計上されるようになるなど、この帳面にすべての村入用が漏れなく記載されていたわけではなさそうである。しかし次にみる村入用に関わるA~Cの帳面を理解する上では、この記載も大きな意味をもつ。

（2）小入用に関わるその他の帳面

『奥田家文書』には、表3にまとめた系統とは別に村入用に関する帳面が複数残されている（表4）。これらは四つの性格に分けることができる。Aは高掛り分の支出の書き上げ帳であり、BはAを利右衛門捌分の百姓に割賦し、受け取った帳面である。これに対し、Cは家別掛り分の支出の書き上げ帳である。Dは、家別掛りの徴収簿である（C′・D・D′はいずれも天保期の村方騒動以後のもので、やや性格が異なる）。

以下、一八世紀後期の実態について、寛政元（一七八九）年分のA・B・Cを順に見ていこう。なお同年を取り上げるのは、一橋家に提出した小入用帳も残されているためである。まずA―2、「年々立会割覚帳」である(18)。史料中のゴシック体は筆者によるものである。

（前略）
〔寛政元〕
酉　正月ゟ
四月三日
一、壱匁　　酒料
一、銀弐匁五分　是ハ普請見舞　　宮村　儀兵衛殿遣
五月廿七日
一、雪踏壱足　代弐匁七分　　御役所　吉兵衛江遣
閏六月四日
一、銀拾匁弐厘　是ハ川口暑気　　組頭江渡シ
同
一、銀弐匁　同断　　西泉寺殿
同
一、弐匁　同断　　辻村
六月
一、重弐足　代壱匁六分　　村　観音寺
一、三拾匁九分弐厘　　両国割

高弐分壱厘六毛
一、百六拾八匁九分　高壱匁壱分八厘〇一　　郷割
一、七匁五分　　堺上納五日分
一、弐拾四匁　　大坂　通付　水用不足届　植付届ケ　御年貢日延願
七月四日
一、弐匁八分　　雑用
一、壱匁八分　雪踏　　府中　喜右衛門殿
一、壱匁六分　　酒代
〆弐百五拾九匁三分四厘
此割壱匁八分壱厘
内
百四拾三匁四分九厘　　利右衛門分　………①
百拾五匁五分八厘　　次兵衛分
酉七月十三日ゟ
同
一、銀七分　　郷銀欠

一、同弐分　同　割不足

一、弐匁七分　七月十三日　雪踏壱足　宮村江遣

一、銀拾匁弐厘　十一月廿八日　是ハ御役所寒気　組頭江渡シ

一、重壱足　代壱匁三分五厘　忠岡村

一、同壱足　代同断　勧(観)音寺

一、同壱足　代八分五厘　宮村

一、同壱足　代八分五厘　辻村

一、同壱足　代壱匁三分五厘　西泉寺

一、弐匁三分　是（ハ）定免村相談之節、雑用割合

一、銀弐拾八匁三分八厘　両国割
高壱分九厘八毛三

一、銀六匁　堺上納遣四人分

一、三匁　らそく代

一、八分五厘　酒料

一、三匁五分　当日雑用

〆六拾三匁九分　立会割
高ニ四分四厘七毛打
内　三拾五匁四分四厘　利右衛門分　………②
廿八匁五分四厘　治兵衛分

一、銀百五拾八匁三分弐厘　郷割
此わり壱匁壱分〇六一
内　八拾七匁六分九厘　利右衛門分　………③
七拾匁六分三厘　次兵衛分
厘当り壱匁五分五厘三毛壱
右割合相済

戌年正月ゟ

（後略）

西（寛政元年）正月から書き上げがあり、七月中旬に一度目の勘定が行われている。この間の出銀は、宮村の儀兵衛への普請見舞いや暑気見舞いの履物代（川口役所、南王子村が所属する府中組関係者である西泉寺・辻村・喜

右衛門）、両国割、郷割、年貢上納にかかった費用などである。合計二五九・三四匁が利右衛門捌高、次兵衛捌高の割合に応じて割賦され、利右衛門分一四三・四九匁（①）、次兵衛分一一五・五八匁と算出されている[19]。

続いて七月一三日以降の書き上げでは、郷銀の欠銀や両国割、「割不足」、寒気見舞い（役所・周辺村の庄屋などへの履物代）などが書き上げられ、合計六三・九匁が「立会割」とされ、利右衛門分三五・四四匁（②）、次兵衛分二八・五四匁となっている。これとは別に郷割銀一五八匁余も割賦され、利右衛門分は八七・六九匁（③）となっている。次の記載は「戊年正月〆」となっており、以上が寛政元年分である。なお「割不足」〇・二匁は、七月勘定における不足〇・二七匁の一部と考えられる。残る〇・〇七匁は一二月勘定が〇・〇八匁多く集められたことで相殺されたのだろう。

次にB—2「年々諸入用割賦請取帳」である[20]。

（前略）
〔寛政元年〕酉　四月十六日
永久御赦〔救〕返済
一、銀四拾弐匁壱厘　高五分四厘
　内
一、壱匁五分七厘　喜八
一、壱匁六厘　百文入　十文不足　角右衛門
〆
（37人　略）

酉七月　郷割并両国割村入用共
一、銀百四拾三匁四分九厘　高壱匁八分壱厘　……①
　内
一、五匁四分壱厘　平吉
一、三匁五分五厘　角右衛門
（39人　略）
〆
廿六文　覚右衛門かし
酉十二月支配打
一、銀三拾五匁四分四厘　立会割　……②

一、同八拾七匁六分九厘　郷割　………③　此わり高ニ弐匁壱分つゝ
一、同拾五匁　草り代　利右衛門　一、銀六匁弐分八厘　平吉
一、同拾弐匁　同断　儀兵衛　一、同四匁壱分弐厘　角右衛門
一、同七匁五分　筆紙墨代　（41人　略）
一、弐匁五分　ろ（う）そく代
一、壱匁五分　免割飯代　永久御夫食
一、弐匁壱分　天秤直シちん　一、弐匁八分弐厘　儀兵衛
〆百六拾三匁七分三厘　（後略）

寛政元年の記載は「永久御赦〔救〕返済」から始まっている。これは天明六（一七八六）年一二月の拝借夫食の返済と考えられる(21)。寛政元年の利右衛門捌分の返済額が四二・〇一匁であり、一石につき〇・五四匁の負担となるのだろう。一筆ずつ割賦額と名前が三九名分書き上げられている。名前横に付された線は受け取り済みを意味するのだろう。

続いて七月に「郷割幷両国割村入用共」として一四三・四九匁、一石につき一・八一匁とある。この額はA―2の①と同額である。一筆ごとの銀額は所持高に応じたものだろう。一二月には「支配打」として、立会割三五・四四匁（A―2、②と同額）、郷割八七・六九匁（A―2、③と同額）、利右衛門（庄屋）と儀兵衛（年寄）の草履代、文具代など計一六三・七三匁となり、一石につき二・一匁で割賦している。次の「永久御夫食」からは寛政二年分である。

以上から、A―2とB―2が連動していることは明らかである。つまり、高掛りとなる村入用は、おそらく年番庄屋が管理し、年に二度両庄屋立ち会いのもと勘定を行い、その後捌の枠組みに則って毎年割賦・徴収されて

いたのである。またB—2の支配打において蠟燭代や庄屋給・年寄給に相当すると考えられる草履代が計上されていることから、各捌の枠組みで発生する諸経費は捌ごとに各捌高所持人に賦課されていたことが判明する。

続いて、C—1「村方諸事入用之控帳」である(22)。

（前略）
〔天明8〕
申　十二月棟役
一、拾壱匁七分四厘
　是ハ去ル申六月御巡見之節雑用不足
一、弐匁五分　黒鳥村 又右衛門殿渡シ
　是ハ河州向野村江御巡見御見送リ之出勤料、五ヶ村割合
〔寛政元〕
酉　年頭之祝儀
一、銀弐匁　西泉寺殿
一、銀弐匁　辻村
一、銀弐匁　高橋
一、重壱足　代百廿文　竹田
一、同壱足　代九拾文　真作殿
一、同壱足　代九拾文　五郎兵衛殿
一、銀四匁　町目付御両人
一、銀弐匁　沢屋兵右衛門殿
一、銀弐匁　中嶋様
一、銀弐匁　浄行寺様
一、銀弐匁　森田様
一、銀三匁　嶋田様
一、同三匁　難波様
一、同三匁　阿部様
一、同三匁　三浦様
一、同三匁　尾崎様
一、同三匁　酒井様
一、同三匁　大村様
一、同三匁　牛山様
一、壱匁五分　御侍
一、壱匁五分　吉兵衛
一、銀三匁　大坂屋
一、重九足　代七百九十四文　最寄

一、重六足　代四百七十弐文　（万町・池浦・千原・富秋・中村・上代）

一、雪踏三足　代七匁六分五厘　堺寺社

一、半切百枚　代壱匁三分　渡辺 吉郎兵衛

一、同百枚　代壱匁三分　小兵衛

一、同五拾枚　代六分五厘　吉右衛門

一、同五拾枚　代六分五厘　伊兵衛

一、四匁　大坂遣

一、壱匁五分　堺遣

一、三分　紙代

一、五匁　堺遣物調遣

惣〆　銀八拾三匁五分九厘
　　銭壱貫五百七十四文
　　　代十五匁五分三厘

合九拾九匁壱分弐厘
　内九貫六百五拾壱文
　　代九十六匁五分　集高
差引残而四匁七厘　不足
内四匁　正月　請取
　是（八）　菱木村婚礼之祝儀　（弥左衛門 与次兵衛）ゟ
　差引七厘　不足

寛政元酉ノ八朔

一、銀拾弐匁　是ハ当六月廿日御役所急水御見舞雑用　庄屋弐人 百姓弐人

一、銀八匁　堺 御町目付 御二人　森田伊右衛門殿

一、同弐匁壱分五厘　沢屋

一、同四匁五分　中嶋様 浄行寺様

一、雪踏弐足　代四匁七分　寺社方

一、同壱足　代弐匁三分五厘　府中 西泉寺殿

一、同壱足　　　　　　　　　　辻村
　　代弐匁三分五厘
一、重三足　　　　　　　　　（左助殿
　　代弐匁四分　　　　　　　　五郎兵衛殿
　　　　　　　　　　　　　　　真作殿
一、上重壱足　　　　　　　　　竹田
　　代壱匁壱分五厘
一、上重壱足　　　　　　　忠岡村
　　代壱匁壱分五厘　　　　　進三郎殿
一、同壱足　　　　　　　歓（観）音寺村
　　代壱匁壱分五厘　　　　　五郎右衛門殿
一、同六足　　　　　　　　（中村
　　代四匁八分　　　　　　　千原村
　　　　　　　　　　　　　　富秋村
　　　　　　　　　　　　　　上代村
　　　　　　　　　　　　　　万町村
　　　　　　　　　　　　　　池浦村
一、銀弐拾匁四厘　　　　　　組頭へ渡シ
一、銀壱匁五分　　　　　　　堺遣
一、三分　　　　　　　　　　紙代
一、銀五匁八分弐厘
　　是ハ当七月富田御坊出火見舞雑用

惣〆七拾四匁三分六厘
　内七貫弐百五十八文　集高
　　代六十九匁六分七厘
　残而四匁六分九厘　不足
一、五百文　　　　　　富田初穂
　　八月廿九日
一、百文　　　　　　　御使僧志
一、四百文　　　　　　人足賃
　　　　　　　　　　　　但し五人分
〆壱貫文
　内壱貫六拾七文　集〆高
　　　　　　　　　　　但し六文つゝ
　差引六十七文　過渡
　酉十二月棟打
一、銀九匁　　　　　　牢人者遣
　　是ハ酉年壱ヶ年分
戊歳頭
（後略）

CはA・Bとは異なり、まず前年一二月に主として翌年の年頭祝儀代に充てられる「棟役」が徴収されている。棟役の総額は九九・一二匁で、銭に換算して九貫六五一文を集金し、四・〇七匁が不足している。このうち四匁は、正月に近隣の菱木村の婚礼で受け取った祝儀で賄われたようである。

　次に八朔前に集金が行われている。その使途は、一橋家の川口役所に対する臨時の見舞い雑用なども含まれるが、八朔祝儀としての履物代が主である。南王子村が与力門徒となっている富田御坊（本照寺、摂州島上郡）の出火見舞い雑用が含まれていることも注目される。なお本照寺は被差別部落の寺院を多く末寺としていることで知られる寺である[23]。この時は合計七四・三六匁のうち銭で七貫二五八文を集め、四・六九匁が不足している。さらに八朔から一二月までの間に富田御坊の初穂銀とその関連費用と思われるものが計一貫六七文集められている。

　Cの表紙には「村方諸事入用之控帳」とあるが、「棟役」という記載や、他の年に「壱軒につき〇文」などと書かれていることから、家別掛り銀の帳面であることは明らかである。家別掛り銀は、主に年頭と八朔の祝儀（一橋家役所の各役人、堺奉行所関係、一橋領知の惣代庄屋・府中組の庄屋への雪踏代）と、富田御坊初穂銀など信仰関係のもので占められている。寛政一〇年には西教寺の住持交代に関連する入用もCに書き上げられている。

　ここで寛政元年のA～C、及び**表3**の記載を比較しておきたい。両者には二つの大きな差異が認められる。一つは、**表3**で家別掛りとなっている、あるき給米や西教寺・福専寺初穂銀、信太山山掛銀がA～Cに登場しないことである。もう一つは、Aに記載される「郷割」は**表3**「郡中割・組合割」の合計に対応すると思われるが、六〇匁ほど多いことである。

　前者のうち、あるき給米と信太山山掛銀は、寛政一二年頃からCに書き上げられるようになる。これらは費目としてはそれ以前から存在したと考えられるので、A～Cとは別に徴収されていた可能性が高い。西教寺については、あるき給米などと同じ処理がなされていたか、棟役としての一律の賦課はなく、各家の志に委ねられていたと考えられる。

　後者については、一橋家に提出された小入用帳と、Aの両方が残る年には、必ずこの現象が生じている。両国割はほぼ一致するが、例年Aの郷割は小入用帳に記載される「郡中割・組合割」の合計よりもかなり多く書き上げられている。両帳はAが残される文政四（一八二一）年までしか照合できないが、同五年以降、南王子村が属する一橋領知府中組で作成された郡中割帳・組合割帳が残されている(24)。この帳面に記載された額は領知レベルでの正式な数値となるが、文政一〇年から天保五（一八三四）年の小入用帳と照合すると、小入用帳の「郡中割」・「組合割」・「両国割」とほぼ一致する。つまり、長年にわたり高掛り銀の「郷割」は実際に南王子村に割賦された額よりも多く計上されていたことになる。

寛政一二年以降に信太山山掛銀などが登場した以後もこの操作はなされているので、これらを補塡するための措置とは考えにくい。増額分の使途については全く不明であるが、A～Cの帳面には、村役人の堺や大坂への出役費用などが全て書き上げられていないのではないかと思われる節があり、こうしたものに充てられていた可能性もある(25)。

A～Cの関係をふまえて、南王子村における小入用のあり方をまとめておこう。まず村の入用は高掛りと家別掛り、さらに反別掛りに分かれている。反別掛りに関わる帳面は、おそらく水利関係の担当者が管理していたものと思われ、『奥田家文書』には残されていない。高掛りは、年貢上納関連費用や郷割、両国割、役所などへの暑気見舞い・寒気見舞いとなる。これに対し家別掛りは年頭と八朔の祝儀、信仰関係の経費が占める。祝儀に関しては年頭・八朔の方が額が大きく、村方全員で負担すべきものと考えられていたのだろう。

割賦のあり方を考えると、高掛り分は捌高の枠組みに応じて庄屋が各人に割賦し、徴収していた。またこの段階でそれぞれの庄屋給や年寄給なども加算されていた。これは七月と年末の年二回、事後の徴収となる。また大川入用銀などは、立会割を待たずに割賦・徴収することもあったようだ。一方家別掛りは、一二月に加え、八朔前と本照寺初穂銀と、計三回徴収されていた。

（3）徴収システム

では、それぞれの徴収はどのように行われていたのだろうか。天明四年の申し渡しには次のようにある(26)。

一、[2] 御年貢上納方ハ不及申ニ、石掛ケ銀申触候日限無遅滞、出銀可有之候、若シ日限ニ至相滞り候は、其者之組頭ゟ早速取立、持参可有之候、尤御年貢銀庄屋方へ取立候ハ、両庄屋江組頭弐人宛々、昼夜相詰メ可申候、

一、[8] 村方諸入用集メ日限申触候ハ、銘々組頭江持寄セ遅滞致間鋪候、若シ出銀延引致シ候者有之は、其者地主へ相届ケ、地主ゟ組頭江相渡し、組頭ゟ村方へ持参可申候、

二条目には、年貢銀と石掛け銀（高掛り銀）は前もって伝えた日限に遅れずに出銀せよ、とある。もし遅れた場合には、その者の組頭がすぐに取り立て、組頭が庄屋方に持参する、とある。これに対し、八条目は村方諸入用銀（家別掛り銀）を問題にしている。前もって伝えられた日限にそれぞれ組頭のもとに持参し、もし遅れた場合には、組頭が地主へ知らせ、地主が組頭へ渡し、組頭が村方（庄屋）へ持参することと、とある。

つまり年貢銀・高掛り銀と家別掛り銀は徴収システムが異なるのである。すなわち、前者は高持がそれぞれ庄屋の元に持参するのに対し、後者は各組頭が組内の家からそれぞれ徴収し、庄屋に納める。この徴収システムの違いは、前者が所持高に応じて銀額が異なり、また全戸数の三分の一程度の高持のみが対象であることと、後者が全戸を対象に一律に賦課される家別掛り銀という、性格の差異に起因する。とくに前者については、所持する捌に応じて二人の庄屋からそれぞれ請求されるものであり、高掛り銀については基準となる一石あたりの負担も微妙に異なったはずである。こうした細かい割賦・徴収は各捌の庄屋と所持人の間で直接行われたのである。しかし組頭が重要な役割を果たしていることも見逃せない。家別掛り銀を直接徴収するだけではなく、年貢銀や高掛り銀の出銀日には二人の庄屋宅で帳付けなどの事務作業を担っていたと考えられる。

こうしたシステムは、とくに高持に幾重にも出銀を求めるものである。双方の捌高に土地を所持していれば、

二人の庄屋に年貢銀と高掛り銀を納め、組頭にも年三回の家別掛り銀を支払わなければならない。また村役人給も、一方の捌高のみ所持すれば二人分だが、双方の捌高を所持すれば四人分を負担することになる。負担する側にとって、村入用の不透明性が生じる余地が大いに存在するシステムであったのである。

（4）村入用の変化―一八世紀末―

二項で確認した村入用のあり方は、寛政三年以降徐々に変化し、文政初年頃には割賦方法も定着してくる。文政四年頃のA・Cを確認し、変化と経緯を追っていこう。

表5は、文政四年の高掛り銀と家別掛り銀の内訳である（同年の家別掛り銀は八朔入用の記載を欠くため、参考までに翌年のものを記載した）。暑気見舞い・寒気見舞いを高掛りで、八朔と年頭の祝儀を家別掛りで負担するというあり方は変化していないが、次の点で大きな差異が生じている。

①捌に応じて割賦する際に、庄屋給や年寄給などの加算がなくなる。文政四年のBでは、盆入用として一石あたり一・九七匁、検見入用として一石あたり〇・八匁、一二月二四日寄として二・一七匁ずつ割賦されている。つまり、検見入用を除き、Aの立会割の一石あたり割賦額がそのまま利右衛門捌の徴収額となっている。

②庄屋給・年寄給は高掛りから家別掛りに移動している。庄屋給ははっきりとは書かれないが、棟役の「筆紙墨代」・「蠟燭代」を充てていると思われる。また額は小さいながらも、百姓代給と思われるものが高掛りに加わる。

③郷割銀の一部が、高掛りから家別掛りに組み込まれている。

④家別掛りにあるき給米に相当するであろう「年中人足廻し賃」と、「信太山山掛り銀」が登場し、一橋家に提出している小入用帳の費目と一致してくる。

⑤①～④を受けて家別掛りの棟役の総額は寛政元年の四倍以上となっている。

表5　文政4～5年頃の高掛り銀・家別掛り銀

〈文政4年高掛り入用 A－2〉

正月～6月

費目	銀(匁)
免割雑用	3.5
小入用帳雑用	2.5
堺上納	12
木屋暑気	3
溜詰	2
府中・忠岡	6
御検見出勤割	16
植付届ケ	8
百姓代	4
両国割	16.38
郷割、巡見費用含	222.54
(小計)	295.92
新田作徳過	-14.5
	281.42

→1.97匁／高
　次兵衛分124.22
　利右衛門分157.21

7月～12月

	銀(匁)
百姓代	4
蝋燭代	4
堺上納	12
寒気　府中両人・忠岡	6
寒気　木屋	3
溜詰手代	2
肥代欠掛費	2.7
両国割	19.66
郷割	277.36
仮免定受大坂出勤料	16
割方雑用	7.5
(小計)	354.22
家別入	-145
	209.22

→1.462匁／高
　＋年中取立雑用0.708匁
⇒2.17匁／高

〈家別掛り入用 C－2〉

文政5年八朔入用

	銀(匁)	銭(文)
小前集高	120.9	
堺寺社御礼　御中ヨリ受取	23.4	
(収入計)	144.3	
スキヤ11足　最寄 　上代・中村・富秋・千原・宮村・池ノ浦 　府中(井上・田葉屋・南五)・府中竹田・万町		1540
別スキヤ1足		160
府中両人・忠岡	6	
惣代・茶市	4	
御目付	4	
御坊両寺	4	
せつた5足 上(寺社方・盗賊方)	17	
寺社同心	10	
盗賊同心	8	
川口　木屋手代・御門番	7.5	
山番賃	10	
堺買物小遣・御礼出勤	6	
最寄廻り出勤	3	
川口出勤	4	
角力取締出勤	2	
杉原	1.5	
のし	0.5	
取立雑用	3	
(支出計 銭も銀換算のうえ含)	107.1	

残額　銭4貫文
　20匁　拠どころなき事につき遣
　1貫800文　取締雑用遣

文政4年7月より棟役

	銀(匁)
年寄給	30
筆紙墨　※1	20
蝋燭代　※1	12
人足廻賃	13
年頭物一式	126.5
大坂出勤	8
番札書替	3.2
山番賃幷勧進共半年分	15
浪人・売薬幷年中諸雑用　※2	89.65
郷割	140
	457.35

→260軒で割り、1.784／軒

(信太山)山掛り銀	100

→266軒で割り、0.376匁／軒　※3
⇒1.71匁／軒、銭換算で186文ずつ

※1　文政5年以降「庄屋両人定例」などの注記がある。

※2　文政5年以降の記載によれば、庄屋・年寄各人の支出の合計値である。

※3　棟役は庄屋・年寄・百姓代計6軒には割賦されず、山掛り銀は村内全戸に割賦される。

このうち、①〜③については寛政三年頃より段階的に変化している。同年の家別掛りには「両国割　二八・六三匁」が計上され、寛政六年以降には高掛り帳で郷割の一部（六〇匁程度）を「家別」に組み込むという記載がある。そして寛政末年頃から例年一〇〇匁程度とその額が大きくなっている。「（郷割の）三割五分」である、と記載される年もあるが、その割合は一定ではない。庄屋給については今ひとつ判然としないが、寛政五年の高掛りに「庄屋・年寄草り代村方割合」とあり、同年のBに庄屋給・年寄給の加算はない。そして享和二（一八〇二）年以降は家別掛りに「年寄給」が計上されている。

④については、家別掛り帳において寛政一二年以降見られるようになる。

以上を総括すると、寛政三年頃から南王子村では高掛り分として負担していた村入用を家別掛りに組み込もうとする試みが始まり、同時に別枠の家別掛りであったと思われるあるき給米や信太山山掛り銀をCに加え、全体的に負担の枠組みを変更したことになる。総軒数の増加、とりわけ無高が増加するにしたがって、可能なものは家別掛りに組み込むことが指向されたのである。

これらの調整が進み、文化期頃からA・C両帳は次第に定型化していく。その際注目されることは、過不足の処理に関する記載が消えていくことである。Aでは、立会割の過不足は原則として次回の過不足で相殺され、まれに「預り」や「奥出す」などの記載があった。しかし享和三年を最後にほぼ見られなくなる。Cにはそもそも Aよりもこうした記載が多くあり、周辺村の祝儀代などが組み込まれた例は先に挙げたが、ほかに「奥出ス」という記述や、金額としては僅かながら「六肉代」・「おけ代」・「牛肉」なども見られる[27]。また「銭箱入れ」・「本山銭箱かり〔借り〕」・「建立箱」などの記載もあった。過不足の処理に、本山への布施箱を一時的に利用していたのだろう。しかしこれも寛政末年頃を境に見られなくなる。なお、Cからはごく稀に西教寺関係の支出もあるが、そこに寺入用帳と思われる「月別帳」という記載がある（寛政五年）。ただし記載のされ方からは、寺入用との一体化が生じているようには思われない。「月別帳」が存在する以上、西教寺関連費用は村入用の家別掛りとしてではなく各イエの志に任されていたのではないかと考えておきたい。

全体的にA・C両帳からは整然とし過ぎた帳面であるという印象が強くなり、現用帳簿ではあるが、何らかの操作が行われている可能性は否定できない。化政期の南王子村では博奕や無宿問題が頻発していた。この対応にかなりの費用がかかったと思われるのだが、その記述もほとんどない。これらの処理については大きな疑問である。

最後に、高掛りから家別掛りに組み込まれる「郷割」の値に関して、一点指摘しておきたい。文化初年から文政五年頃までは毎年五〇～一四〇匁程度がこの方法によって処理されているが、文政六年以降は一〇～四〇匁程度に減少している。この背景には、泉州一橋領知において文政六年以降郡中入用の大幅削減が実現したことが考えられる(28)。しかし、その成果は数年しか維持されず、文政一〇年以降は改革以前の額を上回り、さらに増加傾向となった。だが南王子村では文政一三年まで、家別掛りに組み込まれる「郷割」は低額である。帳面が同年で終了するため詳しいことは分からないが、村方騒動直前の動きとして注目される。

村入用帳からは、南王子村において風呂屋の限定がなされる文政一〇年六月以前に(29)、寺入用と村入用の一体化が始まっていたのか否か、はっきりとは分からない。しかしA・Cの帳面が定型化する一方で、家別掛り総額が増加しており、村人にとって不透明性が高まっていたことは間違いないと思われる(30)。

以上、南王子村における村入用の実態について不十分ながら見てきた。まず第一に、捌高の存在による複雑な割賦・徴収システムが南王子村の特徴として指摘できる。村人に非常に分かりにくく、不透明性の高いシステムである。第二に、実際の支出についても、郷割銀など不明瞭なものがいくつか確認できた。第三に、無高の増加に伴い、村用全般を扱う村役人給を高掛りではなく家別掛りから支出する、という転換があった。これは分厚く展開する無高にも相応の負担を求めていこうとする（そうせざるを得ない）動きであり、南王子村の村落構造そのものに起因する変化である。第四に、この転換は、誰の判断によってなされ、どの範囲で了承されていたのかが問題である。これは一八世紀末以降の村政と天保期の村方騒動を考える上で重要な論点であると思われる。

三、一八世紀後期の西教寺と村

西教寺の住持については、すでに横山芽衣子氏が宗門改帳をベースとした一覧を作成されているが[31]、願書等の情報も加えると表6のように整理できる。

俗親については、①成立の時期は定かではないが、②西教寺に新住持が入る際に俗親という身元保証人が村内でたち、③住持に不都合があれば俗親がその責任を負い、住持を退寺させる、などの一札を差し入れ、④俗親には村役人クラスの村内有力者がつく、ことがすでに指摘されている[32]。つまり村方と住持をつなぐ重要な役割を果たすわけだが、俗親が確認できるのは一八世紀後期の祐教以降のことである。さらに、その担い手は幕末まで利右衛門家に連なる人物でほぼ独占されていた。

そこで、本節ではまず祐教の入寺手続きと俗親が作成する俗性証文を確認する。その後祐教は村中から不帰依となり、退寺に追い込まれるのだが、その際に俗親である伝次が果たした役割や、村や本寺・福専寺の対応を通じて俗親成立の背景を考察していこう[33]。

（1）西教寺の住持と俗親

安永七（一七七八）年に祐教が入寺する際に作成された史料は次の通りである[34]。

1

乍恐以書付御訴奉申上候

退寺後	家族	本寺証文	俗性証文
村内居住カ	—	—	—
—	—	福専寺正哲	—
紀州海士郡広瀬村善行寺住持	—	—	—
	母/女房〔和州鎌田村出身〕・倅義教・倅恵教・娘ほか	—	—
和州鎌田村信行寺住持カ	母・女房〔河州富田新田出身〕・娘・妹	—	身請人 庄屋利右衛門
村内居住	女房・娘・倅	〈師匠証文〉 和州鎌田村信行寺	俗親 伝次
村外退去カ	なし	—	—
	母・女房・倅順信・娘	本願寺門跡内 中嶋右兵衛	—(利右衛門カ)
—	母・祖母	本願寺御門跡 中嶋浦右衛門	俗親 庄屋利右衛門
専光寺に戻る	女房	本願寺門跡内 中嶋浦右衛門	俗親 伝次
—	女房・倅	本願寺門跡内 聞蔵寺	俗親 年寄伝次
光明寺に戻る	女房・娘・倅	本願寺門跡内 野村郷右衛門	俗親 年寄伝次
	女房・倅了雅・倅了意・倅了雲・娘	本願寺門跡内 角川久右衛門	俗親 年寄林蔵
	女房〔南王子村喜八娘/京都浄福寺通鍋町出身〕・倅三人・娘三人・母・弟了雲一家(江州新庭村住持だったが、病気のため嘉永4年帰村)・弟了達	本願寺門跡内 佐々木平太夫	俗親 年寄直治郎 俗親 林蔵 俗親 三右衛門 ※

表6　西教寺の歴代住持

時期	名前 (入寺時の年齢)	身元	前職など	退寺理由
～(貞享4)～宝永2.3 ～(1687)～1705	教忍〔教恩〕	—	—	—
宝永2.11～宝永4.6 1705～07	宗順	—	渡辺村徳浄寺が師匠筋カ	病気
宝永4.6～正徳4.3 1707～14	恵秀	宗順の弟子	—	—
正徳4.6～明和8.8 1714～71	順信Ⅰ(17)	福専寺弟子	—	病死
明和8.9～安永7.9 1771～78	義教(36)	順信Ⅰの倅	延享4年出家(師匠は和州葛上郡小林村光明寺)、宝暦4年京天部村円光寺入寺、明和元年紀州古和田村光淵寺住持	病気
安永7.12～天明5.2 1778～85	祐教(23)	南王子村与四右衛門倅	安永3年　西教寺番僧	壇中一統不帰依
天明5.3～天明6.4 1785～86	留守居 春教(21)	福専寺関係者カ	—	役寺から身元問い合わせ、一橋家より退寺命令
天明6.6～寛政3.4 1786～91	義教(52)	先々住	和州鎌田村信行寺住持	病死
寛政4.閏2～寛政4.12 1792	順信Ⅱ(17)	義教の倅	—	病気
寛政5.3～寛政10.6 1793～98	角城(35)	羽州山ノ郡上境村専光寺倅	—	病気
寛政10.6～文化3.12 1798～06	円道(38)	—	—	病気
文化3.12～文化12.3 1806～15	知専(28) 〔のち滋海と改名〕	紀州伊都郡狩宿村光明寺倅	—	病気
文化12.3～天保5.8 1815～34	覚音(28)	南王子村五兵衛倅	寛政9年和州宇田姫某寺入寺(2～3年)、その後京福専寺の世話になり、寛政13年帰村。文化5年より紀州伊都郡端場村住持(文化11年不帰依となる)	病死
天保6.6～明治7.12 1835～74	了雅(21)	覚音の倅	—	村方騒動の決着として退職

典拠：『和泉市史 第二巻』538頁、『奥田家文書』9～66・85・137・150・173・195・208・218・391・392・394・397・399・402・426・604・609・2283～86・2288・2289・2302・2303・2312、『大阪府南王子村文書』14

覚音と了雅の俗性証文には、いずれも三年の年季が記されている。了雅は天保6・9年は直治郎、同12・15年は林蔵、弘化4年・嘉永3年は三右衛門が俗親となっている。

一、当村一向宗西教寺無住ニ付、相談之上、百姓伝次弟祐教当廿三歳ニ罷成候僧、西教寺江住持職為相勤申度奉存候、師匠証文・俗性証文取之、則写別紙ニ奉差上候、乍恐右住持職御聞済被為　成下候ハヽ、難有奉存候、以上、

安永七戊年十二月朔日

南王子村庄屋　利右衛門

同　次兵衛

年寄　儀兵衛

同　権右衛門

府中
御役所

2

師匠証文之事

一、拙僧弟子祐教と申者、当廿三歳ニ罷成、其御村西教寺住持職為相勤候、宗旨一向宗紛無之、宗門之儀ニ付、怪敷申者有之候ハヽ、何方迄も拙僧罷出可申開候、尤祐教義不埒之儀有之候歟、又は勤方悪敷御座候ハヽ、早速拙僧方江引取可申候、其外如何様之六ヶ敷儀出来候ハ（共）ヽ、拙僧江引請、其御村方江少シも御難儀掛ケ申間敷、為後日師匠証文、仍而如件、

安永七戊十一月

和州葛上郡鎌田村

信行寺印

泉州南王子村

庄屋
年寄　中

3

俗性証文事

一、私弟祐教と申者、当廿三歳罷成候、此度当村西教寺住持職為相勤候、宗旨は代々一向宗ニ紛無御座候候（衍）、住職之内勤方悪敷候歟、又は（旦）那中之心庭ニ相叶不申候ハヽ、祐教儀私方江引取、寺明ケ渡シ可申候、若不埒之儀出来、什物紛失等有之候ハヽ、相改、不足品私方ゟ相弁可申候、其外祐教如何様之六ヶ敷儀出来候共、私方江引請埒明、御村方江少も御難儀掛ケ申間鋪、為後日俗性証文、如件、

安永七戌年十一月

南王子村祐教兄
伝次印

庄屋
年寄　中

1は安永七年一二月に南王子村の村役人が一橋家の府中役所に対して、現在無住の西教寺に百姓伝次の弟で二三歳の祐教を住持として入れたいと、願い出たものである。史料中で言及されている師匠証文と俗性証文が2と3であり、1〜3はセットで役所に提出された。2は和州鎌田村信行寺が村に対して、祐教の宗門を保障し、また祐教に不埒があれば引き取ることを約束している。なお作成者の信行寺は、おそらく西教寺前住持の義教である（後述）。3は伝次が庄屋・年寄にあてて、祐教の勤め方が悪かったり、村中不帰依となった時には祐教を引き取り、寺を明け渡すこと、また寺の什物を紛失した場合には費用を負担することなど、祐教に関わる一切に責任を負うことを約束している。ただし、「祐教兄伝次」とあるが、両者は血縁関係にはない。3には俗親という記載はないが、祐教退寺の際には「俗親伝次」と呼ばれており、順信Ⅱが入寺する際の俗性証文ともほぼ同内容であることから[35]、3の作成により伝次は祐教の俗親となったと考えられる。

祐教の入寺手続きは、府中役所の了承を得た後、堺奉行所に届け出、完了したようである。この流れは、一八世紀初頭の宗順入寺の際とは少々異なっている(36)。宗順の際には、村から本寺である福専寺に願い出、福専寺から領主に住持交代願を提出し、本寺証文も福専寺が領主に提出している。さらに、宗順の師匠筋と思われる渡辺村徳浄寺が什物の管理を約束する証文を村に差し出している。こうした差異は、祐教の入寺手続きに福専寺が一切関与していないことから生じていると思われる。そして、祐教以後の住持入寺の際にも、福専寺の主体的な関与は確認できない。村からの願書・本寺証文・俗性証文の三通がセットで一橋家の川口役所に提出されるが、本寺証文は堺の西本願寺派の役寺が、俗性証文は俗親が作成している。

さて、3を見る限り、俗親は村に対して住持の進退と寺の什物管理を保証する存在である。これは西教寺が惣道場であり、住持が看坊であることによるのだろう。祐教の先住・義教が入寺した際も、性格が非常に近い一札が作成されている(37)。

身請一冊（札）之事

一、当寺西教寺無住ニ付、先住息子義教僧、則後住相勤可被申相談ニ而、御地頭様　御番所様御両所入院相済、惣村中満悦之事ニ候、然上は寺御宝物等不残慥ニ預り、相守可可(衍)申候、尤僧性慥成僧故、身受拙者罷立候、若此義教悪事亦は寺之重物等万一持逃欠落抔と申儀御座候ハヽ、拙者尋出、急度相渡シ可申候、縦外ゟ妨障之儀出来候共、無違乱、拙者如何様共埒明、少も村中へ御難儀掛ケ申間敷候、為後日仍而一札加判、如件、

安永元年辰極月

住持　義教

身請証人庄屋　利右衛門

庄屋

年寄
村中江

義教と身請人である庄屋利右衛門が庄屋・年寄・村中に対して、義教の身請けに利右衛門がたち、義教が悪事を行ったり、寺の什物などを持って欠落した際には、責任を持って尋ねだすことを約束している。3の内容にほぼ近いが、明和八年九月に義教が入寺してから、一年以上経過した後に作成されている点が大きく異なる。そのため、義教の入寺手続きに関する願書は残されていないが、この一札は役所には提出されていないと考えられる。

もう一つ注意しておかねばならないことは、義教が西教寺住持順信の倅として南王子村で出生したという事実である。義教は明和元年に紀州古和田村光円寺の住持となり、順信の死後に西教寺住持となった。義教が光円寺の住持となる際に、利右衛門は古和田村に義教の身請人となる一札を提出している[38]。そこには「(私)能存知慥成僧ニ而」と、利右衛門自身が義教を信用にたる存在と認識している様子が窺える。次項でみる祐教・春教をめぐる一件の後に、義教が再び住持となっていることも、その証左である。つまり、俗親に先行する身請人には、住持本人に対する個人的な信頼が確固として存在していた。しかしその後の俗親は、疑似的な血縁関係を表明し、そのことが住持への責任を負う担保となっている。この点においても、両者は異なっている。

次に俗親の担い手について見ておこう。住持・了雅以前の俗親は、利右衛門、伝次、林蔵である。伝次は利右衛門の弟で、寛政一〇(一七九八)年以降年寄となる。林蔵は伝次の子で、その後年寄役に就いている。だが、祐教の俗親となった時点で伝次は年寄ではなかった。つまり村役人のうち利右衛門方の庄屋・年寄が西教寺の俗親となるのではなく、利右衛門家に連なる人物が西教寺住持の俗親となっていたのである。

（2）祐教と春教をめぐる一件

俗親成立の背景には、西教寺の本寺である福専寺の弱体化が想定できるのだが、ここでは祐教と春教をめぐる一件を通じて、福専寺の動向を確認するとともに、俗親の機能を見ていきたい。

安永七年一二月に西教寺に入寺した祐教は、天明五（一七八五）年二月、村中から不帰依となり、退寺した。寺役・法儀の勤め方が悪く、出家に不相応な振る舞いも多かったようである。その際に村がとった対応は次のようなものであった(39)。

まず村役人は、祐教の師匠である和州鎌田村信行寺に対し、祐教にきちんと寺役を行うように言いつけて欲しいと依頼した。しかし信行寺は「祐教は著しく身持ちが悪いため、前々から師弟の関係は切っている。」とし、「祐教の処遇は村方の心次第で構わない。」という趣旨の書付を村に差し出した。そこで村は俗親である伝次に祐教の引き取りを求めたが、伝次も応じなかった。そのため村は二月一一日に府中役所に、伝次を召し出して祐教の引き取りを申し付けてほしいと願い出た。

翌日、役所から祐教の引き取りを命じられた伝次は、祐教に退寺を求めたが、祐教は「村の太郎兵衛に貸している銀二〇〇目を受け取り次第退寺する。」などと返答した。結局、伝次は祐教を退寺させることができず、村内にいる祐教の実兄である勘右衛門らに退寺させるよう求めた。しかし勘右衛門は「祐教の取り計らいは村に任せる。」という書付を差し出したため、伝次は一四日に役所に、祐教の引き取りを勘右衛門らに申し付けてほしいと願い出た。この願書中において、伝次は「私は祐教とは一切血がつながっておらず、他人事であるので厳しく接することは控えてきた。」と述べている。

二月一六日、役所は勘右衛門らに祐教の引き取りを命じ、加えて太郎兵衛に貸したとされる銀は村役人が立て替え、祐教から証文をとるよう命じた。同日中に村内で村役人・伝次・祐教・勘右衛門らが立ち会い、役所の命令通り実行された。さらに寺の什物を改め、祐教が退寺したことを翌日役所に報告している。以上が祐教不帰依一件のあらましである。

短い経過だが、次の四点が注目される。

一点目は、ここでも本寺である福専寺が全く介入しないことである。

二点目は、村役人や役所の対応が師匠証文・俗性証文に対応したものであることである。村役人は、信行寺、伝次の順に祐教の引き取りを依頼し、また役所も伝次に引き取りを命じている。つまり役所の側も俗親の存在と機能を認知している。これは入寺手続きの際に役所にも証文を提出しているためである。また住持引き取りに実効力がある、あるいは師匠筋よりも俗親に責任がある、と見なされていたらしいことも重要である。

三点目は、ここで俗親が果たした役割である。伝次は村役人から打診された時点では引き取りを拒み、役所から命じられたのちも自力で祐教を退寺させることはできなかった。一見俗親としての機能を果たしていないように見えるが、その後実兄の勘右衛門らに祐教の引き取りが命じられるように仕向けている。つまり最終的に祐教を退寺に追い込む重要な役割を果たしている。

四点目は、村内出身の祐教に同心する太郎兵衛が存在したことである。しかし同心者は太郎兵衛一人、もしくはごく少数であり、退寺を長期にわたって拒むことはできなかった。

祐教が天明五年二月に退寺したあと、翌月には福専寺から府中役所に対して、西教寺が無住であるので今春の宗門改めは福専寺が代印したいと願い出ている。この願いは聞き届けられたようで、天明五年の宗門改帳は福専寺の代印となり、西教寺には留守居僧として春教が入っている。この段階で初めて福専寺が登場するのだが、同年五月には無住の福専寺に義了という五〇歳の僧が留守居として入っている。この時には利右衛門が義了の請人となり、什物管理なども保証する一札が「福専寺おひでどの」に対して出されている(40)。つまり三月に役所に代印を申し出た際も寺の実態は不明であり、一八世紀前期に本寺として西教寺に住持を入れた福専寺のあり方は、この時期失われていたのである。

さらに翌年三月には留守居僧の春教について問題が生じた。詳細は不明だが、堺の役寺である浄行寺が一橋家の川口役所に対し、春教の身元が不審であると報告し、川口役所が退寺を命じたようである(41)。春教は京都まで自分の宗門改帳の記載を確認しに行くなどしたが、結局四月一八日に退寺した。そのため、川口役所は同年の宗門改めを役寺に行わせてはどうかと南王子村に持ちかけている。この返答を南王子村は保留したが、その直後の四月二四日には先々住の義教が和州鎌田村から南王子村に戻っている。このため、天明六年の宗門改帳は例年より遅れたが、義教が宗印をし、六月末に義教は正式に入寺手続きを済ませている(42)。

この春教の経緯から注目される点は三つある。

一点目は西教寺の本寺である福専寺の状況である。福専寺は天明五年春には女名前となっていた。宗派内では、「ひで」が住持と認知されていたようだが、南王子村では「無住」状態と認識し、留守居僧を入れていたのである。つまり福専寺から西教寺の住持を派遣してもらうような状態にはなく、福専寺は本寺としての機能を後退させていたのである。祐教の入寺に福専寺が関与していなかったことを考えると、安永七年にはすでに同じ状況にあった可能性が高いだろう。

二点目は、春教の退寺理由そのものである。春教は福専寺が関わって西教寺の留守居となったようだが、そもそも身元も疑わしいような人物であった。春教は西教寺退寺後も村内の喜三右衛門宅に留まっている。村役人にそ事情を聞かれた喜三右衛門が「自分の一存で春教を留めているのではない。自分が退去を求めても春教は聞かないだろう。」と述べた背景は不明だが、身元のあやしい留守居が短期間の内に村人と特定の関係を築いていた事実は、村としては非常に危機感を募らせる事態であっただろう。

三点目は春教退寺後の宗門改帳の宗印を巡る村と役所のやりとりである。村は四月一九日に役所から宗印を浄行寺に依頼してはどうかと聞かれている。この返答に猶予を願い、二四日には義教が南王子村に到着している。義教は和州鎌田村で住職をしていた、とされており、祐教一件で村役人らが引き取りを打診した鎌田村信行寺の住持は義教であったことになる。村のすばやい対応が注目されるが、役寺による宗印を拒みたいという強い意志が感じられる。とすれば、天明五年三月の福専寺による代印申し出と春教の派遣も、南王子村から福専寺に申し出を依頼した可能性が高いのではないだろうか。

（3）俗親成立の背景と利右衛門家

西教寺住持の出自には、時期的な特徴がある（表6）。寛文一〇（一六七〇）年の寺号免許後、最初に確認できる住持は、元禄期に自庵化をはかった教忍である。その後、宗順、その弟子恵秀と続き、さらに福専寺から順信が入り、順信の倅・義教と続く。これらの人物は南王子村出身者ではなく、本寺や宗派のネットワークを通じて西教寺の住持となったものと思われる。なかでも順信は五〇年以上住持を務めており、義教が退寺する安永七年まで西教寺は安定した状態にあった。

これに対して祐教は、宝暦六（一七五六）年に南王子村与四右衛門（所持高〇・六石余）の倅市太郎として生まれている(43)。その後明和九（一七七二）年の宗門改帳では与四右衛門家に書き上げられるも、祐教と名を変えており、出家したことが確認できる。安永三年には西教寺の番僧となっており、同五年の宗門改帳に記述はない。そして同七年には退寺した義教にかわって西教寺住持となった。天明五年の退寺後も村に約一石を所持して居住し続けている(44)。

一八世紀後期から覚音の入寺までは、在住期間の短い住持が続く。再住した義教は七年後には死去し、その後住持についた息子の順信Ⅱは一〇ヶ月ほどで病気を理由に退寺している。その後も角城・円道・知専と六年・六年・一〇年と比較的短い期間で住持が交代している(45)。角城は羽州出身であり、村で独自に探し出した住持だったのではないかと考えられる。しかし、長くは居着かないという状況が続いたのである。

以上から、福専寺の弱体化は、安定した住持が供給されない、という大きな問題を南王子村にもたらしたのではないかと考えられる。一八世紀後期以降、福専寺による本寺証文が存在しない点については、入寺手続きの制度が変更された可能性もあるが、西教寺の住持の性格は明らかに変化している。そして俗親の登場は、住持の性格が変化する過渡期にあたる。祐教の本寺証文は義教の作成と思われるが、福専寺が本寺証文を作成できないため、南王子村（利右衛門）が馴染みの義教に依頼したのではないか。つまり義教に祐教の身持ちを保障してもらうことよりも、入寺手続きをクリアするための本寺証文であった可能性が高い。そこで、村内に住持に関して最終的な責任を負う人物が必要となったのである。義教が古和田村光円寺の住持となる際に、利右衛門が作成した身請一札も参照されたものと思われる。俗親は西教寺を無住にさせないための方策として登場したのである。義教の再住以後は、本寺証文は堺の西本願寺派役寺が作成しているが、これは手続き上必要となる宗門の保証という性格が強く、俗親は必要とされ続けたのだろう。そして、「村の寺」を維持する要の役割である俗親に相応しいと思われた人物は、初発の義教の際には圧倒的な所持高をもつ庄屋利右衛門の他にいなかった、と考えられる。

一八世紀後期の段階においても、長年庄屋を務める利右衛門家は西教寺にある程度の影響力を有していたと思われるが、俗親を利右衛門家に連なる人物が務めることで(46)、なお一層影響力が強まっていったと思われる。明治五年からの村方騒動では、利平治による本尊裏判の管理の是非も焦点となっているが、すでに文化三年の段階で本尊裏判は「由緒有之ニ付、利右衛門宅ニ有」とされている(47)。また天保二（一八三一）年に西教寺の寺格や寺号免許の年次の問い合わせがあった際には、住持である覚音も寺の正確な来歴を知らず、村内にも利右衛門を除いて答えることができる者はいなかった(48)。

さらに文政六年には、利右衛門家は寛文一〇年の西教寺の寺号免許以来、代々寺の維持に貢献してきた、という先祖の勤行書きが作成されている(49)。前年に利右衛門が養子に庄屋役を譲ろうとしたところ、村方と騒動になり、一時期庄屋役を離れることになった。その際に利右衛門家による本尊裏判の管理も村内で問題になったようである(50)。この時は、利右衛門が裏判などを村方に披露し、今後も由緒のある利右衛門が預かるが、村方から要請があればいつでも披露することを約束して、決着したようだ。こうした事態に対応するべくこの史料は作成されたと考えられ、その一条目には、寛文一〇年の寺号免許は、利右衛門の先祖が肝煎となり実現した、とある。続いて、宝永二年の教忍退寺後に本尊裏判の所在が不明となり、教忍が王子村の百姓に売り払っていたものを先祖が発見し、村方には一切負担を掛けずに私費で買い戻したことなど、西教寺の維持に利右衛門家が一方ならぬ貢献をしてきたことが述べられている。

これらの中には真実も含まれるのだろうが、利右衛門家による本尊裏判の管理と庄屋役に就くことの正当性を示すための由緒であることに注意が必要である。とくに延宝検地帳に記載されている庄屋源太夫が先祖であり、延宝五年に利右衛門と改名し（よって寛文一〇年の寺号免許に貢献した先祖は源太夫となるのだろう）、以後代々庄屋を務めてきた唯一の家だ、という記述は明らかに創作である。延宝検地帳が延宝七年の作成であることも齟齬が生じる点であるが、それ以上に源太夫と利右衛門の間に庄屋を務めた太兵衛の存在に言及せず、このことによって連綿と続く家であることを主張しているのである(51)。この由緒が文政六年の時点で村内にどのように受け止められたのかは不明だが、利右衛門家内では代々継承されたものと思われる。そして明治五年には、寛文一〇年に利右衛門家が西教寺を建立し、それ以来連綿と本尊裏判は利右衛門家で管理されてきた、と村方の多くが認識する状況へと繋がるものと思われる。

最後に、住持覚音以降の俗親がより一層南王子村にとって重要な意味を有したことにも触れておきたい。文化一二（一八一五）年に覚音が住持となって以後は、住持が短期間で交代するという状況を脱している。しかし覚音の入寺は、村内に歓迎されたものではなかったようである。覚音は南王子村の五兵衛の倅として生まれ、幼い頃に出家し、利右衛門の庇護のもと修行を積んだ僧であった。天保の村方騒動において覚音は反利右衛門派である五兵衛派につき、騒動が長期化する一因ともなった。その際に利右衛門が作成した史料によると(52)、覚音の入寺にあたっては、覚音が前職である紀州端場村大光寺住持の際に村方不帰依となっていた事実と並んで、村内に縁者がいる者を住持にするべきではない（祐教の時の様に村方混雑の基となる）として、反対する者も多かったようである。しかし五兵衛や親類が村方の「頭同行と寺の世話をする者」に賄賂をおくるなどしたらしい。最終的には親類である年寄権右衛門の機転で、覚音の親類から年寄林蔵に「覚音との縁は切り、今後差し出がましいことはしない。」という一札を提出させ、その上で林蔵が俗親となり、しかも三年の年季付きで住持とすることで決着した、とされている。西教寺が無住となるのは避けたいが、村内に縁故のある者は住持として相応しくない、という認識が南王子村内に根強くあったことが分かる。三年の年季後に不帰依を申し立てる者は多かったが、「頭同行」が押さえ込み、覚音は住持であり続けた、と利右衛門は述べている。三年の年季は了雅の時にも継続しており、三年ごとに俗親が村に証文を差し出している。つまり、覚音以降の「俗親」は、住持本人と村内の親類を牽制し、自庵化を防ぐ意味合いを一層強めたものと思われる。

おわりに

本章での検討は、やや事実発見的なものとなったが、一八世紀後期から一九世紀前期の村落構造の展開について、次のようにまとめたい。

①寛延二年の村方騒動の決着として定められた捌高は、当初は利右衛門方一三人の所持高を分けることで、様々な割賦などで両派の日常的な摩擦を避けることができた。しかしそうした明快さは、次第に捌に入り組みが生じることで後景に退いていった。捌高に応じた入用割賦・徴収システムは、家別掛り銀と合わせて、次第に村入用の不透明性を増し、捌高所持者には生活上の桎梏となった。

②一八世紀後期の南王子村では、年貢算用と高掛り銀は、村全体の負担をまず両庄屋の立会割という形で分け、その後捌高の枠組みに応じて必要経費を加算し、捌高所持人に割賦されていた。双方の庄屋が捌高所持人に

通知し、徴収していたが、石あたりの負担には若干の差があったものと思われる。家別掛りは、役所や周辺村への年頭・八朔祝儀を主として賄うためのものとしてあり、村役人が管理するが、年に二回の徴収は組頭が行っていた。

③しかし一八世紀末期から、高掛りで負担されていた村入用の一部が、家別掛りとなり、次第にその額は増加する。また高掛りと家別掛りの帳面が整然とした記載になる点にも注意が必要である。なお安政期の史料として「記録入銭帳写」がある(53)。これは風呂益銀などの収入を示すとともに、村入用への支出も認められる史料だが、同時期に家別掛り銀の徴収も続いており（表4D―5）(54)、西教寺仕法銀成立後も、高掛り銀・家別掛り銀の徴収は続いたものと思われる。

④一八世紀後期の西教寺は、安定した住持を確保することが難しい状況にあった。この背景には本寺である福専寺の弱体化が想定できる。西教寺を無住としないために、住持の請人である「俗親」が村内におかれ、利右衛門家に連なる人物がつくようになった。一七世紀末以来庄屋を務めている事実に、西教寺の維持に尽力する姿勢が加わり、利右衛門家は一九世紀前期には村政の中心に位置するようになったのではないだろうか。

⑤一八世紀後期以降の住持の不安定さは、惣道場である西教寺に対して村による関与・管理の一層の強化を招いたのではないか、と考えられる。そこには当然寺入用の管理も含まれる。

以上の事柄が、一九世紀の村落構造の中で実際にどのような意味を有したのかについては、天保の村方騒動などの具体的な検討を通じて考察する必要があろう。後日の課題としたい。

注

（1）　飯田直樹「賤称廃止令前後の地域社会―南王子村一平民祝恐相撲を題材にして―」（『歴史評論』六一一、二〇〇一年）、同「明治前期の南王子村の社会構造―西教寺帰依不帰依一件を素材として―」（『部落問題研究』一六四、二〇〇三年)。西尾泰広「安政年間村方入縺一件よりみた南王子村」(『部落問題研究』一六二、二〇〇二年)、同「近代前期南王子村の社会構造」(『部落問題研究』一七二、二〇〇五年)。畑中敏之「近世後期における『かわた村』の動向―『かわた村』村方騒動の考察を中心に―」(『部落問題研究』五一、一九七六年。同『近世村落社会の身分構造』部落問題研究所、一九九〇年所収)。横山芽衣子「維新変革期の地域と民衆―南王子村西教寺帰依不帰依一件をめぐって―」(『部落問題研究』一七〇、二〇〇四年)。

(2) 西尾泰広「かわた村―和泉国南王子村の一九世紀―」(塚田孝編『身分的周縁と近世社会4 都市の周縁に生きる』吉川弘文館、二〇〇六年)。

(3) これに対し『奥田家文書』に含まれる享保期の免割帳は、村高一四三石余を対象に作成されている(二一六九〜二一九一)。

(4)『奥田家文書』三二。

(5) 主要な高持と組頭に限定した。宗門改帳に女房の身元が書かれていない場合は空白、女房がいない場合は「―」とした。

(6)『奥田家文書』九一一。

(7)『奥田家文書』二三三九。

(8)『奥田家文書』一〇二九。

(9)『奥田家文書』九一〇。南王子村には検地帳上の屋敷地は一筆も存在しない。本史料に書き出される屋敷地は、検地帳上は田や畑であり、当時屋敷地となっていた分である。なお利右衛門捌分の屋敷地はCの書き上げとほぼ一致する。

Aと照合して個人の具体例をあげると、№14の四郎兵衛は次兵衛捌に〇・五九石の屋敷地を所持するが、借家人一人のみで、自らの居宅を広く確保しているようである。これに対して№6彦兵衛は、利右衛門捌に〇・二三三石、次兵衛捌に〇・六二二石の屋敷地を所持し、自らと借地人一〇人と借家人一人が居住している。

(10) 各年次の宗門改帳記載の所持高による。

(11) 表2の利右衛門は、本書第三章図8の利右衛門Ⅲにあたる。利右衛門Ⅱの娘・さんを女房としたが、安永九年までにさんは亡くなったようで、同年には向野村から後妻まきを迎えている。ただしまきも寛政一二年までに亡くなったようである。

(12) 基本的にBが実数に近いと考えられるが、Aが実数と思われる人物もいる。そのためCとの差をどうとるかは微妙な問題がある。『奥田家文書』九一〇も参考に判断したが（たとえば№8嘉兵衛は、利右衛門捌の屋敷地〇・三一七石に加え、次兵衛捌に〇・〇四石の屋敷地を所持しており、AではなくBが実数に近く、両捌所持人と数えた）、あくまでも概数として考えておきたい。

(13) №75と40など判断が難しいもの、享和二年段階で高持になっている者や確認できないものは、史料を尊重してそのまま高持として数えることとする。

(14) 残る五人について補足しておく。
　a紋次と№5勘助は親子であり、両者の所持高は、そもそも五石余を所持した勘助の父・喜八のものである。しかし寛政八年から一〇年にかけて宗門改帳で喜八から勘助に名前人が交代した後、利右衛門方免割帳では喜八名前であった分が勘助分となるのに加え、寛政一一年分からは新たに紋次分が増える。さらに享和二年には一七才の紋次が喜八とともに勘助の元から分家している。ほぼ一体と思われるが、免割帳では別の所持人となっているため、aを№5に組み込むことは避けた。

　e祐教は西教寺の元住持で、退寺後も天明八（一七八八）年までは名前人として一・四四四石を所持している（宗門改帳）。寛政二年には兄五郎兵衛の同家となり、同四年以降は不明である（五郎兵衛家も同八年以降不明）。しかし文化三年以降再び宗門改帳に登場し、所持高は一・二五五石となっている。

　g喜平二は№19と同名であるが、№19のAとBは対応すると思われるので、そのまま措く。詳細不明。

　h伊左衛門は№44次郎兵衛家に住む父伊左衛門ではないかと思われるが、№44のA・B・Cは対応しているので、こちらには組み込まず、別の所持人として数える。

　i久兵衛については、一切不明である。

(15) 菅原憲二「近世村落と村入用」(『日本史研究』一九九、一九七九年)。同論文では南王子村についても言及されているが、軒割銀の成立を論じる文脈においてであり、南王子村の小入用帳二重化問題などは論じられていない。
(16) この期間中で『奥田家文書』に残る小入用帳は、明和四・六・八年、天明元~四年、寛政元・五・七・九・一一年、享和三年、文化二・四・六・八・一〇・一二・一四年、文政元~四・一〇~一三年、天保五年のものがある。
(17) 町田哲「泉州一橋領知における惣代庄屋について」(『ヒストリア』一七八、二〇〇二年)。
(18) 『奥田家文書』一三九三。
(19) 利右衛門捌高七九・二九五石、次兵衛捌高六三・一三三石は、村高一四二・四〇七石(新開を除く)に対してそれぞれ約56%、約44%である。
(20) 『奥田家文書』一三六四。
(21) 『奥田家文書』一一九〇。拝借に至る経過は不明であるが、総額二三一・〇五五匁が同年の所持高に応じて村内で割賦されたようである。
(22) 『奥田家文書』一三六三。
(23) ただし、福専寺などとは異なり、末寺のすべてが被差別部落の寺院だったわけではない。
(24) 『奥田家文書』一二五八~一二九四。これは泉州一橋領知に郡中取締役が新たに設置され、郡中割・組合割の制度が変更されたためである(前掲注17論文)。
(25) 安永九(一七八〇)年に、文左衛門の居宅から出火する事件があった。堺奉行所と府中役所に届け出るための費用が計六一・八四匁発生し、最終的に村と文左衛門がほぼ折半して負担した記録がC―1にはある。その後もこうした事件は生じたと思われるが、関連費用の記載はなく、別に処理されたようである。
(26) 『奥田家文書』六七三。
(27) 祝儀代の一部や肉代については、草場・得意場と村落構造の関連を考える必要があろう。Cにあらかじめ一筆書きで書かれる祝儀代などと、勘定後に過不足を補うために書かれる祝儀代は性格が異なる可能性がある。
(28) 前掲注17論文。

(29)『奥田家文書』一八九四。
(30) C―3′は天保の村方騒動時に家別銭の妥当性を追究するために作成された史料である。これには棟役しか記されておらず、「この帳面に入銭帳から差し出した銀子は不分明である。八朔棟役掛りの帳を披見したい。」と書かれている。つまり天保の村方騒動では、風呂益銀を書き記した入銭帳と家別掛り帳の関係も問われていた。
(31) 前掲注1横山論文。
(32) 盛田嘉徳・岡本良一・森杉夫『ある被差別部落の歴史―和泉国南王子村―』（岩波新書、一九七九年）。
(33) 福専寺は京都西本願寺寺内町にあり、被差別部落の寺院ばかりを末寺とする寺院である。同じ性格を有する金福寺・万宣寺・教徳寺とともに「四ヶ之本寺」として、教団内において把握されていたことが指摘されている。ただしこの四ヶ寺の実態については、史料が少ないこともあり、断片的にしか判明していない。
(34)『奥田家文書』六〇四。
(35) 順信Ⅱの俗性証文は次の通りである（『奥田家文書』三九四）。

俗性証文之事

一、当村西教寺無住ニ付、私身寄之僧順信と申者、当拾七才ニ罷成候僧、宗旨之儀代々一向宗ニ紛無御座候ニ付、此度右西教寺へ住持職為相勤可申候、尤住職之内、寺役勤方悪鋪、檀中心躰ニも不相叶儀有之歟、又は什物紛失等仕候ハヽ、不足品々早々相改、急度取調候上、寺明渡シ可申候、其外何様之六ケ敷儀出来仕候共、私ゟ埒明、少も村方へ御難儀懸ケ申間敷候、為後日引取証文、依而如件、

寛政四子年閏二月廿三日

順信俗親南王子庄（屋）

利右衛門

村中江

川口

御役所

(36)『奥田家文書』六六、二二八三、二二八四。
(37)『奥田家文書』三九二。

(38)『奥田家文書』三八九。

身受一冊之事

一、和泉国泉郡南王子村西教寺息子義教と申僧、其村光淵寺無住ニ付、後住相勤可被申候間、私同村之儀ニ候得は、能存知慥成僧ニ而御座候ニ付、受人ニ罷立申候、然上ハ此義教悪事又ハ寺之重物・道具等取逃欠落抔と申儀仕候共、我等相尋、急度相渡シ可申候、縦外ゟ妨障之義出来候共、無違乱拙者如何共急度埒明、少も其許へ御難義掛ケ申間敷候、仍為後日身請一札、如件、

明和元年申八月九日

南王子村庄屋　理右衛門

紀州那賀郡古和田村

庄屋

肝煎　中様

この一札は、おそらく古和田村からの求めにより作成されたと考えられるが、古和田村が利右衛門に依頼した背景には、本章で論じる南王子村と同じような事情が存在した可能性があろう。

(39)『奥田家文書』三九四、以下三節二項の記述は本史料による。

(40)利右衛門が請人となっているので、義了は南王子村出身者である可能性が高いように思われるが、身元は不明である。また福専寺については、左右田昌幸氏が「四ヶ之本寺ノート」(『講座蓮如第四巻』平凡社、一九九七年)において若干の史料を紹介されている。それによれば、福専寺の住持は、宝暦二年九月に了順が存生受、天明四年五月一三日に「ひて」が「春□ゟ存生受」、寛政三年十月に了達が存生受、となっている(存生受とは、前住の生前に交代したことを意味する)。つまり、「おひでどの」に一致する人物が当時福専寺にいたことは間違いないのだが、南王子村では「無住」状態と認識していた。同史料には万宣寺の記載もあり、同寺を補足できる史料も含めて、左右田氏は福専寺は万専寺よりも安定していたのではないか、と想定されている。しかし南王子村から見える限り、福専寺は他の三ヶ寺同様次第に不安定さを増していくのではないかと考えられる。

(41)一橋家の府中役所は、天明五年一二月に大坂川口に移動している。

(42) 天明六年の宗門改帳は例年通り三月に義教が宗印をして作成されたことになっているが、この経過から実際は四月二四日以降に作成されたと考えられる。
(43) 『奥田家文書』一一一～一一九。
(44) 前掲注14、e参照。
(45) 角城は寛政七年一〇月頃から病気だったようだが、角城の退寺時には円道が用意されており、次の住持が見つかるまでなんとか留まらせたように見受けられる（『奥田家文書』三九八）。
(46) 伝次が祐教の俗親となった理由は、村方が伝次を選んだというよりも、庄屋利右衛門による判断であった可能性が高いのではないかと考えられる。
(47) 『奥田家文書』一三三〇八。
(48) 『奥田家文書』一三三一二。問い合わせに対して、当初利右衛門は村方騒動中に過怠を受けているため対応を遠慮したのだが、結局利右衛門しか把握していないことが明らかになり、一橋領知の取締庄屋が利右衛門より聞き取って届が提出された。
(49) 『奥田家文書』一七三一。
(50) 『奥田家文書』一三三一一。
(51) 現在のところ、Ⅰ延宝検地帳と、直後の対応から源太夫と太兵衛は血縁関係にある可能性が高い、Ⅱ『奥田家文書』に残された古い史料群はごく基本的な村関係史料に限られることから、利右衛門が庄屋就任時に太兵衛から引き継いだ可能性が高い、と考えている。よって利右衛門家の先祖は源太夫ではない、と考えられる（補論1参照）。
(52) 『奥田家文書』六〇九。天保の村方騒動では、覚音が反利右衛門派につき、事態はなお一層複雑なものとなった。本史料は、その際に利右衛門が覚音の経歴を取締役に説明したものである。経歴については、表6参照。
(53) 『奥田家文書』一七二四。これも村方騒動の中で出納の可否を確認すべく写された史料と考えられる。
(54) 天保七年年始分の棟役から慶応元年の八朔まで隔年で記載があり、組ごとに徴収されている。表紙に「南王子村豊吉」とあり、家別掛り銀は両庄屋が隔年でとりまとめていたと考えられる。

第六章　南王子村の草場と得意場（旦那場）—一九世紀を中心に—

はじめに

草場や旦那場(1)については、かわた身分に特有の所有の問題として古くから注目されてきた。一般に近世の畿内では、各かわた村単位に草場の範囲が決まっており、かわた村内部では権利が株として分割され、かわた個人が株を所有していた。また草場の範囲は、斃牛馬を無償で得る草場と、日常的な出入り関係を基本とする勧進場的性格をもつ旦那場に二重化していた。関東では、えた身分の小頭が一定の範囲を職場（皮取場）とし、職場内での勧進権を非人身分の者に分与していたことが明らかにされている(2)。権利を実現する主体は異なるが、場の基本的な性格は畿内と関東でも共通すると考えられる。

先に述べた畿内の草場については、一九七六年に前圭一氏が網羅的に整理した成果によるところが大きい(3)。前氏は播磨・但馬・丹後・丹波・摂津・和泉・河内の事例を収集しつつ、草場の成立や、草場と旦那場の違い、草場争論などを整理している。さらに、草場株の所有のあり方にも注目し、かわた村内部で平等に所有されていないことなど、重要な事実を指摘している。このように幅広く整理がなされたことは画期的であるが、全体を通じて畿内のかわた身分に共通する問題として論じられており、かわた村の経済構造の解明や類型化が指向されている。そのため個別のかわた村に即した丁寧な検討は、課題として残された。

この点については、藤本清二郎氏が泉州南郡嶋村について近世初期の村落構造を分析する際に用いた、所持高構成と草場を関連させた方法が参考となる(4)。草場を村落構造と関連させて捉える視角・方法は、かわた村の存在形態や内部構造を考える際に極めて有効であることが提示された。各かわた村の内部において草場や旦那場の権利はどのように位置づけられていたのかを、改めて検討する必要がある。本章では、南王子村におけるこの問題の解明を第一の目的とする。

ただし史料的な制約から、一九世紀を中心とした分析となることをあらかじめ断っておく。南王子村では少なくとも一九世紀以降、庄屋・年寄らの村制機構と草場株所持集団は分離しており、幕末の村役人は草場株も所有していない。そのため『奥田家文書』に残る草場関係史料は極めて断片的であり(5)、草場から取得できる年間死牛頭数や、株の所有実態などの基本的な情報も明らかにできない。

また第二に、南王子村の得意場（旦那場）についての再検討を行う。南王子村の得意場については、これまで主として「稼場」として検討されてきた。「稼場」は、草場内の村（あるいは集落）への出入り関係を表す用語であるが、とくに雪踏直しが争点となる局面において用いられる。前氏は前述の一九七六年の論文において、死牛馬以外の獣類死骸を得る「入場」と物貰いの場である「入所」・「得意場」を別個の権利として捉えているが、これは誤りである（特定の村に出入りする南王子村の個人が、これらの権利を全て有しており、「入場」・「入所」・「得意場」は同一の権利が言い換えられたものである）。前氏はその後さらに、史料に表現される南王子村の「稼場」を雪踏稼ぎ（販売・直し）の独占的な場である「入稼場」と捉え、畿内全体に広げて議論しているが(6)、これも「入場」・「入所」・「得意場」と称されるものが別の表現をとっただけである。前氏の主張に対しては、畑中敏之氏が史料を再検討した上で、雪踏稼ぎ（販売・直し）の独占的な場はかわた村相互間で認知されておらず、そうしたものはない、と反論している(7)。この点については、本章二節で触れるが、畑中氏の主張が妥当である。様々に表現されるこの出入り関係は、幕末まであくまでも原初的な出入り関係を基礎としており、得意場と表現することが適当である。この点について、新出史料も踏まえて再検討することを、第二の目的とする。

南王子村には、草場株所有者から独占的に死牛を買い取る獣類買仲間が存在した。買仲間は、草場株所有者と深く関わるだけでなく、皮革の加工や商品化を担う存在であり、村制機構上は老牛屠殺を取り締まる役割を期待されていた。死牛馬をめぐる社会構造は、場と直接的な関係を有する草場や得意場を基礎におきながら、村内ではさらに様々な存在や局面が展開していた。村落構造を捉える場合、こうしたものも当然含めて考える必要がある。そこで、第三の目的として、買仲間の取り決めと老牛屠殺問題を検討する。

以上三つの目的に即して、まず一節では、南王子村の草場と得意場について幕末における基礎的な事実を確認する。その上で、明治二年段階でそれぞれの権利がどのように所有されていたのかを想定する。続いて二節では、得意場の性格と歴史的な展開について数点の史料から再検討を行う。三節では、獣類買仲間の規約と、再設置につながる屠殺事件の検討を通じて、老牛をめぐる構造について検討する。

一、草場と得意場の実態と所有者

（1）草場

①範囲

南王子村の草場の範囲は、史料上次のように表現されることが多い(8)。

史料1

（前略）

私共村方之儀は革類・牛馬死躰取捌仕候場所之儀ハ、泉州三郡ニ而凡弐百余ヶ村は往古ゟ北方ハ石津川ゟ、南方ハ額之原・槙尾山迄、東手之方岩室村・福町、西手ハ浜限り、右之場所ニ有之候死牛等ハ、私共村方ゟ

取捌仕候儀ハ、古来ゟ之仕来りニ御座候、（後略）

北は石津川、南は額原・槙尾山、東は岩室・福町、西は浜限りとされる範囲は、図１のように想定できる。南王子村の草場は、西側では南郡嶋村の草場と、北側は大鳥郡舳松村内かわた（塩穴村）の草場と、南東側は河州石川郡新堂村内かわた（富田村）の草場と接する。また北東側は河州丹北郡更池村内かわたの草場と接するようである。

　南王子村の草場域を少し細かく見ておこう。北側から東側にかけての境界は、石津川の河口から内陸に入り、福町（福田村内）のあたりから西高野街道沿いに南下する。北東ラインは基本的に川を境にしているようだが、石津川の支流である百済川のどの支流を北限としたのかは、明らかではない。図１では可能性が高いと思われるラインをとった。

　嶋村の草場と接する西側は、寛文一三（延宝元、一六七三）年に南王子村と嶋村の間で取り交わされた史料には、「久米田山ミとおしすじ、八方さきしらめ塚見とおし、北は信太村、南はあそ村領分、若此山内ニ牛馬之しかばね等も有之候ハ、、右領内通ニ取捌可申候、」とある(9)。また同史料の写しと思われる史料には、もう一条追加されており、「久米田山法堺門ゟ見通し、かまのわた領内明神坂迄之間、芝居見物事之分は六歩半ハあそ村、三分半ハ信田村」とある(10)（後筆の可能性もある）。これだけでは詳細は不明だが、宝暦一一（一七六一）年に嶋村が自村の草場域を説明した史料では、北側から東側の境界について「下ハ春木村北ノ板橋際目、是より西ノ内（西ノ内村）ゑいの池之北境井溝際目、小松里村之内よめとり松際め、久米田寺しらめ塚久米田山明神之坂際め、久米田池之水込近所かまのわた・なべのわた、神お山水かみね、白原・（以下村名略）」とあり(11)、図１はおおむねこの史料表記によった。ただし冒頭に挙げたように、南王子村は自村の草場域を一貫して「南は額原村・槙尾山まで」と表現している。そのため、南王子村では図１のラインよりもやや西側までを草場の範囲だと認識していた可能性も残る。

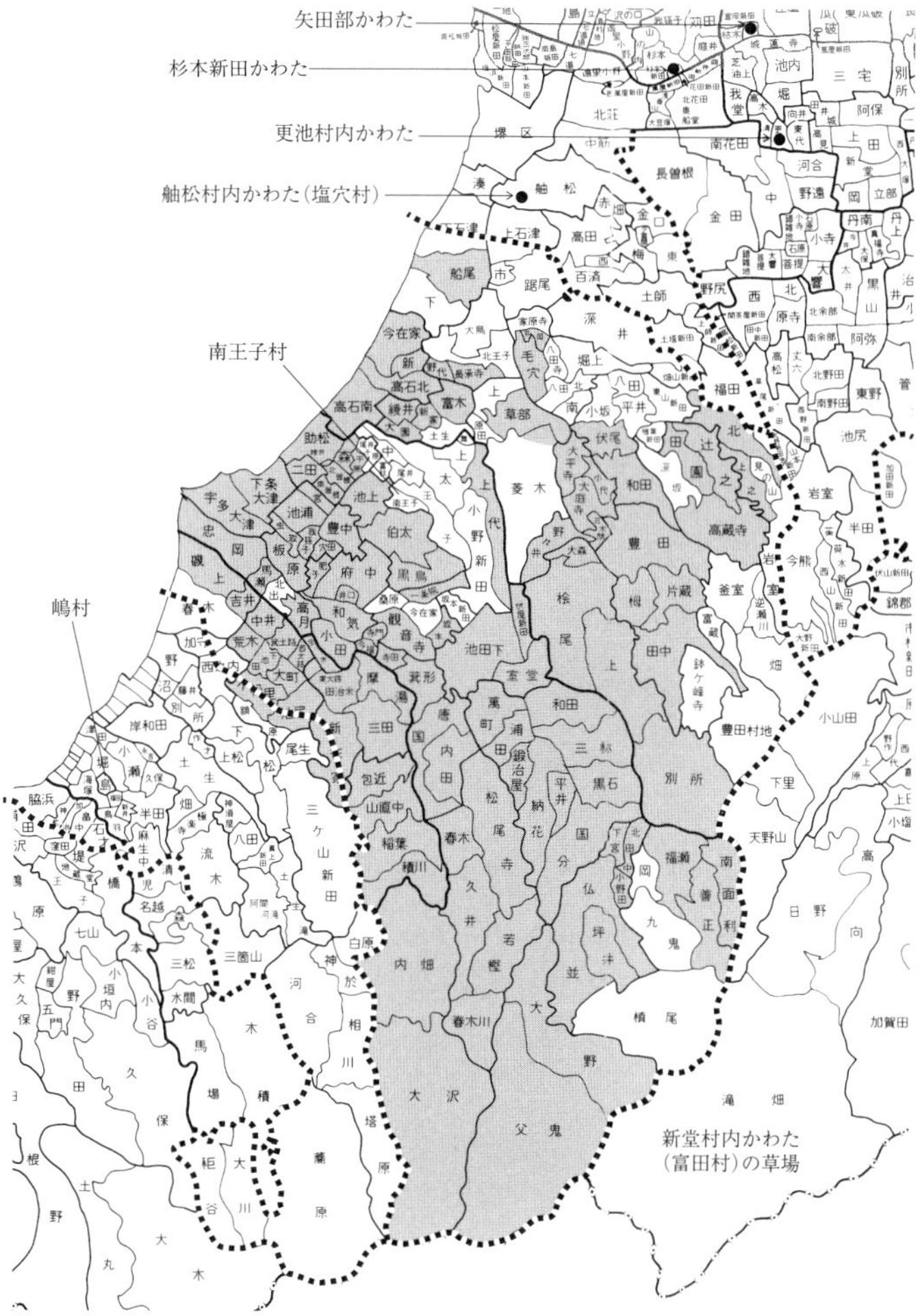

図１　南王子村と周辺の草場想定図

▪▪▪▪▪▪▪草場界
『大阪府史第七巻』（1989）の付図「市制町村制施行前行政区画図」を加工した。

南王子村の草場内で網掛けの村々は、明治２年11月に南王子村の「稼場」と書き上げられた村々である（『奥田家文書』1847）。

なお本図に檜尾新田は記載されていないが、同史料では檜尾新田は「稼場」となっている（本図では大鳥郡檜尾村の内となる）。また、本図に記載されている小野新田は、明治２年の段階では信太明神社境内地であり、同５年以降開発される。

本図には表現できていないが、「稼場」村として久米田寺村（久米田寺のこと、池尻村内）と牛滝山（大沢村内）も数えられている。

菱木村は内に複数の集落を含むが、このうちの一つである万崎村だけが「稼場」と書き上げられているので、菱木村は一部だけ網掛けとした。

代銀	持主	相手	備考
537.8匁	(売主)利平	平兵衛	口入与三兵衛　帳本善六
350匁	(売主)八左衛門	重作	口入武兵衛　帳本喜平治
金2両	(借用主)藤七	由右衛門	帳本　次郎左衛門
	孫八	(弟)由松	兄弟の父徳治郎が持っていたもの
	儀助	(倅)為吉	
	仁右衛門	(養子)弥次兵衛	
	由右衛門	佐市郎	
	仁右衛門	(甥)木七	
	由右衛門	林右衛門	
	久兵衛	(弟)休五郎	
	弥惣兵衛	(倅)勇蔵	
	利七	木惣右衛門	

№8の「ホシパヲヤホ」は「ホンパヲヤホ」と筆耕されている。

さて、図１を見る限り、南王子村の草場は周辺のかわた村に比べて格段に広い。これは南王子村の草場の最大の特徴である。草場域内の村数は、二三〇余、あるいは二三八と称されるが、この範囲内に存在する村請制村は新田などを含めても一七〇村を上回ることはない。公称村数はある段階での集落数ではないかとも考えられるが、後述する「稼場」も村数の数え方は一律ではなく、集落数とは言えない。南王子村では、村数は「往昔よりの唱え」であるとしているので、江戸時代においても村数の由来ははっきりしなかったのではないかと思われる。

②草場株

『奥田家文書』から確認できる草場株の情報は表１の通りである。草場株には、地名（菱木、山家・山賀、当木《（陶器カ）》）や、人名、数字などとともに、「六ツ目」・「中半分」・「皮半分」・「かくねん取り」など皮の配分に関わると思われる言葉が添えられている。また「三人中」や「五人中買」といった、特定の集団を指すと思われる言葉もある。

地名や特定の集団を指す用語からは、南王子村の草場が、さらにいくつかの場に分かれていたことが予想され

表1　南王子村の草場株

No.	時期			株の名前	（付記事項）
1	文化13年	1816	売買	三郎右衛門皮	
2	天保4年	1833	〃	七拾五 木元 さの出 ヲヤホ　若太夫株	若太夫・太夫かくねん取り 中半分 波丸取
				七拾五 木元 さのばん ヲヤホ 太夫株	
3	天保11年	1840	質入	ヒカシハン 山賀株	中半分 皮半分
4	嘉永2年	1849	相続		
5	嘉永4年	1851	〃	草場株壱株 十五ノ助右衛門株	
6	嘉永5年	1852	〃	草場株一株	
7	万延元年	1860	〃	死牛草場株 四株	
8	慶応4年	1868	〃	草の場一ロ ホシパヲヤホ	中片身
9	明治2年	1869	〃	菱木草場 壱株	
				山家トハン孫左衛門株 壱株	
				ホンハホヱホ与四郎株 壱株	
10			〃	山家孫左衛門株	中丸
				四十五 藤九郎 アソハン作兵衛株	中二分三厘
11			〃	当木 三人中皮中半分草場株	但シ帳元差配人帳面之通
				五人中買元片身取 草場株	但シ帳元差配人帳面之通
12			〃	山家六ツ目 市右衛門中皮半分	

典拠：『奥田家文書』1556、1589、1803、1807、1812、1814
なお、森杉夫『近世部落の諸問題』（堺市同和地区古文書調査研究会、1975年）では、No.2の「木元」は「ホ元」、

る。たとえば南郡嶋村の場合、草場は三人中草場・堂免草場・相中草場・（加守郷）草場の四つに分かれており、その成立時期や皮の配分方法がそれぞれ異なった(12)。また河州石川郡新堂村内かわたの草場も、八つの場に分かれており、配分方法は場ごとに異なっている(13)。こうしたあり方を念頭におくと、南王子村の草場もいくつかの場に分かれており、場ごとに配分方法が異なり、かつ取得部位の権利が複雑に分割されていたと考えられる。

表1において、もう一つ注目されるのは、「ヲヤホ」・「ヒカシハン」・「ホシパヲヤホ」・「トハン」・「ホンハホヱホ」・「アソハン」等の不可解なカタカナ表記である。これらの言葉は、明治初期に南王子村が信太明神社との強い関係性を有していることを主張する史料にも見られる(14)。その内容は要約すると次のようなものである。

信太明神がこの地に遷座したときに、供奉してきた者が七人おり、貞観年中に信太明神社が官社に列せられた際に、七人は改名した。この七人が南王子村の祖先である。

この七人の改名前の名前が、草場株のカタカナ表記と一致するのである（**表2**）。

表2　南王子村の「祖先」七人

改名前	改名後
アヅ	太夫
ヒガシバン	若太夫
ホンハキトラホ(ホンパキタラホ)	安太夫
チツネン	助太夫
アソハン(アソバン)	五郎太夫
ホンパホヘホ(ホンハホヘホ)	甚太夫
ホンパヲヤホ	与太夫

典拠：『大阪府南王子村文書』1702

南王子村と信太明神社とのつながりは、この以前から述べられてはいたが、特定の人物名を先祖として書き上げる形式は、幕末に段階的に見られるようになる。万延から文久にかけて、草場内の百姓村が南王子村への死牛引き渡しを拒否し、長期にわたる争論となった（後述）。その際に南王子村は、従来通りのあり方を認めてほしいと嘆願するなかで、信太明神社とのつながりを強調し、草場を否定されては同社に神役である皮的が納められず、信太郷の村々も迷惑に思っていると主張している[15]。加えて、「往昔屠りとも韓国江渡り、彼地之術も習受帰り候由ニ而、別冊死牛馬取捌人株持名前帳ニ片仮字ニ而認メ御座候は、往昔之唱ニ御座候」とあり、朝鮮半島との関係や、草場株帳のカタカナ表記との関連にも言及している。信太明神社とのより強固な由緒を打ち出そうと模索するなかで、草場株の名前が組み込まれていったものと考えられる。草場株には太夫名も確認できるので、表2の改名後の名前も、草場株名のなかに存在したのではないかと考えられる。

③草場株の所有者

遅くとも一九世紀には、南王子村の草場株所有者は村内で「番郷」という集団を形成し、集団の代表は番郷惣代と呼ばれていた。草場争論の際などに見られる惣代の名前などを整理すると、表3aとなる[16]。草場惣代らは、草場争論等で公辺に願書を差し出す際は一貫して「死（倒）牛馬取捌惣代」という肩書きを用いている。一九世紀以降はほぼ特定の四～七人程度が、惣代・帳元などを担っていたようである[17]。帳元は草場株帳を管理する責任者と考えられ、惣代に含まれる可能性が高いように思われる。

なお、表3aにおいて惣代として登場する人物は、庄屋・年寄とは一切重ならない。また『奥田家文書』には

表３ａ　南王子村の草場（番郷）惣代など

年次		肩書	名前
明和2年	1765	死牛取捌惣代	元右衛門・直七(惣七)・太郎右衛門(太郎兵衛)
文化8年	1811	死牛馬取捌(惣代)	彦兵衛・喜平二
文化12年	1815	惣代	喜平次・五兵衛
文化13年	1816	帳本	善六
文政6年	1823	死牛馬取捌惣代	喜平治・弥三兵衛
文政9年	1826	帳元	六右衛門・清兵衛
文政13年	1830	死牛馬取捌仲ヶ間惣代	喜平治・弥三兵衛・六右衛門
天保4年	1833	帳本	喜平治
天保8年	1837	死牛馬取捌帳元	喜平次
		死牛馬取捌惣代	助二郎・源二郎・儀助
天保9年	1838	死牛馬取捌惣代	武右衛門・儀助・甚助
		番郷帳元	武右衛門
		番郷惣代	助治郎・源治郎・儀介
天保10年	1839	番郷惣代	源治郎・儀助・助治郎
		番郷帳本	嘉右衛門・武右衛門
天保11年	1840	帳本	次郎左衛門
		番郷(惣代)	源次郎・儀助・武右衛門・助次郎
安政5年	1858	死牛取捌惣代	次郎左衛門・和三郎・六右衛門
万延元年	1860	倒牛取捌惣代	六右衛門・源次郎・和三郎・次郎左衛門
		死牛取捌惣代	源次郎・弥兵衛・彦四郎・嘉右衛門・惣兵衛
文久元年	1861	死牛馬取捌惣代	惣兵衛
		死牛馬取捌帳元	六右衛門
		−	源治郎・弥兵衛・嘉右衛門・彦四郎・惣兵衛
文久2年	1862	帳元作配人	惣兵衛・次郎平・嘉右衛門
		人足取締方惣代	源次郎・弥兵衛・和三郎・藤一郎・由右衛門
		−	源次郎・弥兵衛・彦四郎・嘉右衛門・惣兵衛
慶応元年	1865	斃牛馬帳本作配人	惣兵衛・次郎平・嘉右衛門
		人足取締方	源次郎・和三郎・木八・弥兵衛・藤一郎・芳右衛門

表３ｂ　死牛馬獣類買仲間

文政8年	1825		弥三兵衛・六右衛門・染治郎・喜平次・権右衛門・政七・武兵衛・磯八・次郎左衛門・喜惣八・庄右衛門・惣介・甚介・清次郎・七郎兵衛・伝兵衛
天保9年	1838		甚介・治郎左衛門・伝兵衛・弥三兵衛・弥兵衛・喜平治・善右衛門・武兵衛・儀助・与三兵衛・武右衛門・磯八・権治郎・惣助 (天保10年6月加入)平作・与茂三郎
天保10年	1839	買仲間惣代	伝兵衛・権治郎

典拠：『奥田家文書』381、382、389、399、407、409、422、436、445、1797、1802〜1804、1807、1810〜1813、1817、1818、1820〜1823、1827、1831〜1833、1840、1893

二通の草場売買証文と一通の草場質入証文が残るが(18)、いずれにも庄屋・年寄の奥印はなく、帳元の奥印のみがある（表1No.1・2・3）。つまり、草場株の管理は番郷惣代や帳元が担っていたのである。番郷惣代と庄屋・年寄は重複しないため、草場株所有者集団である番郷内に村役人の直接的な管理は及んでいないと考えられる。

番郷の全体像、すなわち草場株所有者については、文久二（一八六二）年と慶応元（一八六五）年の連印が残されている。惣代等も含め文久二年には七五人、慶応元年には五一人が名を連ねている(19)。ただし、三年の間に株所有者が二四人（文久二年の三分の一程度）も減少したのかどうか疑問が残る。この問題はひとまず措き、総軒数との関係を考えておくと、文久三年の総軒数は三四七、明治二年は三九四である(20)。つまり、幕末の南王子村では村内軒数の一三％から二〇％程度が草場株を所有していたことになる。

ところで死牛取捌に関して元禄期には、二度申し合わせがなされている。その内容から、五六人が連印する元禄三（一六九〇）年のものは村内全戸を対象とし、二四人が連印する元禄八年の一札は草場株所有者を対象としていると考えられる(21)。ここから一七世紀末に、草場を所有する家は村内で四割程度であったと考えられる。軒数の増加とともに株の分割も進み、最終的に所有率は先に挙げた程度となったのだろう。

村内の草場株所有率という点では、南王子村は周辺のかわた村に比べて高い割合にあったと考えられる。新堂村内かわたの場合、株所有者は一七世紀末には一〇人、一八世紀後期には八人となっている。総軒数は享保一二（一七二七）年に一一〇軒、文政一一（一八二八）年に一七一軒とされるので、一九世紀には五％以下で推移したと思われる。南郡嶋村も詳細は不明ながら、草場株所有者が村内に占める割合は極めて低かったようである。和歌山城下町の岡島かわた村や、大坂の渡辺村でも、草場株所有者は数名であったとされている。

南王子村では、他村に比べて草場株の分割が進み、村内に株所有者が多数存在すること、そのため権利関係がより複雑となり、それを統括する番郷惣代の役割・権限は非常に大きいものがあったと想定される。この点を南王子村の草場株所有の特徴としてあげておきたい。

なお、一概に草場株所有者といっても、均一に株を所有していたとは考えにくい。幕末には番郷メンバーの半数を高持が占めているが、中でも惣代に名を連ねる者は株を複数所有していたようである。幕末の二つの連印ではともに「人足取締方惣代」である由右衛門は、**表1**の№3・7・9に登場する。由右衛門は分家する上の子に四株を譲り（№7）、家を継ぐ下の子に三株を相続させている（№9）。つまり、由右衛門は少なくとも七株を所有していた。由右衛門は当時村高一〇石程度を所持する最有力者の一人である。こうした人物が複数の株をもつ一方で、無高の株持などは、一株や「半分」の株を所有していたものと思われる。

（2）得意場（「稼場」・「入所」）

①得意場の性格

得意場（「稼場」・「入所」）の全体像は、明治二（一八六九）年に南郡嶋村と争論になった際に残された一連の史料から読み取ることができる。この争論は、南王子村の草場内である泉郡内畑村から嶋村の者が犬の死骸を持ち帰ったことに始まるが、南王子村は一貫して雪踏細工の稼ぎの場（「稼場」）の問題として争っていく。まずはこの時に南王子村が述べた「稼場」のあり方を史料から見ておこう(22)。

史料2

乍恐以書附奉申上候

泉州泉郡南王子村

一、昨廿三日村役人江御尋被　仰聞候ニは、岸和田御藩御支配所津田村之内穢多嶋村江雪踏細工等之儀ニ付、何角掛合仕候訳合有之候哉、御尋ニ付、乍恐左ニ始末奉申上候、

此段当村方斃牛馬取捌仕候村々を持場ト相唱、泉州三郡ニ而弐百三拾八か村余有之、右村々之内別紙帳面之通、無高之者共夫々割持ニ致シ、入所とも言、得意場共相唱、年内雪踏細工ニ罷入、婚礼・祝儀・葬

式・仏事等之節は、右得意場ゟ案内有之、前日ゟ罷出、非人・乞食・物もらひ等取締相勤、将又殺害・首縊・溺死等之変難出来仕候節は、昼夜詰番相勤、依之、五節句・祭祀《礼カ》・式日之節は、家別御膳貰請、年内拵ニ罷入、平日厚御養情ニ相成、勿論獣類落飛仕候節、斃牛馬之儀は別段ニ差配取捌仕、其余獣類は入場持之取捌ニ罷在、是往古ゟ仕来ニ御座候、依而村柄ニより毎年御宗門御改帳ニも、人別之外ニ入拵之穢多壱人相記し罷在候村方も有之候、（後略、傍点は筆者による）

これによれば、「稼場」は持場（草場）の範囲であり、それを村内の無高者が割持ちにして入所や得意場、入場と呼んでいるという。その内容は、Ⅰ雪踏細工稼ぎに行く、Ⅱ祝儀・不祝儀の際には非人・乞食等の取り締まりのために出向き、変事には詰番をつとめる。その給付として五節句などに家別に膳をもらう、Ⅲ斃牛馬以外の獣類（持ち帰りが可能な小動物かと思われる）について取捌権をもつ、というものである。

詳しくは次節で述べるが、場の性格としてはⅡが本来的なものであり、次第にⅢが付随するようになった可能性が高い。明治二年にⅠが最初に主張されるのは、南王子村が「草場域は独占的な雪踏細工稼ぎの場である」という主張を展開したからである。

②得意場の範囲―一四八村とは―

明治二年には、「稼場」の村名と当時出入りしている村人の書き上げも作成された[23]。これによると、大鳥郡四三村、泉郡八一村、南郡二四村の計一四八村、「稼場」をもつ村人は一一七人となる。書き上げられた村を図1では網掛けで示した。草場内でも「稼場」として書き上げられていない村が、草場内の北・東側や、南王子村周辺などに存在する。一方で、草場南西側の小松里・池尻・新在家は草場の想定界と重なる。これは三村の集落が南王子村の草場域に含まれるためだろう。なおここで「稼場」とされていない村々にも、何らかの形で出入り関係が存在した可能性は大いに考えられる（後述）。

ここで村数に注目すると、不可解なことが多い。たとえば、大園村は大鳥郡の村であるが、泉郡でも書き上げられている（同一人物が出入りしている）。また村請制村ではなく集落名の書き上げがある一方で（複数村として数えられる）、複数の集落を含んでいても一村とされている場合もある。さらに本史料には泉郡北出村は書き上げられていないが、下帳と思われる史料には泉郡の部分に「小出村文右衛門《ママ》」とあり、北出村に全く出入り関係がなかったとは考えにくい(24)。下帳の記載を念頭におくと、「稼場」については、草場域を「二三〇村余」・「二三八村」とするような公称村数は存在しないのではないか、と思われる。

村数と出入りする人物の対応関係をみると、基本的には一村に一人であるが、比較的規模が大きい村（複数の集落が存在するが、一村と数えられる村）には複数名が出入りする傾向がある（表4）。一人あたりの出入り先は一村が基本だが、中には二〜三村、六〜七村に出入りする者もいる。複数の「稼場」に出入りする場合は、隣接する村であることが多い。「稼場」に出入りする者は、史料2にもある通り、明治二年にはほぼ無高である。

ここで、出入り関係を持つ者たちの集団が存在したのかを考えるため、明治二年の嶋村との争論の発端と経過を述べておく。嶋村の者が犬の死骸を持ち帰ったことを知った内畑村の村役人は、日頃から出入りしている南王子村の者に「他村の者が猥りに入り込み、動物の死骸を持ち帰っていてはいずれ争論にもなるので、このようなことがないように取り締まるように。」と申し付けた。これを「稼場」所有者は南王子村の村役人に報告し、以後は村役人が嶋村に掛け合っている。つまり、草場とは異なり得意場所有者の集団などは村内に存在せず、そのため他のかわた村との交渉は南王子村の村役人があたったのである。

（3）村落構造と株所有者—明治二年—

つぎに、草場と得意場の村全体における所有状況を想定しておきたい。表4は、先に挙げた文久二年の番郷の連印と、明治二年の「稼場」一覧に書き上げられた人物を、明治二年の南王子村宗門改帳と照合したものである。

草場株所有者については、七年の間隔があるため、安政六（一八五九）年・文久三年・元治二（慶応元・一八

No.	名前	年齢	所持高	得意場の村名
124	伝右衛門	53	0	板原・長井・辻・穴田・池之浦・宮
125	与七	41	0	陶器北・毛穴・辻之・田園・高倉(高倉寺)・万崎(菱木村内、草部村内)・草部
126	孫兵衛	42	0	高石今在家
127	冨治郎	17	0	新在家<南>
128	浅右衛門	46	0	仏並・大畑(仏並村内)
129	甚三郎	38	0	上大沢・牛滝山
130	勘蔵	46	0	檜尾新田・伏屋新田
131	又右衛門	40	0	久米田寺・小松里
132	権右衛門	23	0	小川(仏並村内)
133	毛助<茂助>	56	0	上代・包近
134	犍治郎<岸治郎>	19	0	千原
135	与三次郎<与惣四郎>	37	0	池田下五ヶ村
136	元兵衛	38	0	大森
137	紋兵衛<源兵衛>	62	0	寺門・黒鳥
138	才治郎	57	0	高石大工(高石北村内)
139	兵右衛門	28	0	野見(納花カ)
140	与惣兵衛	29	0	小代・和田<大>・二ツ田
141	常助	26	0	上野(大鳥郡上之)
142	惣八<惣六>	51	0	蕃川(父鬼村内の側川カ)
143	佐助	25	0	積川・橋室(積川村内)
144	直八	41	0	野代・新在家(大鳥郡長承寺内カ)

草場株所有者のうち、注釈・留保が必要な人物、または不明

名前	年	高	稼場の村名	備考
治惣右衛門	29	0		文久3年には親治郎右衛門(No.34)方に同居、その後分家するが、元治2年には再び治郎右衛門方同家となり、明治2年に再分家。
茂三郎<与三郎>	29	0	檜尾	文久3年には茂三郎を名乗り、元治2年与三郎と改名、さらに明治3年には茂三郎を名乗るようになる。
泰助<才五郎>	42	0		文久3年には才五郎(35才、0.191石)と名乗り、元治2年に泰助(38才、0.196石)と改名したようだが、断定はできない。
染五郎	15	0		文久3年・元治2年には作右衛門(No.23)方に倅染五郎(37才・39才)が同居、明治2年に染五郎の倅が染五郎名前で分家している。
与惣兵衛				明治2年には、吉右衛門(組頭、0.322石)方から分家した与惣兵衛(No.140)が存在するが、文久2年の与惣兵衛と同一人物とは断定できない。
武八<庄五郎>	64	0	小高石(高石南村内)	文久3年には庄五郎は親武八方に同居。武八方は元治2年に庄五郎が名前人となるが、庄五郎は慶応3年4月に家出(明治元年12月に戻る)。そのため明治2年以降は武八が名前人となる。
安五郎<安古良>	39	0		元治2年以降、名前人として宗門改帳に登録されているが、文久2年の安古良と同一人物かどうか不明。
<勇助>				明治3年宗門改帳から登録されるが(19才)、文久2年当時は不明。
<次惣兵衛>				文久3年・元治2年には宗門改帳に登録されているが(25才・27才/いずれも0石)、明治2年には父治郎兵衛(No.14)に同家。
<妙信>				不明。
<久七>				文久3年・元治2年には宗門改帳に登録されているが(35才・37才/いずれも0.35石)、明治2年までに死去、イエはNo.105とNo.134に分かれる。
<儀八>	37		野々井	文久3年・明治3年には名前人だが、元治2年・明治2年には父和三郎(No.6)方に同家。
<なを>				不明。
<ゆう>				不明。
<さむ>				不明。
<次郎吉>				不明。
<久太郎>				文久2年にはNo.23作右衛門方の倅久太郎と思われる。明治2年には代替わりをして、久太郎が作右衛門を名乗っている。
<周作>	35			No.6和三郎の倅で、文久3年から明治2年まで和三郎方に同居。
<亀蔵>				不明。
<三郎右衛門>				不明。

得意場所有者のうち、注釈・留保が必要な人物、または不明

名前	稼場の村名	備考
<磯七>	田治米	なみ(磯七後家、57才、無高)カ。
<木右衛門>	久井	彦作(29才、無高)方の父喜右衛門70才カ。
<幸右衛門>	坂本	若右衛門(30才、0.055石)方の父幸右衛門79才カ。
<四郎右衛門>	小野田	与三右衛門(24才、無高)方の父四郎右衛門54才カ。
<清三郎>	大野	No.25清五郎方の倅清三郎35才カ。
<惣三郎>	春木(春木川カ)	元治2年まで惣三郎を名乗っていた権兵衛(35才、無高)カ。
<松兵衛>	森・助松	弥之助(27才、無高)方の父松兵衛58才カ。
<友七>	黒石	友四郎(22才、無高)方の父友七57才カ。
<豊吉>	三田中(山直中カ)	候補者が多数存在する、あるいは候補者が存在しない分。
<孫吉>	万町	
<若松>	高石南・高石辻(高石南村内)・高石土井(高石南村内)	
<音吉>	池田下五ヶ村	
<辰治郎>	大園<泉>・大園<大>・磯之上	

表4　1869年の草場・得意場所有者（想定）

No.	名前	年齢	所持高	得意場の村名	番郷(草場)
1	★ 惣兵衛	49	5.907		○帳元作配人
2	★ 治郎平	23	5.934		○帳元作配人
3	★ 嘉右衛門	38	2.728		○帳元作配人
4	★ 源治郎	35	0.995		○人足取締方惣代
5	弥兵衛	45	0	三木田上(大鳥郡上)	○人足取締方惣代
6	☆ 和三郎	62	1.68		○人足取締方惣代
7	★ 藤一郎	45	3.528		○人足取締方惣代
8	★ 由右衛門	31	脱(10.425)		○人足取締方惣代
9	安右衛門	10	6.869		○
10	★ 久兵衛	26	4.272		○
11	善三郎	46	2.96	市場・南出・綾井	○
12	弥助	74	1.902		○
13	治助〈次右衛門後家くめ〉	46	1.829		○
14	★ 治郎兵衛	54	1.804		○
15	★ 勇次郎	32	1.744		○
16	方右衛門〈茂右衛門〉	8	1.615		○
17	染治郎	57	1.602		○
18	幸助	45	1.492		○
19	★ 惣助	43	1.334		○
20	佐市良〈才市郎〉	41	1.21		○
21	庄三郎	23	0.743		○
22	★ 孫三郎	56	0.54		○
23	作右衛門	48	0.484		○
24	庄九郎〈ちよ〉	57	0.467		○
25	★ 清五郎	74	0.397		○
26	★ 恵三郎〈栄三郎〉	40	0.384		○
27	彦四郎	52	0.34		○
28	善六	49	0.243		○
29	弥右衛門	41	0.121		○
30	弥三兵衛	57	0.205		○
31	善蔵	44	0.201		○
32	弥次兵衛〈仁右衛門〉	45	0.192		○
33	★ 繁七	52	脱(0.16)		○
34	治郎右衛門	70	0.079		○
35	治三郎	62	0.053	新	○
36	木兵衛	42	0	和田〈泉〉	○
37	七治郎	70	0	三田・小倉(三田村内)	○
38	半七	45	0	船尾・中井	○
39	半蔵〈栄蔵〉	35	0	春木〈泉〉	○
40	嘉平治	39	0	寺田	○
41	六兵衛	44	0	唐国	○
42	林兵衛	56	0	片蔵・栂・田中	○
43	与三右衛門〈与惣右衛門〉	42	0	一条院・下大沢	○
44	磯兵衛〈仁兵衛〉	42	0	井口	○
45	直右衛門〈安次郎〉	28	0		○
46	清八〈清兵衛〉	27	0		○
47	長四郎	35	0		○
48	助次郎〈助次郎後家とめ〉	37	0		○
49	武右衛門〈武右衛門後家しや〉	36	0		○
50	七郎兵衛後家きぬ〈七郎右衛門〉	50	0		○
51	たけ〈為五郎〉	43	0		○
52	宇吉〈助右衛門〉	29	0		○
53	忠右衛門	24	0		○
54	紋治郎	35	0		○
55	繁太郎	50	0		○

No.	名前	年齢	所持高	得意場の村名
56	藤蔵	57	0.118	国分
57	政平	36	0	池上
58	弥治郎	20	0	観音寺
59	友治郎	23	0	善正
60	伝四郎	30	0	箕土路
61	毛八〈茂八〉	57	0	三木閉
62	才助	54	0	小田
63	弥四郎	27	0	和気
64	孫七	47	0	虫取
65	彦右衛門	59	0	内畑四ヶ村
66	忠治郎	57	0	豊田
67	仙右衛門	39	0	大町
68	三郎兵衛	55	0	曽根二ヶ村
69	角兵衛	53	0	今福
70	権四郎	38	0	今木
71	庄作	42	0	荒木
72	又兵衛	62	0	和気
73	由兵衛	48	0	池田下五ヶ村
74	冨右衛門	31	0	松尾(松尾寺)
75	文七	57	0	浦田
76	弥五郎	38	0	箕形
77	善四郎	41	0	万町
78	木惣右衛門	33	0	若樫
79	勘治郎	42	0	東稲葉
80	庄七	52	0	内畑四ヶ村
81	伝助	36	0	内畑四ヶ村
82	周治郎	35	0	池樋(三田村内)
83	甚兵衛	50	0	大庭寺
84	四右衛門	57	0	新在家〈南〉
85	太郎兵衛	48	0	高月
86	幸七〈茂七〉	51	0	新家・富木
87	政右衛門	27	0	内田
88	幸八	44	0	太平寺
89	藤八	37	0	伏尾
90	藤五郎	48	0	北田中
91	兵治	45	0	下之宮
92	利助	34	0	府中
93	林助	45	0	三木田上(大鳥郡上)
94	周三郎	37	0	府中
95	定平	56	0	大津三ヶ村
96	勘兵衛	48	0	包近
97	助六	31	0	父鬼
98	市右衛門	41	0	府中
99	平治郎	48	0	吉井
100	平兵衛	64	0	上馬瀬
101	惣右衛門	33	0	高石北
102	善兵衛	58	0	長承寺
103	重治郎	33	0	鍛冶屋
104	清蔵	57	0	摩湯
105	政吉	29	0	忠岡
106	嘉六	51	0	福瀬・南面利
107	勝治郎	37	0	池田下五ヶ村
108	佐治郎	27	0	平岡
109	又治郎	55	0	別所二ヶ村
110	甚九郎	44	0	室堂
111	又平	34	0	大津三ヶ村
112	元助	61	0	豊中
113	吉郎兵衛	28	0	大路二ヶ村
114	庄蔵	24	0	大津三ヶ村
115	新右衛門	66	0	平井
116	又助	49	0	三林
117	忠兵衛	49	0	伯太
118	為右衛門	41	0	池尻
119	伊兵衛	50	0	下池田
120	文右衛門	52	0	肥子
121	磯右衛門	34	0	西稲葉
122	定右衛門	45	0	坪井
123	庄助	46	0	内畑四ヶ村

文久2（1862）年の「斃牛馬取捌方取締書」に連印している人物（＝草場持）と、明治2（1869）年「南王子村入所稼村名書上帳」に書き上げられた人物を、明治2年「南王子村宗門改帳」（『奥田家文書』64）と照合した。

そのため、名前（名前人）・年齢・所持高は明治2年宗門改帳の記載である。前掲史料と名前が異なる場は、前掲史料の記載を〈　　　〉内に記した。

繁七と由右衛門（No.8、33）は明治2年にも所持高が記載されていないので、明治4年戸籍の書き上げを（　　　）に記した。

得意場の村名には、同一村名が二郡に存在する場合は、〈　　　〉内に郡名を記した。また村請制村名でないものについては、分かる範囲で（　　　）内に注釈を付した。

なお、明治2年の南王子村総軒数は394軒である。
★は文久2年から明治2年まで組頭を務めている者、☆は文久2年には組頭だが、明治2年までに退くもの、★は文久2年には組頭ではないが、明治2年までに組頭となる者である。

六五）年・明治二年・明治三年分の宗門改帳を検討し、イエの繋がりを確認している。表4の名前欄は明治二年宗門改帳の名前人記載としているが、前記二史料とは異なる場合は〈 〉内に記した。これらは、本人の名替えや、代替わり等による名前人の変化、若干の記載の違いによるものである。ただし南王子村では、イエや個人を特定することが短期間でも難しい。また、名前人ではなく同居人（隠居した父親を含む）が権利を有している場合もある。表4は宗門改帳の名前人を基本としたため、注記・留保が必要な人物については№144の下に別に挙げた。

表4では、左側に番郷のメンバーをまとめ、役職に就いている者は文久の連印順とし、以下は所持高順とした（「番郷（草場）」欄の○）。「稼場」所有者は、「得意場の村名」欄に記載がある人物である。一見して、草場は高持が、得意場は無高層が所有主体となっていることが明らかである。無高でも草場と得意場の双方を所有する人物が存在することも注目されるが、一株ごとの権利は平等ではないこと、番郷の役職を担う者は弥兵衛を除いて高持であることから、やはり番郷の主体は高持である。

さらに明治二年の村高所持状況全体を念頭におくと、別の特徴も浮かび上がる。この年の総軒数は三九四軒と一寺であり、高持は七七軒・一寺である[25]。高持のなかでは、○～一石の四四軒のうち一五軒が、一～二石の一八軒のうち九軒が、二石以上の一五軒・一寺のうち八軒が草場株を所持している。所持高二石以上で草場株を所有していないのは、年寄嘉十郎（一九・六一二石）・庄屋利右衛門（一二・三〇二石）・庄屋三右衛門（五・一二五石）・西教寺了雅（七・〇八二石）ほか四人である[26]。なお無高三一七軒のうち、草場株所有者は二四軒にとどまる[27]。

ここから一点目として、高所持と草場株所有はほぼ比例関係にあることが分かる。二点目として、にもかかわらず村高の面で最有力層である庄屋・年寄は草場株を一切所有していない、という事実が注目される。一八世紀中期以降、番郷惣代・帳元のなかに庄屋・年寄の名前がないことは前述したが、明治二年には庄屋・年寄はそもそも草場株を所有していないのである。これは偶然ではなく、庄屋・年寄の草場株所有は南王子村において制限されていたのではないか、と考えられる。おそらく南王子村が一村立の村であることと関係して、庄屋・年寄の草場株所有は遅くとも一八世紀後期以降には制限されていたのだろう(28)。三点目として、番郷には高所持者が多く含まれるため、村制上の組頭が多く含まれる。明治二年には組頭二二人のうち一四人までが、草場株所有者である。そして一・二点目と対応するかたちで、番郷の役職をつとめる人物はほぼ組頭である。以上から、番郷の中心メンバーは村制における組頭であり、一般の株所有者も半数以上が高持であるといえる。

イエと草場株所有の関係についても改めて見ておこう。表1で触れた由右衛門は、表4ではNo.20佐市良が四株を譲られた兄であり、No.8が弟林右衛門である（由右衛門と改名）。また欄外を参照すると、No.6和三郎と欄外の儀八・周作（以下括弧内は欄外の人物名）、No.14治郎兵衛（次物兵衛）、No.23作右衛門（染五郎・久太郎）、No.34治郎右衛門（治物右衛門）などは、実質的には複数の株を持った一つのイエであり、一部の株の名義人を同居する倅にしていたと考えられる。倅の分家に際して草場株を事実上相続させたのだろう。やはり高持に株が集中する一方で、高持層の倅でも分家・同家を繰り返している事実をどう評価するかは、別の問題として残る。

これに対して得意場の所有者は、三名を除き無高である。すでに述べたように得意場所有者の組織はなく、特定の村と出入り関係をもつという意味において彼らは平等であったと思われる。無高が一概に貧しいわけではないが、次節でも見るとおり、多くは零細であり、特定の村への出入り関係は生活を支える上で極めて大きな意味を有したと考えられる。また少なくとも一九世紀には、一般の草場株所有者が場先の村に行くことはほとんどなかったようである。草場と得意場の性格の違いもあるが、主として場先村々と顔の見える関係を担っていたのは得意場所有者であった

以上、本節では草場と得意場の基本的なあり方と村落構造上の位置づけについて検討してきた。両者は所有するメンバーから、組織のあり方まで大きく異なっていたことが明らかである。その上で、相互にどのような関係

にあったかについては、次節を通じて検討することとする。

二、得意場についての再検討

本節では、これまで紹介されていない得意場に関する史料を挙げながら、その性格と成立と展開について検討していく(29)。

(1) 得意場の契約証文

次の史料は宝暦三(一七五三)年に南王子村の七郎兵衛が黒鳥下村に差し入れた一札である(30)。

史料3

一札之事

一、御当地御村方之儀、此度私シ場所ニ前々ゟ御願申上候所ニ御聞届ケ被下、難有奉存候、

一、年暮・正月・五節句・祭礼・祝言幷年忌仏事其外不祝言、諸事御村方中様次第ニ可仕候、其節異儀仕間敷候御事、

一、常用も是迄之通御村方様御志次第ニ可仕候、其時違乱義御座候ハヽ、何時成共御取上ケ可被遊候、右之通向後御村方へ入込申候上ハ、御村方諸事被仰下候通、急度相慎可申候、若此上御村方中様御気ニ入不申候ハヽ、何時成共御取上ケ被遊可被下候、其時一言之違乱御恨ミ申間敷候、為後証一札如件、

宝暦三年
酉九月二日

信太南王子村請主
七郎兵衛㊞

黒鳥下村
御庄屋
年寄中様

あらかじめ基本情報を提示しておく。黒鳥下村は村請制村・黒鳥辻村内にある二集落のうちの一つである。七郎兵衛については、南王子村の宗門改帳を見る限り、宝暦二年から四年の間に林兵衛から七郎兵衛と改名した者が該当する[31]。宝暦四年には四五歳、無高である。

史料は全三条からなり、まず一条目では七郎兵衛からの黒鳥下村を「私場所」にしたいという願いが黒鳥下村から認められたこと、三条目と書留文言には、黒鳥下村が七郎兵衛を気に入らなければ「場所」を取り上げられて構わない、と記されており、「場所」をめぐる関係は「請主」七郎兵衛と相手の村方との契約として成立している。

「私場所」の内容は、二条目に歳暮・正月・祭礼・五節句・祝儀の際には、村方の求めに応じたはたらきをするとあり、これとは別に三条目の「常用」を勤めることも含まれたようである。ここには反対給付については言及がないが、**史料2**を念頭におくと、年に数度家別に膳をもらうなどしていたものと思われる。当然ながら節句・祝儀・不祝儀等に相手村に出向く目的は、悪ねだりの取り締まりであったはずである。ここでは、**史料2**で挙げられたあり方のうち、Ⅱのみが相手村とは了解されていること、「稼場」などの用語は見られないこと、また少なくとも史料上は「場所」の進退権は相手村にある、とされていることを確認しておく。

次の史料も、同様の性格を持つと思われる。嘉永元（一八四八）年、南王子村の松兵衛が池上村に差し出した一札である[32]。

史料4

（端裏）「南王子村松兵衛

証人　　　」

奉差上一札之事

一、其御村方御出入之儀、此度改被仰付、難有仕合承知奉畏候、然ル上は、御用之砌は何時ニ而も罷出、急度相勤可申候、盆・正・宮祭之■罷出可申候、其外無心合力ヶ間敷儀申間敷候、為後日奉差上一札依而如件、

嘉永元年申十二月

南王子村　松兵衛㊞

証人　仁助　㊞

池上村庄屋

年寄

惣御旦那中

ここでは、「村方御出入り」と表現されているが、本文の内容は黒鳥下村の場合とほぼ同じである。つまり、「場所」や「出入関係」の基本的な内容は、一八世紀中期から幕末までそう変化せずに継続したようである。そうした意味で、「稼場」ではなく得意場と呼ぶことがふさわしいように思われる。

さて、この二つの史料を読む限り、得意場は草場内の特定の村と南王子村村人の間での契約関係とみえ、南王子村が両者の間を仲介することはないように見える。しかし、本当に南王子村が関与することはなかったのだろうか。

（2）聖神社所蔵「和泉国在郷神名記」（旧和泉市史筆耕史料）の付箋記載について

①史料検討

本史料は、旧和泉市史の調査において筆写された聖神社（信太明神社）所蔵の「和泉国在郷神名記」である。旧和泉市史の用箋に筆耕されており、表紙および書き出しは次のように始まる。

史料5a

〔聖神社所蔵文書〕

（表紙）

和泉國在郷神名記

國田氏祭神禄ニ曰

蔵王社ハ少名彦名命　妙見天御中主命

別宮八幡ハ仲哀・應神・櫻姫　若宮八幡ハ仁徳

金峯社少名彦名

（後略）

本史料は、史料名が表すとおり、和泉国内の神社を書き上げた帳面である。右に挙げた祭神の書き上げに続き、「和泉国村在氏神鎮守」という項目があり、大鳥郡・和泉郡（ママ）・南泉郡（ママ）・日根郡の順に書き上げられている。このうち大鳥郡・和泉郡・南泉郡の神社には、付箋を示すと思われる「　」が書き込まれる神社がある。そして「　」内には、次のように個人名や「惣請」などの言葉が記載されている。

史料5b

和泉国村在氏神鎮守

大鳥郡

大鳥村
一、天神　但一ノ宮と不有　「今孫兵衛ニ成ル」
　　八月十三日ハ五社祭りト云
　　八月廿五日村祭り也　六月霜月十四日

東下村
一、天神　八月廿五日　祭礼日春夏秋冬　「同人」

西下村山内下村立会
一、天神　同祭礼日　「同人」

（後略）

神社と付箋の内容は章末の付表に整理した。付箋の記載には「南王子〇〇」というものが多く、ほぼ南王子村の草場と重なる範囲に付されていることから、付箋の内容はその当時の出入り関係・権利関係を示していると考えられる。ベースとなった帳面が「和泉国在郷神名記」であり、付箋が神社に対応しているため、出入り関係の詳細が分かりづらい箇所もあるが、付表にはそのまま記した。

この付箋がいつ、誰によって付けられたのか、を次に検討しておきたい。まず時期であるが、「和泉国在郷神名記」本文には、同種の先行する書物として「延宝記」・「享保記」を参照した記述があるので、帳面本体は享保期以降の作成である。問題は付箋が付けられた時期であるが、明治二年に比べて明らかに人数が少なく、「惣請」など原初的なあり方を残していると思われる点などから、比較的古い時期ではないかと思われる。黒鳥下村を含む黒鳥村が「惣請」であることを考えると、享保期以降、一八世紀中期までの時期（一七四〇年代）が妥当ではないかと思われる。なお、付箋に登場する個人名を一八世紀中期以降の南王子村の宗門改帳と照合しても、年次を特定することは困難であった。

付箋には「南王子〇〇」などとあるので、南王子村の村役人が付箋を付けたとは考えにくい。しかしこれだけ網羅的に出入り関係を把握するには南王子村の者の協力が不可欠であろう。こうした点から、本帳面の付箋は信太地域の村、あるいは信太明神社において南王子村の得意場を把握する必要が生じ、南王子村の村役人らから情報を得て作成された、と現段階では考えておきたい。

②明治二年との比較

「神名記」の付箋は神社の書き上げに付けられているため、村々との正確な出入り関係を読み取ることが難しい面もあるが、明治二年の状況とは明らかに異なる点も見受けられる。ここでは以下の三点について、整理してみたい。

ａ「惣請」・「惣代」

まず目を引くのは、「南王子村惣請」（付表No.７・No.28・No.109・No.112・No.113・No.134、No.８）や「南王子今惣代」（No.11）などの記載である。「惣請」という言葉は、出入り関係の主要な内容が吉凶時の取り締まりであることを如実に語っている。「惣請」や「惣代」とは、南王子村の特定の者が出入りしているわけではなく、①南王子村の者なら誰でも出入りしてよいことになっている（惣請、事実上の先着順カ）、②南王子村を代表して特定の者が出入りしており、収入の一部は南王子村に入る（惣代）、という状況ではないかと考えられる。

歴史的な展開は、原初的なあり方である惣請から、次第に出入りする個人が限定されていく（当初は惣代として、やがて完全な個人へ）、と考えられよう。「惣請」・「惣代」となっている村々は、比較的南王子村に近く、かつ規模が大きい（あるいは参詣者の見込まれる寺社が存在する）。こうした条件が、「惣請」「惣代」という形を残している要因ではないかと思われる。付箋が付けられた時期には、「惣請」が六つあり、決して珍しい形態ではなかったと考えられる点も重要である。

ｂ「村方東番」

もう一つ「村方東番」という個人名ではない記載が、南王子村周辺の村々に付されている。No.139からNo.144、すなわち泉郡上村・舞村・尾井村・尾井村原作・中村・富秋村である。ここでまず想起されるのは、草場株名の一つである「ヒカシハン」との関連である。**表1**№3の草場株は「ヒカシハン 山賀株」となっており(33)、**表2**にも「ヒガシバン」の名がある。近世には伯太村から信太山丘陵沿いに内陸に入る道筋を「山家道」と呼んでおり、山賀《（家）》は信太山近辺を指す用語であると思われる。ここから、南王子村の草場の場の一つに信太郷村々を含む「東番の場」があり、付箋が付けられた時期には「東番の場」に得意場の権利を有していたのは、なお草場株を持つ者であった、と考えられるのである。もちろん「東番」の株を持つ者が複数おり、彼らが相談の上、特定の者が出入りしていた可能性はあるが、あくまでも「東番」の株所有者が得意場の権利を有していたのである。「惣請」とも異なる特殊な状態は、信太郷村々を中心とする「東番の場」が南王子村の草場において最も中心的な場であったためではないかと思われる。

ここで信太地域に限って、明治二年との差異を見ておこう。明治二年には、上代村は「稼場」として書き上げられていたが、舞村・上村・太村・中村・尾井村・富秋村・王子村は「稼場」とはなっていない。この点は、まず太村と王子村については、神名記付箋の段階では「東番」とされるべきところ、両村に書き上げられるべき神社が存在しないため、神名記に記載がなく、従って付箋もないためと考えられる。これに対し上代村は、神名記の付箋でも個人名があり（**付表№138**）、基本的に個人の出入り関係が継続したと考えられる。信太郷七ヶ村のうち上代村だけが異なる出入り関係をとる理由は、上代村が後発集落であることと関わるのだろう。

「東番」という前提をおくと、明治二年に上代村を除く信太郷の村々が「稼場」として書き上げられていないことが、一切の出入り関係がないことを意味しているとは断定できない。むしろ明治二年まで上代村を除く信太郷七ヶ村には「東番」の草場株所有者が出入りする関係が続いており、特定の者が出入りしているわけではない、という意味で「稼場」に含まれなかった可能性が高いのではないだろうか。

c 人数と出入りする範囲

神名記の付箋では、およそ一二〇村に五六人が出入りしている。明治二年と比べると、人数は半分以下である。このため、一村にだけ出入りしている者は三一人で、残りは二村以上に出入りしている。二村以上では、四村に出入りしている人数が最も多い。複数村に出入りする場合、やはり隣接する村を含んでいる。

また一二〇村の範囲は南王子村の草場域にほぼ収まっているが、明治二年との差異も存在する。神名記の付箋では出入り関係のある村が、明治二年には「稼場」として書き上げられていない、あるいはその逆の事例もある。たとえば大鳥村には付表№1では孫兵衛が出入りしているが、明治二年には「稼場」として数えられていない。一方、明治二年に「稼場」となっている野代村は、神名記では付箋がないのである（付表№6）。こうした事実は、一度固定的な出入り関係が結ばれても、必ずしも継続するわけではないことを予想させる。

以上の三点を通じて、得意場の変遷を以下のように整理しておきたい。まず、遅くとも一八世紀中期の段階で、草場域の多くの村には、南王子村の個人が出入りする関係が構築されていた。しかし、一部の村は原初的なあり方である「惣請」、そして中心的な草場については草場株と対応する形で出入り関係が限定されていた。つまり一八世紀中期までに、南王子村の草場域は「東番の場」を除いては「南王子村の旦那場である」という考えのもと、惣請であった段階から、次第に特定の個人が出入りする関係へと切り替わっていった、と思われるのである。そのため、南王子村の村役人は出入り関係をある程度把握しており、これが神名記の付箋につながったものと思われる。

神名記の付箋と明治二年の「稼場」書き上げを比較すると、出入り関係の有無に変化が存在した。ここから一度「出入り関係」が構築されれば、固定的に存在し続けるわけではなく、変化しうるものであったことが予想される。また、一部は「惣請」や「東番」として幕末まで残った可能性も大いにある。これまで明治二年に「稼場」として書き上げられない村々は「稼場」ではない（出入り関係がない）、と理解されてきたが、一概にそう理解すべきではないだろう。

（3）得意場の性格が窺える史料

次に、断片的ではあるが得意場に関わる史料を通じて、その実態に迫ってみよう。

①与左衛門の借銀

文政一三（天保元・一八三〇）年八月、南王子村の与左衛門（七一歳、所持高〇・二四七石）が、銀六貫余の借銀と銀五貫余の未納の頼母子掛銀を残して死んだ(34)。借財は村役人と親族によって返済の手立てが講じられたが、この借銀のなかに「御得意庄屋様」からの銀二〇〇目が含まれている。これについては、「山方ニ而得意場三ヶ村有之候得共、右村方ニ而去冬銀子弐百目余致借用有之候ニ付、右得意場所も其儘相持セ、夫々借金無滞返済可仕様申付置候事」とあり、「御得意庄屋様」は与左衛門の得意場である村の庄屋であったことが分かる。この借銀については、得意場三ヶ村を与左衛門の倅政吉にそのまま持たせるので、きちんと返済するように申し付けた、とある。

与左衛門は所持高は少ないものの、文政九年には上代村惣治の小作を村が斡旋した人物である（補論2参照）。おそらく比較的安定した小作地耕作を生活基盤としており、山方にある三ヶ村の得意場も与左衛門の生活を補完的に支える意味をもったと思われる。しかし惣治の小作地の引き受けが相当困難を伴ったのか、死後に残った借銀はほぼ文政一〇年以降のものである。さらに高齢のためか文政一三年には下男を雇い入れており、経済的な状況はさらに悪化したようだ。そうしたなか、得意場の庄屋からも借銀をせざるを得なかったのだろう。先に挙げた**史料4**には、「無心や合力がましいことはしない。」という文言があるが、こうしたことは実際に行われていたのである。困窮した際に出入りできる場所がある、ということは大きな強みであったと思われる。与左衛門の死後に家屋敷は処分させたものの、得意場を倅にもたせるという判断がなされたことも、最低限の生活は保障するという意味合いがあったのではないだろうか。

②野代村からの「入場断願」

嘉永四（一八五一）年正月から、南王子村の庄屋利右衛門は「他村ゟ届ケ手控覚帳」という帳面をつけ、箇条書きで様々な届けを記録している(35)。その中に、次のような一つ書きがある。

史料6

一、〔安政二年〕卯四月廿七日
　野代村ゟ又兵衛入場断願

これは野代村から、現在出入りしている南王子村の又兵衛をやめさせたい、という届けがあったことを意味すると思われる。なお又兵衛は安政四（一八五七）年の宗門改帳では五〇歳、無高である(36)。一四年後の明治二年に野代村を「稼場」としているのは直八である（表4）。

③松右衛門の借銀

先ほどの帳面に続いて、安政六年正月から作成されたものが「他村幷村内ゟ届ケ控帳」である(37)。こちらには、次のような一つ書きがあり、また別紙として関連史料がある。

史料7

一、〔安政二年〕卯八月四日
　銀五十匁　太鞁（鼓）受取元手銀取かへ　池田
　　　　　　　　　　　　　　　　　　　山ぶき（け）
　　　　　　　　　　　　　　　　　　　　願人〇勘三郎
一、〔安政四年〕巳十二月十九日
　同四匁　氷とふ百
一、同
　二匁四分　酒壱升弐合　当村
　　　　　　　　　　　　　相手　松右衛門
　　　　　　　　　　　　引負人　伊右衛門

〆五十六匁四分
未〔安政六年〕 正月十七日届ケ

未正月廿五日迄ニ引合、九郎右衛門より致呉被遣候処、月二匁ツ、来申三月迄、月入之相対いたし可□候処、先ニハ五十八匁と被申、相手方ニハ五十匁と申言い違ニ而相対済不申

（別紙）

覚

卯八月四日
一、銀五拾目　大こ請取もとで銀ニて候
巳十二月九日
一、四匁　永〔氷〕どふ百
同
一、壱匁弐分　酒六合
同
一、壱匁弐分　酒六合
〆五拾六匁四分

右は南王子村松右衛門ニかし候得共、此松右衛門入ば山添〔深〕村之□伊右衛門ニ売候とき、右伊右衛門義私方より五拾六匁四分之かし引をい仕候様□私方へ引合有之候得共、今だかやし申被下す候ニ而、此度御村役人へ御願申上候、村役方之御いこをもつて勘定いたさし可被下候、御願申上候、

池田山か〔ふ〕け村　山介

南王子村御役人方様

かり主

松右衛門

　　　引おい主右の入ば
　　　　伊右衛門

人名の不一致はあるが、別紙が一つ書きの内容に対応することは明らかである。別紙には不分明な部分もあるが、次のように解釈できよう。池田下村内の山深《やまぶけ》集落を「入ば」にしていた南王子村の松右衛門は、山深の勘三郎から五六匁余の借銀をしていた。その後、松右衛門は山深の「入ば」の権利を南王子村の伊右衛門に売却し、勘三郎への借銀は伊右衛門が返済する約束になっていたが、返済されないので勘三郎が南王子村に届け出たのである。

ここからは、「入場」の権利が南王子村の村人間で売買されていた様子が明らかである。明治二年の「稼場」一覧では「池田下五ヶ村」に出入りする四人の中に伊右衛門の名はないが、下帳では四人のうち一人の名が伊右衛門となっている[38]。おそらく明治二年の直前まで、伊右衛門は山深に出入りしていたものと思われる。

④助松村からの要請

明治四（一八七一）年正月には、助松村から次のような要請が南王子村の庄屋のもとにあった[39]。

史料8

　　　口上

一、来ル三月十六日より二夜三日之間法事供養執行仕候間、其御村松兵衛と申者へ二夜三日之間垣守可致様御
　申付被下度、御頼申度候、以上

　　明治四年未正月　　　　　　　　助松村　役人

　　　　　南王寺〔子〕村庄屋中

助松村での法事執行に際して、南王子村の松兵衛に垣守をするよう南王子村の庄屋から申し付けてほしい、という要請である。明治二年の書き上げでは、松兵衛は助松村を「稼場」としており、日常的に出入り関係が存在し

た。こうした届けは他に存在せず、やや特異な例かとも思われるが、村役人を通じてこうした依頼があることは注目される。

以上から、得意場の実態は、①やはり第一義的には出入り関係であり、②得意場所有者が定期的に出入りし、こうした日常的な関係こそが、得意場を所有する最も重要な意味だった、③その延長上に得意場の村人や村役人から借銀をするような関係も構築された、と考えられる。また**史料3や4**では、得意場は相手村と南王子村の村人との契約であり、相手村に進退権があるように見えたが、必ずしもそうではないと考えられる。一九世紀中期には南王子村の村人間で売買されており、一方で相手村は出役の依頼や断り願いを南王子村に届けているからである。南王子村の村役人のもとで得意場の出入り関係の把握や、得意場所有者の管理・監督が緩やかに行われており、百姓村側もそのことを認識していたものと考えられる。百姓村側にとっても得意場所有者との間で問題が生じた際に、南王子村村役人の介入・解決を求められる、という利点があったのではないだろうか。

（4）得意場が「稼場」と位置づけられる過程と実態

得意場の本質は出入り関係であるが、次第に雪踏稼ぎ（販売・直し）の独占的な場としての意味合いが含まれるようになり、ついには「稼場」という呼称も登場する。しかし私見では、幕末に至っても得意場の中心的な性格は出入り関係であり、得意場を持たない南王子村の村人が雪踏稼ぎをすることはできない、という事態には至っていない、と考える。

「稼場」という位置づけが登場した背景には、二つの事情が存在した。一つは、村人のうちで雪踏稼ぎをする者が、独占的な営業の場を確保すべく、南王子村の草場域は南王子村の雪踏稼ぎの独占的な場である、と主張したためである。先に見たように、周辺のかわた村に比べて南王子村の草場は広域であり、これを全て営業の場として確保しようとしたのである。もう一つは、とくに一九世紀以降に顕著となった近隣のかわた村による草場域を越えた死牛取得（一部百姓村による死牛の無償譲渡拒否問題とセット）である。他のかわた村からの雪踏稼ぎが南王子村の草場域に入り込むと死牛の持ち去りにつながることが多く、南王子村では草場域は雪踏稼ぎの独占的な場であり、南王子村では「稼場」所有者が特定の村にその権利を有しているのだ、という主張がなされるようになった。この経過については、畑中氏もすでに整理しているところであるが、以下簡単に見ておきたい。

①安永四（一七七五）年の下条大津村一件―塩穴村との争論―

安永四年一月末、泉郡下条大津村（南王子村の草場内）において、雪踏販売をめぐって南王子村の三人と塩穴村の二人が喧嘩となり、双方の細工箱（雪踏直しの道具などが収められている）を打ち壊すなどした。塩穴村側が先に立ち去ったため、結果として南王子村側が彼らの細工箱や雪踏を預かる（塩穴村側は取り込みであると主張する）こととなった。すぐに塩穴村から出訴し、三月中旬に内済となっている(40)。

この経過で注目されるのが、「雪踏稼ぎの場」をめぐるやりとりである。塩穴村の願書は残されていないが、南王子村の返答書を読む限り、「南王子村の者が、『我々の場所で雪踏稼ぎをするのは不法である』と申し掛けたので喧嘩になった。」と主張したようである。これに対し南王子村側は、清七が一人で雪踏を売っていると、塩穴村の二人がやって来て、「その雪踏は高いので、私共の雪踏を安くお売りしましょう。」などと言って商売の妨害をしたので喧嘩になった、と説明している。その上で、「雪踏稼ぎの場」の有無が争点となり、南王子村側は次のように述べている。「牛馬が死んだ際は、場所は分かれているが、『手業』についてはそうしたことはない。下条大津村は、これまでも双方が入り込みで『手業』を行ってきたので、そうした発言はありえない。」と。しかし喧嘩現場となった大津村の宇田屋久兵衛は、「口論の始まりは、塩穴村の者が雪踏直しをしているところへ、南王子村の者がやって来て『我々の場所へお前たちがやって来て、雪踏直しをすることは不届きである』と言って、細工箱を割った。」と証言している。

以上から、i一八世紀中期段階では、かわた村間では雪踏稼ぎと草場の範囲は対応しないと認識されていた、

ii実際に営業を行っている南王子村の者は独占的な場を確保すべく、自村の草場域であることを理由に他村の同業者を排除しようとした、iiiしかしこの言動には道理がなかったため、奉行所では否定せざるを得なかった、ことが明らかである。

②文政一二（一八二九）年草場界変更一件―嶋村との争論―

文政一二年一二月、泉郡内畑村（南王子村の草場内）で同村に出入りしている南王子村の仁助・源次郎が嶋村の清兵衛を見つけ、口論となり、源次郎がけがを負う一件が起きた。南王子村側はこの機会に嶋村と「今後、双方ともお互いの『稼場所』へは入り込まない。」という一札を取り交わそうと目論むのだが、嶋村側は渋り、逆に南王子村の草場のうち岸和田藩の預かりとなった村々を自らの草場にしようとする動きを見せた(41)。この一件の争点は実は雪踏稼ぎなのだが、草場界変更要求にまで発展したのである。

この一件も南王子村側の史料しか残らないが、南王子村が「稼」や「稼場所」という用語を巧みに使い分けながら、自らに有利に運ぶよう嶋村と交渉を行っている点が注目される。たとえば、一橋領知の取締役に事情説明のため提出した願書には、「私共村方、往古ゟ泉州三郡之内ニ而弐百三拾ヶ村余、死牛馬は勿論、獣類死躰不残請持稼場所ニ有来御座候処」としており、この「稼場所」は草場とほぼ同義、あるいは草場に若干の権利が付随したもの、という意味で使用している。その上で、「向後銘々稼場所之儀ハ、外類村共夫々相極り有之候得は、先規之通互ニ立入申間敷旨対談仕、則此旨取替シ一札可仕旨決着仕候処」としており、相互の「稼場所（＝草場）」にはこれまで通り立ち入らないという原則を一札を取り交わして確認しあうことになったのだ、と説明している。

ところが、南王子村が嶋村に送った取替一札の下書きでは、「両村共稼場所は往古ゟ相定り有之候処、縦令職方売買筋たりとも、右体猥ニ立入候而は、元来下賤不弁之者共故（中略）向後村方取締仕、銘々稼場之外他村之場先江は、双方互ニ一切為立入申間敷候」とある。ここでも「稼場」はほぼ草場（場先）と同義で使われているのだが、主眼は「職方売買筋」、すなわち雪踏販売・直しについても「稼場」（草場）の範囲を越えてはいけない、ということを確認する点にあるのである(42)。

このように、表だっては南王子村は雪踏稼ぎの場という意味では「稼場所」という言葉を使用していない。あくまでも自分たちは草場とそれに付随する権利を守る、という姿勢であり、これは「同意しない」嶋村を非難する意味合いも有した。しかし嶋村が草場域の変更を目論んでいるという情報を得たメモ書きの部分には、「岸和田御預り所十六ヶ村だけ、死牛は勿論稼場共嶋村者へ相成候様相巧居候間」とある。つまり、草場と雪踏稼ぎの場という並列される二つの問題があり、争点は後者であるということをはっきり認識しながらも、自らの主張を正当化するために問題を草場に限定して説明していたのである。これに対して、嶋村は「近年の通り、（雪踏稼ぎは）入り込みという一札でないと承服できない。」と強く主張している。しかし南王子村と折り合いがつかないため、草場界の変更というより大きな要求にでたのである。

一件の経過を記す記録は途中で終了しており、最終的な決着は不明である。南王子村は「草場域についても雪踏稼ぎは入り込みを禁止する」一札の取り交わしを目論んでおり、安永段階とは異なる姿勢を見せている。しかし、次にみる③の対応からは、このような一札の取り交わしには至らなかったと考えられる。

③幕末の草場争論における対応

幕末近くになると、南王子村の草場には他のかわた村の者が入り込み、死牛を百姓から買い取るという事件が多発する。次第に百姓の一部も有償譲渡を前提に、南王子村への無償譲渡を拒否する風潮が高まるが、その最たるものが大鳥郡九ヶ村との訴訟である。安政五年に大鳥郡の九ヶ村（釜室・栂・東山新田・八田北・富蔵・畑・鉢ヶ峰・片蔵・逆瀬川）では流行病によって死牛が多く発生し、これを塩穴村などの者が大量に買い取っていたことが発覚した。翌年塩穴村がこの牛代銀を南王子村へ支払うことでかわた村間の争論は決着したが、九ヶ村は「死牛馬を随意の穢多に引き渡したい。」と主張し、奉行所に新たに願い出たのである(43)。

九ヶ村は南王子村による取捌後の掃除の仕方が悪いことを理由に挙げているが、塩穴村に売却したいというのが本音である。この争論は江戸表まですすみ、従来通り南王子村への引き渡しを命じる裁許が文久二（一八六二）年に下り、決着した。争論中も九ヶ村側は、南王子村以外のかわたに死牛を売却することをやめず、また塩穴村の升屋作兵衛は田園村の死牛を買い取る際に、南王子村に見とがめられた場合には自分が掛け合いに及ぶので村には迷惑をかけないという主旨の一札を差し入れるなど、かなり大掛かりな草場否定の動きが続いていた(44)。この争論の決着後に、南王子村の番郷は帳元作配人三人に加えて新たに人足取締方惣代五人をおき、総連印をとったのである。

さて、ここで注目したいのは、訴訟中に南王子村が得意場所有者に対して得意場内に他村のかわたを、たとえ雪踏稼ぎであっても入れないように強く指示していることである(45)。ところが浅右衛門は得意場に塩穴村の勇治郎を同道させ、沓売りをさせた、として村方に詫び一札を提出している。なお、明治二年の書き上げによれば、浅右衛門は仏並村と大畑村を「稼場」としている。

この詫び一札からは、村役人が恒常的に「他村の雪踏稼ぎを得意場に入れないように」と得意場所有者に指示をしていたが、訴訟中は一層強化されていたことが読み取れる。この点を浅右衛門の行為も含めて考えると、この段階に至っても得意場は得意場所有者の雪踏稼ぎの独占的な場とはなっていなかったと判断できる。もちろん得意場所有者の中には雪踏稼ぎを行う者も存在しただろうが、営業先は限定されていなかったと考えられる。草場域を越えた雪踏稼ぎが行われていたのである。そうであるからこそ、浅右衛門は勇治郎を同道させたのであり、村役人も得意場所有者に「他村の雪踏稼ぎを入れてはいけない」と指示をしていたのである。村側は、村益である草場の権利を維持するためには、他村の雪踏稼ぎの立ち入りを禁止することが重要であり、その任務を日常的に草場域に出入りする得意場所有者に担わせていたのである。こうした方針が、**史料1**では主張の順序となって表れてくるものと考えられる。

以上から、南王子村における得意場と草場・「稼場」との関係を、以下のように整理しておきたい。

①得意場は、草場域における旦那場、すなわち出入り関係を指す。その主要な内容は、吉凶時の取り締まりである。出入りの際に死牛の情報を得、草場株所有者の集団である番郷に伝えることもあったと思われる。

②本来的には草場域は全て南王子村の旦那場と観念され、「惣請」であった可能性がある。しかし遠方の村などには、村人が出向かないなどの場合もあり、次第に特定の人物が出入りする関係に切り替えられていった。これは旦那場を権利として実現するための措置という意味合いが強く、遠方の村々にも南王子村の者が日常的に出入りすることは、草場を維持する上でも重要であったと思われる。

③出入り関係は、「得意場」や「入場」と呼ばれ、南王子村の村人の生活を支えた。一八世紀以降は、基本的には草場株を持たない小前層が権利を有したようである。また一九世紀には、一人で持ち帰ることが可能な小動物の死骸も、彼らに取得が認められた。村人間で得意場の権利を売買することもできた。

④得意場の緩やかな管理・監督は、一八世紀以降は南王子村の村役人によって行われていた。

⑤一八世紀以降、雪踏稼ぎ（販売・直し）が新たな生業として登場する中で、南王子村の草場域を独占的な営業の場として確保しようとする動きと、逆に他のかわた村からの草場域侵害に備える目的で、他村の雪踏稼ぎを南王子村の草場域から排除する必要が生じ、その機能が得意場所有者に期待され、要求されるようになる。

⑥その延長上に、次第に得意場を「稼場」と言い換え、表だっては得意場所有者が雪踏稼ぎの独占的な権利を持つ、と表現されるようになる。その一方で南王子村では幕末まで南王子村草場内での雪踏稼ぎは村人全体に認められていたと考えられる。

もう一つ見逃せない事実は、各かわた村の草場域の大小という問題である。南王子村の主張は、自らの草場が広域であり、現実の営業の上では雪踏稼ぎの場としては独占が難しいためと考えられる。他のかわた村が一九世紀に死牛の買い取りに入るのも、草場の大きさという問題と密接に関わってくると思われる。

三、獣類買仲間から考える老牛屠殺問題

(1) 獣類買仲間の仕法

獣類買仲間（死牛馬其外獣類死体買仲間、また死牛馬買仲間とも称される）がいつごろから南王子村の村内に存在したのかは不明である。しかし、文政八（一八二五）年に村内で屠殺・取捌一件が起こり、買仲間内に関与者がいたため、村役人の監督の下メンバーを入れ替え、仲間一六人が取極書を作成している(46)。また天保八（一八三七）年にも村内で屠殺事件が起き、買仲間の者が死牛を買い取っている。そのため、翌年買仲間一六人と番郷惣代・帳元らが仕法を作成した(47)。この二つはほぼ同じ内容であるが、ここではより詳細な天保九年のものから、買仲間の機能や、買仲間と番郷の関係を見ていこう。

史料9

死牛馬買仲間仕法取締之事

（一条目省略）

一、〔②〕死牛馬入札之儀は、場持番郷主し留主中ニ而、妻子共或は下人任セ之事も間々有之候儀ニ付、売主女子供ニ而も、正路ニ紙札ヲ以入札致し候得は、随分相分り候儀ニ付、聊不疑様ニ正味銭ヲ以致入札、買取候者は現銀払ニ可致、勿論入札ヲ以買取候上ハ、銭払之節、減少ヶ間敷儀は決而不申様、代呂物篤と見定メ、入札可致候事、

但し金相場之儀は、村方内職表屋並ニ而請払可仕、尚又壱朱ゟ下ハ正味銭ニ而請払可致事、

一、〔③〕場持之者共入用ニ付、生肉ヲ批取、自分ニ取捌致候儀は勝手次第ニ可有之事ニ候得共、持帰り候肉、仲ヶ

間江も不組入、内分ニ而肉売買致候儀は、曽而仕間敷候、猶又革抔はたとひ入用たりとも、入札も不致、勝手ニ取斗仕候儀ハ、決而仕間輔（鋪）候、其外犬猫少々之物ニ而も、仲ヶ間之外余人江売買堅ク致間敷候事、

一〔④〕、村方銘々持牛死牛馬入札之節ハ、早速買仲ヶ間一同江致案内、立会篤と吟味之上、入札可致、自然死牛ニ付、鬱陶敷事共有之候ハヽ、入札不致、其儘差置、其段村役人江相届ケ、急度可及沙汰候、たとい仲ヶ間之持牛は勿論、村内持牛勝手抔申、蜜（密）ニ壱人招キ売買致し候は、是又可及沙汰ニ、右等之儀は第一之慎方ニ付、心得違無之様、正路ニ可致事、

一〔⑤〕、他村死牛場持取捌人ゟ案内之節は、昼夜ニ不限互ニ誘合、早々立会、見違イ無之様篤と見定メ、入札可致、且銀払現銀之儀ニ付、延引之儀ハ不相成筈、自然銀払及延引候者有之候ハヽ、仲ヶ間者一同立会、速銀取立、売主へ相渡し候上、買仲ヶ間相除キ可申候、右入札致案内之落主留主中之事も有之、其節は代人等は曽而差出間敷候、乍併同居倅之義は格別之事、

但し、何時ニよらす、入札之節、酒肴抔は決而無之筈ニ候間、仲ヶ間・売手共心得違致間鋪候事、

一〔⑥〕、他村ニ而犬猫拾ひ帰り候節、仲ヶ間へ持参、売之節は篤と出所相糺候上、買取可申、若し不審之儀有之候ハヽ、仲ヶ間一統へ其段触流之致し、買取不申、其儘押置、村役人江申出、急度可及沙汰ニ候事、

一〔⑦〕、惣而死牛馬其外右品々類買取候ハヽ、捌之節下職相雇候節は、仲ヶ間申合互ニ雇合可致候、余人之者相雇候儀、曽而仕間鋪候、猶又村端・御他領之内へ生革張置候儀、一切仕間敷候事、

一〔⑧〕、村内持牛は勿論、他村之老牛・博労中飼牛倒候節、鬱陶敷事共・不法之義有之、其段買仲ヶ間之者兼而心得居候、右不法・不埒之儀、場持番郷之内より見附候節ハ格別、買仲ヶ間之内ゟ及見聞ニ、慥成証拠等も有之、露顕仕候ハヽ、其段村役人江申出、急度及沙汰可申候、右ニ付而は費等も有之候事故、酒代・諸賄として右死牛売代ニ割、右鬱陶敷死牛納り処ゟ差出し、買仲ヶ間之内へ相渡し可申候、其余諸雑用等相掛り不申様、兼而仲ヶ間可申合置候事、

一〔⑨〕、買仲ヶ間之者共、是迄死牛馬入札ヲ以買取持帰り候上、余人江又売致し候儀、是迄間々有之由、是以取締方とハ振合候ニ付、以来余人江又売捌等、曽而仕間敷候、自然差支等有之、又た売等致候節は、仲ヶ間互ニ売買致合可申事、

右ヶ条取締之儀は、番郷・買仲ヶ間一同逐一承知仕候、自然番郷之内、右ヶ条相背候もの御座候ハヽ、村役人江申出、急度沙汰可及、勿論買仲ヶ間之内、右ヶ条背候者御座候ハヽ、前同様及沙汰ニ候上、仲ヶ間相除可申候、猶又年々正月神用革入札之節、番郷・買仲ヶ間立会、勝手ニ新規之仕法相立候事も有之哉ニ相聞、是以不宜致方、右ニ付而は、取締も相和キ、互ニ行違より不心得之者出来仕候、向後は歳々正月神用之革入札相済候上、買仲ヶ間・番郷惣代無不参会所江打寄り、右ヶ条互ニ申合、相守可申候、自然村為ニ可成儀も有之候ハヽ、其節相談之上、申合可仕候、右締書、番郷中へ二冊、買仲ヶ間壱冊写相渡し置候間、月々右ヶ条之趣申合、心得違仕間鋪候、依之、番郷惣代・買仲ヶ間一同調印仕差出し置申処、如件、

天保九戊年

十一月

番郷帳元　武右衛門㊞

同　惣代　助治郎㊞

同　源治郎㊞

同　儀介㊞

買仲ヶ間　甚介㊞

（以下一五人省略、表3b参照）

庄屋
年寄　中

省略した一条目には、文政八年に買仲間が再設置されてから、年が経過し、仲間の死失や代替わりがあったの

で、今回村役人とも相談の上取り締まりの内容を決めた、とある。全体の内容は買仲間の仕法・取締であるが、書き留めの部分には番郷も密接に関わるため、相互に承知し、この取締書の写を番郷が二冊、買仲間が一冊を所持し、毎月それぞれの仲間が申し合わせるとしている。

a 入札・値付

まず買仲間の主要な機能である、死牛馬の入札・値付について見ていこう。二・三条目は草場内からの死牛馬の場合、四条目は南王子村の者の持ち牛が死んだ場合、五条目は「他村死牛馬取捌人」、すなわち塩穴村や嶋村など周辺かわた村の草場株所有者が買い取りを依頼した場合、である。

二・三条目は、売主は南王子村の草場株所有者であり、入札にかけられる死牛は元は百姓持ち牛である。これに対し四条目は、売主は牛の持ち主であった南王子村の者である。これは、草場の原則である死牛馬無償譲渡原則は百姓にしか適用されず、かわたの持ち牛が死んでもその権利は持ち主のかわたにあるためである。条目には書かれていないが、南王子村の者が所有する牛が塩穴村や嶋村の草場内で死んでも、南王子村の持ち主が処分権を持ち続けたと考えられる。五条目は、やや意味がとりにくいが、二・三条目が南王子村の番郷メンバーを売主とする入札である以上、それ以外の場合であり、「他村死牛馬取捌人」とは「他のかわた村で草場株を所有している者」と読むのが妥当である。こうした場合が条目に含まれることは、南王子村の買仲間が近隣のかわた村から死牛を買い取ることが稀ではなかったことを意味している。

買仲間の入札では、死牛の出所は右記の三つのルートがあり、それに応じて注意事項は若干異なっている。しかし、入札そのものは、①仲間一同で入札を行う、②正路の入札を行う、③支払いは現銀で行う、④落札者が売主に落札値段で現銀を払うことを仲間として見届ける、という四点の原則のもと、買仲間一六人によって行われた。三・四条目からは、南王子村の草場からの死牛や、南王子村の者が所有していた死牛を、買仲間以外に売却することは禁止されており、買仲間は名前の通り「買い」の局面を独占することが明らかである。三条目には、草場株所有者自身が自分入用の範囲で必要な肉を取ることだけが認められている。つまり、皮はすべて買仲間の入札を経る必要があり、生肉も売買することはできない。また主に得意場所有者が持ち帰る犬や猫、その他の小動物の死骸も買仲間が独占していた（六条目）。

b屠殺取り締まり

買仲間には、四・八条目にある「鬱陶敷事共」を取り締まる役割が強く求められていた。「鬱陶敷事」とは、入札にかけられる死牛が屠殺されたものであることなどを意味し、入札の際には仲間が立ち会い、「屠殺されていない」ことを確認することが、第一に求められていたのである。屠殺牛と考えられる場合は、入札せずに村役人に通報することになっている。村内の者が所有した牛、他のかわた村から持ち込まれる牛、博労の飼い牛には、屠殺牛が含まれる可能性が高いと認識されていた。

そのため、入札の際に売主が不在の場合、草場株所有者ならば妻子や下人を代人としても構わないが、他村のかわたが持ち込む場合は、同居する倅以外の代人は認めない、としているのである。前者が認められるのは、そもそも屠殺牛である可能性が低く、かつ村内で日常的に顔を見知っているためである。これに対し、たとえば「塩穴村某の代人某」では、身元を確認する保証が極めて薄いため、同居の倅に限定されているのである。四条目では、たとえ買仲間の持ち牛でも一人での入札は禁止であり、「第一之慎方」とされている。こうした文言からは、買仲間が設置された目的が、正路の入札（値付）に加えて屠殺取り締まりにあったことが明らかである。

c加工

七条目は、落札後の取り捌き、つまり加工についての取り決めである。加工にあたり、下職を雇う場合は、買仲間のメンバーを互いに雇い合うこととし、仲間外の者の雇用を禁止している。また九条目では、落札後の売買（「又売り」）は仲間内に限定するとされている。この二条からは、南王子村の草場からの死牛をはじめとして、村に持ち込まれる死牛を加工・流通（販売）する側面も買仲間が独占していたことが分かる。加工・流通の局面を独占するからこそ、全ての死牛が買仲間の入札にかけられる、という体制の大枠も維持されたのである。

d買仲間の構成

史料9には、番郷の帳元・惣代計四人と、買仲間一六人が連印しているが、一六人には番郷帳元の武右衛門と番郷惣代の儀介も含まれている（**表3a・b**参照）。さらに治郎左衛門と喜平治も番郷の中心メンバーである。文政八年の買仲間一六人にも番郷の中心メンバーが少なくとも三人は含まれている。

また買仲間の村高所持状況を確認すると、文政八年・天保九年ともに高持一〇人・無高六人である(48)。これらのことから、買仲間一六人の多くは、番郷にも属しているのではないかと思われる。

e番郷と買仲間の関係

二条目では、売主である草場株所有者が不在である場合が想定されている。代人として下人も認められている点は、番郷の有力者の何人かが当時下人を雇用していたことを予想させる。しかし草場株所有者の権利はごく限られており、売主が留守であっても、死牛は南王子村まで運ばれ、買仲間による入札後に、皮代を受け取るという体制が存在していたようである。文久二（一八六二）年には、草場内での死牛の知らせを受け、帳元が人足六人を場先に遣わしており、一九世紀後期には草場全体の日常的な管理・統括を番郷惣代や帳元が担っていた可能性が高い(49)。これらを総合的に考えると、多くの株持は草場株を所有するだけで（草場にも行かず、死牛を運ばずとも）、株からの得分を得られたと考えられる。おそらく、草場株所有者が増加し、死牛の配分が複雑化するなかで、番郷惣代や帳元が一元的に統括する体制が構築されていったのではないかと考えられる。

もう一つ重要な情報は、書き留め部分にある「正月神用革入札」である。文政八年の取極書では「正月始めから、神用の革を五枚押し置き、古来からの格式として、（五枚が）揃ったら入札する。」と記されている。この皮は、その後加工されて、信太明神社の二月の弓祭りに皮的として奉納される。この入札は番郷・買仲間の年始の参会という機能を有したようである。以上から番郷と買仲間は一応別の組織ではあるが、有力者が重なることもあり、一体的に存在したと考えられる。このことと関わって注目されるのが、文政九年に大鳥郡畑村に太鼓代銀の受け取り証文を「信太おうし村帳元六右衛門・清兵衛」が差し出しているという事実である(50)。買仲間再設定の翌年で、六右衛門は買仲間の一員でもあるが、帳元の肩書きで番郷として太鼓を販売しているのである。

これらをあわせて考えると、本来草場株所有者は全員が、草場から得られた皮革を加工し、売却することで利益を得ていたものと考えられる。だが次第に加工を担わない者が登場し、特定の者が加工を行う状況となった。そうなると、株所有者間での死牛の売買が日常的となり、適切な値付を行うために買仲間ができた、と考えられる。一九世紀には老牛屠殺を取り締まる役割も果たしているが、彼らが本来は番郷と一体であったと考えれば、当然のことである。

(2) 二つの老牛屠殺事件

買仲間の二つの取り決めは、いずれも直前に老牛屠殺事件が発覚したことを受けて作成された。次にこの事件を見ながら、老牛が屠殺される構造と、買仲間の関係について考えていこう。両事件の概要は次の通りである。

a 文政八年六月の事件

文政八年六月、無高の惣七が牛を毒殺したとの噂が村内で広まり、村役人は領主役所である川口役所に取り調べを願い出た(51)。その結果、一連の屠殺が明らかとなった(表5)。事件の中心は、三郎兵衛・惣七・宇吉の三兄弟と幸兵衛であり、与兵衛・勘兵衛は彼らの下働きである。左助も下働きだが、次第に自分で屠殺を行うようになったようである(52)。

こうした雇用関係に加え、次の二点が注目される。まず一点目は、博労の問題である。三郎兵衛は「買い廻し」をしているとされており、おそらく博労だろう。そして、三郎兵衛兄弟に老牛を売却した他村の者も博労である。三郎兵衛らは、ほかに南王子村村内の者からも牛を買い取っているが、売主とされる九兵衛は博労である。

表5　文政8年6月に発覚した屠殺事件での各人の役割など

三郎兵衛 (31才、無高)	文政7年夏以来、千原村の博労与作より老牛を買い取る。文政8年以降、布村半介より度々老牛を買い取り、中村の田地や伯太村の松林で夜中に落とし、取りさばく。
惣七 (25才、無高)	文政8年2月南王子村作右衛門の持ち牛を買い取る契約を結び、約束した引き渡し日より前にこの牛を毒殺する(不審に思った作右衛門は、死牛を惣七以外の者に売却)。同6月、池上村の博労伊兵衛より老牛を買い取り、夜中に落とし、取りさばく。
宇吉 (三郎兵衛弟長七23才)	南王子村定平の持ち牛を買い取り、夜中に墓所で落とし、取りさばく。兄三郎兵衛は「買い廻し」をしているので、同様の取り捌きをほかにもしている。
幸兵衛 (36才、1.111石)	多少の銀繰りができるので、ほかの者に落とし牛を世話し、本人も折々に落としている。文政8年3月には南王子村九兵衛の持ち牛を買い取り、墓所で落とし、取りさばく。ほかにも落牛の皮を売買するなどしている。
与兵衛 (37才、無高)	三郎兵衛・惣七・卯吉・幸兵衛の下働き。多めに賃銭をもらい、酒を振る舞われたりしたので、悪事とは知りながら、荷担する。
勘兵衛 (38才、0.187石)	
左助 (46才、無高)	与兵衛・勘兵衛同様だが、とくに幸兵衛の下働きをしていた。しかし文政7年12月以降、度々牛を落とし、出所不明の皮を幸兵衛に売り渡すなどしており、他の6人も不審に思っている。

(関係者の宗門改帳の記載)

作右衛門	29才、0.455石、牛なし
定平	57才、無高、牛なし
九兵衛	62才、1.47石、牛なし
平助	56才、無高、牛なし

典拠：『奥田家文書』410。年齢・所持高は文政9年宗門改帳の情報による。

作右衛門・定平も宗門改帳では牛を所持しておらず、彼らも博労だろう。百姓博労も含めたネットワークが、屠殺の背景には存在したのである。

二点目は、三郎兵衛と買仲間の関係である。三郎兵衛らは川口役所より「重過怠につき村預け」を申し付けられたのち、「今後、老牛・死牛など獣類死体の売買、飼牛・借牛屋・博労の手引き、口入れも一切しない。」とする詫び一札を村に差し入れ、七月五日に赦免されている。ところが七月八日、三郎兵衛は生皮を張り置いたことを村から見咎められ、生皮を取り上げられた上、改めて詫び一札を差し入れている。実はこの生皮は、買仲間の平助が三郎兵衛に預けたものであり、平助は村に詫び一札を入れ、買仲間を外れることになった。二人の一札からは、平助は買仲間の入札をへて購入した死牛を、日常的に三郎兵衛に（預けて）加工させていたことが読み取れる。

表6　天保8年7月の屠殺事件での各人の役割など

嘉八（30才、杢右衛門後家りう弟）	7月14日夜、九兵衛の持ち牛を盗み、黒鳥村の松林で落とす。当初は「九兵衛に頼まれた行った。」などと述べる。
九兵衛（26才、無高、組頭）	7月15日朝、牛家に牛がいないため村内を聞き合わせ、嘉八が屠殺したという噂を聞く。嘉八は肉はすでに売ったが、皮を誰かに預けていると聞き、すぐに皮を取り返し、番郷に届け出る。
藤助（39才、無高） 甚四郎（36才、無高） 政右衛門（48才、無高）	7月14日に嘉八から「死牛の取り捌きに雇うので、来るように。」と言われ、黒鳥村に行ったところ、嘉八が牛を落としていた。そのため、不正だとは認識していたが、飢饉の時節柄難渋しており、少しの賃銭ほしさに手伝う。
直七（36才、無高）	7月15日の夜に嘉八が牛肉を持参し、「河州から来た肉だが、買い取らないか。」と言うので、銀3貫712文（ママ）で買い取る。
平作（42才、無高）	7月15日の夜に直七から雇われて行ったところ、牛肉の仕分けを頼まれ、さらに胃の買い取りも依頼された。やむを得ず仕分けを行い、胃を銀300文（ママ）で買い取る。
源助（41才、無高）	嘉八が「皮を預けた」とする人物。本人の口書はとられていない。

典拠：『奥田家文書』436、1809。年齢・所持高は天保8年宗門改帳による。

b天保八年七月の事件

天保八（一八三七）年七月一五日、博労の九兵衛が番郷惣代らに自分の持ち牛が嘉八に屠殺された、と届け出た(53)。ところが番郷惣代が嘉八を糺したところ、嘉八は「屠殺したが、九兵衛に頼まれてのことである。」と述べた。そのため、番郷惣代や村役人がさらに二人から事情を聞いたが、真相は分からず、川口役所に届け出るとともに吟味を願い出たのである。関係者の口書きが作成されており、文政八年の事件同様、雇用される者、さらに皮や肉を買い取る者、という関係が明らかである（表6）。取り調べの結果、屠殺については、九兵衛の関与は認められず、嘉八の判断によるものと認定されたようである(54)。

この一件では、次の三点が注目される。一点目は、嘉八と九兵衛の関係である。両者の主張からは、九兵衛は但馬に牛の買い付けに行く資金調達のため持ち牛を売却しようとしていたこと、嘉八は博労とまでは言えなさそうだが、博労の間を仲介する仕事をしていたことが明らかである。嘉八は九兵衛の経営内部には含まれないが、九兵衛も相当気を許して出入りさせていたようである。二人の主張をまとめると、次のようになる。

七月一二日以降、二人の間では牛の売り値段や売り先が話題となっていた。その上で嘉八は、最終的には一四日の夜に九兵衛が

「早く売りたいので、誰かを雇って屠殺し、代銀を渡してくれ。」と言ったので、夜のうちに九兵衛に断らず屠殺した、と主張している。一方九兵衛は、一四日には嘉八に買い手を呼びに河内に行ってくれるよう依頼し、更池村の者に連絡がついたが、一五日朝に嘉八が「牛を下へ商いする《〔ママ、別の場所に売るということカ〕》。」と言ってきたので、代銀を受け取らなければ売らない、と返事をしたところ、嘉八は「すぐに払う。」と言って帰り、牛も居なくなっていた、と主張している。

二点目は、直七・平作・源助という、肉や皮を売買する人物の存在である。口書きからは、藤助・甚四郎・政右衛門は単なる下働きとして屠殺と皮をはぐところまで関与したことが明らかである。その上で、嘉八は皮は源助に預け、肉を直七宅に持ち込み、買い取りを依頼した。直七は、持ち込まれた肉塊を捌くため、平作を雇い、解体した肉を直七が買い、胃（骨も、とする史料もある）は平作が買っている。直七はすぐにこの肉を小売りしており、また平作は買仲間の一員でもあった。屠殺は生活に困窮する者を雇えば可能だが、解体して売るには、一定の技術と販路が必要だったことが読み取れる。

三点目は、買仲間であるにも関わらず、屠殺牛の解体に関わった平作についてである。親類の与茂三郎も買仲間に属しており、同じく関与したようで、このため買仲間は改めて取り締まり仕法を作成することにしたのである。仲間を多少入れ替えたようだが、詳細は不明である。平作と与茂三郎は買仲間から外されたが、天保一〇年に再加入が認められた(55)。文政八年の事件と同様に、買仲間のメンバーが屠殺牛の流通に関与したのである。

二つの事件から、老牛屠殺の構造として、大きく二つの問題があげられる。

一つは博労の問題である。博労が百姓に牛を斡旋する場合、百姓が買い取る場合と、預かる（借りる）場合があるが、預け牛の場合、牛が病気などになれば博労に戻された。もとより博労は牛目利き、牛医者という側面があり、博労のもとには老牛が集まりやすい。百姓博労が所有する牛は、死ねば無償譲渡の原則のもと、所有権はかわた（草場株所有者）に移る。これに対し、かわた博労の所有牛は、死んでも本人に所有権が認められる。そのため、百姓博労はもはや役牛とはならない老牛を、死ぬ前にかわたに低額でも売却したいと考えるのである。百姓博労にとって、買い手のかわたは、博労でも非博労でもよいのだが、日常的なつきあいから博労であることが多いと予想される。かわたは、安く購入した老牛が死に、買仲間の入札でより高い値段がつけば、差額が得分となる。

ここまでは、草場の大原則におさまる行為のように思われるが、こうした老牛売買が量的に拡大すると草場権の著しい侵害となる。そのため老牛売買が禁止されていた。さらに、かわたにしてみれば、買い取った老牛は間を置かず死ぬことが望ましいが、そうならない場合、屠殺に及ぶことは十分に予想される。このため、**史料9**では博労が強く警戒されているのである。一九世紀には屠殺事件が頻発するが、次第に博労ではない村内の下層が、屠殺を前提に老牛を買い取るためと思われる。

もう一つは、牛の流通と皮革の加工・流通の問題である。二つの事件は、いずれも買仲間に近いところで起きていた。これは、加工や流通の局面を買仲間がほぼ独占していたことの裏返しであり、取り締まり仕法（**史料9**）の条目はこれ以上なく有効な取り決めだと言える。買仲間や番郷にとって、博労とその周辺の人物、そして村内の死牛は最も警戒すべき対象だったのである。

ところが宗門改帳を確認すると、文政八年の三郎兵衛は同一二年から平作を名乗っており、同じく宇吉（長七）は同一二年から与茂三郎を名乗っている。つまり、文政八年には屠殺事件の首謀者であり、買仲間の下職などもしていたらしい二人は、天保八年までに買仲間に加入していたのである。文政八年の一件からは、三郎兵衛らは専業の博労というよりは、その周辺で活動する嘉八のような存在に近いように思われるが、詳細は不明である。そうした彼らが買仲間になぜ加入したのか（できたのか）は不詳である。買仲間にとっては、二人を加入させることで、村内の博労を牽制する目的があったのかもしれない。

このように一九世紀には、番郷・買仲間・博労といった範疇では単純に問題を捉えきれない構造が存在したのである。彼らは重複しながら存在し、かつその周辺に取り捌きや加工を担う層がこれもまた重層的に存在した。買仲間も一様ではなく、番郷惣代から博労に近い存在までを含んでいたのである。牛や皮革の流通は村内で複雑化しており、そのため、老牛屠殺の取り締まりは困難を極めたことが予想される。

おわりに

草場・得意場と村落構造の関係については二節のおわりで小括を行った。ここでは三節の成果をふまえて、明治二年の村内における関係を、ひとまず図2のように想定しておきたい。同年の買仲間のメンバーは明らかではないが、番郷の帳元や惣代とかなりの割合で重複するものと考えられる。同年の総軒数の四割程度が、草場・得意場の権利を有しており、この割合は一九世紀を通して大きく変化していないと思われる。

ここでは残る問題を四点にまとめておく。

①村内各層にとって収入源である草場・得意場の範囲

草場・得意場の範囲は、草場株所有者にとっては株の得分を得、得意場所有者にとっては出入り関係を結ぶ対象として収入源となった。しかしそれだけでなく、たとえば番郷が死牛を引き取るために雇用する人足や、禁止されてはいたが存在した買仲間の下請けなどにとっても、生活の上で草場は不可欠のものである。また番郷と重複しつつも加工・流通に専門化しつつある買仲間にとっては、原料の供給源である。さらにその先には、買仲間が加工した皮革を利用する者が村内に存在したと考えられる。このように考えると、草場や得意場という場の性格（機能）だけに限定せず、村内各層にとって多様な意味での収入源としても位置付ける必要がある。

②統制（保護）の論理と多方面への波及

草場・得意場の範囲は、様々な権利が重複する場であったがために、草場の原則維持や「稼場」としての独占

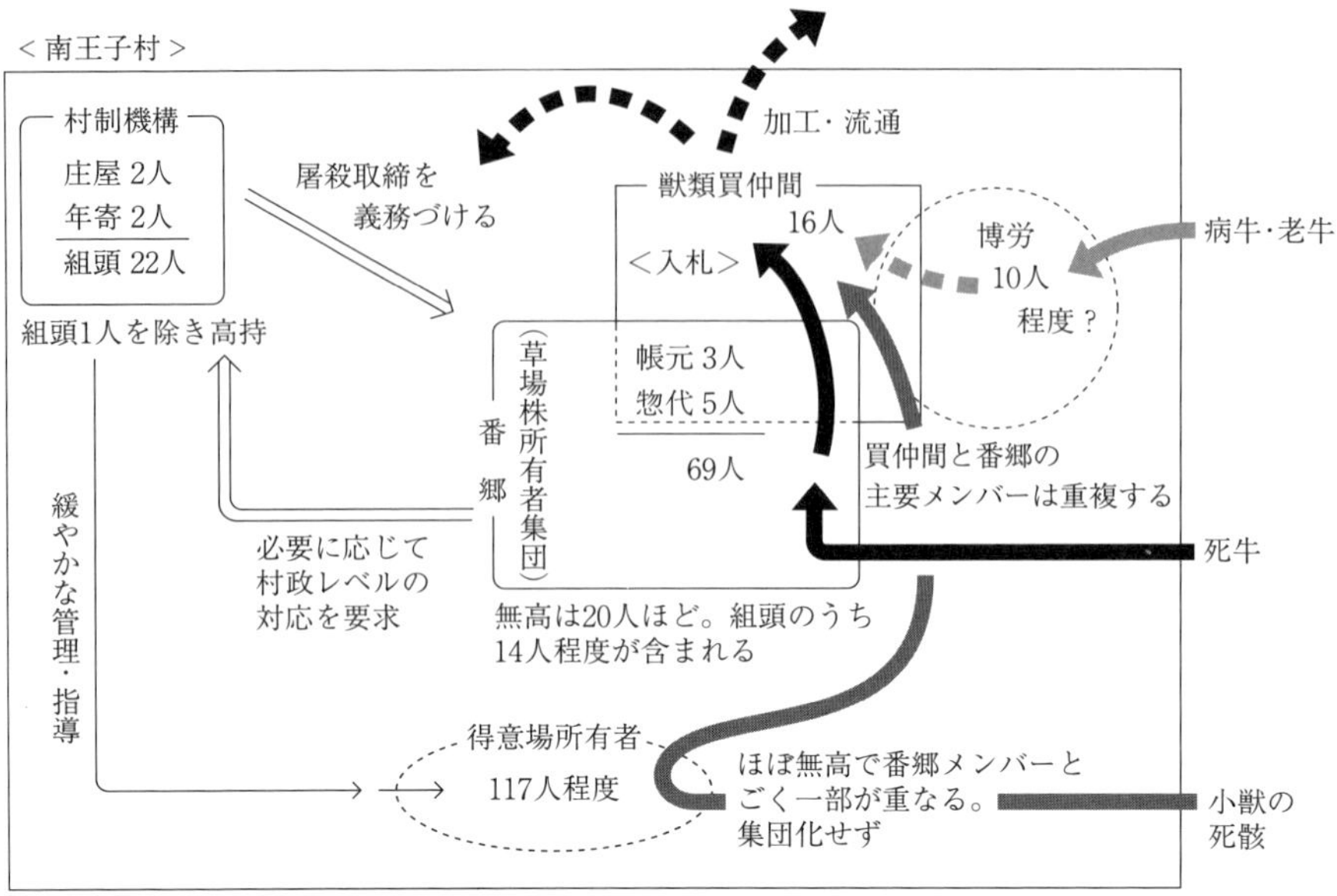

図 2　明治 2（1869）年の村内諸関係想定図

同年の総軒数は 394、内訳は高持 77・無高 317 である。

を主張する際には、村役人を中心に統制（保護）が行われ、多方面に作用することになった。とくに最も日常的に出入りする得意場所有者に、様々な機能が求められるようになったのである。そうした際に、統制の大枠は「村益確保」（①のように多様な意味で考えるべき）の論理のもと、村役人の主導により、実行されたのである。

③雪踏稼ぎ

旦那場・勧進場として、かわた村が共通して認識している権利は、吉凶時の取り締まりに出向く出入り関係であったと考えられる。これに、雪踏稼ぎや犬猫等の小獣類の死骸を得る権利が付随するか否かは、近世を通じて共通認識には至らなかったと考えられる。広い草場をもつ南王子村は独占を主張し、周辺のかわた村は否定するのである。これは、かわた身分に限らず、時代を経て場の用益方法が変化した際に生じる、近世社会一般に共通する動向と言える。

なお、得意場所有者が雪踏稼ぎを独占しているわけではない、という結論は、雪踏稼ぎがあまり行われていなかった、という意味ではない。権利が限定されていないということは、全ての村人に雪踏稼ぎが認められていたということである。雪踏稼ぎの検討は今後の課題である。

④博労

かわた博労は、草場の無償譲渡原則において、非常に重要な位置をしめ、屠殺の起点となりうる存在であった。天保期以降の南王子村には、一〇人以上の博労が存在したようである。有力な博労は九兵衛と三右衛門であり、彼らは専業博労に近い存在であると思われる。牛代銀の滞り出入や、天王寺牛問屋の摘発の様子をみると、他に少なくとも一〇人程度の博労が存在したようである。彼らは専業ではなく、多様な生業の一つとして牛も扱う、という程度のように思われる。博労は、百姓やかわた村とのネットワークを前提とした職であり、アウトロー的な存在とも近しい。老牛屠殺の問題も含め、南王子村の博労についても稿を改めて検討することとしたい。

注

（1）かわた村研究においては、一般的に草場に付随する様々な権利を包括的に旦那場や勧進場と呼ぶ。ここに斃牛馬取得を含める場合と（最も原初的なあり方を前提とした考え方）、含めない場合がある（草場とは分離した状態を前提にした考え方）。この点については、のびしょうじ『被差別民たちの大阪　近世前期編』（部落解放・人権研究所、二〇〇七年）において整理がなされている。本章では、主に一九世紀を対象とすることもあり、斃牛馬取得を含めない意味合いで旦那場と呼ぶ。

（2）塚田孝『近世日本身分制の研究』（兵庫部落問題研究所、一九八七年）、とくに同書第三章参照。

（3）前圭一「近世かわたの斃牛馬処理権」（西播地域皮多村文書研究会編『近世部落史の研究〈上〉』雄山閣、一九七六年）。南王子村の事例は、前氏の検討において主要な位置を占め、とくに旦那場の理解は南王子村に依るところが大きい。

（4）藤本清二郎『近世賤民制と地域社会―和泉国の歴史像―』（清文堂、一九九七年）のうち、第八章「南郡麻生嶋村の村落構成と草場」、第九章「一八・一九世紀、麻生嶋村の村落構成と経済構造」。

（5）『奥田家文書』一八三一からは、少なくとも幕末には村役人ではなく草場株所有者集団が「死牛馬取捌人株持名前帳」と「死牛馬請持村名帳」を管理していたことが明らかである。

（6）前圭一「近世『かわた』の入稼場―その特徴と構造―」（『大阪経済法科大学論集』五五、一九九四年）。なお、本論文においては履物販売と雪踏稼ぎの営業の場とされる南王子村の「入稼場」が「入所」や「得意場」とどういった関係にあるのかは一切言及されていない。

（7）畑中敏之「近世『かわた』村の雪踏像」（『ヒストリア』一四九、一九九五年）、のち改題のうえ、同『「かわた」と平人―近世身分社会論―』（かもがわ出版、一九九七年）に所収。

（8）『奥田家文書』四四五、天保九（一八三八）年の史料である。

（9）『奥田家文書』一七八八。

（10）『奥田家文書』一七八九。

（11）前掲注4参照。

（12）前掲注4参照。

（13）寺木伸明「江戸前期における草場の実態と死牛馬の取得状況・取得方式―河内国石川郡新堂村枝郷皮多村の場合―」（『桃山学院大学人間科学』三五、二〇〇八年）、同（史料紹介）『寛政七年正月　死牛支配帳　男牛』（『桃山学院大学国際文化論集』四七、二〇一三年）、同（史料紹介）『文化十一年正月　死牛支配帳　男牛』（『桃山学院大学人間科学』四五、二〇一四年）、同「江戸中期における草場の実態と死牛の取得状況・取得方式―河内国石川郡新堂村枝郷皮多村の場合―」（同・藪田貫編『近世大坂と被差別民社会』清文堂、二〇一五年、第六章）。以下、新堂村内かわたについての記述は、寺木論文による。

（14）『大阪府南王子村文書』一七〇二。作成年は記載されていないが、明治二年から同四年にかけて、信太郷の村々が南王子村を信太明神社から排斥しようとした際に作成されたものである。

（15）『奥田家文書』一八三二。文久元（一八六一）年の史料である。

（16）表3aには加えていないが、大鳥郡豊田村小谷家には文政六年九月の「死牛馬取捌仲間取締請書連印帳」が残されている（国文学研究資料館所蔵。『大阪の部落史　第三巻』に南王子村の連印帳として翻刻が掲載されている。なお『大阪の部落史』の翻刻では、帳元は亀次郎・善太郎・染次郎の三人だが、原本ではさらに四人目の帳元として善吉の名前がある）。死牛馬取捌帳元四名と肩書きのない五四名から、「庄屋・年寄中」あての本史料は、死牛馬の取り捌きに関して捨て場の掃除は丁寧に行い、人足などの監督も仲間として行う、などとするもので、宛先の「庄屋・年寄中」は南王子村の村役人を指すと考えられる。文言からすると、肩書きのない五四名は草場株所有者ということになろう。ところが、帳元四名の名前は表3aの草場惣代（喜平治・弥三兵衛・清兵衛・六右衛門ら）とは全く一致せず、逆にこの草場惣代の名前は五四名の中にも存在しない。本史料に記名のある五八名を「文政五年南王子村宗門改帳」で確認すると、名前人として確認できるのは一七名であり、ほぼ無高である。帳元四人のうち染次郎は有力者五兵衛の倅かと思われるが、残る三人は不明である。史料本文の趣旨とは異なり、帳元と人足の連印という可能性もあるが、そうなると五四人の中に三人の「まつ」を含め女性が七人含まれている点が不可解である。以上から、本史料については文政六年の草場株所有者の惣連印、または帳元と人足の連印とも断定できないと判断し、表3aには組み入れていない。

（17）文政一三年に惣代である三名を同年の宗門改帳の記載で確認すると、喜平治は三九歳で〇・五二三石、弥三兵衛は四二歳で二・二一五石、六右衛門は四五歳で六・一七四石である。六右衛門は組頭でもある。

（18）『奥田家文書』一八〇三、一八〇七、一八一一。

（19）『奥田家文書』三八一、三八二。

（20）『奥田家文書』六二、六四。

（21）『奥田家文書』一七九〇、一七九一。

（22）『奥田家文書』一八四四。この史料では、本文では後略した部分において、得意場を「持場」・「入拵場」とも表現している。

（23）『奥田家文書』一八四七。帳面の表題は「当村入所稼村名書上帳」である。

(24)『奥田家文書』一八六八。同内容が繰り返されるなど、やや錯雑もみられる。ほかに一八四七との相違は、五名の名前である。この五名は明治二年の宗門改帳ではいずれも確認でき、無高か同居人である。
(25) 明治二年の宗門改帳において所持高記載が漏れている者のうち、由右衛門と繁七は前後の宗門改帳から高持と判断している。
(26) 四人には木八(六・七〇一石)も含めているが、慶応元年の番郷連印では人足取締方として木八の名前があり、番郷メンバーである可能性は高い。もう一人の年寄である万次郎の所持高は一・六一石であり、やはり草場株は所有していない。
(27) 二四軒は、**表4**左側の二〇軒に欄外の治物右衛門・茂三郎・染五郎・武八を加えた数である。
(28)『奥田家文書』は一七世紀末以降ほぼ一貫して庄屋を務めた利右衛門家の史料群であるが、利右衛門家が草場株を所有していたことを窺わせる史料は一点も含まれていない。
(29) 南王子村の得意場(稼場)については、延享三(一七四六)年に草場株を持つ家を村内で再確認した際に、草場株を持たない無高の者に与えたと伝えられており、その後無高者が割り持ちにしていたと、『ある被差別部落の歴史』では述べられている(一一一頁)。この記述は、文政期の史料である『奥田家文書』四一〇と、**史料2**を合わせた理解であると思われる。しかし『奥田家文書』四一〇の問題の箇所は、草場争論の際に、南王子村の草場の来歴を述べた部分であり、延享三年に草場株を持たない無高の者に得意場の権利が与えられた、とまで明確に読み取ることはできない。草場株を持たない家は斃牛馬処理を禁止され、草場域に対しては職稼ぎ・雪踏直しなどをせよとされた、とあるのみで、草場株の確定=無株者の排除という意味合いでのみ理解すべきである。
(30) 和泉市黒鳥町浅井竹氏所蔵文書・箪笥5-47。
(31)『奥田家文書』一〇、一一。
(32) 和泉市池上町南清彦氏所蔵文書・箱16-382-1。松兵衛は嘉永二年の南王子村宗門改帳によると、三六歳、無高である(『奥田家文書』五七)。
(33) 表1No.9の「山家トハン」も「山家東ハン」を意味する可能性がある。

(34)『奥田家文書』一五〇六。年齢と所持高は同年の宗門改帳による（『奥田家文書』四七）。
(35)『奥田家文書』二七二一。
(36)『奥田家文書』六〇。
(37)『奥田家文書』二七二五。別紙は挟み込みかと思われる。
(38)前掲注24参照。
(39)『大阪府南王子村文書』一六三一。
(40)すべて『奥田家文書』三九二による。
(41)主として『奥田家文書』三六五による。
(42)『奥田家文書』一八〇五は、南王子村が嶋村に送った下書きによく似ているが、問題の箇所は「往古ゟ相定り候草場取締之条々、急度相守り不法致させ申間敷候、尤職品売買通商之儀は、双方睦敷可仕約束ニ而、向後熟談之通心得違無之様、小前末々至迄、篤と申聞、相互ニ為嗜可申候」となっている。嶋村が作成した一札の下書きと考えられ、争点が雪踏稼ぎであったことを如実に示している。
(43)『奥田家文書』一八一八、一八二〇など。
(44)作兵衛の一札は『奥田家文書』一八一九。買い取ったかわたは紀州伊都郡岸上村（『奥田家文書』四七四）、日根郡鶴原村・摂州杉本新田（『奥田家文書』一八二七）などの者で広域に及ぶ。
(45)『奥田家文書』一八三七。この史料では、「稼場」という表現はなく、「入所の持場所」や「得意場」という用語が使われている。
(46)『奥田家文書』一八〇四。
(47)『奥田家文書』一八一〇。
(48)文政九年と天保一〇年の宗門改帳と照合（『奥田家文書』四四、五二）。文政八年に買仲間の染治郎は、当時有力であった年寄五兵衛の倅で、五兵衛のイエに同居しているが、高持と数えた。
(49)『奥田家文書』一八三一。

(50)『奥田家文書』一八九三。
(51)『奥田家文書』四一〇。
(52)左助は、この後も盗品買い取りや博奕、落牛、窃盗などを重ね、天保三年には死罪になったと思われる。拙稿「十九世紀泉州南王子村の村落構造―博奕問題を手がかりに―」（『ヒストリア』二四一、二〇一三年）参照。
(53)『奥田家文書』四三六、一八〇九。なお天保八年の九兵衛は、文政八年の九兵衛の倅である。
(54)『奥田家文書』六五〇、六五一。
(55)『奥田家文書』一八一一。

付表　『和泉国在郷神名記』（聖神社所蔵文書）より

〔旧和泉市史筆写史料の内〕

基本的に、筆写史料に記載されている通りに表とした。神名については適宜省略している。

―　については、記載なし（付箋なし）を示す。

付箋欄の同人や同断については、想定される人名を〈　〉に入れた。

村名欄の―や同についてのは、確実なものについてのみ〈　〉を付した。

No.	（所在村・立会村名）	（神名）	（付箋）
	〈大鳥郡〉		
1	大鳥村	天神	今孫兵衛ニ成ル
2	東下村	天神	同人〈孫兵衛〉
3	西下村・山内下村立会	天神	同人〈孫兵衛〉
4	新村	天神	南王子長治郎
5	今在家村	井戸守	南王子九右衛門
6	野代村	天神	―
7	北王子村・長承寺村立会	天神	南王子村惣請
8	上村	天神	南王子村惣《又兵衛》請
9	富木村	天神	―
10	菱木村※1	牛頭天王	南王子村善七　今甚右衛門
11	舟尾村	九頭明神	南王子今惣代

12	上石津村	戎	―
13	下石津村	戎	―
14	市村	六所権現	―
15	赤畑村・万代庄立会	八幡宮	―
16	百済村	八幡	―
17	土師村	牛頭	―
18	土師新田	天神	―
19	畑山新田	愛宕	―
20	東村	天神	―
	北村※2		南王子幸右衛門
	南村		清八
	小坂村		―
21	平井村	熊野	―
22	楢葉新田	牛頭	―
23	小坂村	―	―
24	伏尾新田	八幡	―
25	東山新田	十二社	―
26	毛穴村・平岡村立会	天神	平岡共　南王子幸右衛門
27	八田寺・堀上村立会	天神	堀上共　同人〈幸右衛門〉
28	家原	六所	南王子惣請
29	草部村	牛頭	南王子今庄七
30	原田村	熊野	―
31	和田村※3	蔵王ほか	―
32	栂村	天神	―
33	深田ニ有之※3	天神ほか	―
	和田村		南王子清兵衛
	太平寺村		同人〈清兵衛〉
	大庭寺村		同源左衛門
	小代村		清兵衛
34	片蔵村	別宮八幡	―
	豊田村		―
	釜室村		―
	富蔵村		―
	逆瀬川村		―
	田中村		南王子吉兵衛
	畑村		―
	栂村		―
35	富蔵村	妙見	―
36	畑村之内下里	弁天	―
37	逆瀬川村	大梵天	―
38	片蔵社ノ末社ト云	御霊天神	―
39	鉢峰山	天光神	―
40	下別所村・上別所村立会	熊野	南王子長右衛門
41	和田谷上村	―	上村同人〈庄右衛門〉※4
	檜尾村		―
	大森村		南王子庄右衛門
42	檜尾村・上村立会	勝手社	檜尾村分ハ庄右衛門
43	野々井村	天神	同人庄右衛門
44	陶器	天神	―
45	―	大鳥五社	―
46	深井三ヶ村立会	牛頭	―
47	踞尾村	八幡	南王子今要介
48	高石北村・南村立会	天神	小高石分南王子清兵衛 辻村分高石分同村辻右衛門 北村ハ同村与次兵衛
49	同立会	春日	―

50	高石南村	八幡	―
51	土生村	天神	綾井分南王子甚兵衛
52	新家村	天神	同人〈甚兵衛〉
53	市場村・南出立会	天神	同人〈甚兵衛〉
54	同	稲荷	―
55	大園村	壺宮明神	南王子佐次右衛門
	（以下15社は堺市中と周辺のため省略、いずれも付箋なし）		
	〈和泉《ママ》郡〉		
71	仏並村・坪井村	牛頭天王	南王子新八
72	同村〈仏並〉之内小川	大将軍	南王子喜兵衛
73	坪井	八幡	南王子彦兵衛
74	下宮村	牛頭	―
	小野田村		与左衛門
	九鬼村		甚右衛門
	岡村		同人〈甚右衛門〉
	福瀬村		彦兵衛
	北田中村		甚右衛門
	南面利村		同新八
75	北田中村	氏神社	同甚右衛門
76	南面利村	牛頭	南王子喜兵衛
77	福瀬村	八王子	同人〈南王子喜兵衛〉
78	善正村	氏神	同人〈南王子喜兵衛〉
79	―	巻尾五神	―
80	納花	八幡	南王子彦兵衛
81	国分村・平井村・黒石村	牛頭	同市兵衛※5
82	平井村	山王	同人〈市兵衛〉
83	黒石村	八王子	同人〈市兵衛〉
84	鍛冶屋村	八幡	同人《ママ》権四郎
85	三林村・和田村・室堂村・万町村・浦田村・鍛冶屋村・下村立会	春日	同彦兵衛
86	和田村	白山	南王子新八
87	室堂村	氏神	同伊左衛門
88	浦田	御霊天神	同権四郎
89	万町村	白山	同人〈権四郎〉
90	池田下村中村ノ惣社※6	御霊天神	同伊右衛門
91	箕形村	牛頭	同伝左衛門
92	唐国村	天神	同市右衛門
93	内田村	春山《ママ》	同人〈市右衛門〉
94	春木村・久井村・若樫村・春木川村・唐国村・内田村立会	春日	若樫・久井・春木 喜右衛門
95	久井村	地主権現	同喜右衛門
96	若樫	大梵天	同喜右衛門
97	松尾寺村	熊野ほか	与次兵衛
98	春木川村	牛頭	喜兵衛
99	大澤村上村ニアリ※7	牛頭	同人〈喜兵衛〉
100	牛滝山	弁天	同人〈喜兵衛〉
101	大野村	天神	喜右衛門
102	父鬼村	八王子	同人〈喜右衛門〉
103	内畑村	牛頭	山口分次郎兵衛、残ハ太郎兵衛
104	一条院村	春日	―
105	寺田村	天照	南王子伝右衛門
106	今福村	天神	同人〈伝右衛門〉
107	寺門村	天神	同人〈伝右衛門〉

108	観音寺村	天神	同今ハ弥七
109	桑原村	天神	同惣請
110	今在家村	若宮八幡	同甚兵衛
111	坂本村	牛頭	今勘右衛門
112	黒鳥村	天神今天満	同村方惣請
113	伯太村	天神	同惣請欤
114	同村〈伯太〉	熊野	｜
115	肥子村	天神	南王子村五郎兵衛
116	池上村西方氏神	天満宮	同六右衛門
117	同〈池上〉下モ	天満	｜
118	千原村	天神	同重左衛門
119	千原村・森村立会	天神	｜
120	森村	山王	同与次兵衛
121	二田村	天神	同吉郎兵衛
122	北曽根村	天神	同市右衛門
123	南曽根村	天神	同同人〈市右衛門〉
124	府中村	八幡	南庄兵衛・北太郎作
125	助松村	天神	｜
126	和気村	八幡	四平
127	高月村	天神	同半右衛門・半兵衛
128	小田村	天神	同平兵衛
129	北出村	八幡	同今弥四郎
130	井口	｜	同四平
131	下馬瀬村	天一神	南王子文左衛門
132	忠岡村	天神	同奥右衛門
133	同	牛頭	｜
134	下条大津村	若宮八幡	同惣請
135	虫取村	牛頭	南王子市左衛門
136	吾孫子氏神	穴師明神	｜
137	板原	｜	南王子奥右衛門
138	上代村	牛頭	儀右衛門
139	上村	天神	村方東番
140	舞村	天神	同断〈村方東番〉
141	尾井	牛頭	同断〈村方東番〉
142	｜〈尾井〉	原作社	同断〈村方東番〉
143	中村	若御前	同断〈村方東番〉
144	富秋村	天神	同断〈村方東番〉
145	氏神	信太聖社	｜
	〈南泉《ママ》郡〉		
146	磯上村	牛頭王	南王子村奥右衛門
	（13社省略、いずれも付箋なし）		
160	大町村	天神	南王子太郎兵衛
161	吉井村	天神	南王子文左衛門
162	中井村	八幡	同四平
163	荒木村	八幡	同七郎右衛門
164	下池田村	天神	同人〈七郎右衛門〉
165	箕土路村	天社	南王子七郎右衛門
166	池尻村	春日ほか	南王子又兵衛
167	久米田山	春日	同又兵衛
168	小松里村	春日	同九左衛門
169	西大路村	弁天	同七郎右衛門
170	東大路村	天神	｜
171	稲葉村・檜室村氏神	牛頭	同太郎兵衛
172	中村まで	九頭	同佐右衛門
173	同上てニ有り	天神	｜

174　包近村　天神　同人〈佐右衛門〉
175　三田村　天神　南王子弥三兵衛
小倉・池樋ハ太郎兵衛※8
176　摩湯村　天神　同与三右衛門
177　新在家村　天神　同又兵衛
178　田治米村　天神　同人〈又兵衛〉
（7社省略、いずれも付箋なし）
186　相川村　春日　南王子元常右衛門孫

180　塔原村領　八大龍王石社　―
181　同　天神　―
（18社省略、いずれも付箋なし）
200　積川村氏神　牛頭　―
201　―　積川五社　南王子ハ三右衛門ノ由、
檜室同三右衛門ノ由
（202より日根郡、いずれも省略、終）

※1　同筆内に、春日万崎・天神山田・大歳稲葉村という記載もある。万崎・山田・稲葉は菱木村内の集落名であり、集落ごとの社について書き上げている。こうした記載は他にも多く見られる。

※2　大鳥郡東村所在の天神は、東村・北村・南村・小坂村立会とあり、うち北村と南村にのみ付箋がある。

※3　大鳥郡の№31と33は同一の神社と考えられる。

※4　付箋の位置から、「同人」は大森村をうけて庄右衛門のことを指すと判断した。

※5　付箋の位置から、同筆内にある「長田社　倉上村」にかかる可能性もある。

※6　同筆内には、池田下村内五集落（久保・願成・山吹《（山深）》・千才《（泉財）》・中村）の神社もそれぞれ記載されているが、付箋は池田下村の惣社に対応している。

※7　上村は大澤村内の集落名。

※8　筆写史料では、№176に対して「小倉・池樋ハ太郎兵衛　同与三右衛門」とついているが、小倉・池樋は三田村内の集落のため、前半部分は№175に対応すると判断した。

補論2　南王子村における人口増加と出作・小作

はじめに

近世において、「穢多」身分、すなわちかわた身分の存在形態は東西で大きく異なる。東日本ではかわた人口が少なく、百姓村の中に数戸ずつ居住する事例が多い。これに対し、西日本では近世初期から相当のかわた人口があり、中期以降さらに増加し、百姓村の規模をはるかに超える事例も珍しくない。そうした場合には、長屋住まいが標準的になり、かわた村は都市的な場となっていく。こうした傾向はすでによく知られており、その背景については西日本のかわた村が経済的基盤を有していたからであると説明されてきた。ただし十分に実証されているとは言い難く、また一般的な説明にとどまっている感は否めない。

本章では、人口増加とその背景を検討するための史料的条件が整った泉州南王子村を対象に、この問題を検討する。分析にあたって重要であると考えられるのは、一つはかわた村の内部構造、さしあたってイエのあり方と村内におけるイエの扱いである。もう一つは、地域社会との関わり方である。畿内の百姓村は近世を通じて人口が横ばい、あるいは減少傾向にあると一般的に言われている。かわた村において人口が激増することは、地域社会においてどのような意味をもったのであろうか。こうした問題意識から、かわた村の内部構造と地域の社会構造をあわせて見ていくこととする。

まず南王子村の概要と人口増加の様子を確認し、つぎに一八世紀中後期のイエのあり方・イエと村の関係を検討する。最後に人口が増加するかわた村と地域社会の関係を出作・小作を中心に考察したい。

一、南王子村と人口増加

第四章表1は南王子村における家数と人口の変遷を示しているが、ここから人口が激増していく様子が読み取れる。一七世紀中の具体的な数字は不明だが、正徳三（一七一三）年には九三軒・四〇三人であった。これが一八世紀末の寛政一二（一八〇〇）年には二三〇軒・一一一二人となっている。さらに幕末には二〇〇〇人近くまで増加し、明治期以降も増加し続ける。およそ百姓村ではあり得ない増加スピードである。

かわた村において人口が増加する要因は「宿業から逃れるために、かわたは堕胎・間引きを行わなかったための自然増と、社会的落伍者が流入したためである。」とされることがかつては多かった。しかし社会的落伍者流入説は宗門改帳の詳細な検討によってほぼ否定され、人口増加は自然増によるものであることが実証されている(1)。筆者も南王子村において宗門改帳の分析を行い、人口増加は基本的に多産（多死でもあるが、それを上回る数の子どもが出生する。また一九世紀に入ると近隣のかわた村から多数の養子がみられる）に由来することを確認した(2)。産児調節については現在まで実証されておらず、おそらく今後も実証は不可能であると考えられる。

第四章表1の家数に注目すると、南王子村の村高をもたない「無高」が一九世紀には圧倒的多数を占める。とくに一八世紀中期以降「高持」軒数は九〇軒程度でほぼ飽和状態に達し、一九世紀には減少していく。家ごとの所持高移動はあるものの、村内では「無高」が増加し続けた。村高一四三石余の南王子村では高持といっても、ほとんどが二石以下、とくに一石以下が圧倒的多数を占める。このため、「村高」所持だけで再生産が可能であった家はごくわずかであったと考えられる。にもかかわらず「村高」が細分化していく理由は村落構造のあり方に由来しているが、この点については次節でふれることとする。

このような「無高」は一八世紀中には借地がほとんどであるが、幕末には半数以上が借家となる。人口・家数が増加し続けても耕地を屋敷地にすることは基本的に領主によって禁止されていた。火事や質入れの際などに書き上げられる家屋の規模は「二間×一・五間」といったごく狭小なものであったり、長屋であることが明白な場合も多く、一九世紀以降は集落内で家屋が相当建て込んでいたようである(3)。

表1は天保期の南王子村と周辺村の様子であるが、この時点において南王子村の家数・人口が信太郷七ヶ村と舞村の総人口をはるかに上まわっている。**第一章図1**は明治中期のものだが、周辺に比べて南王子村の屋敷地が広く、しかも密集している様子がよく分かる。**表1**以外に七ヶ村の人口を知る手段は今のところ存在しないが、近世の日本では北陸地方と瀬戸内地域（山陽・四国）と九州を除いて百姓村の人口は横ばいから減少傾向にあるという通説がおそらくこの地域にもあてはまるものと思われる。すなわち、人口が激増する南王子村の周辺では人口が停滞していたのである。

表1　天保期の南王子村と周辺村の家数・人口

		天保2(1831)年			天保4年
		村高	家数	人口	南王子村からの出作高
信太郷七ヶ村	上代村	334.1170	60	243	0
	上村	332.1180	45	208	0
	太村	424.2120	51	250	19.236
	尾井村	233.9370	25	137	73.907
	尾井村(旗本領ほか)	—			29.236
	中村	410.1952	30	129	54.627
	富秋村	195.3500	26	107	18.461
	王子村	323.7108	33	167	172.943
	舞村	31.8550	20	75	0
	南王子村	143.1330	305	1710	
	池上村	—			81.878
	伯太村	—			50.879
	出作高 合計				501.167

ほかに、上村に煙亡10人、太村に番非人3人がいる。
王子村出作高には中央寺小作30石余を含む。
尾井村は520石余で、一橋家と林家・施薬院・長岡家（肥後八代城代）の四給である。
典拠：信太郷七ヶ村と舞村・南王子村の村高・家数・人口は、一橋役所が作成した天保2年頃の「和泉国大鳥郡・泉郡村々様子大概書」による（和泉市史紀要第20集『和泉の村の明細帳Ⅰ』、2014年）。出作高は天保4年時点のもの（『奥田家文書』8）。

二、一八世紀におけるイエと村落構造

一般的な百姓村では、跡をつぐ男子に家名・家産・家職がセットで相続されていく家が一七世紀末までに成立すると言われている。こうした百姓村は、基本的に人口が停滞・減少傾向にある。本節では人口が増加し続ける南王子村においてイエがどのような存在形態をとっていたのかを紹介し、イエと村落構造の関係について検討を加えたい。

南王子村では一八世紀中期以降ほぼ隔年で五十数冊の宗門改帳が残されており、イエの復元が可能である。これまで寛延三（一七五〇）年から天明二（一七八二）年まで一三冊の宗門改帳を詳細に分析した(4)。そこから見いだされる南王子村におけるイエのあり様は、無秩序ではないが総体的に極めて流動的である。その主な要因は、比較的末子相続が多く毎年一定の割合で分家が創出される一方で、経済的困窮（名前人の死去・欠落なども含む）が理由と考えられる同家が繰り返されるためである。

たとえば、安永五（一七七六）年には一五一軒であった家数は安永九年には一五軒増加し一六六軒となっているが、内訳は減少八・増加二三である(5)。減少八軒のうち、五軒は親類などの家に同家したことが確認できるが、三軒は全く不明である。増加二三軒のうち、一二軒は村内の家からの分家と確定できるが、一一軒については不明である。これは分家する際に名変えをすることがあり、同じ年頃の倅が分家した場合、身元の特定が困難なためである。こうした家数の増減のほかに、四年の間に名前人が交代した家が一五軒、名前人が名変えをした家が五軒あり、宗門改帳を利用してイエを復元することは単純な作業ではない。

このような様相を見せる南王子村では、家名（宗門改帳における名前人）の変更も頻繁に見られるため、年次を経過した場合、家名が同じであってもそれが同じイエであるとは限らない。また村高が単純に家産・家職とはな

らないため、一般に言われるような家がはたして成立しているのか否かを確かめることは非常に困難である。おそらくごく一部の安定したイエを除いては、基本的に百姓村のような家は未成立であると考えられるが、イエを維持しようとする動向や明確な意識は確認できる。以下、表２からこうした具体的なあり方を紹介する。

まず太兵衛家（イエ番号〇〇一七）における相続のあり方を見ていく。宝暦四（一七五四）年には太兵衛家には倅二人（兄武兵衛と弟長七）がいたが、宝暦一二年には武兵衛は久左衛門の娘せきと結婚して分家（〇一五五）し、太兵衛家は長七が五兵衛と名を変えて名前人となっている（父太兵衛は存命）。明和七（一七七〇）年頃に太兵衛が死ぬと、武兵衛が太兵衛と名変えし、家産（〇・五二四石。〇・〇六九石については後述）も兄太兵衛が相続した。ところが太兵衛は安永二年の疫癘流行によって死亡し、安永五年には太兵衛家の家人二人が太兵衛の娘つたの嫁ぎ先である勘右衛門家（〇一四〇）に同家し、太兵衛家は消滅した（なお、太兵衛の女房せきは明和三年には死去したようで、同年には更池村からとめが縁付いている）。一方弟の五兵衛家（〇〇一七）には倅が二人（兄長四郎と弟与四郎）誕生し、五兵衛の死後一旦長四郎が五兵衛を名乗り名前人となるが、安永九年には甚助後家（〇一四七）のもとに五兵衛名前のままで婿入りし、五兵衛家は弟の与四郎が長右衛門を名乗り名前人となっている。太兵衛家の場合、二代にわたって父親の名前は家を出た長男に、住居は次男に引き継がれたといえる。

もう一つ太兵衛家をめぐって特筆されるのは、利兵衛の存在である。利兵衛は宝暦四年まで利兵衛家（〇〇〇八）の名前人であったが、宝暦一二年には五兵衛家（〇〇一七）に同家し、明和五年には五兵衛の兄武兵衛家に同家、太兵衛（武兵衛）家が消滅したのちは勘右衛門家（〇一四〇）に同家する。利兵衛がそもそも太兵衛家に同家したのは、それぞれの女房（さつとつた、塩穴村伊兵衛娘）が姉妹であったためと考えられる。利兵衛が所持していた〇・〇六九石は最初の同家先（〇〇一七）へもたらされたようだが、注目されるのは安永三年以降に登場する「利兵衛家」（〇二一六）である。この利兵衛の来歴は不明だが、その所持高は〇・〇六九石であり、宝暦四年まで存在した利兵衛家（〇〇〇八）と何らかの関係が想定できる。宝暦四年に二歳であった利兵衛の倅平

寛延3年 (1750)		＜凡例＞ 分析上のイエ番号 所持高(斜字はママ) 無高の場合(　)内は地主・家主 名前人　年齢 家族　年齢				0014 0(又右衛門借地) **市助**　39 女房きさ　40 娘さん　14 娘小さん　11 倅権四郎　4
宝暦4年 (1754)					0088 0.158 三郎右衛門　42 女房なつ　31 娘ゆり　11 弟久兵衛　38 弟市郎兵衛　31 弟善四郎　25	0(又右衛門借地) 市助　43 女房きさ　44 娘さん　18 娘こさん　15 娘ぎん　2
宝暦12年 (1762)		0015 0(又右衛門借地) **角兵衛**　51 倅源八　19	0007 1.5 十兵衛　35 女房かな　31 娘しげ　8 倅仁三郎　6 娘そめ　3 妹ひち　19 母妙春　63	0172 0(三郎右衛門借地) 久兵衛　46 女房ひち　36 倅岩松　5 倅三吉　3	0.158 三郎右衛門　50 女房なつ　39 娘はつ　10 倅岩松　6 倅八之助　3 弟善四郎　33	0(金兵衛借家) **重郎兵衛**　50 娘きん　10
明和5年 (1768)		0(四郎兵衛借地) **孫七**　30 女房ゆら　26 娘きよ　2 父**角兵衛**　57		0.07 久兵衛　52 倅岩松　11 倅三吉　9 倅新六　7 娘そめ　3	0.088 三郎右衛門　54 女房はつ　44 倅岩松　14 倅藤八　11 倅新六　7 娘よし　17	0(助右衛門借地) 重郎兵衛　56 娘きん　16
明和7年 (1770)	0206 0(善六借屋) **市助**　48 女房さよ　47 倅長七　26	0(四郎兵衛借地) **孫七**　29 女房ゆら　28 娘きよ　4 倅音吉　2 父**角兵衛**　59		0.07 久兵衛　54 倅岩松　13 倅三吉　11 倅新六　9 娘そめ　4 ↓ ×	0.088 三郎右衛門　56 女房はつ　46 倅岩松　16 倅藤八　13 倅新六　9 娘よし　19 倅平吉　2	0(儀兵衛借地) 重郎兵衛　58 娘さん　18
安永3年 (1774)	0(勘右衛門借地) **太介**　30 弟市松　11 妹さん　13 母さよ　51	0(四郎兵衛借地) 孫七後家　29 娘きよ　8 倅勘太郎　2 父**角兵衛**　63 ↓ ×	**0007** 1.5 **仁三郎**　18 姉しけ　20 妹そめ　15	0073 0(新助借地) **弥八**　24 女房さつ　21 甥喜市郎　8	0.088 三郎右衛門　19 弟新六　13 弟平吉　9 弟八五郎　14 弟岩松　16 母はつ　50	0(甚助後家借家) 十郎兵衛跡こさん　30 妹てう　21
安永5年 (1776)	0(元右衛門借屋) **覚兵衛**　33 女房ゆき　24 妹さん　15 弟市松　13 母さよ　53 ↓ ○	0076 3.971 太郎兵衛　56 女房すま　58 娘よし　23 甥庄兵衛　38 娘ゆう　31 孫さよ　10 孫勘三郎　4 伯父**覚兵衛**　65 ↓ ○	1.5 **弥八**　20 姉しけ　22 妹そめ　17 ↓ ○	0(与三左衛門借地) **彦兵衛**　26 女房さつ　21 倅太蔵　3 妹はな　23 母妙順　64 ↓ ○	0.088 三郎右衛門　21 弟久兵衛　18 弟八五郎　16 弟新六　12 弟岩松　10 母さつ　52	0(勘太郎借屋) 十郎兵衛　38 女房さん　35 妹てう　23
安永9年 (1780)				0172 0.07 **久兵衛**　22 女房はな　22	0.088 三郎右衛門　25 弟八兵衛　20 弟新六　16 弟平吉　14 母さつ　56	0(弥八借地) 重郎兵衛　42 女房さん　39 倅藤松　13 娘むめ　9

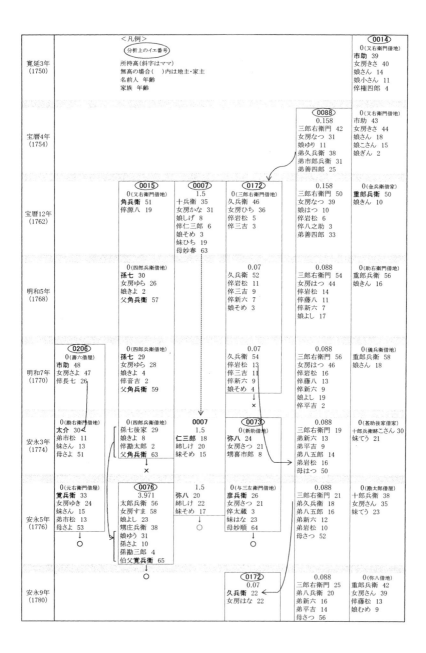

表２　南王子村におけるイエ

0018 6.691 **久左衛門** 42 女房つや 39 下男藤兵衛 25 娘せき 16 娘さん 5 倅久蔵 3		0017 0.524 **太兵衛 52** 女房つた 46 倅長吉 19 娘さん 17 倅長七 15 倅長四郎 5	0008 1.009 **利兵衛** 37 女房さつ 28 娘はつ 5 娘ふり 2 母妙誓 77		
6.691 久左衛門 46 女房つや 43 娘せき 20 娘さん 9 下男市兵衛 28		0.524 太兵衛 56 女房つた 50 倅武兵衛 23 娘さん 21 倅長七 19	0.069 利兵衛 41 女房さつ 32 倅平次郎 2 母妙誓 81 ↓ ×		
6.691 久左衛門 － 女房つや 51 **倅半五 26** 嫁とら 17 娘くめ 9 下男長兵衛 26		脱 **五兵衛 27** 女房わき 27 倅長四郎 6 娘かつ 4 倅与四郎 2 **父太兵衛 64** 母つた 57 伯父利兵衛 50	0155 脱 **武兵衛** 31 女房せき 26 娘つた 5		
6.691 半五 32 女房とら 23 娘ひて 4 父久左衛門 59 母つや 57 妹くめ 16		0.069 五兵衛 33 女房わさ 33 倅長四郎 12 娘かつ 10 倅与四郎 7 父太兵衛 70 母つた 63 娘むつ 2	*2.909* 武兵衛 35 女房とめ 25 娘つた 10 倅久太郎 5 伯父利兵衛 63		
3.889 **久左衛門** 61 女房つや 59 娘くめ 19	0203 3.707 **半吾** 34 女房とら 25 娘ひて 6 倅大次郎 3	0.069 五兵衛 35 女房わさ 35 倅長四郎 14 倅与四郎 9 娘かつ 12 娘むつ 4 母妙志 64	0.524 **太兵衛** 38 女房とめ 27 娘つた 12 倅久太郎 7 倅甚六 28 伯父利兵衛 54		
2.681 **久左衛門後家** 脱	3.707 半吾 38 女房とら 29 倅大次郎 7 娘ひて 4 ↓ ○	0(脱) **五兵衛** 19 弟与四郎 12 妹きよ 16 妹むつ 7 伯母いそ 18 母わさ 39	0.524 **太兵衛後家** 33 倅久太郎 10 伯父利平 58 ↓ ×	0140 0.683 勘右衛門 26 女房つた 18 妹はな 15 妹とわ 10 母さん 50	0216 *0.066* **利兵衛** 25 女房とわ 21 倅喜八 4
2.681 久左衛門後家 52	0147 0(儀兵衛借地) **甚助後家** 42 娘すま 16 母はな 69	0(脱) **五兵衛** 21 弟与四郎14 妹よし18 妹むつ 9 母わさ 41	0098 0(儀兵衛借地) **長右衛門後家** 57 倅常松 19 倅長吉 16	0.683 勘右衛門 28 女房つた 20 妹はな 17 妹とわ 12 倅長吉 3 弟久太郎 10 伯父利平 60 母さん 52 ↓ ○	*2.292* 利兵衛 27 女房とわ 23 倅喜八 6 倅利松 3
2.681 **清兵衛** 41 **女房はな** 23 母つや 67	0.125 **五兵衛 24** 女房とわ 20 倅与四松 3 母みな 46 伯母はな 73	0(五兵衛借地) **長右衛門** 18 妹むつ 13 妹よつ 10 母わさ 45	0(与左衛門借地) **常八 23** 女房しけ 23 倅長吉 2 母こさん 61		0.069 利兵衛 31 女房とわ 27 娘きん 2

典拠は、『奥田家文書』９・11・12・15・16・18〜20。

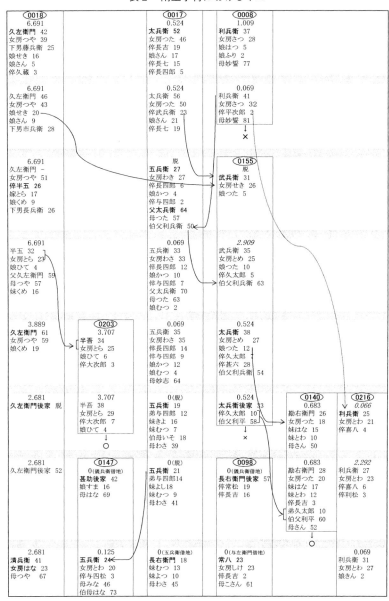

次郎が、そのまま生存していれば年齢が合致するが、太兵衛家に同家した痕跡もなく、確定はできない。しかし平次郎が利兵衛である蓋然性は高いと思われる。

このように同家と分家を繰り返しながらも、宗門改帳には現れない形でイエが温存されている事例として久兵衛家があげられる。宝暦四年には三郎右衛門家（〇〇八八）に三郎右衛門の弟として登録されていた久兵衛は宝暦一二年には分家（〇一七二）し、〇・〇七石を三郎右衛門から譲り受けている。だが久兵衛も安永二年の疫癘流行によって亡くなり、倅の岩松は三郎右衛門家に同家することになった。この疫癘流行では多くの人びとが亡くなったが、村から役所に対して親が亡くなった高持九軒の倅を親類に「家諸色共預」けるという届けがなされ、久兵衛倅久次郎は三郎右衛門後家に預けるとされている(6)。久次郎は岩松を指すと考えられ、どうやら三郎右衛門も疫癘で亡くなったようである。この岩松は成長後、安永九年に久兵衛として分家しており、その際の所持高は〇・〇七石である。届書に記載された通り、三郎右衛門家は久兵衛家を諸色とも預かっていたのである。ここから、利兵衛家が宗門改帳に記載されない期間もその高が温存されていた可能性は高いと考えられる。

さらに注目すべきことは、宗門改帳に利兵衛家や久兵衛家が記載されない期間、この名前の家が存在しないことである。太兵衛家（〇一五五）も安永五年以後宗門改帳から消滅するが、「太兵衛」名前の家は安永九年には存在していないので、勘右衛門家（〇一四〇）に同家した太兵衛の倅久太郎が独立する時のために家産（〇・五二四石）とともに温存されているのかもしれない。

一旦同家しても家名・家産が温存される事例がある一方で、家をたたんで同家すると、家名がすぐに別の家に移ることもある。角兵衛家（〇〇一五）の場合、角兵衛存命中に倅の孫七が名前人となり、孫七死後は孫七後家が名前人となった（角兵衛はなお存命）。名前人が孫七や孫七後家の間には「角兵衛」という名前の家は他に存在していなかったが、安永五年に一家で孫七後家の実家である太郎兵衛家（〇〇七六）に同家すると、安永三年には太介を名乗っていた家（〇二〇六）が覚兵衛家となる（〇二〇六と「角兵衛」という名前に特段の関係はない）。

こうした二つのパターンからは、同家する際にも将来を見越してイエを残すか残さないかという選択が各イエでなされ、その判断に応じた措置が村によって講じられていると考えられる。

このことは百姓村であれば一般的かもしれないが、かわた村においては注意を要する。というのも、先述したようにイエの名前が頻繁に変わりながら増減を繰り返す村にあって、どうやら宗門改帳における名前人の名前（家名）は重複しないように厳密に管理されている節があるからである。たとえば安永五年から安永九年の間の変化として、五兵衛家（〇〇一七）は五兵衛が他家へ婿入りしたため長右衛門家となった。これに伴い甚助後家（〇一四七）は五兵衛家となっている。そして長右衛門後家（〇〇九八）は倅が跡をつぎ常八が名前人となっている。また安永三年から安永五年にかけては仁三郎（〇〇〇七）が名変えをして弥八を名乗るようになり、これに対して弥八（〇〇七三）は彦兵衛となっている（弥八の父は彦兵衛を名乗っていた時期がある）。このように家名が入れ替わることがあっても、原則として同年に同名のイエが存在することはない。つまり、村内においてイエを永続させようとする営みが認められており、それは村の制度上も保障されていたのである。

個人の側からこれを捉え直すと、一生において成人後ですら何度も名を変えることが多々ある。もちろんその名のひとつが父の名前であることもあるが、父親の死後すぐに子がその名前を継ぐとは限らない。十数年以上（その間全くの他人がその名を名乗る）を要する場合もある。その一方で名変えをせず、家名も変化せずに一生を終える名前人も少なくはない。

以上から、南王子村では家数が増加するなかにあって、家名については村内で統制がはたらき、同家した場合も何らかの措置をとれば家名は温存されるようである。これは村としてイエを維持しようとする姿勢が存在するためであると考えられるが、南王子村では高持・無高を問わずほぼすべてのイエがイエを維持しようとするだけでなく、可能な限り分家させようとする。

たとえば久左衛門家（〇〇一八）の場合、倅が誕生しなかったため一旦半五という人物を婿に迎えたが、のちに分家（〇二〇三）させている。その後久左衛門が死去し、久左衛門後家がしばらく一人でイエを維持する期間があるが、最終的に半五家に同家するのではなく、清兵衛夫婦（出自ははっきりしない）が養子となったようで、清兵衛家として以後存続している。久左衛門家はそもそも六石余を所持しており、南王子村では相当有力なイエである。こうしたイエでさえも容易に高をわって分家を創出し、養子を入れ、家名をも変えて存続するのである。

無高の十郎兵衛家（〇〇一四）も似た経過をみせる。十郎兵衛家にも男子が誕生せず、十郎兵衛の死後三女きんだけになった家に長女さんと思われるこさんが戻り（安永三年。宝暦一二年から安永三年までのさんの動向は不明）、婿をとって「十郎兵衛」家として存続している。

南王子村の村政レベルでは、村高所持が何よりも優先されており、高持と無高の扱いには明白な差がある。次節で述べるように南王子村の人々は村高以外の経済的基盤を有していたが、たとえ村外に出作を所持していようとも、村高を所持していなければ村政には直接参加できなかった。これは天明四（一七八四）年の村方申渡において村内で確認されており、すべてのイエは少しでも村高を所持しようとするようになった。これが村高が必要以上に細分化していく理由である(7)。しかし村高は限られており、必然的に無高は存在し、そして増加し続ける。それでも宗門改帳上にイエとして記載されれば、村内において無高は無高のイエとして扱われる。南王子村において多くのイエがたとえ無高であっても長男や次男をできる限り分家させ、とにかく維持しようとするのは、こうした村落構造上の理由によると考えられる。イエの増加を村として制限しないという姿勢が、村外へ経済基盤を求めることにつながり、ある意味では人口が増加する起点であると考えられる。

三、南王子村と出作・小作

先述したように南王子村の村高一四三石余では増え続ける村人が生きていくことは到底不可能である。表1に示した周辺村は舞村を除いて、いずれも人口が村高を上回ることはない。これに対して南王子村は村高一四三石余で人口が千数百人であり、この点は明瞭である。そのため南王子村の人々は皮革や牛に関わる様々な生業（牛皮・太鼓・雪踏（生産と直し）・博労など）に従事するとともに、村外の田畑を耕作することで生計を立てていた。村外に買得した土地は出作地といい、小作（所持権は地主にある）とは異なる。出作所持は一八世紀から見られ、安永二（一七七三）年には二六三石余[8]、天保四（一八三三）年頃には村高の三倍近い四七〇石余に及んだ（表1）。嘉永二（一八四九）年の作成と想定される史料では、南王子村の耕作面積を約七〇町としており、これは一〇五〇石程度と考えられる[9]。天保期から幕末にかけて出作高は減少するため、一〇五〇石の内訳は南王子村高一四〇石・出作高四七〇～四〇〇石・小作高五一〇～四四〇石程度と予想される。

まず出作だが、早くから隣村王子村に多く展開し、天明四（一七八四）年には村高三二〇石余のうち一三〇石余を占めていた。この年、出作人四七人が王子村に対して石掛銀の内容開示を求める訴訟をおこしている。また天保期にも出作地をめぐる争論が起こり、以後幕末まで南王子村の庄屋が一括して出作分の年貢を納入することとなった。庄屋家に残されたこれらの史料について検討した小野田栄子氏は、南王子村の村高所持と王子村出作高の相関関係をつぎのように整理している[10]。①一八世紀中後期は出作人の大半は村高所持が三石未満の小前層であり、各人の出作所持は平均一～三石である。小前層のなかには無高一四名も含まれる。②天保期（一八三〇年代）以降、村高所持・出作所持とも三石未満層が減少。高持による出作の集積がみられはじめ、一〇石以上所持する例もある。出作を所持する無高は天保一四年には八名となる。その上で、一八世紀後期以降、南王子村の出作は王子村以外にも広がっていくとされる。

小野田氏が指摘した村高と出作高の関係は他村への出作においても同様であったと考えられる。文政一二（一八二九）年に尾井村に出作を所持していた人物とその面積（概数と思われる）が判明するが、一番多く所持しているのは村高六石余の喜八である（表3）。出作の所持面積は六反余なので、おそらく一〇石程度であろう。ついで庄屋利右衛門も五反余を所持している。出作人四一人のうち、無高と確認できるのは九人である。王子村出作とほぼ同様の傾向が見てとれる一方で、小前層のなかでも組頭による所持が多いことが注目される。当時の組頭は村政に権限を有しており、その性格は村落構造を考えるうえで重要である。

さて、高持層による出作の集積は幕末にかけてさらに進行したと考えられる。他村への出作高がすべて記された明治四年戸籍は、三冊中二冊（当時の全四一七戸中二六七戸分）が残されている[11]。帳末の集計によると、出作は王子村・尾井村・中村・富秋村・池上村・伯太村・大園村・太村の八村へ計三九七石余存在し、二冊分で二一六石余が書き上げられている。この二一六石余を所持しているのは五〇戸にすぎず、うち無高は一七戸である。

表3　文政12年の尾井村出作所持人

出作地面積			所持人		南王子村村高と村政上の位置	
反	畝	歩				
6	1		喜八	出作惣代(代太兵衛)	6.138	組頭
5	1		理右衛門	出作惣代	9.441	庄屋
3	7		由右衛門	出作惣代	1.927	
2	4	10	九兵衛	出作惣代	1.470	組頭
2	4		林蔵	出作惣代	0.458	年寄
2	小		彦兵衛		0	
2			次兵衛		3.397	庄屋
2			惣八		0	
1	大		仁兵衛		0.130	組頭
1	大		政七		1.770	組頭
1	大		弥七		1.644	組頭
1	6		平兵衛		1.056	
1	6		与三兵衛		1.720	
1	5		九郎兵衛		0.092	
1	3		喜助		0	
1	小		次郎兵衛		1.330	組頭
1	小		文右衛門		1.967	
1			嘉兵衛		8.565	
1			勘助		0.260	
1			九右衛門		0.055	
1			久兵衛		0.360	組頭
1			西教寺〔下作与平治〕		〔0〕	
1			西教寺〔下作喜右衛門〕		〔0〕	
1			佐次兵衛		1.385	
1			次助		1.745	
1			七郎右衛門		2.550	
1			庄兵衛		0.096	
1			四郎兵衛		1.379	組頭
1			新次郎		0	
1			忠七		0	
1			文治		3.219	組頭
1			兵右衛門		不明	
1			弥助		0.605	
1			安兵衛		0	
1			与左衛門		0.247	
1			由兵衛		0	
1			六兵衛		0	
	大		五兵衛		10.870	年寄
	6		佐兵衛		0.485	組頭
	5		惣兵衛		8.952	
	4		与平治		0	
	2		武右衛門		2.490	組頭

合計　6町2反2畝3歩　　　大＝7畝15歩　小＝2畝15歩

文政12年12月「尾井村出作反別取調帳」(『奥田家文書』951）を、文政12年宗門改帳（『奥田家文書』46）と照合。西教寺分は下作人の高を記入、なお西教寺の同年村高は1.979石である。組頭については、文政11年5月の連印を参照した（『奥田家文書』2529）。

この時点での出作の展開を全面的に検討することは不可能だが、一九世紀を通じて村内の高持層と小前層のなかでもとくに組頭が集積する傾向にあったことは確かである。

つぎに小作についても考えておきたい。小作は出作と同規模、あるいはそれ以上であったと考えられるが、史料が少なくその実態は捉えにくい。小作は地主と小作人の契約が基本であり、村が把握する必要はない。また出作のように、小作人がまとまって小作先の村と出入りに及ぶこともない。それでも庄屋家に史料が残るものとして、①村を介して引き受けた場合、②地主と訴訟に及んだ場合、③南王子村西教寺が地主の場合、がある。これらについて**表4**に整理した。

まず①であるが、その代表的なものとして王子村中央寺の小作があげられる。中央寺は無檀家寺であったため、田地を所持し、その小作料で運営されていた。その田地は王子村に三二石余、太村に五・五石余の計三七石余である。天明二年二月、南王子村の庄屋二人は一橋家の府中役所に呼び出され、役人から「中央寺田地はこれまで王子村の者が小作し、毎年一二石の作徳を納めてきたが、近年減少し、滞らせている。南王子村は人数も多いので、多少作徳を下げてもいいので小作を引きうけるように。」と申し付けられた[12]。庄屋は村方と相談のうえ、作徳は一二石のままで引きうけることとし、村の小前約四〇人が小作にあたることになった。こののち、中央寺が作徳増米を主張するなどして度々出入りに及ぶこともあったが、小作は幕末まで継続している。なお、村として一括して小作を引きうけていたためか、小作地の質入・売買が南王子村庄屋の承諾のみで認められていたようである[13]。

ほかにも①の事例を紹介しておく。ひとつは文政九年に上代村の惣治から申し入れられた小作である。惣治は上代村の庄屋赤井家の分家にあたり、相当な規模で経営を行っていたと考えられるが、南王子村の庄屋に対して「田地が多くあって手余りなので、近村へ下作させてきたが年々未進となり、困っている。宛米についてはどうにでもする。」として小作人を南王子村から出してほしいと依頼した。一橋領知の取締役の口添えもあり、村では相談の上、小前の儀兵衛と与左衛門がそれまで行っていた小作地を返上して、物治の小作を引きうけた。宛米は相場よりも低くても良いと物治は述べていたが、結局上田一反につき一・五石程度で三年の小作証文が取り交わされた（表4）。芝地同前であった耕地を、二人は肥料を投入するなどして良田にしたようである。ところが年季あけには一反につき〇・一五石の増米を要求され、やむなく従うこととなった。その後肥代銀の返済に差し詰まったため、宛米を滞らせることになり、天保三年に物治から出訴されている(14)。

もうひとつは、伯太村の字北山の事例である。中央寺や物治のような初発の相談は確認できないが、宛米の受取状が伯太村庄屋の青木家から南王子村の庄屋両人宛てになっているため、中央寺同様村として引きうけていたものと考えられる(15)。物治との小作証文は与左衛門・儀兵衛が取り交わしており、村を介した場合も契約としては二通りあったようである。字北山の小作は、同じ耕地について少なくとも一〇年以上継続している。

地主からの出訴内容
天保2年分の宛米1.5石滞り（天保3年）
安政4年宛米のうち16.32匁・同5年宛米のうち1.25石滞り
安政5・6年の宛米0.84石滞り、同4年の宛米一部滞り
文政7年宛米代銀のうち77.3匁滞り
文政7年宛米代銀のうち128.55匁滞り
文政7年宛米代銀のうち30匁滞り
宛米代証文銀55.53匁滞り
文政8年宛米1.6石滞り
嘉永3年宛米代銀のうち166.67匁滞り
安政3年宛米代銀のうち42.74匁滞り
宛米滞り
安政5年宛米のうち0.416石滞り
安政5年宛米のうち0.565石滞り
安政5年宛米のうち0.325石滞り
安政5年宛米のうち0.185石滞り
宛米滞り
–
宛米未進のため出入となり、村へ迷惑を掛けたとして組頭五兵衛が村方へ引負一札を出す
小作証文を3年も差し入れていないので、今回差し入れなければ土地引き上げ・安政4年の宛米代銀180匁滞り
安政4年宛米のうち0.4石滞り
安政5年宛米1.25石滞り
宛米滞り
宛米滞り
宛米滞り
明治2年の宛米0.5石滞り
文化14年の宛米のうち0.539石滞り
文政8年宛米1.7石滞り
文政7年宛米代銀のうち28.39匁滞り
宛米のうち0.4石滞り
宛米のうち0.377石滞り
宛米のうち0.3石滞り
–
安政4年宛米の一部、同5年宛米のうち2.7石滞り（0.5石用捨）
宛米0.98石滞り
不明（宛米滞りカ）
安政6年・万延元年の宛米計2.7石滞り
宛米のうち0.7石滞り
–

表４　南王子村の小作

時期	地主	小作地 小字／面積など	宛米／年 （石）	小作人	南王子村村高	備考
文政9年 (1826)	上代村 惣治	須坂尻 上田 1反2畝27歩	2.1	儀兵衛	0.42	文政11年まで3年間の契約。文政12年から宛米を1反につき0.15石増しで10年間の契約。
		須坂尻前 上田 1反	1.5			
		須坂尻前 上田 7畝28歩	1.2			
		並松 下田 8畝28歩	1.4			
		北村 中田 7畝2歩	1.5			
		須坂尻 上田 1反1畝9歩	3.4	与左衛門	0.247	
		須坂尻前 中田1反6畝9歩	2.5			
		なかた 上田 1畝1歩	1.65			
		広ノかいと 中田 9畝29歩	1.5			
安政6年 (1859)	王子村 忠兵衛	大崎	1.75	林蔵	0	
		山原 畑	0.42	辻右衛門	0	
文政8年	富秋村 太郎四郎		1.7	藤四郎	0	
			3.6	権兵衛	0.143	
			1	勘兵衛	0.187	
				政平・幸八	0・0	
文政9年			1.6	三郎兵衛	0	
嘉永4年	富秋村 武兵衛		1.65	助右衛門	不明	
安政4年		砂田	1.05	源兵衛	0	
安政5年				平次郎	0	
安政6年			2.4	藤五郎	0	
			1.25	庄助	0	
			2.3	亀四郎	0	
			1.65	与茂三郎	0.19	
安政7年				喜八	6.976(組頭)	
嘉永元年	富秋村 太郎右衛門	のぼり	1.85	喜助	1.57	
嘉永4年 (1851)				源兵衛・定平・徳右衛門	0・0・0	
安政5年		塚之脇		伝兵衛	0	請負人伊助
安政6年			1.15	平作	0	引負亀右衛門
		山ノ谷	1.25			
安政7年				九兵衛・孫三郎	0・0.54(組頭)	
明治2年				孫兵衛	0	
				為右衛門	0	
明治4年	富秋村 奥野太郎右衛門	棟原上	1.2	孫兵衛	0	請負人常七
文化15年	尾井村 直之祐		1.7	権兵衛	0.198	
文政9年	尾井村 嘉右衛門		1.7	平助・吉兵衛	0・0	
文久元年 (1861)	尾井村 岩太郎			九兵衛	0	引負人三右衛門
				半助	0	引負人三右衛門
				辻右衛門	0	引負人善兵衛・元助
嘉永6年	伯太村 青木徳之助	伯太村北山		利右衛門・三右衛門	庄屋	嘉永6年より安政4年まで5年間
文久元年			2.8488			
慶応元年 (1866)			2.8488			
明治2年	伯太村 青木甚三郎	伯太村北山笠掛谷畑地	2.8488			
安政6年	伯太村 太兵衛		3.2	権次郎	0.037(組頭)	請人太兵衛
慶応3年	伯太村 藤右衛門		0.98	奥右衛門・権二郎	0・0(組頭)	
天保9年	池上村 角右衛門			政七ほか1人	1.77(組頭)	
文久元年			1.35	九兵衛	0	
文久3年	池上村 久右衛門	1反5畝	2.7	嘉六・藤蔵	0・0.278	
天保8年	西教寺	南王子村八ノ坪	0.7	五之祐	10.838(庄屋)	天保10年まで3年間
		池上村	0.5	権治郎	1.3(組頭)	
		王子村ふり屋敷(古屋敷カ)	銀8匁	久七	0.359(組頭)	
天保10年		尾井村みそじ	0.685	彦兵衛	0(組頭)	天保12年まで3年間
			0.36			
天保12年		尾井村雨ふり	0.9	彦兵衛	0(組頭)	天保14年まで3年間
		池上村廿六	0.4	松兵衛	0	
		尾井村雨ふり	0.5	茂八	0	
		王子村雨ふり	0.7	九兵衛	0(組頭)	
		南王子村八ノ坪	0.5	五兵衛	11.8(元庄屋)	

出訴内容が「—」となっている分は訴訟になっておらず、時期は契約年次や宛米受取状に記載された年次である。
典拠：『奥田家文書』405、415、426、436、1059、1060、1063〜1071、1075、1076、1079、1085、1088、1089、1091、1588、2725。これらを年次の近い宗門改帳と照合した（『奥田家文書』40、44、51〜54、56、58〜65）。

これら①の事例は、南王子村の労働力を前提として村外から庄屋に申し入れられている。周辺村の庄屋たちも、一橋家の役所も南王子村を労働力源と見なしていたのである。その背景には、荒れ地同前で年貢納入もおぼつかないような耕地の存在があった。とくに王子村の場合、出作と中央寺小作をあわせると村高の半数以上を南王子村による耕作に依拠していたことになる。王子村の内部構造は不明だが、おそらく人口を減少させていたのだろう。

②の事例はそう多くはないが、①もあわせて整理すると惣治や青木家同様に地主はほぼ各村の村役人クラスの百姓であることが確認できる。富秋村の太郎四郎・武兵衛は庄屋家、太郎右衛門は年寄である。尾井村の嘉右衛門・岩太郎と池上村の角右衛門も庄屋である。富秋村の場合、小作米滞り出入りから、庄屋も年寄も毎年複数の南王子村小作人と契約を結んでいたものと考えられる。これらの事例は、南王子村の小作が周辺村の再生産のなかでも、とくに地主的性格のつよい庄屋クラスの個人経営を担っていたことを示している(16)。もちろん①②として表出するものは、小作全体のごく一部であり、なかには小規模な地主も存在したと考えられる。だが地主の大小をとわず小作が出作と同程度、あるいはそれ以上の規模で一九世紀に展開していたことは間違いない。小作人について、可能な限り南王子村の宗門改帳とつきあわせると、ほぼ無高層によって担われていることが判明する。組頭による小作もほとんどなく、出作との関係を考える場合、出作所持から排除されつつあった小前層が次第に小作人となっていくのではないかと考えられる。

③は少し性格が異なり、天保期の西教寺祠堂田小作証文から確認できるものである(17)。西教寺は南王子村唯一の寺であり、祠堂田を複数所持していた。**表4**から周辺村にも展開していたことが分かる。問題は小作人の性格である。無高も存在するが、庄屋や組頭が複数含まれており、①や②の小作人とは明らかに異なる。おそらく小作米を確実に納入させるための措置と考えられるが、その場合は小作人がさらに下作させることが予想される。そしてその一部は出作地でもある。事例として均質ではないが、おそらく出作を集積した高持層もその一部は南

王子村の村人に小作させるのではないだろうか。そのように考えると、出作・小作の展開は単に周辺村との関係だけでなく、村内の構造にも大きな影響をあたえたと予想される。

こうした出作・小作（＝全面的な耕作）以外にも稲と麦の収穫期などには村外で農作業を目的とする雇用が相当存在したようで、嘉永三年には「当村之儀は、御高無数多人数之村方ニ付、昨年迄近村御領知は勿論、御他領之百姓中へ米麦両度之秋取入・毛付ニは、一季ニ凡千人程宛被雇、賃銭ヲ申請、其日稼之者共相凌ギ罷有候」と一季に約一〇〇〇人の雇用があったとされている(18)。南王子村の人口は、村外の九〇〇石程度の出作・小作と農業日雇によっても生計を維持していたのである。逆に周辺村は、この分について南王子村の労働力に依存していたのである。おそらく人口が停滞していたのではないかと考えられるが、地域のあり方に規定されて南王子村の人口も増加している面があるといえる。

おわりに

最後に、南王子村における人口増加の背景について整理しておきたい。南王子村において産児調節がなされていたかどうかは、この点を考える上で大きな問題ではない。出生した子どもが成長するだけの経済的基盤がなければ、産児調節を行っていなくとも原理的に人口は増加しないからである。

南王子村において人口が増加する要因は、まず第一に百姓村のようなイエ数制限が基本的に存在せず、イエが増えていく可能性がひらかれているという村のあり方がある。この点については、厳密に検証する必要があるが、おそらく畿内のかわた村に共通するものと思われる。その上でイエが維持され、家人が増加するための経済的基盤が村高以外にどの程度存在するかによって増加率は異なると考えられる。南王子村の場合、周辺村の人口停滞を背景とするであろう出作所持がかなり存在し、雪踏産業も一九世紀以後急速に発展していた。だがこうした経済的基盤が先に存在して人口が増加するのではなく、あくまでも人口が増加した結果、生計を立てるために出作を所持し、小作をし、諸生業に携わるようになるものと思われる。そのため基本的に南王子村の人々の暮らしは厳しく、一九世紀には村内でたびたび袖乞いや野荒らしが禁止されている。

ほかのかわた村についても、数量的な分析ではなく、こうした観点から地域社会の構造として人口増加を捉え直す作業が必要である。それらを通して、かわた身分に特有の諸生業のあり方も浮かび上がり、各かわた村の特徴（共通点と相違点）や、それをとりまく地域社会との関係が明らかになるのではないだろうか。

注

（1）岡本良一「徳川時代における部落の人口増加」（『部落』二三、一九五一年）、のち『戦後部落問題論集　第四巻』（部落問題研究所、一九九八年）に所収。

（2）本書第三章参照。ほかに南王子村の近世を通じた人口増加については、高市光男「江戸時代後期の部落の人口動態―和泉国泉郡南王子村の場合―」（『部落問題研究』四五、一九七五年）がある。のち、前掲注1書に所収。

（3）文化一三（一八一六）年四月、才助方より出火し、隣家の太八後家さん方も類焼する火事が起きた。この時の届けによれば、両者とも居宅は梁間一・五間、桁行二間である。なお両者とも無高（借地）で家内四人暮らしである（『奥田家文書』四〇二）。無高の居宅はおおむねこうした規模と考えられるのに対し、高持は梁間二・五間、桁行五間（文化元年、平吉後家きよの事例。三・五七七石を所持する高持で家内二人。『奥田家文書』三九九）など、相応の規模であったと考えられる。

（4）『奥田家文書』九～一二。

（5）安永五年の宗門改帳において、帳末に記載される総軒数は一五二だが、実数は一五一である。

（6）『奥田家文書』三九二。

（7）本書第四章参照。なお、藤本清二郎氏が分析した泉州嶋村では、南王子村同様人口が増加するにも関わらず、村高が分散しないことが指摘されている。おそらくこの背景は、嶋村における「村高所持」の位置づけと密接に関わるものと考えられる。

（8）前掲注6。

（9）『奥田家文書』五五六。

（10）小野田栄子「幕藩制解体期における賤民身分をめぐる諸動向―「解放」の基礎条件と百姓身分との対立―」（『日本史研究』一八一、一九七七年）。

（11）『大阪府南王子村文書』一、二。

（12）『奥田家文書』一〇二三。

（13）『奥田家文書』一五五六、一五七四。

（14）『奥田家文書』四二六。

（15）『奥田家文書』一〇七九、一〇八七、一〇八九。

（16）周辺の庄屋家などに残された史料群から小作の規模を発掘する可能性がある。今後の課題である。

（17）『奥田家文書』一〇六三〜七一。

（18）『奥田家文書』四五四。

〔補記〕その後、王子村の年寄忠兵衛家の史料をもとに、「近世和泉国におけるかわた村と地域社会―泉郡信太地域を事例に―」（『歴史評論』七八二、二〇一五年）を執筆した。また上代村赤井家については、「上代村赤井家の社会的位置」（和泉市史編さん委員会編『和泉市の歴史4　信太山地域の歴史と生活』コラムⅦ、二〇一五年）を参照されたい。

終章

本書では、和泉国泉郡南王子村を対象に、主として近世初期から一九世紀前期を中心に村の成立と展開を解明してきた。ここでは、序章で述べた課題にひきつけながら、成果を三点に整理し、残る課題と今後の展望について述べたい。

一、南王子村の一村立化をめぐって

（1）泉州泉郡における近世村の成立と南王子村の位置

南王子村が一村立のかわた村として成立する背景には、泉郡の平野部地域において実施された太閤検地の特異なあり方と、その後近世村が成立する経過が存在した。この点は、『奥田家文書』に加え、周辺地域での新出史料や、郷帳などの記載もあわせて検討することで、判明した事実である。

その経過は次のようにまとめられる。

Ⅰ　泉州では文禄三（一五九四）年に太閤検地が実施されたが、その際に泉郡の平野部では条里地割の「里」を単位とする「郷」が実施単位とされた。

Ⅱ　しかし検地実施単位の「郷」は、当時の村領の展開とは必ずしも一致しておらず、「A郷」内に、「B郷」

に屋敷地のあるb村の領域が展開することもあった。そうした場合「A郷出作b村」として把握され、年貢収納は「A郷」に屋敷地がある村の庄屋に任された。これは、「郷」ごとに異なる奉行が検地を行ったため、やむを得ず「(郷を越えた)出作」として処理されたものであり、当該地域では広くとられた措置である。

Ⅲ　一七世紀中期の正保郷帳作成を機に、実際の所持者が多く住む村と年貢収納責任を担う庄屋の村が異なるという問題が堺奉行に把握され、堺奉行は出作を所持実態に即した状態にするよう命じた。これによって、「A郷出作b村」の免定はA郷内の村からb村に交付先が切り替えられることになった。

このⅢの段階で、王子村内に居住するかわたに、Ⅱにおいて「上泉郷出作王子村」と把握された出作村が切り分けられたのである。複数の百姓村にも同様の指示がなされ、また舞の人びとも出作舞村を切り分けられている。ここで注意しておくべきことは、これが地域における一般的な動向の中で生じた、という点である。

この事実は、太閤検地段階で村高を認められたかわた村はなく(1)、その後の個別領主支配などの中で、一村立化する村、村高は認められるが百姓身分の庄屋による支配を受ける村、本村に包摂される村に分化する、というこれまでの畿内のかわた村研究での指摘と一致する。

(2) 貞享三年前後の変化について

先の指摘を踏まえると、切り分けを受けた後に王子村内からかわたが移転する元禄一一(一六九八)年までの時期に特に注目する必要がある。本書第二章では元禄期以降を中心に論じたが、その前提に王子村と王子(かわた)村が貞享三(一六八六)年に同領となったことも重要である。この点について、ここで補足的に述べておきたい。

正保四年頃から貞享三年頃の模式図

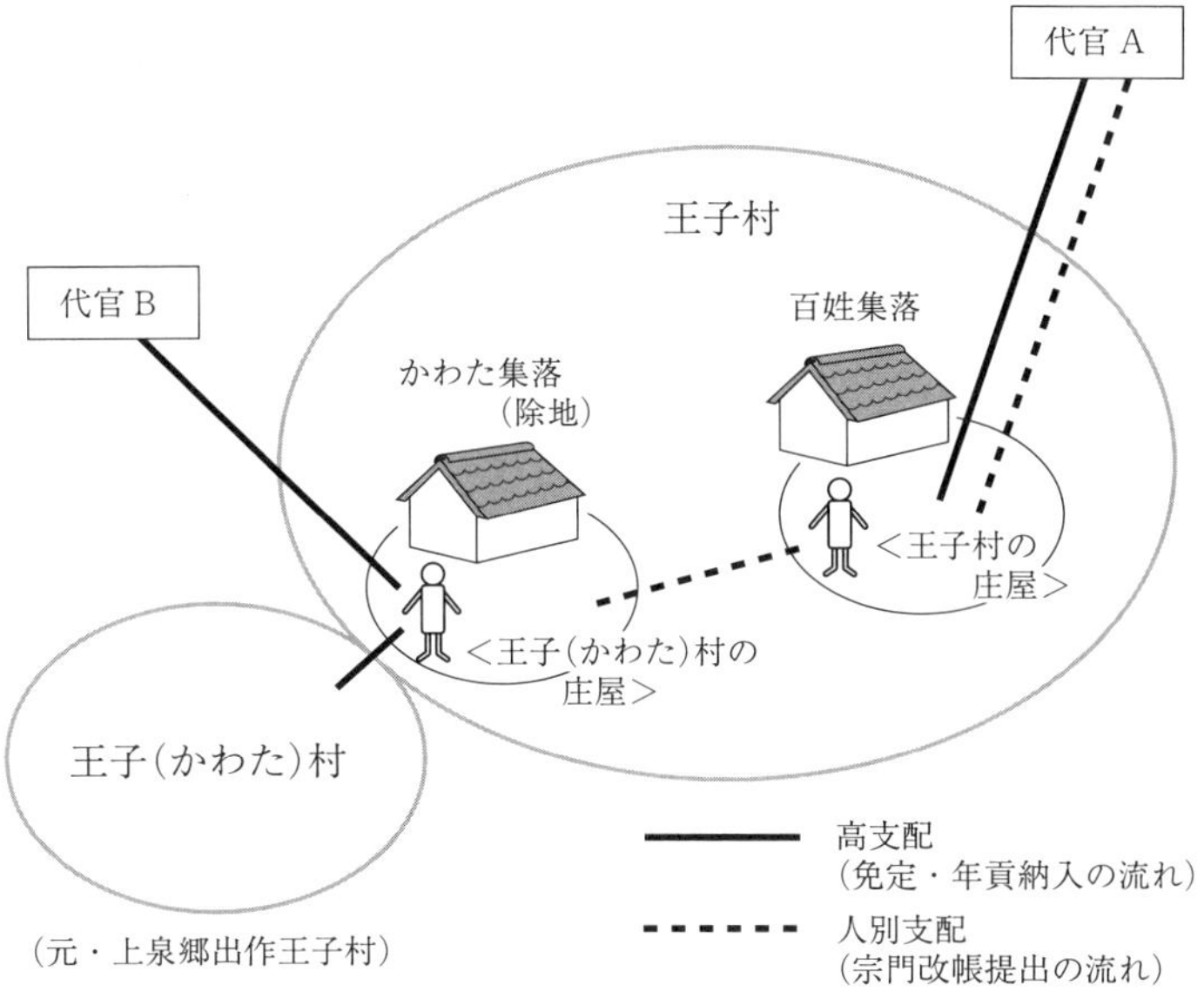

①正保四年頃の「出作」切り分けから、同領となる貞享三年まで（模式図）

まず注意しなければならないことは、かわたに切り分けられた「上泉郷出作王子村」の性格である。この村は①の期間、王子村、あるいは王子かわた村と呼ばれていたため、ここでは王子（かわた）村と表記する。後述するように、この名称そのものが大きな意味を有していたと考えられる。

さて、直前までとられていた出作―捌き庄屋体制のあり方を念頭におくと、かわたに切り分けられた王子（かわた）村は、かわたの村領というよりも、王子村内に住むかわたが年貢納入責任を負う領域としてのみ存在した、と考えられる。もちろん年貢納入にあたって、かわたの代表者が新たに王子（かわた）村の庄屋となるが、あくまでも戸口が存在しない王子（かわた）村を「捌く」、つまり年貢納入を果たす役割のみを負っていたと考えられる。

この時期のかわたは王子村内の除地に居住し

ており、王子村と王子（かわた）村は幕領ではあるが、代官は異なっていた。このため、王子（かわた）村をかわたの代表者が庄屋として捌くことになっても、王子村内に居住するかわたの人別支配は王子村庄屋を通じてなされていたと考えられる。この地域でも寛文期から宗門改帳の作成が義務づけられたと思われるが(2)、かわたが王子（かわた）村の人別として把握された可能性は極めて低いように思われる。

こうした状況を**模式図**に表したが、百姓集落とかわた集落を内に含む王子村があり、かわたの代表者が検地帳を管理し、別の代官に年貢納入を行う領域が隣接して存在し、この領域もまた「王子村」と呼ばれていたのである。王子村の庄屋は、かわたが村内に居住する以上、王子（かわた）村も大きな枠組みでは自らの支配下にあると認識する、あるいは明確に別の村だとは認識していなかったのではないか、と思われる。周辺の村むらも同様に二つの村請制村である「王子村」を事実上一村と見なしていたのではないかと思われる。そのため、この間次に見るような合村化運動を王子村の庄屋が行うこともなかったのである。異なる代官が支配する以上、代官支配のレベルにおいて一つの村として把握しようという動きも起きず、この期間は、王子村にとってもかわたにとっても、対立する必要がない（問題が生じ得ない）時期であったと考えられる。

②同領となった貞享三年以降

ところが、貞享三年に二つの王子村は同領となり、同領内に同名の村が存在すると不都合であるという事情から、王子（かわた）村が南王子村と名を変えたことにより、状況は一変したものと思われる。村名変更は、曖昧な状況が続いていた二つの王子村を、今後は別村として扱う、という新領主の方針を明確に示している。元禄一〇年の一件を念頭におけば、領主側は領知目録に記載された村数の維持を重視したものと考えられる。

王子村の庄屋にとっては、自村内に居住するかわたが捌く領域であり、そのため「王子村」という名前であった部分が、突然「南王子村」という別の名前の村になったのである。一方、同じ領主の下で別村として扱われるという条件においては、かわたが宗門改帳の直接提出を希望すれば聞き届けられる、あるいはかわたが王子村内から南王子村内への移転を希望すれば聞き届けられる、という可能性が①の時期に比べてはるかに拡大したと考えられる。客観的に見た場合、王子村と南王子村の不自然なあり方は明らかであり、歴史的な経緯に明るくない新領主の役人が完全に別村化させる判断をしても不思議ではない。かわたにとっては完全な分村への可能性が開かれ、逆に王子村がそれを押しとどめようとする対立がここに生じるのである。

　南王子村は享保期の水論の際に「貞享三年に同領となって以来王子村の庄屋があれこれと難題を持ち掛けるようになった。」と述べているが[3]、同領支配という新たな条件下で両者がせめぎ合っていたと理解すべきであろう。最終的には、元禄一一年にかわたが王子村内の除地から南王子村内に移転することで、両者は明確に分村することとなった。

③「上泉郷出作王子村」の枠組みがもった意義

　このように整理すると、太閤検地段階で「上泉郷出作王子村」として把握されたことが二つの意味で決定的に重要であったと言える。一つは、政治支配レベルにおいて村請制村同様の枠組みとして把握された点である。もう一つは「出作王子村」の名が付された点である。太閤検地段階で「上泉郷出作王子村」の過半はかわたが所持していたと想定されるが、王子村内に居住していたため、こうした名称になったものと思われる。そのため「出作王子村」は政治支配レベルにおいて村同様の確固とした枠組みとして維持され（容易には解消されない）、①の時期においても王子村に合村されることはなく、かつ王子村内にかわたが居住する限り、王子村にとっても自村領の延長に位置づけられたのである。

　このように考えると、正保四（一六四七）年頃に「出作王子村」がかわたに切り分けられた事実と同様に、貞享三年頃に王子村と王子（かわた）村が同領となったことを、大きな画期と捉える必要があろう。

（3）かわた村の成立をめぐる問題

以上の南王子村成立の経過は、いくつかの点でこれまでの研究の見直しを要求するように思われる。ここでは二点について述べておきたい。

①検地実施単位としての「郷」

朝尾直弘氏は、河内国更池村内かわたについて検討する中で、中世末には惣村的な結合である布忍村が、文禄検地をへて六村に村切りされ、その際に郷付きかわた（布忍村かわた）が更池村内かわたとして位置づけられた、と整理している(4)。朝尾氏はこの根拠として、a文禄三年の検地帳が「河内丹北郡布忍郷内更池村御検地帳」と題していること、b布忍郷六ヶ村（更池・清水・高木・東代・堀・向井）立会の氏神である牛頭天王宮（現布忍神社）が向井村に存在すること、c更池村内かわたが享保五（一七二〇）年までかわた村間では「布忍村」と名乗っていること、を挙げている。

この三点は、信太郷七ヶ村や南王子村の事例とほぼ共通するのであるが、先に述べたように、aの検地帳表題に表れる「信太郷」は、信太明神社の氏子村としての郷村（惣村）的結合を示す言葉ではない。河内国丹北郡の布忍郷周辺も条里地割を色濃く残す地域であり、太閤検地では「布忍郷」とされた我堂村が布忍郷六ヶ村には含まれない（我堂村は独自の神社をもつ）ことを考えると、私見では、検地帳表題に表れる「布忍郷」は郷村的結合ではなく、条里地割に規定された検地実施単位である可能性があるように思われる。まず、この点について、慎重な再検討が必要である。

このことは、社会的分業のあり方も見通した上で、中近世移行期の変化を説明した朝尾氏の「郷付きかわたから個別村のかわたへ」という流れを直接否定するものではないが、より大きな問題を含んでいる。それは、朝尾氏が更池村の事例を前提に「太閤検地は惣村を対象に実施され、複数の近世村へと村切りされた」との見解を示していることである(5)。「（検地帳の表紙に）その村が属していた惣村名を記す例によってうかがうことができる」とも言われており、ややもすれば検地帳に記載されている郷名や庄名・谷名等はすべて惣村である、という見方を示している。本書第一章で明らかにしたように、少なくとも和泉国はこれに該当しない。「郷」がある程度歴史的背景を有する枠組みではあっても、惣村的結合とは原理を異にする、条里地割を基礎におく領域である以上、あくまでも面的に漏れなく検地をすることが、まずは太閤検地で目指されたと考えられる。検地によって分村が進むことは、別の範疇の問題として検討すべきである。

②太閤検地におけるかわた身分の取り扱いをめぐって

太閤検地段階において、かわた村が検地帳を交付された事実はこれまで確認されておらず、この評価をめぐっても大きく二つの見解が存在する。

一つは、豊臣政権による差別的な何らかの政策が存在した、とする立場である。ここでも更池村の例を挙げると、更池村内かわたは太閤検地の段階（文禄三年）において、百姓村である更池村を上回る規模の集落を形成し、周辺村への出作も含めれば土地所持の面でも更池村を上回っていた。しかしかわたに検地帳は交付されておらず、他地域の事例も前提に、朝尾直弘氏は中世末の郷村内における身分的差別を反映した何らかの政策が存在したと想定している(6)。

これに対して、太閤検地段階における一般的な政策の結果である、とする意見も存在する。村領に注目して本村付体制論を主張する畑中敏之氏はこちらの立場であり、太閤検地段階においてそもそも村として認知されるためには連続的な村領を確保していることが一つの基準であり、基本的にかわた身分はその基準を満たしていなかった、と説明されている(7)。畑中氏はⅠ型の場合は太閤検地段階で連続的な村領を確保していなかった、Ⅱ型は太閤検地段階においても連続的な村領を確保しており、これが他の百姓身分と同様にその後分村が認められる根拠となる、Ⅲ型は太閤検地段階でも連続的な村領を確保していた、との見通しを示している（Ⅰ～Ⅲ型の詳細は序章参照）。畑中氏の説明は、最終的なかわた村の行政的把握のされ方から遡及した結論であり、まず方法論として問題が多い。また事実の上でも、南王子村の事例は適切に理解されていない、と考える。

本書で明らかにした泉州平野部地域の事例からは、太閤検地における政策がどうであったかを直接論じることはできない。しかし、そもそも各地域でどのように太閤検地が実施され、近世村が成立したのかという経過自体が、史料が乏しいという条件もあり、ごく一般的にしかイメージされていなかった、という大きな問題が存在していたことは明らかにし得た。太閤検地から近世村の成立に至る経緯は、決して整然と進行したわけではなく、事実は想定される以上に複雑である、と認識する必要があろう。一八世紀以降の「村」の姿を無批判に遡らせて想定することは非常に危険である。太閤検地における政策を論じる以前に、百姓村も含めた一定の範囲を対象とした個別事例の丁寧な検討が現段階でもなお求められているのである。その上で、かわた村の位置づけを改めて整理し直す必要があろう。畿内、とくに和泉・河内などの事例は、整理可能な条件も整いつつあり、この再検討は今後の課題としたい。

二、南王子村の内部構造における二系統

（1）南王子村内部における二系統のあり方

朝尾氏が指摘したかわた村の内部における二系統（斃牛馬処理権を統括するかわた惣代・肝煎と、行政的な庄屋・肝煎）の南王子村におけるあり方は、次のようにまとめられる。

Ⅰ　一八世紀中期以降、南王子村には庄屋・年寄が二人ずつ、死牛馬取捌惣代が三人程度存在した。

Ⅱ　一八世紀以降、庄屋・年寄は村高を多く所持する者が就任していたが、これに加えて天明四（一七八四）年以降は、組頭も原則高持に限定されることとなった。一九世紀以降、組頭は村内統制上重要な役割を担うようになり、村役人に準ずる存在となる。

Ⅲ　草場株所有者の実態は断片的にしか判明しないが、一七世紀末には村内総戸数の四割程度、幕末には一三％から二〇％程度を占めていたと考えられる。この比率は、周辺のかわた村に比べると高い。

Ⅳ　幕末には七五人程度が草場株を所有し、株所有者集団である番郷を形成している。その多くは高持で、村制上の組頭が多く含まれており、番郷の中心人物も村制における組頭である。しかし幕末には、有力高持である庄屋・年寄の計四人はいずれも草場株を所有していない。

Ⅴ　南王子村は、皮革上納役などは恒常的に賦課されていない。そのためか、番郷は村制からは自律した集団として村内に存在し、草場株帳なども番郷惣代（帳元）が管理した。老牛屠殺の取り締まりなどの点で、番郷は庄屋・年寄の管理下にあり、また草場争論などの出願の際は、庄屋・年寄を介して願い出る、という関係にあった。

（2）歴史的な想定と他のかわた村との比較

以上のように、南王子村においては、行政的な庄屋の系統と草場惣代の系統は、少なくとも一八世紀中期以降は、完全に分離しており、番郷は私的な集団と位置づけられていた。これは南王子村が、一村立であり、かつ行刑役や皮役など身分に関わる役を賦課されていないという条件の下、生じた現象であると考えられる。

寛文期に南郡嶋村と草場域の取り決めを取り交わした源太夫・若太夫は南王子村の庄屋と年寄であるが(8)、元禄期の株所有者と思われる連印に庄屋・年寄の名はない(9)。また刊行されている『奥田家文書』から考える限り、一八世紀以降庄屋を務めた利右衛門家が草場株を所有した形跡は見出せない。ここから、南王子村では比較的早い段階から、庄屋・年寄は草場株を所有すべきではない、と認識されていたのではないか、と考えられる(10)。一八世紀中期以降の村制では、明らかに村役人（行政的な庄屋・年寄）が主であり、草場惣代は村制上の位置づけを与えられてはいない。

周辺のかわた村については、たとえば南郡嶋村では一七世紀中は庄屋家が同村草場の中心となる草場株を所有していたことが明らかにされている(11)。また、河内国新堂村内かわた（富田村）は本村に包摂されるかわた村であるが、年寄を務める仁右衛門家が近世を通じて草場に関わる帳面を管理していたようである(12)。紹介されている史料を見る限り、同村の株所有者は極めて少なく、かつ近世を通じて仁右衛門家が最有力株所有者として年間死牛の四割近くを取得していたようである。更池村内かわたの場合、朝尾氏が二系統を想定したように、それぞれを担ったのは別の存在であった。

このように考えると、かわた村の内部構造における二系統のあり方は、行政的な把握のされ方や他の条件に規定されて一様ではないと考えられる。時期的な変化も含めて、今後各かわた村に即してこうした観点からの整理が必要になると思われる。それを通じて、各かわた村の二系統のあり方と行政的把握のあり方や役の関係を問うことは、次に挙げる集団と役の問題を考える上でも重要である。また各かわた村における村制や「公」のあり方にも大きく関わるであろうことも自覚する必要がある。

三、南王子村の村落構造の展開—主に村制・村政レベルについて—

（1）南王子村の内部構造を規定する外的条件

ここでは、南王子村の村落構造の展開について、主に村制・村政レベルを問題にしながら時期を追って整理する。序章では村内対立を分析する立場から、村政を重視したが、本書での検討を通じて日常的な村落運営上の機構や制度（村制）が重要であると改めて認識するようになった。そのため終章では、可能な限り村制と村政を使い分けて表現している。

さて、南王子村の村落構造を考える場合、極めて重要な影響を与えた外的条件は二つあると考えられる。一つは南王子村が一村立、すなわち村請制村として認められており、かつ本村をもたなかったことである。そしてもう一つは、行刑役や皮役などのかわた身分に由来する役の恒常的賦課がなかったことである。こうした条件となった理由は第四章で述べたが、その結果南王子村は極めて百姓村に近い村となり、村内の機構もこれに対応したものになった。つまり庄屋の担う業務は百姓村と同様のものでしかなく、行刑役などを村人に割り付けることはなかったのである。

南王子村は領主からは百姓村同様に扱われ、百姓村同様の機能しか有さない村役人が村全体を統括するため、百姓村と同じようにあろうとする指向は村人にも共有されていた、あるいは次第に共有されるようになったと考えられる。一九世紀の南王子村では村方申し合わせなどで「当村はほかの類村とは異なる」ことが度々強調されている。

行政的には百姓村と同じ扱いを受けていたが、彼らはあくまでもかわた身分であった。そのため土地所持からは本源的に疎外されており、一村立ではあるが、村高は限られていた。また畿内のかわた村に共通する人口増加という問題も存在した。一八世紀初頭からすでに半数以上が無高層であり、その後も人口は増加し続ける。百姓村同様にあろうとする姿勢と、かわた村特有の問題が、一九世紀以降の村政上の対立・問題を深刻化させていくものと考えられる。

（2）内部構造と村制・村政の変遷

まず、時期に応じて内部構造と村制・村政の特徴を整理する。

一八世紀中期まで　具体的な内部構造については不明だが、出作の切り分け・居村移転をへて、惣ノ池の樋元支配権が確認される一七三〇年頃まで、村格維持を目的とする厳しい村内取り締まりが行われていた。すでに無高が半数以上を占めていたが、彼らもその対象であった。この間、村政の中心を担っていたのは、庄屋利右衛門であると考えられる。

一八世紀中期　惣ノ池の樋元支配権が南王子村に認められ、王子村との緊張関係が緩和された直後から、それまでの村政への不満に起因する村方騒動が発生したと考えられる。その結果、利右衛門は庄屋を退役せざるを得なくなり、一〇年ほど庄屋・年寄をめぐる村内対立が続く。村内の小前層による推挙で、次兵衛が庄屋に就くが、幕領から一橋領知へと支配が変化したタイミングも見計らい、寛延二（一七四九）年に利右衛門と儀兵衛らは村方騒動を起こし、村役人に復帰した。

利右衛門の庄屋復帰は二人庄屋制という形をとることになった。村高を捌高として完全に二分し、利右衛門派の一三軒分の所持高は利右衛門が、残る村高を次兵衛が捌くことになったのである。この体制には、年貢や村方諸入用の徴収などで、両派の日常的な接触を最低限にする、というメリットがあった。なおこの時点では、利右衛門らは所持高は圧倒的でも、村内では少数派であったと考えられる。

この間、村全体として無高層が多く、流動的なあり方をみせるイエがある一方で、一七三五年頃から一七七四年頃まで、利右衛門と儀兵衛の圧倒的なイエ連合が村高の約三分の一程度を所持し続けていた。一方で、南王子村の村人による王子村内への出作地獲得が小前層を中心に飛躍的に拡大したことも見逃せない。

一八世紀後期　天明四（一七八四）年に村役人は無高層の管理・取り締まりを主要目的とする申し渡しを作成した。村役人の狙いは、増加する無高層をいかに管理・監督し、彼らに関わる諸責任を誰が負うかを明確にすることにあった。無高層を中心に日常的に村外で経済活動を行う者が問題を起こすことが多くなり、その入用負担が当時の村政における主要課題だったのである。そこで、五人組の組替えを実施し、組頭は高持に限定し、組頭が組内を厳しく管理することを定めた。こうして高持であれば組頭に就くことができ、組頭に就けば村政に関与することができる、という回路がひらかれた。

かわた村にとって、新体制の本質は村内秩序の根幹を村高に据えることを意味していた。村高所持以外の側面は、程度の差はあれ私的なものとして村制レベルから排除されることになったのである。先に述べた二つの条件が内部構造に純粋に反映された、と言えよう。これは、ある意味ではかわた集団の究極的変質でもあった。

その結果、村全体のあり方もいくつかの面で変化していく。一つは、村高の分散・集積がさらに進行したことである。これは村高所持が村政への参加を保障するようになったためである。二つめは、村役人の性格が変化したことである。以前は村高所持を基本としつつも、特定のイエであることも重視されていた。しかしこれ以後は村高所持に特化することになる。さらに、草場などかわた身分に付随する局面が村制上は完全に捨象されることになった。

一九世紀への見通し　人口増加のスピードは、一九世紀に入りさらに加速することとなり、先に挙げた無高層の問題は、博奕の摘発や無宿の立ち入りという形で日常的に頻発する。この取り締まりが、村政上重要な課題となり、庄屋・年寄は組頭の権限を強化させ、組を通じた日常的な管理を徹底させることで対応しようとした。こうした中で、次第に組頭は村政上重要な立場を担うようになる(13)。

利右衛門家は、次第に所持高を減少させるが、村にとって重要な寺（住持）への関与を強めることで、新たな家格を有する存在になったと考えられる。また一方で、寛延二年の二人庄屋制の枠組みは、両捌きの土地を所持する者が登場する中で、村人にとって諸入用の内実が明瞭ではない、という生活上の桎梏となっていった。村入用帳の三重化という事態も生じていたのではないか、と考えられる。こうした構造が、天保期以降の村方騒動につながるものと思われる。

（3）村落構造の変化点

一九世紀以降の南王子村は、それ以前に比べて人口増加スピードが格段に上昇し、そのため村人の多くがなお一層様ざまな渡世に依拠して生活するようになった。そうした中で、おそらく皮革関連業や得意場、周辺村での出小作や諸商いなどが活発になり、また村内では雪踏商人の顕著な成長もみられる(14)。

だが村制では、村高所持の尊重・寺による統合という基本ラインが存在した。村人の多くは村高に依拠せずに生活していたため、二つの外的条件に規定された内部構造（秩序）との矛盾が拡大することとなったのである。一方で、各生業の有力者たちは村制の枠組みを利用して、村高を所持し、組頭となり、村政へと関与していく。対する無高層は、村外に出作を所持する者が二〜三割を占めた一八世紀中期段階とは異なり、名実ともに無高の者がほとんどであったと考えられる。小前層の多くは、雪踏商人の下職なども含め、様ざまな生業に複合的に携わっていた。

以上から、南王子村の場合、かわた集団がかわた村となり、諸条件に規定されて極めて百姓村的な運営を指向したこと、一方でかわた村に共通する人口増加が、村政レベルでの矛盾をより深刻化させることが理解されよう。

（4）村落構造の特徴から導かれる論点

ここから、三点について述べておきたい。

まず、「村」がもつ二つの側面についてである。近世身分制社会において、公を分有する身分集団の一つである村には、本質的に公が含まれており、それは村制・村政という形で実現している。一方で、そこには収斂されない多様な要素も存在し、それらは主として生活共同体的側面である。南王子村の場合、村人は様ざまな生業に携わるにもかかわらず、村制の基軸を村高所持に求めたことによって、矛盾が拡大することになった。多くの百姓村では、生活共同体としての側面と村制の乖離は、かわた村ほどは大きくないと想定される。南王子村の分析を通じて、近世社会における「村」全般の特質も浮かび上がらせることができた、と言える。また、南王子村の「村制・村政」が―すなわち南王子村における公とは何か―、二つの外的条件に規定されて、おそらく他のかわた村とも異なるものであったとも想定できる。

ここに、各身分集団における、役とは何か、役をうけることによって集団がどのように変化するのか、各集団が担う公とは何かという問題が生じる。これは百姓と村の関係に限らず、役と集団を軸とする近世社会全体に共通する問題であり、社会の特質でもあると考えられる。そのような意味で、今後集団を検討する際に、内部構造を分析する手段として役負担を考えるだけでなく、そこから排除される面を含める必要があろう。

第二に、第一の点を自覚的に検討する際には、農業以外の生業やイエ、組、あるいは寺や講などの生活に即した村の諸要素を分析する必要があり、それらが村制・村政上どのように位置づけられているのかを、総体的に解明することが、村落構造の解明に有効である、ということである。南王子村では、農業以外の生業や経済活動での有力者は村高所持という形で、村制・村政という村の「公」の中に入り込む。一方でこれに直接参加することの出来ない小前層は、村役人層による取り締まりの対象であった。これは、村という存在形態に由来し、生活面での厳しい統制であるが、村全体の村益を守るためでもあった。また小前層は、一九世紀以降、生活面でも諸生業で有力となった人びと（村制上の組頭）に従属する傾向にあった。だがこうした対立的な関係ばかりが村に住むことの意味ではない。組を通じて生活扶助をうけ、あるいは村役人を介して小作地を得るなど、やはり生活共同体としての側面を有している。これまで雪踏や皮革といった身分的な側面に注目してきたかわた村研究においては、村制・村政という局面に注目することが有効である。

第三に、かわた村研究を進める上で、各かわた村を動態的に把握する必要がある。南王子村における村制・村政も外的な条件に規定されながら変遷した。畿内のかわた村を一括して捉えるのではなく、外的条件（行政形態・役）と共通項（人口増加と諸生業の広汎な展開）をふまえた、内部構造の展開の差異にこそ注意を払う必要がある。そしてその差異はおそらく各かわた村の構造と直結する村役人のあり方と、諸生業のあり方、また蓄積される資本の展開に特徴的に表れるのではないだろうか。その上で、かわた身分における役と内部構造、その性格について整理することは、第一の点とも深く関わる。

(5) 南王子村の村落構造分析を進める上での課題

第一は一九世紀以降の村政問題である。とくに一九世紀中期以降に起きる村方騒動では、組頭が騒動の中心的役割を担い、村入用の負担に加えて、組分けなども問題となっている。組頭のなかには、雪踏商人も含まれている。天保期の騒動後、有力な雪踏商人である小間物屋五兵衛が庄屋となり、数年の内に再び村方騒動が起き、退役している。この経過を詳細に解明し、村落構造のなかで把握する必要がある。その際には、寺や組のあり方など、争点となる諸関係の実態解明も合わせて行う必要があろう。

第二は、村内における村人の諸生業に関わる社会関係を解明することである。たとえば雪踏商人が編成する編み子や職人との関係、博労とその手伝いをするような存在の関係、などが具体的にどのようなものであったか、である。これらは「村制上」は私的な問題ではあるが、村人の日常的な生活の上では極めて重要な局面であり、村方騒動などの際には小前層の動きを規定する側面を有するのではないか、と考えられる。本書では、主に「村制・村政」に関わる諸要素を解明したが、これらを相対化して評価するためにも、こうした作業は不可欠である。

第三はかわた村間のネットワークを明らかにすることである。本書では十分に検討できなかったが、草場や得意場を通じて対立する一方で、日常的に村人間の取引や借銀関係、あるいは血縁や生業を介した強いつながりが存在する。それは近隣の百姓村とはまた異なるレベルでの、身分に即した関係であり、相互扶助的な側面も強いと考えられる。

第四は、一橋領知における支配のあり方を踏まえることである。一九世紀以降の南王子村は、小前・無高層が増加することを背景に、村外に生業を求め、地域社会との関わりを諸局面で深めていったと考えられる。そうした関係は、一方で地域社会の側が南王子村を排斥しようとする動きを導くこともあったが[15]、村むらの思惑は一橋領知の地方支配に対する不満とも結びついていた。南王子村村内においても一橋家の支配に対する思惑は、一様ではなかったと考えられる徴証も存在する。南王子村をとりまく地域社会のあり方や、南王子村の領主支配に直結する問題としても、一橋領知の地方支配のあり方や、領知村むら（郡中）の動向を解明し、その上で一九世紀の南王子村を捉え直す必要があろう。信太明神社や信太山を介した南王子村と地域社会の関係に加えて(16)、こうした作業を行うことでより地域との関係を捉えることが可能である。

ここでは、ひとまず南王子村に即した課題をあげたが、さらに近隣のかわた村についても本論で行ったような検討を行い、類型化することも必要であると考えている。

注

(1)『部落史史料選集 第二巻近世篇』（部落問題研究所、一九八九年）第一章「部落の成立」のうち、太閤検地部分（横田冬彦氏執筆部分）。朝尾直弘「惣村から町へ」（『日本の社会史 第六巻』岩波書店、一九八八年。『朝尾直弘著作集第六巻 近世都市論』岩波書店、二〇〇四年所収）。また、大阪の部落史委員会編『大阪の部落史 第十巻本文編』（解放出版社、二〇〇九年）には、府内の太閤検地において「かわた」記載のある検地帳の一覧が掲載されているが、いずれも「〇〇村内かわた」となっている。

(2) 現在のところ、近隣地域で一七世紀中に作成された宗門改帳は確認できていない。

(3)『奥田家文書』三八五。

(4) 朝尾直弘「幕藩制と畿内の『かわた』農民―河内国更池村を中心に―」（『新しい歴史学のために』一六〇、一九八〇年。『朝尾直弘著作集第七巻 身分制社会論』岩波書店、二〇〇四年所収）。

(5) 前掲注1朝尾論文。

(6) 前掲注1朝尾論文。

(7) 畑中敏之「『かわた』村の成立」（同『近世村落社会の身分構造』一九九〇年、部落問題研究所、第一章）。

(8)『奥田家文書』一七八八、一七八九。

(9)『奥田家文書』一七九一。

(10) ただし、明和二（一七六五）年に惣代として確認できる元右衛門が宝暦一二（一七六二）年まで年寄を務めていたこと、文化一二（一八一五）年に番郷物代として確認できる五兵衛が、その後庄屋に就いていることから、例外も存在したと想定できる（第六章表3）。この点については、庄屋・年寄への就任にあたっては、株の名義を倅などに変更すれば可能だったのではないか、と考えておきたい。

（11）藤本清二郎『近世賤民制と地域社会―和泉国の歴史像―』（清文堂、一九九七年）のうち、第八章「南郡麻生嶋村の村落構成と草場」。

（12）寺木伸明「江戸前期における草場の実態と死牛馬の取得状況・取得方式―河内国石川郡新堂村枝郷皮多村の場合―」（『桃山学院大学人間科学』三五、二〇〇八年）、同（史料紹介）『寛政七年正月　死牛支配帳　男牛』（『桃山学院大学国際文化論集』四七、二〇一三年）、同（史料紹介）『文化十一年正月　死牛支配帳　男牛』（『桃山学院大学人間科学』四五、二〇一四年）、同「江戸中期における草場の実態と死牛の取得状況・取得方式―河内国石川郡新堂村枝郷皮多村の場合―」（同・藪田貫編『近世大坂と被差別民社会』、清文堂、二〇一五年、第六章）。これらの死牛帳は、同村の年寄（肝煎）である竹田家文書であり、同家の家号が仁右衛門であると紹介されている。同村の年寄は二名程度存在したようであるが、少なくとも仁右衛門は幕末には年寄である（近世初頭から務めていたのかは未確認）。

（13）拙稿「十九世紀泉州南王子村の村落構造―博奕問題を手がかりに―」（『ヒストリア』二四一、二〇一三年）。

（14）畑中敏之『「かわた」と平人　近世身分社会論』（かもがわ出版、一九九七年）。

（15）拙稿「泉州南王子村と地域社会―文政十一年御室御所祈願所一件を通して―」（塚田孝編『身分的周縁の比較史―法と社会の視点から―』清文堂、二〇一〇年）。

（16）前掲注15論文および拙稿「信太明神社と信太郷―宝暦期の社僧・社家・氏子間争論」（『市大日本史』一五、二〇一二年）、拙稿「明治前期における泉州泉郡南王子村と地域社会」（塚田孝・吉田伸之編『身分的周縁と地域社会』山川出版社、二〇一三年）。

三田　智子（みた　さとこ）

1981年　大阪府に生まれる
2005年　大阪市立大学文学部卒業
2010年　大阪市立大学大学院文学研究科後期博士課程修了
現　在　就実大学人文科学部総合歴史学科講師

主要論文

「身分的周縁論とかわた村研究」（『歴史評論』801、2017年）
「近世和泉国におけるかわた村と地域社会」（『歴史評論』782、2015年）
「明治前期における泉州泉郡南王子村と地域社会」（塚田孝・吉田伸之編『身分的周縁と地域社会』山川出版社、2013年）

近世身分社会の村落構造—泉州南王子村を中心に—

2018年3月31日　初版印刷・発行

著　者©　三田　智子
発行者　尾川　昌法

発行所　部落問題研究所
京都市左京区高野西開町34—11（075）721-6108

印刷所・製本　合同印刷株式会社

ISBN978-4-8298-2075-9